チャペル・ツェテン・プンツォ
ノルタン・ウギェン
プンツォ・ツェリン

簡明チベット通史

津田 量 [訳]

グローバル科学文化出版

目次

第一章 古代 ……… 9

第一節 "ポェの地（bod・蕃）"の由来 ……… 9
第二節 チベット高原の形成 ……… 10
第三節 チベット族の起源 ……… 11
サルと羅刹女の末裔、チベット族／古代チベット人の氏族形成／チベット族の起源と関連出土文物

第二章 プギェル氏の世系 ……… 15

第三章 ツェンポの王統 ……… 18

第一節 ツェンポ、ソンツェン・ガムポ ……… 18
チベット統一／吐蕃社会の管理体制と法律の制定／現代使用されるチベット文字の創作／王妃の迎え入れ／ラサのトゥルナン寺などの仏殿の建設／彊域の開拓と吐蕃経済の発展／唐とチベットとの間の友好関係の樹立

第二節 グンソン・グンツェンとマンソン・マンツェン ……… 43
第三節 ドゥーソン・マンポジェ・ツェンポ ……… 44
第四節 ティソン・デツェン・ツェンポ ……… 46

第五節　ティソン・デツェン・ツェンポ ……………48

ティソン・デツェンの主な政治功績／シャーンタラクシタ、パドマサンバヴァが仏教を広める／サムィェ寺の建設／七覚士が僧になるため出家する／頓門派と漸門派の論争／ユィトゥ・ユンタンゴンポ

第六節　ムネ・ツェンポ王子 ……………59

第七節　ティデ・ソンツェン・セナレク ……………60

第八節　ティツク・デツェン・ツェンポ ……………63

第九節　ランダルマ・ウイドゥムツェン・ツェンポ……65

第四章　チベットの分裂時期 ……………67

第一節　オェスン、ユムテン及びその末裔たちの事跡…67

オェスンとユムテンの生まれた時代／オェスンとウル-ヨル間の戦乱／庶民の蜂起／民衆蜂起がチベット社会にもたらした功罪

第二節　チベット仏教後期発展史 ……………73

マル、ヨ、ツァン3人のカムへの逃亡とラチェンの略伝／低地律の広がり／高地律の広がり／仏教発展後期のパンディタ／仏教発展後期の訳師

第三節　チベット分裂時期の教派 ……………79

カダム派／カギュ派／サキャ派

第五章　サキャ王朝（サキャ派）のチベット統治期 ………86

第一節　13世紀初頭のチベットの形勢とサキャ王朝の家系 ………86

第二節　モンゴルのチンギス・カアンの末裔勢力のチベット侵入とチベット再統一 ………93

第三節　モンゴル王子エチンコデンがサキャ・パンディタを招き内地へ行く ………96

第四節　サキャ・パンディタがチベット各地の首領に手紙を送る ………98

第五節　パクパとモンゴルのクビライの会見僧侶を讃え保護する詔書 ………104

第六節　セチェン・カアン・クビライがカルマ・パクシを中国へ招く ………108

第七節　吐蕃の3つのチョルカが元朝の統治に入りチベットに宿場を設立することを公布する ………111

第八節　珍珠詔書の贈り物とチベットに戻ったパクパのサキャでの新しい機関の設置 ………116

第九節　元朝皇帝の政治顧問としてのパクパ ………121

第十節　パクパの再度のチベット帰還と逝去、及び元のチベット進駐 ………122

第十一節　チャクナ・ドルジェ父子 ………125

第十二節　サキャとディグン派の対立の激化　ディグン
　　　　　寺廟の乱 ……… 127

第十三節　サキャタンイ・チェンポ・サンポ・ペルの
　　　　　業績 ……… 130

第十四節　元朝のチベットでの徹底的な３回の戸籍調査
　　　　　によるチベットの行政制度の確定 ……… 132

第十五節　元朝はサキャ統治集団に官位を与え
　　　　　印を賜る ……… 139

第十六節　サキャパが元朝皇帝の命を受けてチベット事
　　　　　務を管理した若干の実例 ……… 143

第十七節　サキャ派統治時期のチベット経済の発展 ……148

第十八節　サキャ派統治時期のチベット文化事業の発展
　　　　　 ……… 153

第十九節　チベット族文学史上に新しい時代を切り開い
　　　　　たション訳師ドルジェ・ギェルツェン ……… 155

第二十節　サキャ家族が４つのラダンに分裂　サキャパ
　　　　　統治の終了 ……… 157

第六章　パクモドゥパ統治時代のチベット ……… 161

　第一節　ラン氏一族とパクモドゥ・カギュ、パクモドゥ
　　　　　万戸とパクモドゥ・デシ ……… 161

　　　　ラン氏一族とパクモドゥ・カギュ／パクドゥ万戸／パクドゥ・
　　　　デシ（パクドゥ政権）

第二節　明朝のチベット地方政権への管理 ……195

　　　　明朝の確立とチベット地方への事務の管理／明朝のチベット高僧に対する褒美

　　第三節　パクモドゥ統治期のチベットの経済と文化の発展 ……202

　　　　パクモドゥ統治期の経済発展／パクモドゥ統治期の文化と構築事業の発展

　　第四節　パクモドゥパ政権期のゲルク派 ……213

　　　　ツォンカパ大師ロプサン・タクパの生涯／ガンデン寺の歴史について／ギェルツァブジェ・ダルマ・リンチェンの事跡／ケジュ・ジェ・ゲレク・パルザンの事跡／ジャムヤン・チョジェの事跡とデプン寺の建立／大慈法王シャキャ・イェシェの事跡／ダライ・ラマ1世・ゲンドゥン・ドゥプの事跡／タシルンポ寺の歴史／ダライ・ラマ2世・ゲンドゥン・ギャムツォの事跡／ダライ・ラマ3世・ソナム・ギャムツォの事迹／ダライ・ラマ4世・ユンテン・ギャムツォの事跡

　　第五節　デパ・リンプンパの歴史 ……240

　　第六節　デシ・ツァンパの歴史 ……245

第七章　ガンデン・ポタン政権の統治期 ……252

　　第一節　ダライ・ラマ5世・ガワン・ロプサン・ギャムツォの事跡 ……252

　　　　ダライ・ラマ5世がチベットの地方政権の掌握を認められる／清朝皇帝に謁見し、金冊などの封賞を授かる／ダライ・ラマ5世が行った政策や処置／ガリ三囲を統治下に加える、ダ

ライ・ラマ5世が入滅する／グーシ・ハーン父子と歴代のデシ／デシ・サンギェ・ギャムツォ

第二節　ダライ・ラマ6世・ツァンヤン・ギャムツォの足跡 ……270

ダライ・ラマ5世の転世認定と坐床式／ラサン・ハーン、デシを殺してチベットを掌握／ラサン・ハーン支配下でのダライ・ラマ6世の最後／ジュンガルモンゴル軍によるチベット奇襲

第三節　ダライ・ラマ7世・ケルサン・ギャムツォの時代 ……276

認定とチベット入り／ジュンガルの勢力をチベットから駆逐する／ダライ・ラマ7世の坐床と、チベット地方政府の首領の任命／カロンの内輪もめとウ・ツァン騒乱／皇帝が使者を派遣して、チベットの問題で処分を下す／ダライ・ラマ7世のカムへの移住／ポラネーをチベット業務の総理に封じる／ブータンの内乱を鎮める／駐蔵の清兵が削減され、ダライ・ラマ7世がチベットに帰る／ダライ・ラマとポラネーの間の不協和と、ポラネーの死／敕命によりギュメイ・ナムギェルを郡王位に封じ、チベット政務を統括させる／ギュメイ・ナムギェルが謀反を起こすが、駐蔵大臣の計略で殺される／ダライ・ラマが勅旨により親政をはじめ、カシャ機構を設置する／欽定蔵内善後章程13条／イツァンと、僧官学校の設立／ダライ・ラマ入滅し、デモ・ホトクトが摂政となる

第四節　ダライ・ラマ8世・ジャムペル・ギャムツォの時代 ……299

霊童を探し、即位させる／デモ・フトクトの入滅とツェモンリンの摂政継続／パンチェン・パルデン・イェーシェーが北

京に入り、三岩の乱を平定する／ダライ・ラマ8世が政治を行い、摂政墨林化身ラマは北京に戻る／グルカ軍による第1次チベット侵攻／チベットとグルカがキロンで和議を結ぶ／タクサク化身ラマが摂政を代行する／グルカが条約を破棄して2度目のチベット侵攻を起こす／福康安が命令を受けて大軍を率いグルカを撃退する／漢チベット両軍が共同で戦い、グルカがおとなしく投降する／福康安の勝利の帰還／清朝政府が制定した『欽定蔵内善後章程』29条／『欽定蔵内善後章程』29条実施範例／クンデリン（功徳林）寺と関羽廟を建立し、乾隆帝の肖像をポタラ宮に納める／ダライ・ラマ8世の入滅とタクサクの代理摂政への任命

第五節　ダライ・ラマ9世・ルントク・ギャムツォ……316
　　　　捜索と坐床／デモ・フトクトによる代理摂政、ダライラマ入滅

第六節　ダライ・ラマ10世・ツルティム・ギャムツォ時期　………318
　　　　転生霊童の認定とデモとツェモンリンの摂政の継続／『鉄虎清冊』の編纂、波密の侵攻、ダライ・ラマ10世入滅

第七節　ダライ・ラマ11世・ケードゥプ・ギャムツォの時期　………320
　　　　転生霊童の認定、ガリ森巴戦争／摂政ツェモンリンが免職され、7世パンチェンとラデン化身ラマが相次いで摂政する／ダライ・ラマ11世の親政と円寂。グルカがチベットに侵入し戦争を起こす

第八節　ダライ・ラマ12世・ティンレ・ギャムツォの時期 …………331

12世探し。認定と坐床／地方政府の権力者が内紛を起こし、摂政ラデン化身ラマが中国本土に逃げシェダ・ワンチュク・ギェルポが権力を掌握した／瞻対に兵を用い、デシ・シェダが亡くなり、徳珠が摂政となる／ペルデン・トンドゥプの乱。摂政徳柱の逝去。ダライ・ラマ12世が政務を掌管してしばらくして円寂する／タクサクが摂政に任命され、イギリス人のチベットでの調査に反対

第九節　ダライ・ラマ13世・トゥプテン・ギャムツォの時代 …………345

トゥプテン・ギャムツォの後輪と認定、坐床の状況／イギリス帝国主義へのはじめての抗戦／ダライ・ラマ13世が政権を握る。チベット統治階級内部の権力争い／帝政ロシアの魔の手がチベットに伸びる／チベット各民族の人民がイギリス侵略軍に抵抗した2度目の戦争／張蔭棠がチベットについて調べる／ダライ・ラマが外モンゴルに逃亡し、北京で慈禧太后と光緒皇帝に謁見する／ダライ・ラマ13世がインドに逃げる／シムラ会議について／チベット地方の若干の新政措置／ダライ・ラマ13世の円寂。チベット統治階級の内部の権力闘争／ダライ・ラマ13世の転生の認定。ダライ・ラマ14世の坐床／ラデン化身ラマと達札化身ラマが続けて摂政を担当する。熱達の争い／チベット人民が新たな人生を得る

第十節　ガンデン・ポタン時期の一部の知識人の概要…396

チベット医学暦算大師欽繞羅布／近代の著名な学者ゲンドゥン・チョペル

第一章 古代

第一節 "ポェの地（bod・蕃）[1]"の由来

「ポェ」とはチベット人が自らの住む地名を指す語の音が変化したもので、自称ではなく他地域のものが付けた他称である。この地方がいつから「ポェ」と呼ばれるようになったかについては、近代の有名な歴史学者のゲンドゥン・チョペル（根敦群培）[2]が、氏の著作『白史』の中で、「はるか以前から、われわれチベット族の言葉の中で、私たちはこの地方を『ポェ』と呼び習わしてきた」と述べていることからも分かるとおり、「ポェ」と言う名称は遥か昔から存在したのであって、いつから使われ始めたかをはっきりさせることはできない。

「ポェ」の地名については、主に2通りのいわれがある。1つは、この地に農業が発達する以前の人々は狩猟活動を行っていた。遠く離れてあちこちに散在する遊牧民は常に自然災害や、盗賊・野生動物の襲撃に遭遇する危険にさらされており、相互に強く連携する必要があった。そこで人々は、相互に声の届く範囲に居住し、危険が起きると、山や丘の上から大声で「ガナ」とか「ワナ」などと、皆に知らせていた。この呼び声が「ポェパ」とされ、時を経て「ポェ」の声とされるに至り、自然にその地名になったというものである。

もう1つは、われわれ（チベット族）のこの地方では、牧畜を主とす

---

1 中国語では「蕃」だが、原文ではbod。これはチベットの自称で、発音としてはポェに近い。以下、チベット語発音に即して「蕃」を「ポェ」とする。
2 ゲンドゥン・チョペル（根敦群培、dge 'dun choe 'phel；1903～1951年）は、20世紀チベット族の歴史上有名な僧侶であり、学問の大家である。

る高原は「牧区」、林業を主とする谷間や低地を「農区」と呼び、農業を主とする地方を「ポェ」と称した。歴史上、チベット皇帝（ツェンポ）のプギェル氏はヤルルンで興ったが、当時その地域は高原農業の中心であったが故に「ポェの地」と呼ばれた。プギェル氏の世系は当地の地名を君主号とし、「ポェのツェンポ（賛普）」と称した。その後、ツェンポの世系はヤルルンの周囲から次第に勢力を広げ、ウ・ツァン地域にまで達した。特にソンツェン・ガムポ王の頃より、チベットは周辺の部落を統治下に治め、領域を拡大し、王号はその領域の名称となった。その結果、ツェンポが治めたすべての地域が「ポェ」と呼ばれるようになった、というものである。

第二節　チベット高原の形成

　はじめは、チベットの上手・中央・下手の3つの地方は水の底に沈んでおり、大きな海であったが、後に「コンギチュラク」[1]が裂けて、そこから水が出て、チベットの形状が現れたのである。現在の科学的研究の成果によると、「古第3期紀の初中期には、チベット高原は一面の大海であり、新第3紀が始まった後に、次第に陸地が現れ始め、海抜2,000mほどになった。土地はやや東低西高で、西北部には針葉樹林と広葉樹林が繁茂する密林で、東南部は葦などの草に覆われ、湖や池、沼があり、空に広がる群星のように、美しい」とある。
　陸地が海から隆起し、長期にわたる変遷の中で、多種多様な動物が現れた。科学者の分析による結論は下記の通りである。「当時、ヒマラヤ

1　コンギチュラク：水桶が壊れたかのごとく決壊したコンポ（貢布）地方。出典『賢者喜宴』

山脈はまだ隆起しておらず、インド洋からの暖かく湿った気流を遮るものはなく、チベット高原は温暖湿潤気候で、年平均気温は10℃前後、年間降水量は2,000〜5,000mmであった。温帯地域で生育する多種多様な動植物が高原のいたるところで育ち、4,000種にも及ぶ希少な生物種があった。このように温暖な地方なので、ヒッパリオン[1]にとどまらず、イヌ・ゾウ・ウサギ・シカなどの多くの種類の動物が生息していた。その後ヒマラヤ山脈が徐々に隆起し、ますます高くなるにつれてインド洋から吹き寄せる温暖湿潤の気流が塞き止められ、チベット高原とその周囲の気候と環境は変化が生じ、寒冷な地域へと変化した」[2]。この地域に生じた気候の大変化は天候や自然条件を根本的に変え、動物の生存条件を悪化させ、この高原地域にいた猿人類に人類の条件を備えさせることになった。つまり、チベットの歴史書の中の記載と、発掘された多くの古生物化石を用いた現代科学が得た結論と一致するのである。

第三節　　チベット族の起源

一、サルと羅刹女の末裔、チベット族

　世界各地で人類の起源にかんする伝説は数多い。たとえば、ヨーロッパでは神が人を作ったとし、中国でも女媧により人間が創られたという伝説など様々なものがある。チベットでも有名な人類の起源説がある。それは、菩薩の化身であるサルと、母である羅刹女が交わって子を産み、人類が生まれたという説である。
　イギリスの著名な生物学者ダーウィンが1859年に書き上げた『種の

1　新生代の中新世から鮮新世に、生息していたウマの1種。
2　『西蔵研究』チベット語版、1984年第4期。

起源』には生物が単純から複雑へ、低レベルから高レベルへの発展の規則性を打ち出した。彼は1871年の別の著作の中で大量の科学的証拠に基づいて、人と類人猿との繋がりを、人類が類人猿から次第に変化してきたものだということを論証した。この進化論の観点は既に世界中の多数の人々に認められている。

　実際に、ダーウィンから更に遡ること1,000年前、チベットには既に、チベット族の人々は父をサル、母を羅利女とする伝説を形成していたのである。17世紀にものされた『国王遺教』の中には以下のように記されている。「チベット族の形成過程は観世音菩薩の化身の父である菩薩のサルと、至尊度母の化身である羅刹の女が夫婦となり、赤子を産み、彼らが4つの集団に分かれた。セ、ム、ドン、トンの4氏族であり、ここから発展してチベット族になった」とし、この話は文字による記述が始まってから既に900年以上を経ているのである。

　上に述べた弥猴と言うのは、チベット語では小さなサルを表しており、羅利女とは、岩穴の中に住み、彼女も類人猿のようにその他の動物の肉を食べて生きていたサルであり、彼女が住んでいた岩穴と、その生活方式から「羅刹女」と呼ばれていたのであり、魔女や妖怪の類ではない。つまり、チベット人の祖先はヤルンツァンポ[1]流域の密林の中で果物を食していた小ザルと岩穴に住んで肉を食べていた大ザルとの間に生まれた子孫から形作られたということであり、唯物史観の観点にも符合する。

二、古代チベット人の氏族形成

　古代の氏族は次第にセ、ム、ドン、トンの4大氏族となり、更にダとドゥンの二氏族が加わり、「6大氏族」と呼ばれるようになった。

1　ヤルンツァンポ川（雅魯蔵布江）。中国西部、チベット自治区南部を流れる川。ブラマプトラ川の上流にあたる。自治区の南西部に源を発し、南のヒマラヤ山脈と北のカイラス山、ニェンチェンタンラ山脈の間を東に流れ、ニンティ（林芝）北東方で南に折れてヒマラヤ山脈の東端を横断してインドに流入する。

第一章 古代

三、チベット族の起源と関連出土文物

　近年 10 ～ 20 年の間にチベットから発掘された大量の出土文物はチベットにおいて人類がどのように発展してきたかについての科学的証拠となる。20 ～ 30 年来の発掘により、旧石器時代と新石器時代の各種石器・陶器・骨器・装飾品・穀物の種子から古代の人骨などに及ぶ大量の物が出土している。ニャンチュ河岸から発掘された古代の人頭骨には類人猿の特徴がなく、現代人に属するものであった。「ニンティ人」は 4,000 年ほど前、新石器時代あるいは鉄・石併用時代に生活していたと思われる。特にチャムド（昌都）のカロから発掘された古代の家・穀物の種子・動物の骨・石器・陶器等の文物は、チベット地域の人類の形成過程とチベット古代文化の変遷に豊富な科学的根拠を与えてくれることになった。

　カロ村はランツァン（瀾滄）江[2]の西岸に位置し、海抜は約 3,100m、カロ遺跡は約 10,000m² である。前後 2 回の発掘面積は約 1,800m² で、発掘した遺跡・遺物には、家屋遺跡 29 箇所、石塀 3 つ、石垣の高台 2 つ、石の角 3 つ、窯穴 4 つ、石器文物 7,978 件、骨器 368 件、石のかけら 20,000 個以上、その内組み合わせて組みにできるものが 46、装飾品 2 つ。草と泥で作られた住居は円形のもの、四角形のもの、長方形の物があり、作りはそれぞれ異なっているが、どれも住居の中央に三角形の石のかまどがある。発掘された骨器の種類には、錐子・骨針・斧・骨鋸・角錐などがあった。陶器には、砂罐・砂鍋・砂碗などが数点、豊かな模様に、赤・黄・黒・灰色等の色が施された滑らかな陶器は、作りが細やかで、造形も凝っている。装飾品には婦人の髪留め・リング・イヤリング・数珠・ネックレス・玉串・貝殻などがあり、石や骨などで作られ、精巧で細やかで

1　ニャンチュ河は中国青藏高原を流れる川。全長 307.5km、流域面積 1.75 万㎡。
2　瀾滄江は、メコン川上流での中国の呼び名で浪滄江ともいわれる。 青海省玉樹チベット族自治州雑多県扎曲江地毛長山拉賽貢瑪（チベット高原）を水源とし、青海省、雲南省を経てモウ臘県を境にラオスとミャンマーでメコン川と呼ばれるようになる。

あり、種類も豊富である。石で作った生産工具も細石器や磨製石器など3種があり、その工具の種類は鍬・シャベル・斧・鋤・矛・矢・鉈・鎌・打製工具など計6,800もの多きに上った。

　カロ村に住む人の生活の糧は農業であり、狩猟活動はそれに付随するものであった。土石建築と三脚かまどの作りは地域的な特色があって、高原におけるチベット族の祖先の出現に関する問題において重要な研究価値がある。

　カロ文化は新石器時代の文化に属し、今に至るまでに4,500～5,000年の歴史があり、ここから西南と西北の人々の相互の往来と文化交流の状況を垣間見ることができる。カロ遺跡はチベット高原で今までに発掘された代表的な古代文化遺跡であり、中華民族の文化的な遺産の中で輝く宝である。

　つまり、大量に出土した古代の文物と民間伝承が、数千年ないし数万年前には早くもチベットには人類の氏族が形成・発展し、チベット族が形作られたのであること、また、断じてその他の地域から移り住んできたのではないことを証明している。

　チベット族は、その他のいかなる民族とも同じように1つの民族の血だけで成り立っているわけではなく、多くの民族の血が混じり合って成り立っているのである。例えば、チベット族の形成過程で隣接する地域の漢族や羌族・モンゴル族と混じり合ったし、逆に、その他の民族にもチベット族の血が流れているのである。

第二章　プギェル氏の世系

　ボン教¹の観点によると、古代の天の神が下界に降りて人の主と成ったという。その後、仏教後伝期からは、インドの釈迦族の王族とその王子がチベットに流浪して来てチベットの王となった、と説かれる。ある漢語文献には、中国内地を流浪して西部に至った樊尼がチベットの王となった、と説かれる。チベットの最も古い歴史書は、民間に古くから伝わる古代の伝説を元にしており、ニャティ・ツェンポ（聶墀賛普）がプボ（波沃）地方より興ったという。このように諸説紛々としているが、前の3つは根拠が明らかでなかったり、史実と一致しないので、信ずるに足らない。

　チベットの人はニャティ・ツェンポ王について、古い見方がある。『敦煌本吐蕃歴史文書』に、「地方の城邑には4つのポェがあり、プギェルの王（悉補野賛普）の徳・王托傑がおり、それぞれ分かれていて、ある者は12の小邦に属していたと言い、ある者は12の小邦に属していなかったと言う」²。ここではニャティ・ツェンポ王がこの4つのポェから来たとしている。ニャティ・ツェンポ王は天の神や夜叉といった種族ではなく、チベット族自らの出であるとしている。チャンランパ・ロルペードルジェ著の『ユムブラカン誌』³によれば、ニャティ・ツェンポ王の由来について以下のように言っている。

1　ボン（bon）とは、チベットの仏教伝来以前の土着の宗教を指す。
2　『先言教蔵』手抄本、67ページ。
3　ユムブラカン（yum bu bla sgang、中国語：雍布拉康）は伝説上のチベット初めての王宮。

昔、プボの地に「チャムツン」という名の女が９人の子を産み、末っ子はウベラといい、眉目秀麗で指の間に水掻きがあり、非常に能力があったので地元の民に追われた。ポェの地に向かう道すがら、チャンラムヤレゴン（強朗雅頼貢）にて王を求めるポェの人に遇った。彼らは「お前は誰だ。何処から来たのだ」と聞き、彼は「私はプボから来て、これからポェの地に行こうと思っている」と答えた。彼らは「しからばお前にはどんな能力があるのか」と聞き、彼は「私の法力が強すぎるので、村人に追われた」と答えた。彼らは「ポェの王となる気はないか」と尋ね、彼は「あなたたちが首根っこ（ニャ）のところで台座（ティ）を担いでくれるなら、私の法力は発揮されるだろう」と答えた。彼らはその言葉に従い、彼を担ぎ、彼を王とし、「ニャティ・ツェンポ」との称号を贈った。

ニャティ・ツェンポ王はプボの地から来た王なので、故にプギェル（悉補野、プボの王の意）と尊号を贈ったのである。ニャティ・ツェンポ王が吐蕃の王となってから、プギェル王家が始まったのである。ツェミプギェル（蔡弥穆烈）とツォミチャクガル（宗弥恰嘎）がこのツェンポの神事の師となり、ユムブラカン宮を創建した。ボン教のある歴史書の記載では、ニャティ・ツェンポ王の時期にユンドゥンラツェ城（索咯爾雍仲ラツェ）とチンワタクツェ城（青瓦達孜宮）が創建され、ボン教が発展したという。

プギェル王統の時期に関して、ほとんどの有名な王統・教法の史書における一般的な見解は、ニャティ・ツェンポ王と納木穆穆の子がムティ・ツェンポ（穆堰賛普）で、ムティ・ツェンポと薩丁丁の子がディンティ・ツェンポ（丁堰賛普）で、ディンティ・ツェンポと索塔塔の子がソティ・ツェンポ（索堰賛普）で、ソティ・ツェンポと托邁邁の子がメルティ・ツェンポ（邁堰賛普）で、メルティ・ツェンポと達拉嘎姆の子がダクティ・ツェンポ（達堰賛普）で、ダクティ・ツェンポと思結拉姆の子がシブティ・ツェンポ（思堰賛普）であるとし、以上の７人の王を「天の７王」と称する

のである。

　第31代のナムリ・ソンツェン(嚢日松賛)の時期には、大部分のウ・ツァン地区を基本的にその管轄範囲に納めた。ツェンポはヤルンツァンポ江北岸に居住し、竹墨の強巴弥居林に城郭を建設した。数百年を経る中で小さな国に群雄割拠して各地に覇を唱える一方で、隙あらば他領に侵攻するなど、互いに侵略し合っていた。プギェル・ツェンポの政権の基礎が固まらない内に、遂にナムリ・ソンツェンも又、毒殺されてしまった。

第三章　ツェンポの王統

第一節　ツェンポ、ソンツェン・ガムポ（松賛干布）

一、チベット統一

　ツェンポのソンツェン・ガムポはチベット族人民にとって並びなき古代の民族的英雄である。今に至るも、彼の栄誉は全中国のみならず、全世界に鳴り響いている。

　まず、ソンツェン・ガムポの生没年代に関しては、チベットの『王統史』と『教法史』で異なり、長らく一致した見解を見ていない。これは、その他のツェンポの王統の年代の問題にも絡む根本的問題であり、ただの歴史問題ではないのである。近代の著名な歴史家ゲンドゥン・チョペルの『白史』においてこの問題に関して実際に即した叙述がされ、チベット族の歴史研究の先駆けとなり、現在では国内外の多くの歴史家はゲンドゥン・チョペルの研究成果を基調として、研究を行っている。その中においても、ソンツェン・ガムポの出生は617年（チベット暦火牛年）という観点にチベット古代歴史学者のニャン・ニマオェセル の『ニャン仏教史』、ダクパ・ギェルツェン[1]の『西蔵王統記』、パヲ・ツクラクテンワ[2]の『賢者喜宴』などの名著の視点も同じである。『白史』はソンツェン・ガムポの没年を650年（チベット暦鉄犬年）とし、これはゴー訳師ショ

1　ダクパギェルツェン（1374〜1432年）、男、チベット族。
2　パヲ・ツクラクテンワ（1503〜1566年）チベット族、ラサ尼塘地方の人、第2世巴吾化身ラマ、チベット仏教のカルマ・カギュ派、黒帽派の高僧・著名学者。

ンヌペルの『青史』や、『敦煌本吐蕃歴史文書』、『旧唐書』の記述に完全に一致している。

　ソンツェン・ガムポはプギェル氏の世系の第31代ツェンポのナムリ・ソンツェンとツェポン氏の妃ディマ・トェカルの子で617年（チベット暦火牛年）にメルド・ゴンカルギャマナンのチャムパ・ミンギュルリン宮殿に生まれた。王子が生まれた時、その肌は潔白で、容姿端麗、体は他の子供より大きく、周りより優れていた。父と母、そして臣下はこれを非常に喜び、誕生を祝う宴は盛大を極めたという。王子は長ずるにつれて知識を蓄え、青年になった時には学識深く、知恵は群を抜き、勇気と智謀を兼ね備える様になった。王である父はこれを極めて喜び、家臣も嬉しく思い、賞賛の声高く、その名は鳴り響いた。しかし、王である父、ナムリ・ソンツェンが後半生で征服し、統治下に納めたコンポ、ニャンポ、ダクポなどの地域でのツェンポの統治が固まらない内に、奴隷たちが互いに結託し、以前にはプギェルの臣民になると誓っていたにも拘らず、シャンシュンやヤクのスムパら幾つかの小国と部落は独立の機が来たと見るや反旗を翻した。外部で大規模な反乱が起きているこの時に、祖父の代の旧臣の一部も謀叛を企てるに至った。敵と気脈を通じた内侍が結託して父であるナムリ・ソンツェンに毒を盛り、殺害した。この時、満13歳になったばかりのソンツェン・ガムポ王子はニャン・マンポジェシャンナン、ガル・マンシャム・スムナン、キュンポ・プンセー・スツェ、

1　メルド・ゴンカル（墨竹工卡）は現在の中華人民共和国チベット自治区ラサ市の県の1つ。県名はチベット語で「メルド（ナーガの王）の住まう白き中央」を意味する。ラサ川の中上流に位置する。メト・コンカー。メドゴンカル。
2　シャンシュン王国（zhang zhung、紀元前～643年）は西チベットのカイラス山麓一帯に存在した国。首都はキュンルン・ングルカル。
3　ナムリ・ソンツェン（gnam ri slon rtsan、570～629年）他にも南日松賛、朗日論賛、曩日論贊など。『新唐書』では賛索とする。吐蕃王朝建国者のソンツェン・ガンポの父親である。

バ・イツァプらの大臣にツェンポとして擁立され、ツェンポの玉座に就いた。この若く力漲り、聡明で知恵のあるツェンポは、困難と危険を前にして、怯むことなく、多くの知恵や謀をして、些かも動じなかった。『敦煌本吐蕃歴史文書』には、「ソンツェン王子は幼くして親政を行い、先ず、反抗をなす者の首謀者を切り滅ぼし、子孫も断った。その後、離反した民は統治下に復帰した」[1]とある。

吐蕃の東北部のスムパ国[2]について、『敦煌本吐蕃歴史文書』の記載によれば、「その後、ニャン・マンポジェシャンナンは兵を発してスムパの諸部落を征討に向かい、口舌にて全ての相手を帰属させて庶民とした」[3]。後に、ソンツェン・ガムポは自ら、北道を巡って、北面の漢人と吐谷渾[4]人に朝貢して納税するように迫り、1兵も用いずに吐谷渾を支配下に置いた。

ソンツェン・ガムポは父の遺志を継いでチベットを統一して安定させるために、先ず遷都を考えた。民や臣下と協議し、チベット中部地域の地形や様子を詳しく考察し、ウルの下手(今のラサ河下流、すなわちタクツェからチュシェル(曲水)沿岸一帯)中心にオタン湖周辺の景色が優雅で、地形は広くなだらかであり、間のマルポリ山と左右の山脈が分かれて独立しており、獅子が天を駆ける姿を髣髴とさせる。そこで、マルポリ山に荘厳な宮殿を建設し、君臣から将軍兵士もこの地に移り住み、チベットの全土を統治する中心とした。すなわち、ポタラ宮である。今日ポタラ宮の建つマルポリ山の地勢は優れており、山頂に位置し、周囲

---

1 『敦煌本吐蕃歴史文書』蔵文鉛印刷本、66ページ。
2 蘇毗(Sum-pa)孫波ともいう。青蔵高原の歴史上、早期に存在していた国・民族の名称。
3 『敦煌本吐蕃歴史文書』蔵文鉛印刷本、66ページ。
4 吐谷渾は、中国の西晋時代に遼西の鮮卑慕容部から分かれた部族。4世紀から7世紀まで(329〜663年)、青海一帯を支配して栄えたが、チベットの吐蕃に滅ぼされた。

の景色を全て眼下に収め、付近の地の様子が掌に取るようにわかるのである。

ラサに遷都した後、ソンツェン・ガムポは以前の各部落の庶民を調べ、民を慈しみ、全ての部落を平等に扱い、保護を加えた。「善き者に賞を取らし、悪者を懲らしめ、法を以って地位の高きものを抑え、地位が低く卑しき者を護った」。当時、チベットの西部（上部ガリ）と北方の広大な草原はシャンシュンの領地であった。『敦煌本吐蕃歴史文書』には「この王の時にシャンシュンに出兵し、シャンシュンのリクミギャ王の政権を破って、シャンシュンの全ての人々を自らの民とした」[1]とある。この時期に、ソンツェン・ガムポは次第に東南部のジャン（南詔）を占領・併呑し、ツェンポの勢力範囲を拡大した。ソンツェン・ガムポの業績は語り尽くせぬほどであり、チベット族の政治・経済・文化・軍事・法律等の各方面に不滅の貢献をしたのである。

二、吐蕃社会の管理体制と法律の制定

ソンツェン・ガムポの偉大な功績の１つは、彼がチベットを統一した後、吐蕃社会の管理体制と法律・条文の策定に着手したことである。これらを合わせて「吐蕃基礎三十六制」という。チベット族の歴史書の中では、ソンツェン・ガムポの命によって、トンミ・サンボータ[2]がインドに留学に行き、インドのサンスクリット語文化とその他の文化知識を熟得し、深い学識を身につけてチベットに帰国した。彼は現在に至るまで使われているチベット文字を創造した。ツェンポはまず、新しい文字の書き方や文法などを学び、ソンツェン・ガムポとトンミ・サンボータはマル宮あるいはパヲンカ宮に篭ること４年に及んだ。そのため、当時

---

1 『敦煌本吐蕃歴史文書』蔵文鉛印刷本、79 ページ。
2 トンミ・サンボータ（thu mi sam bho ta）は 7 世紀の吐蕃の內相。彼は吐蕃史上、最も早い仏教徒であり、また、チベット文字の主要な制作者であり、多くの仏教経典を翻訳した。

の臣下や民衆は、国王が四年も宮殿を出ず、愚鈍であるのに、吐蕃が平穏であるのは家臣たちのお陰だと言い合った。ソンツェン・ガムポはこの謡言を聞いて、私を愚鈍とするのなら、臣下・庶民にきちんと知らしめなければいけないと思い、臣下を召集して「朕が外出せずに安心して宮殿に篭っているのに、臣民が安全であるのは、王が愚昧で臣下が優れているからだと言う者がおるが、さにあらず。国が安泰で人民が安らかでいられるのは、私が臣下に命じてそう行わせているのであり、今、必ずや国家長久の基となる法規を制定せねばならないのだ。過去には吐蕃には統一された法規がなく、各国・諸侯・部落が戦争を繰り返し、民は苦渋の生活を強いられた。もし、現在、統一された法典を作らねば、犯罪や災いが横行し、我が臣民が再び苦難苦痛を受けることになる。だから、法規を制定するのだ」と述べ、そして、基礎三十六制を定めた。基礎三十六制を定めた目的は、統治を強固にし、社会を安定させ、勢力を強め、農牧業生産を発展させ、辺境防衛を固めるためであった。

　基礎三十六制は実際には基礎6制であったが、「基礎三十六制」と称しており、その内容は主に以下の通りである。

　第一、6大法典：各行政区域の境界、行政・軍事の基礎的法律、大臣等官員の地位と任務、農牧場の領域、人としての道徳、度量衡の基準、国王の選任プロセスなどの法律であり、その中には人としての道徳・美徳を含むものが非常に多い。

　第二、6大政治制度：施政法規の主要な内容にかんする規定。

　第三、6級の褒賞：功績のあった臣民に対する奨励の等級にかんする規定。

　第四、6種の標：国王の主要な功績の類別標にかんする規定。

　第五、6種の称号：善を表彰し罪を罰することを奨励する法規

　第六、6種の勇敢表彰：国家の安全、辺境での守りに功績のあった英雄への表彰にかんする規定

　『賢者喜宴』によれば、その細分は以下の通りである。

第三章　ツェンポの王統

　第一、6大法典は、66大計法、度量衡・標準法、倫理・道徳法、敬強護弱法、判決権者法、内庫家法を包括している。

　（一）66大計法

　吐蕃の5つのル（翼）、18の勢力範囲地区、（奴隷千戸以上）の豪族61、馴・奴・臣・僕の奴隷・再奴隷への再分類、三尚一論総理中央事務、戌辺3軍。

　ソンツェン・ガムポの時期に吐蕃地区の軍事組織は主な行政地域区分に従って5つ（の翼）に分けられた。ウル（中翼）、ヨル（左翼）、イェル（右翼）、ルラク、スムパのルの5つである。

　ウル（中翼）は、以前のツァンルであり、東の境をオルカのシュクパ・プンドゥン（沃オルカ県）、南の境をマラ山脈（ヤルツァンポ江とキチュ〈吉曲〉河の間の山脈）、西をシュ・ニェモ（ニェモ県）、北をランマ・グルププとする。ウはラサのトゥルナン寺（大昭寺）を中心としていたため、ここをウルの首府とした。

　ヨル（左翼）は東の境界をコンポ地区のテナ（今のコンポ、林芝県）、南をシャウク・タクゴ（今のツォナ〈錯那〉県レクポ区シャウク村）、西はカラク・カンツェ（今のナンカルツェ県ペルディ河のカラク）、北はウラ山脈とした。ヤルルンのタンドゥ寺（ネドン県）を中心とした。

　イェル（右翼）はツァンのヤルツァンポ江以北の一帯で、イェルの境界は、東はタクのランマ・グルププで、南はニャナン・ヤクポナ（今のニャラム県）、西はチェマラグ（今のガムリン県チェマラ）、北はミティ・チュナク（今のナクチュ地区ラリ県ミティカ）、シャンのションパツェル（今のナムリン県ションション）を中心とした。

　ルラクは、ヤルンツァンポ江南岸の一帯で、東の境界をジャムネタ、南はネパールのランナ（ネパールとチベットの境界）、西はラケム・ヤクミク、北はチャマラゴンを境界とする。ドゥルパナ（今のサキャ県セーチュ区）を中心とする。

　スムパのルの領域は、東はニェユルのブナク、南をミティ・チュナク、

23

西はイェルシャプ・ディンポチェ、北はナクショ・ジタンを境界とし、ギャショ・タクパツェルを中心とする。

　18の地方勢力の範囲（行政区画）は次の通りである。ソンツェン・ガムポが吐蕃を統一する以前は、各地方の首領が吐蕃の地に割拠して覇を争っていたが、後にツェンポの統一を守り、税の負担に従うという条件の下、以前と同じく領地と、家畜・奴隷たちを支配し続けつけることが許された。これらを「采邑境界（地方勢力範囲）」といった。内部の区分は直接ツェンポの直接の保護を受ける。その他、31の地区は、聶氏ら父系親族の25人の首領が長期に管理する地方である。61ある豪奴千戸には千戸長が61人いる。その他に、まだ冊封されていない小千戸長や大五百長の官員もいる。これら千戸には、常設の正規の軍隊はいない。これ以前の吐蕃の北方の牧区には「辺境守衛」と「兵営」があり、彼らは平時には牧業に従事していて、匪賊が出現した時に、討伐の任務を負うのである。当時の部隊は生産活動にから離れないものであった。千戸の兵士数は『五部遺教』によれば、「4つのル（茹）地域の36の千戸から、30〜40万人の兵士を擁する」とある。あるチベット学専門家の漢文資料に基づいた研究によると、61の千戸は各々10,000人の軍隊を持たないといけないので、総兵数は61万人である。

　馴・奴・臣・僕・奴・隷と再奴に関して。ツェンポ統治下の庶民は豪奴と馴奴の2種に分けられる。いわゆる「豪奴」とは、臣民中の奴隷と財産を持つ者で、兵士となる壮者を組織できる者である。馴奴は豪奴とは違い、各種の平凡な職業に従事している庶民の総称である。その内部は又、小王・奴隷・再奴など、高中低の3つの等級に分けられる。馴奴も主奴など5つの等級がある。各級の下には各々大小の主管権限があるが、必ずツェンポに対して納税・供物の寄進・賦役の負担を負わなければいけない。その他、政府の家畜経営・その他の業種の管理・政府の仕事を行うものは、等しく馴奴である。彼等の下の者を「奴隷」または「再奴」とする。

第三章　ツェンポの王統

　三尚一論は、前チベットの業務をすべて担当していた。彼らは、ツェンポに属する父方の祖母に繋がる3人の叔父と大論（相）で、重要な業務に参加する権利がある。これを「尚論（国臣）卒集」という。ソンツェン・ガムポは国を統治する際、国家の一大重要事項はツェンポの独断ではなく、尚論（国臣）と協議して決断した。国家の重要施策に関しては、全てツェンポ自らの手配・指導の下、公論・尚論らの家臣たちが行うのだ。尚論はツェンポの生母の父親の家系に所属する人で、ツェンポは母親の血統の族長を「尚論」（舅臣）と称した。尚論は同等の地位の大臣の持つ権力より大きな権力を持つ。ソンツェン・ガムポの時期に、三尚一論が前チベットの行政事務を司った。三尚は堆のド氏（堅賛僧格）・曼の琛民（嘉斯協丁）・中部の那嚢氏（那嚢嘉甘）で、一論はバ氏（吉桑達納）であり、これを「三尚一論」と称する。

　戌辺3軍は辺境を守備する。61ある千戸の内、吐蕃の辺境を守り、外寇を防ぐことに突出した貢献をした恐れを知らぬ勇敢な3軍である。

（二）度量衡・標準法

　ソンツェン・ガムポの時、吐蕃は基本的に統一された1つの国家となった。吐蕃の農牧業生産と貿易レベルは大いに発展し、経済的実力も相当に向上した。吐蕃の政治・経済が発展するにつれて、度量衡の統一が重要な課題として議題の日程に上がることとなった。そこで、ソンツェン・ガムポは穀物や油、金や銀の度量衡の基準を定めた。ソンツェン・ガムポからティ・レーパチェン[1]に至る間のツェンポの王統時期の度量衡の基準は、21匊の糧食を1升、3.5匊を1普、6普を1蔵升、20升を1克とする。他の計算方式は、3匊を1普、7普を1升、20升を1克である。いずれにせよ、21匊を1升とする点で同じである。これは当時の穀物を量る斗・升の基準であり、升は木製のものであった。

---

[1] ティ・レーパチェン／墀熱巴巾（ティックデツェン〈墀祖徳贊〉、可黎可足、彝泰賛普、などとも呼ばれる）。チベット史の中で、ソンツェン・ガムポ（松賛干布）、ティソン・デツェン（墀松徳贊）とならび吐蕃3大賢君の1人として誉れ高い。

肉や油を測る基準は、大粒の青稞（ハダカムギ）2粒、中粒の青稞2粒、小粒の青稞2粒など、大小6粒の青稞の重さを1厘とし、20厘の重さを1銭とし、10銭の重さを1両とし、4両の重さを1秤とする。20秤は80両で、これを1克とし、これが当時の重さの基準であり、秤は木製であった。金・銀の重さは、7豆を1分とし、7分を1銭、10銭を1両とした。

長さの基準は、一般に12指の長さを1卡とし、2卡を1肘とし、4肘を1度（まっすぐ伸ばした両腕の長さ）とし、この測り方が近代に至るまで用いられた。

ソンツェン・ガムポの時期、度量衡の法定基準は、升・両・普・掬・銭・分・厘・豆などであった。統一された度量衡の基準は、当時の農牧業製品の交換と商業などの潤滑な経済発展に大きな役割を果たした。

(三) 倫理・道徳法

ソンツェン・ガムポの時期、当時の社会に存在する様々な現象を詳細に研究して法規を制定、決定し、生死をもって罪を贖うことを示した。その内訳は、法律十五条・七大法律・在家規範道徳十六条等であり、細則法を合わせて計37条となる。

(1) 法律十五条は、三行・三不可行・三褒賞・三譴責・三不迫害である。

1) 三行

①外寇を防ぎ、国家に平和を齎すこと、②内政を好くして、庶民が安心して楽しく暮らせるようにすること、③来世の利益のために十善法を信仰・実行すること。

2) 三不可行

①無信仰の者に仏法を授けてはならない、②密呪は仏の結果を得るもととなるものであるから、財物のように売ってはならない。即ち、供物を見て誓言なくして密呪を講じてはならない、③傲慢な者を官員や領主として推薦してはならない。

3) 三褒賞

第三章　ツェンポの王統

①戦場で功績のあった英雄に対して虎皮の褒賞がなければ、その後英雄は生まれなくなるので、英雄に対して必ず奨励を授けること、②内政に功績のあった者に対して、玉や黄金をもって表彰せねば、その後、家臣の賢愚が分からなくなるので、必ず功臣を表彰すること。③仕事熱心の者に褒賞を与えねば、その後仕事に精進する者がいなくなるので、仕事に真面目に精を出す物には手厚い物的なもので奨励をしなければならない。

4）三譴責

①敵に投降した者、或いは、職務を放任するなど職務を遂行しなかった者は狐の尻尾を頭の上に着けて譴責する。さもなければ、英雄と怯懦な者が区別できない。②悪を為す者を適切な法律で処罰できないならば、以後悪を止められなくなる。③違法行為を行い風紀を乱す者に対して適切な処置を行わないならば、その結末は酷いことになる。よって必ず厳格に処置すべきこと。

5）三不迫害

①もし自己の父母を扶養せず、彼らを虐待する者があれば、即刻、将来その報いが来るであろうとの、衆人の叱責を受けるべきである。ゆえに父母を敬い、欺き侮ることがあっては断じてならない。②もし、子弟を愛さずに虐待するならば、その子供が父母を嫌い、憎むだけでなく、外の敵さえもこれを軽蔑するであろう。必ず子弟を愛を持って養育し、虐待するようなことがあってはならない。③もし、親族の面倒を見ずに、親族を憎んで迫害するのであれば、自分の仕事と家が失われるだろう。必ずお互いに尊重し、愛し合い、団結して親族を面倒見て、邪険にしてはならない。

(2) 七大法律

仏教の十善法の中に、殺生をしてはならない・物を盗んではいけない・姦淫をしてはならない・嘘をついてはならない、という4つの根本的な罪があり、これに飲酒にかんする条項をつけて5条とし、ソンツェン・

ガムポは更に、奴隷(民衆)の造反禁止と墳墓の盗掘の禁止の2条を加えて、「禁止七大法律」と称した。

1) 不殺生法

人を殺傷したことに対する刑法は、死命の価(殺人)と活命の価(傷害)に分かれる。相互の喧嘩や騒乱によって人を殺したり、その他の原因で人を死に至らしめた場合、これらは「死命の価」を称する。殺人者は必ず、死んだ者の葬儀と墓所に掛かる費用を賠償し、命を奪ったことに対する償金を贈らねばならない。「活命の価」は騒乱やその他の原因によって、傷害を負ったものであり、加害者は被害者の医療費を賠償せねばならない。死命の価・活命の価の双方において、被害者の地位の高低に応じて、そのおおよその賠償金額を決定する。命の価格・医療費賠償の基準は、規定では金・銀を用いることになっているが、実際の受け渡しの時には銀を以って金に代える事が許されている。

2) 窃盗禁止法

盗賊を懲らしめるための刑法として、もし仏殿と三宝(仏像・仏塔・仏経)を盗んだら、百倍の賠償に処する。もし君臣の財物を盗んだら、80倍の賠償をせねばならない。もし庶民の財物を盗んだ場合には盗んだ物の8倍の賠償をせねばならない。大勢で集まり騒乱に乗じて他人の者を盗んだ主犯は死刑または流刑に処す。

3) 姦通禁止法

人の体を侵害することは重罪とみなす。私通をした者はその肢を割き、奴隷に落とし、辺境に追放する。王妃等の高貴な婦女を姦淫した者はその肢を切る。他人の妻を強姦した者は頭に袋を被せ絞首刑に処す。

4) 詐述禁止法

犯罪或いは、訴訟の案件において、双方は法定において必ず真実の事情説明をせねばならず、もし誤りを認めることを拒絶したり、或いは法律から逃れようとする時は、必ず各自の護法神を証人として宣誓をせねばならず、これを「狡誑洗心法」と称する。

5）泥酔禁止法

もし飲酒によりて大きな事故を起こした時は、必ず法律に則って制裁を受けなければならない。

6）奴隷決起禁止法

庶民と奴隷は、必ず各自の主人の統治に従い、納税の義務を遂行し、主人に背いて反抗・決起をしてはならない。

7）墳墓盗掘禁止法

死んだ人の為に建てられた墳墓の中の財物を盗掘することを禁じる。

(3) 在家規範道徳十六条

①三宝を敬い信じること。②正法と文字を求め修めること。③父母を尊敬し、恩に報いること。④徳を尊重すること。⑤老人を敬い尊ぶこと。⑥親友に対して義を深めること。⑦郷隣にとって利益を齎すこと。⑧思ったことを直言することに注意を払うこと。⑨上流を見習うこと。⑩飲食に節度を持つこと。お金・財産を正しく分けること。⑪お礼には恩を持つこと。⑫公平に人を欺かないこと。⑬タブーや嫉妬を慎み戒めること。⑭言葉は少なく、温かい言葉を使うこと。⑮度量を大きく忍耐を修めること。⑯婦女の言を聞かないこと。

(四) 敬強護弱法

法定では、訴訟の双方の陳述の真偽を分析した後、合理的かつ大胆に判決を下さなければならない。権勢のある者と貧しく弱い立場の者を両方とも慮らなければならない。

(五) 権力者の判断に関する法律

重大・特殊な事柄は、国王の判決によってなされ、それは必ず無条件に完成されなければならない。

(六) 内庫家法

ツェンポの倉にかんする法律。倉庫の財物の保管・管理にかんする宮殿内部の仕事にかんする法律。

第二、基礎三十六制度中における6大政治制度

（一）主人に孝養を尽くし、利息を完済する

ツェンポに孝養を尽くすために、民衆・臣下は努力・精進する。庶民は期限通りに自らが承った土地や家畜の税などを国王に必ず納めなければならない。

（二）豪族を抑制し、臣下・下僕を助ける

法律の規定にて、権勢を振るう者や専横をする者、或いは、権勢のある豪奴の威圧を抑制し、再奴など卑賤で弱い庶民を扶助する。いかなる者も虐げてはならないのである。

（三）馴奴を豪奴に充てず、女性は政治をしない

馴奴を豪族の奴隷に充当してはならない。婦女は政治に容喙してはならない。

（四）辺境を守り、民の邪魔をしない

四方の辺境を守り、馬を庶民が耕作している田畑に放して荒らしてはならない。

（五）敵を征服し、臣民を扶育する

一切の外敵を倒し、国家・臣民の生活に関心を持ち、必ずや臣民の安楽を保持し、護らねばならない。

（六）十善を尊び、それ以外を捨てる

王・家臣・庶民は長く十善を奉って行い、十善にあらざるものを捨て去る。

第三、基礎三十六制度中の褒賞6階級

ツェンポは大臣と功績のあった者への賞状と褒賞を当時の大臣の等級・地位の高低に応じて頒布したが、これは臣民を鼓舞する優れた措置であった。大小の珊瑚の文書と金書などの宝玉の価値に地位を対応させたのである。6段階の褒賞の上等は珊瑚と黄金であり、中等は銀と金メッキを施した銀、下等は銅と鉄の6種類であり、この6種は各々大小があるので、全部で12種類、つまり、12の等級を表すのである。このほか

に、響銅¹と波紋白木文書がある。

　褒賞はその人の等級により決まる。大相は大翡翠（珊瑚）、副相・内大相は小翡翠（珊瑚）、小相・内副相・大噶論 は大金、小内相・副噶論は小金、小噶論は鍍金された銀、寺院軌範師・座前法師・上下の権臣は大銀、侍身本老師・持寝師・羌塘堪輿師・辺境防衛哨兵・城堡警衛は小銀、千戸長・ル長などは銅、英雄は鉄、一般庶民は木材と、それぞれの地位に応じて賞状の材質も規定されている。

　第四、基礎三十六制度中の６種の標

　王の命令を表す標であり、法令を代表して執り行える印章は「詰命匣」と称される。軍の営相の標は、ツェンポの軍隊を表す標で、軍機の上に高く掲げられる。国王の居るところの標・象徴は王宮の聖神である。国王が仏法を行っている標は、新たに建立されたツクラクカン（祖拉康）などの仏殿である。敵を鎮めた英雄の標は、各英雄が身に着けている虎の皮の戦服である。国務に精通して才能がある者の標は、翡翠（珊瑚）や金などの褒賞を得た９大臣である。

　第五、基礎三十六制度中の６種の称号

　これは摂政の臣下と臣民に対して、彼らを区別する為の６種の善い称号と悪い称号である。

　第六、基礎三十六制度中の６種の勇敢表彰

　これは国家の安定・辺境の守備を固める上で功績のあった戦闘の勇士を表彰するための措置である。英雄はその功績の大小により６段階に分けられる。一番上から、虎皮の裓（うち掛け）、虎皮の裙、大きな麻の袍、小さな麻の袍、虎皮の袍、豹皮の袍である。

　古代吐蕃の基礎の方面から、我々はソンツェン・ガムポがチベット族の偉大な先祖であるということが見て取れる。彼はチベット族の歴史上、

1　響銅は、銅合金の１種。鉛・錫、ときに少量の銀を加えたもの。また、それで作った仏具・皿・鉢など。

非常に優れた高邁なツェンポであった。ソンツェン・ガムポが吐蕃を統一して以降、ツェンポの王統は強大な政治的な力と、経済的な実力が打ち立てられたが、これは広範な民衆の支持と、当時の社会に適合した総合的な法律法規の制定と密接に関係しているのである。

三、現代使用されるチベット文字の創作

　ツェンポが現代チベット文字を創造したときの基本的な状況に関連する次のような故事がある。ソンツェン・ガムポが12歳（629年、チベット暦土牛年）の時に、即位の宴会が盛大に執り行われ、吐蕃の四方の隣国や各部族の首領が使いを遣わして祝辞を述べさせた。ある者は大きなお祝いに祝辞を、ある者は書面での祝辞を述べたが、書面に書かれた文字は地方によって異なっていた。当時、吐蕃には文字がなかった為に、彼らの文字でお礼の返事を書いたり、感謝を口頭で述べて伝えるしかなかった。このことをツェンポは非常に問題だと感じた。彼は、吐蕃に文字が無いのであれば、国政の大事を完成させることができないと考えて、隣国に指摘されたこの問題を解決する為に、必ずや吐蕃自らの言語の文字を作り上げなければならないと決意した。ソンツェン・ガムポのこの思いが、今に至るまで使われているチベット文字創作の縁起となったという。

　1. トンミ・サンボータのチベット文字創作

　現代チベット文字の創作者は大臣、トンミ・サンボータである。『賢者喜宴』では、「呑の洛惹喀が呑弥阿惹迦達の子で聡明なトンミ・サンボータに砂金1升を授賜した」と書かれている。よって、トンミ・サンボータの生まれた地は「呑」の地の洛惹喀であり、父の名前を「呑弥阿惹迦達」といい、彼本人は「サンポータ」といった。「呑」の地の洛惹喀はニェモ県に位置し、現在もいまだにこの名が用いられている。

　『賢者喜宴』によると、ソンツェン・ガムポは吐蕃の相臣の子弟16名の聡明な青年達に礼を尽くして、彼らをインドに派遣して字を学ばせた。

そのうちある者は道中の艱難辛苦に恐れをなして引き返し、ある者はインドに着いたが、その暑さで死亡し、又ある者はサンスクリット語が分からないことを苦にして吐蕃に引き返し、誰もツェンポの願いを実現できなかった。そこでツェンポは再び聡明・正直・機敏で出自が良く、多くの功績をもつ青年のトンミ・サンボータに1升の砂金とインドの貝金協布納拉欽王への慰問の品を与え、達洛徳冲等の人を随行させて派遣し、インドへ留学させた。無事インドに到達し、インドの大部分の地を見て歩いた後に、トンミ・サンボータは、南インドの言語に精通した大学者バラモンの李勤に師事し、あらゆる知識を学んだ。トンミ・サンボータは7年の懸命な研鑽の後、自らも影響力のある学者と成った。彼は経典と贈り物を無事に吐蕃に持ち帰り、ソンツェン・ガムポの命により創造した文字を奉ったのである。

2. 現代チベット文字の起源と特徴

トンミ・サンボータが創り上げた現代チベット文字の底本の方面においては、学者たちの間で意見が割れているところである。『賢者喜宴』によれば、トンミ・サンボータはサンスクリット語の楞札字[1]とカシミール文字[2]を音韻の底本とし、瑪茹堡（帕邦卡）においてチベット文字の形を創造した。

トンミ・サンボータがチベット文字を創造したとき、まず、2つの音調を構成した。その音調と字母の拡張が完全に一致している。彼はサンスクリット語の語調をよく研究した後、サンスクリット文字の字母の中から、チベット語の音調に適合するものを選び出し、捨てるべきは捨てた。その他、トンミ・サンボータは足りない字母を合理的に創作して補った。現在、我々（チベット族）が使用しているチベット文字の体系は突出しており、現在の世界の文字の中でもトップクラスのレベルである。

1　古代インド文字の1種。
2　カシミール国の文字。インドの西北に位置し、ガンダーラ地方の東北、ヒマラヤ山麓にあった国。現在のカシミール地方。

チベット文字の基本の字母はインドから来ているが、古代インドの字母よりも優れているのである。これはソンツェン・ガムポの願いと、特にトンミ・サンボータの卓越した知恵から生まれたのである。この面は、チベット族には非常に早い時期から文字が作られ、チベット族が英知を備えた民族であることを現している。

　現在我々が使用しているチベット文字は数多くの優れた点がある。第一に、チベット文字は表音文字の1種であり、34の字母があるに過ぎないが、音調の区分は明確であり、変化が無く、非常に文字の性質に適している。トンミ・サンボータが創り出してから、今に至るまで基本的に原状を保っている。字音は全く実質的な変化が生じていない。第二に、現在用いられているチベット文字は創られてから既に1,300年以上を経ており、その間に方言には各種の変化が生じたが、現在でもチベット文字がある程度できる人は当時の撰著を読むことができ、ある程度の文化レベルがある人であれば誰でもその意味を理解することができる。第三に、チベット文字の表音方法である。その表記方法が理解できれば、どの民族であっても、どの国家であっても、ほぼ共通するイントネーションをもっていることが理解できるだろう。チベット文字は世界で最も早く表音文字を用い始めた国の1つである。第四に、チベット文字は、どんなに多くの内容でも書け、意味が深遠な内容も書くことができる。当時、トンミ・サンボータは『観世音菩薩二十一部経続』などの吐蕃になかった正法の経典を翻訳した。第五に、チベット文字の字母の数が非常に少ないこと。第六に秩序立っており、系統的な字の来源がある。

　つまり、ソンツェン・ガムポの時期に、チベット族は今に至る文字を使用し始めたのであり、これによって、吐蕃の歴史・政治・経済・文化・軍事・法律等の各方面において大いなる発展を見たのである。

第三章　ツェンポの王統

四、王妃の迎え入れ

1. 3人のチベット族の貴妃

ソンツェン・ガムポは、前後して、モン妃のティチャム（墀嘉）、シャンシュン妃の勒托曼、木雅茹央妃の嘉姆増ら3人のチベット族の王妃を娶ったが、その内、シャンシュン妃と茹央妃には世継ぎが生まれなかったものの、第1王妃であるモン妃のティチャムにはツェンポの血を引く王子、グンソン・グンツェン（貢松貢賛）が生まれた。

2. ネパールの王妃ティツゥン（墀尊）を娶る

ソンツェン・ガムポは、敬虔な仏教徒であっただけではなく、卓抜した英明な国王であった。チベット地区（吐蕃）に仏法を弘揚せんと、中国やネパール等の地の燦爛たる文化と文明を吸収しようとし、ネパールと中国の地から釈迦牟尼の8歳と12歳の時の等身像を招き受けようとした。そこで、彼はネパールのティツゥン公主と唐の文成公主を娶り迎えるという良いアイデアを思いついた。大相ガル・トンツェンユルスン（噶爾・東賛域松）[1]とトンミ・サンボータが臣・騎士など、100人を引き連れて艱難の行程の末にネパールの昆布城に着き、竜宮殿にて徳瓦王印鎧甲光王に謁見し、多くの黄金・宝玉や特殊な瑠璃でできた器などを献上した。ガル・トンツェンユルスンは王に拝謁して献上品について詳しく解説すると共に、ツェンポの結婚を望む旨を説明した。ネパール国王は再三にわたって、娘を吐蕃に嫁がせるつもりはないと答えた。吐蕃からの使いの臣はソンツェン・ガムポの書簡をネパール国王に渡した。ネパール国王は書簡を見終わると、吐蕃の王（ツェンポ）の威力を恐れ、他方で、賢明で勇敢な青年の王（ツェンポ）の能力を認めて、最後にはティツゥン公主をソンツェン・ガムポに嫁がせると答えた。当時、ティツゥン公主はこれを非常に悲しんだが、王である父の命令には抗えなかった。

1　ガル・トンツェンユルスン（mgar stong btsan yul srung、？～667年）、漢語文献では禄東賛、論東賛、大論東賛などと呼ばれる。吐蕃の著名な政治家、軍事家、外交家で大論の職にあった。

彼女は父である王に「もし、お父様が私に吐蕃に嫁ぎに行けと言うのなら、私は従います。吐蕃で仏教を発展させるために、釈迦不動金剛仏像と弥勒怙主像、度母姉像などを嫁入り道具として賜りたいです。私は吐蕃でどのように行ったら良いかをご教示願いたいです」と述べ、父である国王はこれに答えた。その後、象に載せられたティツゥン公主の煌びやかな嫁入り家財の中には、父である国王から賜った釈迦不動金剛仏像と弥勒怙主像、度母姉像を主とする嫁入り道具と、無数の珍しい宝や付き従う侍女、腕利きの匠たちが吐蕃に向けて出発した。吐蕃では100名の大臣・騎士たちが心を尽くした盛大な宴を催し、重厚で荘厳な儀式の中、王妃であるティツゥン公主を迎え入れた。ラサのマルポリ山宮でツェンポのソンツェン・ガムポとティツゥン公主は顔を会わせ、結婚が成立し正式に王妃となった。その後、ティツゥン公主は、王城の宮殿を建てるようにとの父の教えに従い、ツェンポの宮殿を建てることを請い、ソンツェン・ガムポは公主の願いを許可して王宮を建設した。王宮はマルポリ山の3層の城壁の中に作られ、要塞風の建物999棟を建て、頂上の紅宮を合わせて1,000棟となり、四面に精巧な4つの門楼を建て、仏殿には釈迦不動金剛仏像等を置き、「トゥルナン寺」と名づけた。

3. 唐の文成公主を娶る

ソンツェン・ガムポは国政の大業を完遂する為に、東方の大国である唐の皇帝の娘を妃に娶りたいと望み、ガル・トンツェンユルスンを首班とする100人の大臣や騎士に多くの黄金や宝物、上等の金緑石を使った綾絹の服とルビーを嵌め込んだ瑠璃の鎧等の高貴な贈り物と漢文で書かれた機密文書を携えさせ、皇帝の娘をツェンポと結婚させるために唐へ行った。ガル・トンツェンユルスンたちはマルポリ山宮を出発し東方の漢地へ到達するまでの道のりは困難を極めたが、城壁に囲まれた何万もの家が連なった大唐皇帝太宗の宮殿のある陝西の長安の福徳門に着いた。唐の太宗は吐蕃、インド、ペルシア、トム・ケサル、タタールなどの国の官僚が集まる場所で文成公主を吐蕃のツェンポの妃にすると宣言

第三章　ツェンポの王統

した。チベットに行く前に、文成公主が太宗皇帝に希少な至宝である釈迦牟尼仏像を自分に賜るように求め、唐の太宗はその求めに応じ、聖なる縁であるとして五行経典、工芸技術、病気を治療する8種の医術、6種の診断法、4種の医学書などの医学論書と医療器具及び嫁入り道具として使い切れないほどの様々な宝物を彼女に賜った。

　その後、公主は釈迦牟尼仏像を荷車に積み、力士の嘉拉嘎と魯嘎に牽かせた。数百に及ぶ多くの宝物、美しい衣服（綾羅綢緞）、そしてあらゆる物と器をラバや馬、ラクダに背負わせて運んだ。宝物で装飾し、仙女のような美しさの公主は吐蕃の結婚を求める使者と唐の公主をお送りする使者、侍従、官女とともに皇宮を後にし、チベットまでの果てしなく長い道のりを踏み出した。

　その後、李道宗を統領とする唐と吐蕃の諸臣は更に釈迦牟尼像と文成公主をツォナ（現在の青海省瑪多県東北部黒海郷）に到着させ、直ちにマドゥのチャリン湖付近のチベット人が住む場所に駐屯した。ソンツェン・ガムポは自ら兵を率いて出迎えた。釈迦牟尼像と文成公主及びその側近が山を登り川を渡り、森を越え、峡谷と平原を行き遂にラサへたどり着いた時、吐蕃の臣民はツェンポの命令に従い、盛大な歓迎会を開き、祝日の衣装に着替えた大勢の男女の民衆が各地からラサに集まり、限りない敬慕の心持ちで仏祖の像と公主を出迎えた。公主は金襴緞子（綾羅錦緞）の衣服と珍しい宝物でできた装飾品を身に付け、25人の美しい官女が琵琶を演奏し、楽器を吹奏し、吐蕃の大臣数人は威儀を正して礼を以って出迎え、太宗皇帝の特使に付き添って、公主がチベット入りするのを護送していた江夏王李道宗が宮殿の札西賛果門の前に着いた。ソンツェン・ガムポと文成公主は出会って喜びを享受し、文成公主は正式に権威あるツェンポ王妃の座を授けられた。

　文成公主がチベットに来た時、天文暦法や五行経典、様々な医学や工芸に関連する多くの書籍を持ってきており、また造紙法、彫刻、醸造や工芸技術に精通している技術者たちを連れて来た。彼女は唐と吐蕃の経

済、文化交流に偉大な貢献をしたばかりか、唐と吐蕃の血族結婚を実現させ、漢族とチベット族という 2 つの民族の長期的な友好という面において、深い歴史的意義のある偉大な影響を生み出した。

五、ラサのトゥルナン寺などの仏殿の建設

　ソンツェン・ガムポは全吐蕃統一の政権を樹立し、社会の基本体制と法律の基礎を制定し、軍事管理組織を設立しチベット文字を初めて創るなど業績は顕著だった。実行する過程において彼はチベット地区を長期間安定させるにはこれだけではまだ足りないと考えた。数千年もの間で分裂して割拠したチベット族の各部落は原始宗教が遺していた各祖先の士族のそれぞれの神に帰依しており、互いに譲らずそれぞれ勝手に治めていた。親しき友人同士でも仲が悪くなって仇のようになる悪習があり、部落同士で戦乱が絶えず、互いに殺し合い、雪辱を果たしあっていた。特に先王のタクブ・ニャジク（達日聶斯）[1]と父王ナムリ・ソンツェンの時にはプギェルの統治下に組み入れられた小国の部落は機会を伺い、次から次へとプギェルから離反する事変を起こした。ソンツェン・ガムポの時に、キュンポ・プンセー・スツェもかつて反乱の陰謀を企てていた。これらの不穏な要素があることを鑑み、ソンツェン・ガムポはチベット民族の文化を発展させ思想を統一させる支柱を建立する必要があると実感した。当時、アジア文化が発達していた東方の唐、南方のインド、西方のネパール、北方のホータン王国等吐蕃の周辺の国は正に仏教が栄え、評判が高かった時に、ソンツェン・ガムポは昔から既に仏教の名声を知っていた。漢族とネパールの両国から迎えた 2 人の王妃が仏教を篤く信奉しており、それぞれ招請した金色の釈迦牟尼と覚臥不動金剛仏像を初めとする多くの身・語・意の聖なるご縁があり、また、大臣のトンミ・サ

1　タクブ・ニャジク（stag ri gnyan gzigs/stag bu snya gzigs）。チベット族の伝統によれば、吐蕃王朝第 31 代目の賛普であり、吐蕃王朝を建国したソンツェン・ガムポの祖父。

ンボータはインドから多くの大乗仏教経典を持ち帰って翻訳しており、多くの状況が既に整っていた。2人の王妃の要求の下、まず吐蕃の中心地ラサでツクラカンという仏殿を修築した。

ラサでトゥルナン寺とラモチェ寺（小昭寺）の修築をする条件として、『教法史』ではこう述べている。文成公主がラサのラモチェ寺にやってきた時に釈迦牟尼像を積んだ荷車が砂地にはまり、文成公主は漢暦で推算したチベット地区の地形が羅刹女が仰向けに寝ているような形状になっており、オタンプリ湖（現在のトゥルナン寺の所在地）が羅刹女の心臓で、悪い道の門であり、この地の上に修築した仏殿に釈迦牟尼仏像を安置してようやく鎮められた。この他、文成公主は更に8つの地を征服する方法を提案した。そして彼女はトゥルナン寺とラモチェ寺の修築を取り仕切った。当時、トゥルナン寺には合計8つの仏殿があり、東南の小塔には吉祥天女（パルデン・ラモ）の神殿があった。

ここから、トゥルナン寺はチベット仏教発展の拠点となった。トゥルナン寺の建立は吐蕃仏教を発展させただけではなく、漢・チベット・モンゴルなどの兄弟民族関係の紐帯となり、中国の統一事業と民族団結のために不朽の貢献を果たした。

ソンツェン・ガムポの時期に吐蕃では仏教を発展させるための規則が創始され、彼の指導のもと、臣民のために10善法や在家道徳規範16条を制定した。それと同時にインド・漢の地・ペルシャ・ネパール・ホータン王国などの国と地域から工芸・医薬・暦法などの優秀な文化を導入し、徐々に文化交流を始めた。これより、チベット民族の文化・法律・科学技術などの各方面は以前に比べて大きな発展を遂げた。

六、彊域の開拓と吐蕃経済の発展

ソンツェン・ガムポは将来を見通す優れた見識を持つ度量の大きい人間だった。もし民族を発展させるなら、世界中のあらゆる先進的な文化と経験を吸収し、手本とするべきであることを深く理解していた。吐蕃

の統一と勢力範囲を拡大するという条件の下、ソンツェン・ガムポは周辺隣国と幅広い関係を築き上げ、出来たばかりの吐蕃の政治・文化・軍事と社会・経済を強固にし、発展させるために卓越した成果を収めた。『弟呉教法源流』でソンツェン・ガムポの偉大な功績を述べる際に「拉堅凱堅」に言及している。「凱堅」とは8つの市場を指し、上部3つの市場は突厥、回鶻、ネパールであり、下部3つの市場はカルルク、絨絨、デンマであり、中部の2つの市場は二東東大集市[1]と北商市[2]である。

ソンツェン・ガムポは唐とネパールから王妃を娶ったことで、腕利きの工匠を集めて仏殿を修築し、チベット民族の古典建築の工芸の発展を向上させ、インドからは文字を手に入れてチベット文字を創造し、四方の諸国から仏教経典を翻訳し、チベット民族文化の発展を促した。とりわけ東方の大国唐と親密な関係を築き、そして唐王朝の経験を学んで参考にし、吐蕃の政治と軍事管理体制を制定した。

当時、吐蕃では各種の物々交換の交易ルートを広く切り開き、次第に繁栄へと向かい、商品の交換から吐蕃の農牧業生産を更に推し進めたので、人民の生活は日に日に向上し、吐蕃の社会・経済は発展し、新時代が始まったのである。

七、唐とチベットとの間の友好関係の樹立

チベット王ソンツェン・ガムポが自ら打ち立てた唐とチベットの関係と、当時の周囲にあったその他の隣国との間に作った関係は少し異なる。吐蕃王朝を築き上げた時、トゥルナン寺の門の前にある『唐蕃会盟碑』には唐とチベットの関係が記載されており、碑文には「東方に漢あり、大海の内の東辺の王、南のネパールとは異なり、純粋で善良な風俗で、昔の書籍にも名高く、過去には蕃と敵対していたが、何故友好関係になっ

---

1 二東東大集市は、吐蕃と他地域の生産品を交換する大市場。
2 北商市は、民衆が自ら生産した物を交換する市場。

たのか。初め、漢王が都におり、大唐はすでに23年を経て、一代（の皇帝）の後、聖神であるティソン・デツェン・ツェンポと大唐の文武孝徳皇帝の2名が相談し、社稷を1つにした。貞観の敏、文成公主を王妃として娶り……」と書かれている。文成公主がチベットに行ってから碑が建立されるまでの間、唐と吐蕃には既に200年の親密な間柄があり、この石碑には唐と吐蕃の密接な友好関係の簡潔な歴史的史実が記載されており、現在もそれをはっきりと見ることができる。ツェンポ時代の碑文には漢とチベット2つの民族の関係がその他の隣国との間との関係と異なることが表明されており、このような深い関係はソンツェン・ガムポから始まった。

　チベット文字の歴史書の記載によると、ソンツェン・ガムポは18歳の時（634年）、唐の太宗へ使節を派遣して祝いの贈り物を献上し、唐の太宗も金書の使節を派遣して吐蕃のツェンポに感謝を表し、唐と吐蕃の公式な関係を築き始めた。当時、ソンツェン・ガムポは使節から唐の太宗が公主を突厥王に嫁がせる準備をしていると聞き、多くの贈り物を携えた使節を派遣し長安に行かせ、唐の太宗に公主をツェンポの王妃にするよう頼んだが、唐の太宗は結婚の要請に返事をしなかった。ソンツェン・ガムポは激怒し、兵を率いて既に唐に服属していた吐谷渾を攻め、吐谷渾王の兵は青海北部にまで敗走し、チベット軍は家畜を尽く奪った。その後、タングート（党項）・白蘭羌・ジャン（麗江）などの地を攻め落とし、ツェンポは自ら200,000の大軍を率いて松州に侵入し、ここでツェンポは唐へ使節を派遣し、金や鎧を貢いで再び結婚を要請し、側近に「公主が得られなければ更に侵攻する」と話した。だが唐の太宗はまた返事をせず、都智の韓威を派遣し、ごく少数の兵力でチベット軍に反撃したが、チベット軍に敗れた。当時、唐に属していた南詔はみな唐を裏切り吐蕃に付いた。このような状況下で、唐の太宗は右武衛大将軍の牛進達に50,000の兵を率いてチベット軍を討つように命じ、松州に駐屯している吐蕃の野営地を夜襲し、チベット軍の1,000名の首級を挙

げた。チベット軍は怖気づいて引いて行った。『新唐書』には「始め東寇の地は、何年も引かず、その大臣が国に引き返すよう進言したが聞き入れず、自ら8人を殺した。ここに至ってソンツェン・ガムポは恐れ始め、引いて行った」[1]と書いている。吐蕃が撤兵したあと、ツェンポは改めて使節を派遣し唐へ謝罪し、結婚を要請し、唐の太宗は結婚の要請をほぼ認めた。貞観15年（641年）、チベット暦鉄牛年に文成公主は唐の都長安を出発し吐蕃へ行った。

　『漢蔵史集』では、ソンツェン・ガムポは聡明で見識のある澤聶丹、朗措頓勒、恰迦東貢、達弥達喀などの4人を遣わし、それぞれに8つの銀の装飾品や金の布、半升の砂金などを賜った。彼らに、「漢の地へ行き吐蕃に有益になる典籍を学べ。以前、吐蕃、インド、漢の暦法は盛んではなく、生命の占いや四季の計算をするために漢の地に触れなければならず、一生懸命学べばきっと厚く報酬を与えよう」と話した。彼ら1人は漢の地に着くと、師とする4人の学者に挨拶をし、中でも季節の推測に通じている嘉赤摩訶衍那に1年7ヵ月の間学び、その他の多くは完全に伝授されず、ただ『継明灯』『邦嘉喇嘛』『天地尋跡』『信弦図表』を伝授された。吐蕃の4人の聡明な青年は生命の占いと四季の知識を学んだ後、共に吐蕃に戻った。恰迦東貢は漢族の全ての暦算に通じ、その子供の名前は恰迦嘉措と名づけ、父子は2人ともツェンポの占い師となった。ここに吐蕃での漢暦の発展が始まった。

　唐の太宗の死後、唐の高宗は永和元年（649年）、チベット暦土鶏年に皇位に即位した。ソンツェン・ガムポは「附馬都尉」の爵位と「西海郡王」の王位に昇格した。ソンツェン・ガムポは唐の役人長孫無忌を通じて唐の高宗へ上書し、「天子が即位しましたが、下に不忠者がおります。兵を率い国へ行き共にこれを討ちたいと思います。そして15種の黄金製のガチョウを捧げ昭陵に奉じます」と述べた。その後、唐の高宗はソ

---

1 『唐書』巻216上、吐蕃上、蔵文本、第11ページ。

ンツェン・ガムポを「賓王」の爵位に封じ、漢の地の習慣に則った祝宴を催しただけではなく、吐蕃の希望に従って大勢の養蚕者とガラス職人、杜氏、石匠などを遣わした。ソンツェン・ガムポがこの世を去った後、唐の高宗は使者を遣わし弔問し、漢の習慣に則りツェンポの陵の前で祭祀を行った。

第二節　グンソン・グンツェン（貢松貢賛）とマンソン・マンツェン（芒松芒賛）

　グンソン・グンツェン・ツェンポはソンツェン・ガムポとモン妃ティチャムの子で、吐谷渾妃マンモジェを王妃とし、マンソン・マンツェンを生んだ。グンソン・グンツェンは父親のソンツェン・ガムポより先に亡くなった。マンソン・マンツェンは646年（火馬年）に生まれ、まだ幼かったため内外の仕事はみな大相のガル・トンツェンユルスンが決め、18年もの間、ガルがツェンポの政務を保護・維持し続けた。マンソン・マンツェンはド氏のティマロェを王妃とした。マンソン・マンツェンは5年の間、執政し、654年（木虎年）に大相ガル・トンツェンユルスンがモンプラルゾンテェルン・モン地方で管轄下の首領を集めて、「集会」を挙行した。集会において、大相のガル・トンツェンユルスンは臣民・庶民を特殊臣民と一般臣民の大きく2つに分けた。そして、各自の仕事を適切に割り振り、成人男子や食糧の労役を徴発し、父権と奴隷を区分けした準備作業を完成した後、翌年にメルト地方で法律の条文を起草した。その後、マンソン・マンツェンは晩年から毎年議員連盟の集会を始めた。彼は大論の主催のもとそれぞれ関連する首領を召集し、軍事の監査や農・牧業それぞれに対する税であるヘドルカとテュルカといった政

務上重要な事項を評議で決定することで、合議制を確立していった。

　マンソン・マンツェン・ツェンポの時期に唐とチベットの間の関係は絶えず拡大し、互いに友好使節を遣わした。これら友好使節の往来は漢族とチベット族、両民族の間の相互理解と友好関係を深めた。時には唐とチベットの境である吐谷渾や南詔などの小国で事件があり、唐とチベットに争いが生まれ戦争になったことはあったが、その後も依然として平和裡に付き合うことが出来たのである。

　マンソン・マンツェンの在位期間に主要な国政の面では、老練な大相であるガル・トンツェンユルスンが、ソンツェン・ガムポの賢明なる政策と事業を一貫して実行して、吐蕃社会に安定をもたらし、農牧業の生産は正確な管理が軌道に乗るようになった。また、隣国との貿易関係を築いて発展させ、経済収入が増加させ、社会や軍事制度が整えていき、更に、唐とチベットの関係を更に重視して積極的な関係を発展させていった。その他、国境警備の固守については疆域を拡大して、所属する臣民を増加させるという大きな貢献を果たした。

第三節　　ドゥーソン・マンポジェ・ツェンポ

　ドゥーソン・マンポジェの正式な名前はドゥーソン・マンポジェ・ルンナム・トゥルギギェルポと言う。彼はマンソン・マンツェン王と王妃ド氏ティマロェの子供であり、676年、火鼠年にラルンで生まれた。その年の冬、父王マンソン・マンツェンが亡くなり、その死は3年の間秘匿され、その後にドゥーソン・マンポジェはツェンポの尊称が付けられ、母親のティマロェが彼の代理として摂政した。ドゥーソン・マンポジェ

はチム氏を娶り王妃とした。ガル・トンツェンユルスンの長子ツェンニャトンブ（賛聶頓布）が大相を担当した。ツェンニャトンブが亡くなった後、トンツェンユルスンの次子であるティンディンツェンワ（欽陵賛婆）が大相に任命された。彼らは吐蕃の政治、経済、軍事などにおいて勲功を立てた。だが、彼らの功績が顕著になるにつれ、傲慢さが生じ、それが次第に増長していった。ここにおいて、ガル家の子孫の傲慢な思想がますます酷くなり、吐蕃の臣民たちはこれを恐れて彼らを敬った。ガル・トンツェンユルスンの子孫たちは表面上はドゥーソン・マンポジェに恭しく接していたが、実際には専横な振る舞いが跋扈し、君臣との間の衝突は日に日に激しくなった。698年、土狗年の夏、ドゥーソン・マンポジェは北方を巡視し、大相のティンディンツェンワはドメー地域のツォンカに出兵した。その年の冬、ツェンポはガル・ティンディンを処罰し、大相という職位を廃した。翌年、ドゥーソン・マンポジェはダクのチャツェル地方で罪を得た家族の財産帳簿を徹底的に調査し、ガルの家族の財産を全て王室に接収した。

　ドゥーソン・マンポジェの時、唐とチベットの間では互いに使節を遣わし吐蕃は絶えず漢地から茶葉・磁器・各種の楽器などを引き入れ、両国に経済技術と文化交流の関係が築かれた。この期間、吐蕃では茶葉とお碗などの磁器が流行り、『紅史』にはお茶やお碗の種類に関係する論著に詳細に記載されている。

　ドゥーソン・マンポジェは鉄鼠年（700年）から自ら指揮をとり松州、洮州などの大唐との境界に出兵した。水兎年（703年）にツェンポは兵を率いて南詔を攻め落とした。翌、704年に南詔付近のニャ（約）という雲南地区に駐屯した。この年の冬、ドゥーソン・マンポジェは南詔で逝去した。

第四節　ティソン・デツェン・ツェンポ

　ティソン・デツェン・メーアクツォム・ツェンポはツェンポドゥーソン・マンポジェとチム氏ツェンモトクの子供で、木龍年（704年）の春にポタンツェルにて生まれ、本名をギェルツクルと言った。704年の冬、父王のドゥーソン・マンポジェが崩御し、王子はまだ幼かったため内外の政務はみな王太后が、すなわち父王のドゥーソン・マンポジェの母親とメーアクツォムの祖母のド氏ティマロェが代理として行った。木蛇年（705年）にデクレンパノンナン（岱仁巴努囊扎）とケゲードナン（凱甘多囊）を首領とした反乱が起こり、ツェンポは派兵し、ボンモナラツェル（苯姆那拉牧）の地で逆臣のデクレンパ（岱仁巴努）などを殺し、反乱を治めた。その年の冬、ツェンポはク・マンポジェ・ラスン（庫・芒波傑拉松）を大相に任命した。だが、このことはすぐに祖母のティマロェの耳に入ることになる。ほどなく、ク・マンポジェ・ラスンはリンリン林で処罰され、バ・ティジクシャンニェン（韋・墀素香聶）が大相に任命された。この年、ツェンポは出兵しセリプ（悉立）などの小国の逆臣を鎮圧した。土鶏年（709年）に悉立王を捕らえた。これより、王権は確固としたものとなり、吐蕃の社会は安定することになった。

　ティソン・デツェンの王妃である唐宗室の娘の金城公主がチベットに入った年代については多くの学者の研究により710年（チベット暦鉄狗年）と断定されており、公主を娶ったツェンポはティソン・デツェン・メーアクツォムである。『敦煌本吐蕃歴史文書・大事紀年』に「狗年（710年）にツェンポ（ティソン・デツェン）はベルポ川に駐留し、祖母ティマロェはドン（仲）の地に駐留した。ティパタン（赤帕塘）議盟において人を

遣わしツェンモ（賛姆）の金城公主がチベットに来る調度品を準備し、尚・ツェントレレージン（尚・賛多熱拉欽）たちを結婚の使節としツェンモの金城公主はラサ（邏婆）の鹿園に至った。冬、ツェンポ夫婦（ティソン・デツェンと金城公主）はダクマル（扎瑪爾）に駐留し、祖母（ティマロェ）はラガンツェル（拉崗雑）に駐留した。ドメー地域（多麦）のドゥンマツェナムヨル（丹瑪孜納木尤）にて尚・ギャト（尚・嘉多）とタグリツァプ（達格日雑）は集会して盟を議した」[1]と記載されている。歴史には七一〇年、鉄狗年に吐蕃の大臣の尚・ツェントレレージン（尚・賛多熱拉欽）（『唐書』では「尚賛出名悉臘」とする）は吐蕃に金城公主を娶るための結婚の使節として唐の都、長安に来て、結婚の贈り物を献上し、皇帝は宗室の娘の金城公主を嫁に出し、盛大な宴会を行い吐蕃の使節を招待した。唐の中宗は唐と吐蕃の政治的な友好のため、金城公主を友好の使者として吐蕃のツェンポに嫁がせることを決めた。金城公主の嫁入りに関して、『西藏王統記』には「帝は無数の贈り物を賜り、百官を率いて金城公主を始平県の城まで送った。そして、吐蕃の使節のために宴会を行った。帝はまた嘆き悲しみ咽び泣き、始平県の死刑囚を全て恩赦し、民の徭役を一年なくし、県を金城と改めた」[2]と記載されている。金城公主は吐蕃で人を組織して多くの仏法経典と医薬、暦算の書籍を翻訳し、唐と吐蕃の各種音楽を普及・発展させ、吐蕃文化を豊かにした。そして、唐と蕃の間の親密さは増し、両民族の関係は更に強くなった。

　ティソン・デツェンは754年、木馬年に羊卓扎蔡に来訪した後に亡くなったとされているが、実際には大臣のベル・キェザンドンツァプ（巴・吉桑東賛）とラン・ニェジク（朗・弥素）の2人に殺されている。

1　『敦煌本吐蕃歴史文書・大事紀年』第26ページ。
2　『西藏王統記』鉛印本、第197ページ。

第五節　ティソン・デツェン・ツェンポ（墀松徳賛）

　　ティソン・デツェンはプギェル一族の中で優れた政治的功績を上げ、吐蕃を富み栄えた強国にするために偉大な貢献を果たし、政治と教育の両面で相当の権勢を持つツェンポであり、「祖孫三法王」の１人として讃えられている。彼は742年（水馬年）に生まれ、ティソン・デツェン（墀松祖賛）とナナム氏マンモジェ（那囊氏芒波傑）の子としてダクマル（扎瑪）にて誕生した。

一、ティソン・デツェンの主な政治功績

　　ティソン・デツェンが13歳のとき、754年（木馬年）に大臣のベル・キェザンドンツァブ（巴・吉桑東賛）とラン・ニェジク（朗・弥素）の２人が父王ティソン・デツェンを暗殺し、反乱の準備をした。このことに大臣のタクラルコン（達扎禄恭）が気付き、ティソン・デツェン王に報告した。翌年、兵力を率いて父王を殺害した下手人を打ち負かし、かつてラン（朗）、ベル（巴）の２氏が管轄していた３千戸の千戸長を新たに任命し、ラン、ベルの２氏の共犯者や奴隷をみな駆逐し、この度の陰謀の張本人を処罰した。冬の暮れに尚・ギェルジク（尚・嘉素）はラクタクのコクという地（惹達廓地方）で会盟を召集する責任を負い、ラン、ベルの２氏が遺した財産を調べあげた。756年（火猴年）に臣民たちはツェンポの尊称を「ティソン・デツェン」とした。ツェンポが施政を始めてから、四方の民に詔を発し、これより正式に統治が開始された。

　　ティソン・デツェンの執政の初期は大論ナンシェルダツェン（曩協達賛）、チム氏の尚・ギェルジムシュテン（尚チム氏・嘉素謝塘）、論・キェザンギェルコン（吉桑嘉貢）、尚・トンツェン（尚・東賛）、ダン・ギェ

ルダレクジク（章・嘉扎勒素）、バー・ツェンシェルドロェ（韋・贊協多倫）、論・ティダ・ツァクツァプ（倫墀扎達察）、タクラルコン（達扎禄恭）などの、賢明で勇敢な大勢の尚や論の補佐の下、国政が日に日に栄えた。また、唐とチベットの関係も深くなっていき、常に互いに使節を派遣し合い、上書したり贈り物をしたりした。たまに何度か戦争があったものの、全て調停された。763年（水虎年）に尚・ギェルジク（尚・嘉素）と論・タクラルコン（倫墀扎達）、尚・トンツェン（尚・東賛）などは10万の兵を率いて唐の都長安を攻めた。代宗は陝州まで逃げ、チベット軍は長安を15日間占拠した後に撤退した。この戦争は漢とチベット双方の歴史書に同様の記載がある。

『賢者喜宴』ではティソン・デツェンが在位している時期のツェンポの権勢をこのように述べている。「……（吐蕃）は東から昴宿[1]の星が昇り無数の門がある京の都へとたどり着き、南に軫宿[2]が昇る地に接し、ガンジス川（恒河）[3]の浜に碑を建て、世界の3分の2の土地を抑えた」。[4]『白史』には、インド北部とネパールなどの地を皆チベットの治下に置いた。多くの西部のペルシアと北部のホータン王国などの地の歴史的な遺跡に触れている。『教法史』によると、当時の大臣桂・墀桑雅拉は法律の制定を請け負った。内容は医療において賠償する命の価値の基準法、婚姻と離婚の法律、無実の罪を着せられた時の弁解についての法律などを含み、法に触れた時にかんしては、献上された文書には、強賽・蛇頭・黒焔・添強・錐嘴とあり、「告単方面五籤牘」と総称されていた。判決書には桑雅、

1　昴宿は28宿の1つで、西方白虎7宿の第4宿。プレアデス星団のこと。距星は牡牛座17番星（エレクトラ）。
2　軫宿（しんしゅく・みつかけぼし）は28宿の1つで、南方朱雀7宿の第7宿。距星はカラス座γ星。
3　ガンジス川はインドの聖なる川といわれるを意味するサンスクリット語を音訳したもの。恒河ともいう。
4　『賢者喜宴』第377ページ。

蓋査、喀瑪など3種類があり、「法律三籤牘」とみなされ、更に「一般処罰籤」の条項があり、合わせて9種類だったと詳細に記録されている。

ティソン・デツェンの大臣聶・達賛頓素は、まず家ごとに馬、ゾ（犏牛）[1]、乳牛、黄牛を1匹ずつ飼わせ、夏季に青草を刈り、冬に備えて干すという先例を創り、吐蕃7良臣の1人と称された[2]。つまり、聶・達賛頓素が農牧業生産の面で顕著な成績を見せることは当時の吐蕃の法律が詳細になっていき、生産業が重要視されるようになったことを表している。

二、シャーンタラクシタ（寂護）、パドマサンバヴァ（蓮花生大師）が仏教を広める

ティソン・デツェンが吐蕃で仏教を発展させた情況は以下の通りである。ソンツェン・ガムポの時期、仏教は吐蕃に伝播し始めた。その後のマンソン・マンツェンとドゥーソン・マンポジェの2代のツェンポの時期に仏教はまだ発展していなかった。ティソン・デツェンは仏教を再び発展させるために、唐の都長安に人を遣わして1,000部の経典を持ち帰らせた。これらはネパールのティツゥン公主と唐の文成公主2人の王妃が前後してチベットに来たことに関係している。だが、原始的なボン教[3]は吐蕃の人々の心に深く根付いており、大多数の臣民は仏教を敵視していた。仏典を探すために、バ・セルナン（巴・薩嚢）はツェンポにインド、ネパールまで探しに行く許しを求めた。ティソン・デツェンはその要望を聞き入れ、彼をマンユル（芒域、今の吉隆県）にまで遣わした。諸臣に対しては表面上、バ・セルナンはネパールで大宗師のシャーンタラクシタに謁見し、ネパール王の同意を得たあと、彼は更にシャーンタラク

---

1 黄牛(赤牛)の雄とヤクの雌との雑種。ヤクより従順で赤牛より力が強い。
2 『賢者喜宴』第378ページ。
3 ボン（bon）とは、チベットの仏教伝来以前の土着の宗教を指す。

第三章　ツェンポの王統

シタをマンユルにまで招き、2つのラカン寺を修築した。また、当時はまだ仏教を発展させる条件が整っていなかったため、シャーンタラクシタは以後再び吐蕃に行って仏教の教えを伝えると約束して、暫時ネパールに戻ったと語った。

　これと前後して、バ・セルナンはマンユルから故郷に戻り、使者を遣わしてツェンポに拝謁させ、シャーンタラクシタの情況を報告させた。ツェンポはバ・セルナンに隆粗宮に住むよう手配し、セルナンはお礼をしてツェンポに感謝した。ツェンポはセルナンに「セルナンよ、もしお前が誠意をもって仏法を遵奉するのであれば、マシャン（瑪尚）がお前を追放しようとも恐ろしくはないか」と訊ねた。バ・セルナンは「私はマンユルの上部に駐留しており、追放されているのと一緒です」と答えた。時機が来た時、その隠居する地でバ・セルナンはツェンポに「仏法を遵奉するべきでしょう」と言い、ケンポ（堪布）[1]のボーディサットヴァ（菩提薩埵）[2]、すなわちシャーンタラクシタの才識と徳行、そしてケンポの語ったこと全てを報告した。ツェンポはバ・セルナンの安全のため、彼に「もしこの話が人に聞かれでもすれば、尚と論たちがお前を殺しに来るだろう。私は密かに尚・娘桑と相談し、直ちに人を遣って尚と論に伝える。お前はしばらく家に帰り身を隠せ」と伝えた。

　この時、以前に父王ティソン・デツェンが漢の地へ派遣し経典を持って来たバ・サンシ（桑西）などの者は、事を成し遂げた後に吐蕃に戻り、唐の皇帝の書簡、贈り物をツェンポへ献呈し、ツェンポはバ・サンシに大論の職を賜った。ある話によれば、時期がまだ熟していないため、バ・

1　ケンポ（mkhan bo）は、チベット仏教で、いわゆる仏学博士。特定の寺院が提供する仏学教育を経た出家僧侶がこの称号を得られる。通常はケンポとなる僧侶は、同時に寺院の管理職となることが多い。チベットでは政教一致体制を実施しているため、ケンポは一種の正式の僧官でもある。
2　ボーディサットヴァ（菩提薩埵）は仏教において一般的に成仏を求める修行者を指す。

サンシは内地から持ってきた経典をしばらく岩穴の中に隠していた。

その後、ツェンポと尚・娘桑、大論桂氏など仏教を信仰する大臣が集会し、どのようにして仏教を発展させるかを協議した。ツェンポは大臣の集会で「吐蕃で仏教を必ず発展させなければならない」と詔を発した。そして人を遣ってバ・セルナンを連れてきて「インドとネパールのケンポの中で誰が最も仏法に精通している上師は誰か」と尋ねた。バ・セルナンは「サホール（薩霍爾）王子である比丘のシャーンタラクシタ（寂護）が仏典に精通している賢者であり、現在はネパールにおります」と答えた。ツェンポは「ネパールまで行き必ずこの賢者を招いてこい」と言い、ネパール王宛の書簡をバ・セルナンに与えた。命令を受けたバ・セルナンは書簡を携えネパールに着き、ネパール王とともにケンポ・シャーンタラクシタに吐蕃まで来てもらうよう頼んだ。シャーンタラクシタは頼みを聞き入れ、世話係としてネパールの通訳を侍従として伴いマンユルにやってきた。ツェンポはこれを知ると、内侍の朗卓・襄惹、聶・達賛東素、章・嘉勒素の3人をマンユルへ派遣し出迎えさせ、ケンポのシャーンタラクシタをトゥルナン寺へと招いた。チベットの史書によると、「その後、隆粗宮でシャーンタラクシタ論師はカシミールのアーナンダに『十二善経』、『十律』、『十二因縁経』などを翻訳させて講義した」と書かれている。数ヶ月後、パンタン宮殿が洪水によって壊れ、マルポリ山には雷が落ち、人や動物に疫病が流行り、農作物の不作に遭った。吐蕃の臣民は「これはツェンポが仏法を信奉した報いだ。遊学している僧侶を追放し、仏法を禁止しよう」[1]と呪詛の念を吐き、人々の圧力によって、ツェンポはシャーンタラクシタ論師に黄金を与えて、彼に「私には福も運もない。吐蕃は暗黒なボン教に執着しており、ボン教を棄てて仏法を信じることができない。ケンポにはひとまずネパールに戻っていただく。その後に方法を探し、条件が整った後に真っ先に人を遣わしあなたを呼

---

1 『賢者喜宴』第316ページ。

び戻す」と話した。シャーンタラクシタ論師は「（ツェンポが）もしも吐蕃の狂神悪鬼を調伏させることができなければ、仏法を広めるのは難しいでしょう。ですからウッディヤーナの王子のパドマサンバヴァを呼ぶべきです。もし彼が来なければ、私が呼んだと言って下さい。そうすれば、王の念願は叶い、吐蕃の仏法は強固なものとなるでしょう」と答えた。臣民の要求によって、遊学僧シャーンタラクシタ論師は吐蕃から去った。

その後、バ・セルナンが命令を受けて使節として唐へ行き、大唐皇帝に僧侶を吐蕃へ遣わして仏法を伝え教えを授けんことを求めた。皇帝は僧侶を呼びバ・セルナンに仏法経典を伝授させ、更に十分に手厚い褒美を与えた。『バシェ』によれば、バ・セルナンは唐からチベットに帰ってまもなくツェンポに「いまシャーンタラクシタ論師を呼びに行け」という命を下された。バ・セルナンは命令を受けてネパールへ行きシャーンタラクシタを招き、マンユルでシャーンタラクシタ論師が呼んだパドマサンバヴァ大師と出会った。吐蕃へ戻る途中にパドマサンバヴァは神通力を発揮しボン教の守護神を調伏した。ツェンポと会った後、ケンポは「先ほどパドマサンバヴァが昔からのボン教の守護神、そしてツェンポが仏法を信仰させないように様々な悪事を働き障害を作る凶神悪魔を既に調伏したので、それをこの蕃の地に布教すれば、仏寺を建立でき、ツェンポの願いが実現します」と述べた。阿闍梨のパドマサンバヴァは1枚の曼荼羅を描き、内侍の拉隆措協年勒に円光塔を作り、その後円光を指して吐蕃にいる全ての天龍、人ならざる鬼神の名前を口にし、更に水害に遭ったパンタン宮は雅拉波山神のせい、マルポリ山への落雷はニェンチェンタンラ山の神のせいだとした。不作・病・疫病は永寧12地母のせいだとした。2日目、パドマサンバヴァは家が高貴で、子孫・父母・祖父母が全て揃っている10人を集めて、円光法事を行い、その中から四大天王の円光法を作り、凶暴で頑迷な神や龍を人に憑かせると、彼らを非難し調伏し、その中から善良な者に対して、ボーディサットヴァの

説法により彼らを仏法に帰依させた。頑迷固陋な者に対して、パドマサンバヴァは護摩を焚いて彼らを手懐けた。聞くところによれば、これらの神々を調伏させた他、更に素浦江俄園で土地の女神である卓素堅と雅拉香波山神などを調伏した。

パドマサンバヴァ大師は「吐蕃の民衆の幸福のために、瞻婆拉（福の神）から財物を取ったことで、吐蕃世界は多くの財源を備え、昂雪など水の不足した地域では井戸を掘り、山の斜面や川辺を田畑にし、耕地をもって全蕃人を養う。ヤルンツァンポ江水下流では沙漠が森林になり、草原ができ、吐蕃のあらゆる悪人が善人へとなる」と語った。小さな議盟で君臣が協議し、願いが実現するか試すことにした。このとき、パドマサンバヴァ大師は多くの不思議な神通力を見せた。小さな会議で「これらはまず執り行わず、また彼らをインドに戻そう……」と協議し決定した。ツェンポはシャーンタラクシタとパドマサンバヴァがすぐに離れてしまうことが非常に不愉快で、大量の黄金の贈り物を賜った。パドマサンバヴァは去る前に札瑪臥布園で君臣21人に、多くの深遠な秘密が含まれているテルマ（伏藏）[1]である『口訣見鬘』を伝授した。更にツェンポに多くの教えの秘訣と大乗密呪、100,000部の金剛橛法を講義し、色究竟天に達することを祈り、残っていた焼施儀軌を完成させた後に去っていった。

三、サムイェ寺の建設

『バシェ』にはサムイェ寺を修築した情況が以下のように記載されている。

> このように、相地儀式を行い、その後破地儀式を行い、4名の子女と父母、祖父母が全て揃っている貴族にツェンポを加えた合計5

1　テルマ（伏藏、gter ma;「隠された宝」）とは、ボン教やチベット仏教に伝わる聖典群のこと。

人が盛装して建築現場まで来て儀式に参加する。まず、ティソン・デツェン王が手に金のつるはしを持ち、土を3回掘り、続いてその他の4人が順番に掘り出す。まず南の阿利耶巴洛洲（丹増拉康〈テンジンラカン〉）を建てた。恒康布哈爾がコンポ貢孜朱砂、またの名を「納堪朱砂」という顔料を背負い、毛筆を手にし、「贍部州で私だけが土人形づくりと絵画に精通しております。もし吐蕃王の寺を修築すると言うのであれば、私が形を知っております」と話した。それで、ツェンポは彼を呼び絵を描かせた。仏像の彫刻師が、「インド風と漢地風のどちらで修築しましょうか」と尋ねたので、（ツェンポと諸臣、ケンポが）相談したのちケンポが、「仏はインドで生まれたのでインド風に修築する」と言った。ツェンポは「もしチベット風で修築すれば、ボン教を好む吐蕃の民衆が仏教を信仰する良い機会になる」と言い、チベット風に仏像を作るべきだと言った。吐蕃の人々を召集し、チベット風に作られることになった。吐蕃人の形象となる人物を探すときに吐蕃の人々を召集し、その中から比較的体格の良い庫・達察をモデルとして選び、阿利耶巴洛洲喀惹薩波尼を建築した。塘桑達倫をモデルとして右に6字真言を選び、瑪桑貢をモデルとした馬頭明王を門の前に置き、天女の人形に優しい婦人の覚熱王妃拉布曼をモデルとして、右に度母（ターラ菩薩）像を作り、覚熱妃及瓊をモデルとして、左に摩利支天（具光仏母）像を作った。[1]

　記録によれば、サムイェ寺はインドの鄔堅布日寺を手本にして建築された。上層はインド風に木で造られ、中間層は漢地の風格のレンガ造りで、下層はチベット風の石造りとなっている。「サムイェ・ツクラクカン（桑耶楼松弥居倫珠祖拉康、桑耶三規永固殿）」と名付けられた。

1　『賢者喜宴』第336〜337ページ。

四、覚士が僧になるため出家する

ティソン・デツェンは、仏教の隆盛は僧団に任せて管理することによると考えた。彼はシャーンタラクシタ論師に「仏教が今後吐蕃で盛んになり発展するために、僧団組織を作るべきだ」と言った。朗卓嚢協、聶・達賛東素、桑廓・拉隆素、琛・邁拉などの者がインドへ行き止迦瑪希拉寺から小乗仏教のサルヴァースティヴァーダ（説一切有部）である12名の比丘を招き吐蕃で受戒した。ツェンポが「吐蕃には比丘がいない。我が尚と論たちは比丘になれるだろうか」とシャーンタラクシタに尋ねると、シャーンタラクシタは「僧侶になれるかどうかは試験の後に決めましょう」と答えた。試験が適当であるかを見るために、まず7人に出家を勧め、彼らを「7覚士」と呼んだ。著名な歴史学者である巴俄・祖拉陳瓦は当時のシャーンタラクシタが巴・熱特納、バ・セルナン、恩蘭・嘉哇曲央、拉隆・惹覚央、瑪班・仁青却、拉松・絳曲嘉瓦、巴廓・貝惹雑納ら7人がケンポ（学問僧）として出家することを勧める役割を果たしたと考えている。

五、頓門派と漸門派の論争

ティソン・デツェンの時期に、ダクマル（扎瑪爾）に住む漢人の僧侶の禅宗阿闍梨の摩訶衍那は「体・言葉により法を行う必要はなく、体・言葉による善行をもってでは仏にはなれない」と話した。無念にあり、心に不生の分別がなければ仏になれる。そして、人に禅定を修めることを教えた。僧侶が伝えた仏法は修めやすく、吐蕃全体の僧と尼がみな彼の伝えたものに改め修めた。ただ巴・熱特納と貝惹雑納など少数の人間はシャーンタラクシタの伝えた仏法を忠実に信奉した。両派閥の観点の相違が大きかったため、僧侶の間で大考証が巻き起こり、歴史ではこの考証は「頓漸の論争」と呼ばれている。頓、漸とは漢語の呼称であり、彼らの違いは、「頓門」は法の義を示す、あるいは法を刹那に成就することであり、「漸門」はゆっくりと法を修める、すなわち最後に仏果を

得るために仏となり、二障を浄除し、ゆっくりと二資量を積む苦行に頼り、最後に殊勝な成果の義を得るという点で両者は区別される。ティソン・デツェン王は「2つの修行を見るに法は漸門派である」と言った。これに頓門派の僧侶摩訶衍那の弟子の娘・矗弥、矗・切瑪拉、欧仁波且と漢族の僧侶梅国が激怒し自ら命を捨てて縊死した。その他の門徒は刀を手にし、まずは漸門派を皆殺しにし、その後自殺すると宣言した。ツェンポは頓、漸両派の僧侶を自ら分けさせ、人を遣わし監視し教え諭した。そして人を遣わして益望旺波を呼び戻して相談した。益望旺波の要求により直ちに使節をネパールまで行かせ、シャーンタラクシタの教え子である阿闍梨の蓮花戒（噶瑪拉希拉）を迎えた。そして、サムイェ寺で弁論の舞台を設け、ティソン・デツェン王がその中間に位置し、僧侶摩訶衍那が右に位置し、その下座には頓門派の門徒の覚姆降曲斯・央達、班第朗迦などが順番に座った。蓮花戒はツェンポの左に位置し、その下座には漸門派の門徒の巴・貝央、貝惹雑納、益希娘波など少数が座った。ツェンポは花の首飾りを蓮花戒と摩訶衍那及び両派の弟子たちに献呈し、仏教が吐蕃で広まり発展している情況と頓、漸両派で発生した論争の原因を述べて、「2人のケンポには各自の見解の根拠と理由を競ってもらい、もし一方が勝てば負けたもう一方が法規に従い勝者に花の首飾りを贈り負けを認めよ」と述べた。弁論の結果は頓門派の負けとなり、彼らは花の首飾りを漸門派の僧侶に贈った。頓門派の門徒覚・瑪瑪は弁論後に自殺したと言われている。そのため、ティソン・デツェン・ツェンポはこう命じた。「今後、吐蕃では頓門派の教法を広めることは許さず、チベットの人は「見」はナーガールジュナの宗規に従うべきであり、「行」は六波羅蜜多に従うべきである。」

六、ユィトゥ・ユンタンゴンポ（宇妥・元丹貢波）

ユィトゥ・ユンタンゴンポは父王ドゥーソン・マンポジェの神医（太医）であった宇妥キュンポ多傑と嘉薩曲仲の子であり、708年、土猴年に「堆

龍吉那」で生まれ、「ユィトゥ・ユンタンゴンポ」と名付けられた。ユィトゥ・ユンタンゴンポは父の命を遵守し、医薬知識の学習に励み、多くの病気の患者を診ることに一切の時間を使ったため、ツェンポに「第2の神医ユィトゥ・ユンタンゴンポ」と讃えられた。このとき、彼の徳行と卓越した医療技術、該博な知識の誉れが父王ティソン・デツェンの耳に入り、ツェンポは自ら人を遣わして彼をサムィェのダクマル宮へ招いた。彼の医療技術を見るために、まずは彼とツェンポの大神医である章底・嘉聶喀浦など数名の良医が医学理論を戦わせた。このとき、ユィトゥ・ユンタンゴンポは弁論に勝ったばかりか、当地の他の医師が長く治療していたが治っていない肺結核の患者も治した。そして更に、ツェンポの目と歯の病気も治した。ツェンポはユィトゥ・ユンタンゴンポをたいそう気に入り、彼を父王ティソン・デツェン・メーアクツォムと王子ティソン・デツェンの神医にした。

　ユィトゥ・ユンタンゴンポは成人になると思考能力も成熟した。彼は吐蕃医学を発達させるのであれば、まずは自身の民族医学の異なる特徴を身につけなければと考えた。そのはじめに、他の民族の優秀な文化を学ぶことで、自身の民族医学を更に完全なものにさせられる。彼はインドに3回医学を学びに行き、9年8ヶ月あまりを費やした。その間、彼はネパールの名医巴納宝利羅哈とインドの著名な学者パンチェン・旃扎第瓦（旃檀陀羅第瓦）、邁旺など127名の阿闍梨に頼んで多くの医学知識を聞き覚え、特にネパールの医者巴納宝利羅哈から『治療秘法量門』と『気、胎臓、休養口訣』を、パンディタ旃枝檀陀羅第瓦と賢者邁旺から『読補遺宝通』、『明密記録』及び続支分部方面内、外、秘と『美味幻鏡』、『直指体腔秘分』などの医典を学んだ。ユィトゥ・ユンタンゴンポは喜んで吐蕃に戻り、ツェンポも彼がかくも多くの医学知識を身につけて来たことを喜び、ユィトゥ・ユンタンゴンポの功績を喧伝した。とりわけ、ユィトゥ・ユンタンゴンポは吐蕃の全ての医学についてパンディタ（班智達）、翻訳師たちの前後の翻訳を通じて、自身の民族環境に適

合した理論的な体系を持ち、極めて特徴的な医学の論著『甘露要義秘訣竅続』を執筆した。この他に、『験方利見』、『医求珍珠串』、『三種精深』など枝分かれして続く多くの医学著書を執筆した。この数冊の彼の論著は吐蕃医学の発展の促進に計り知れないほどの偉大な貢献を果たした。

　ュィトゥ・ユンタンゴンポが55歳のとき、徳哇貝などの主要な門徒を引き連れてコンポ曼隆地方へ行き、非常に斬新な医学寺院を創立し、300名以上の医者の人材を募集し育成した。ここで彼は主に自分が執筆した『甘露要義秘訣竅続』の講義を行い、インド、漢地、吐蕃などの土地の翻訳師、パンディタの前後の翻訳、執筆したものと関係のある医学理論の著作を教えた。学生が身につけている理論と実践知識の程度によって医学学位を規定し、曼巴本熱巴（主任医師に相当する）、饒強巴（主治医に相当する）、噶層巴（医師に相当する）、都惹瓦（医者に相当する）というように程度によって授けられた。

　ュィトゥ・ユンタンゴンポは80歳以上に歳を重ねてもまだいつも門徒を引き連れて嗒日、ダルツェンド（多康打箭炉）、カイラス山（岡底斯雪山）、ネパールなどの土地に行き医者として病気を治し、医術を伝授した。832年、水鼠年に亡くなり、享年は125歳だった。

第六節　　ムネ・ツェンポ王子

　『賢者喜宴』には、ティソン・デツェン王と王妃のツェポン氏梅脱仲には夭折した長子の牟墀松波と、第2子のムネ・ツェンポ、第3子の牟迪茹ツェンポ、末子のティデ・ソンツェン（墀徳松賛）の合わせて4人

の王子がいた。ティソン・デツェンが55歳のとき、西暦796年に退位して松喀爾娘瑪蔡宮で修行をし、第2子のムネ・ツェンポを王にしたと伝えられている。

ムネが王位を継承してからまもなく大きな事件に直面した。王宮の近侍の間で仏教とボン教の論争が非常に尖鋭化してきたのである。『バシェ』にはティソン・デツェンが亡くなった後にボン教を信仰するかその他の教義を信仰するのかの論争が起こり、特に父王の供養の儀式を行っているときに仏教とボン教の論争が激しい戦いに展開したと詳しく記載されている。それから、僧侶たちは天子が清浄頂髻の呪いを経て離垢することに頼り、法規（仏教風俗）に従って追善供養を行い、天子ティソン・デツェンを成仏させる儀式を盛大に行った。その後、ムネ・ツェンポと貝惹雑納、嘉姆宇扎娘波の3人が藍迦達姆惹地方で了義教法の経義、口訣全てをサンスクリット語からチベット語に翻訳した。ムネ・ツェンポは了義教法の深遠な経義と口訣が合格した経義であると宣言し、その中の一部の経典はサムイェ寺烏則森康大殿の黒い箱の中に収められている。

第七節　　ティデ・ソンツェン・セナレク

ティデ・ソンツェンはティソン・デツェン王とツェポン氏梅脱仲の間に生まれた第4王子であり、またの名をセナレク・ジンヨンという。

ティデ・ソンツェン・ツェンポにはド氏ティモレクとチム氏ギェルサレクモツェン、チョクロ氏ツェンギェルという3人の妃がいた。ティデ・ソンツェン・ツェンポの3大功績のうち、1つ目は「ツェンポの一族の

系譜」に関する古代の歴史を石に刻み、後世に語り継いだことだ。その大きな功績はカルチュン・ツクラクカン碑、ウトェのシェー・ラカンの2つの石碑、コンポ・デモの摩崖石刻、カム・チャムドゥンの摩崖石刻、チョンギェ墓碑などの石碑に記載されている。2つ目は祖先が建てた寺院を修理し、カルチュン・ツクラクカンなどを新しく建てたことだ。父王ティソン・デツェンと実兄ムネ・ツェンポが相次いで亡くなるとティデ・ソンツェンが幼い時期に仏教が急激に衰退した。『バシェ』には「この間、サムイェ寺は僧侶の食料がなくなり、寺の様子が失われ、ツクラクカンの土台が鼠の糞で溢れ、門は盗まれた」[1]とある。それから、ツェンポは成人してサムイェ寺を修復し、僧侶たちへの施しを再開し、各種のお供えを正常どおりに行った。『ニャン仏教史』には「この王は祖先の規範を失っておらず、祖先の誓いを取り戻し、寺院を改修し、品物をお供えしラサのトゥルナン寺の小回廊を修築し、行った功績は非常に多く、出家者の幸福と俸禄をことほいだ」[2]。ティデ・ソンツェンは更に噶瓊金剛界などを修築した。3つ目は法律によって仏法典籍を翻訳し、目録を明記し、編纂することを定めたことだ。814年頃、木馬年にインドと吐蕃の翻訳師や賢者たちは昔に各言語からチベット語の大小乗仏教典籍に翻訳するよう決定したが、ティデ・ソンツェン・ツェンポは法律によって規定した。これはおそらく3回の決定のうちの2回目である。翻訳を規定した原則は、(1)、必ず声明学[3]（言語学）の原則に従っていること(2)仏教経典の意義と相反することがないこと(3)必ず吐蕃人全員が簡単に理解できるようにすること、の3つである。その他、まだ理解することが必要な翻訳の方法と注意事項などは模範例を上げる方式で説明した。総じて言えば、ソンツェン・ガムポから始まった仏教経典を翻訳した歴代の経験と教訓をまとめ、翻訳の理論を創った。これはチベッ

---

1 『賢者喜宴』第407ページ。
2 『ニャン仏教史』第416ページ。
3 声明学は古代インドの語学（サンスクリット）の理論。

トの民族言語と文化発展史上において不滅の功績なのである。

　ティデ・ソンツェン・ツェンポの時期には、漢とチベットの間の親密な関係が今一歩進んで、以前に漢とチベットの国境での戦乱で捕虜にした将校を互いに返還した。ツェンポと唐皇帝が即位するか亡くなったときには、双方は常に使節を遣わして祝賀あるいは供養をし、漢とチベットの使節の往来を続け、平和友好の関係を基本とした。特に双方は互いに大臣と将校を遣わして常に書簡でやりとりし、過去、長い期間に発生した国境での紛争について協議し、平和的に解決し、チベットと漢双方の民族間に牢固とした平和的な付き合いの基礎を作った。これらはティデ・ソンツェンの子のティツク・デツェンの時期にラサのトゥルナン寺の前に建てられた唐蕃会盟碑に次のように記載されている。

　　聖神ティデ・ソンツェン・ツェンポは政治面においては深慮遠謀をめぐらし、政権のことを明知し、慈悲と憐憫の情をもって内外の別なく、八方に普及させ、四方の諸王と会って和議をし、漢の地と婚姻関係を成立させ友好関係を築き、一家のように仲良くなり、社稷を同じくするがごとくに協調し、甥と舅の二者が心を同じくして、唐主文武孝徳皇帝と会って和議をし、古くからある恨みを解消し、互いに使節を遣わし、互いに書籍を送り、常に互いに贈り物をしたが、されども大盟の和議は未だ成就されず、甥舅の和議もまだ終わらず、残念なことになった……。[1]

1　『藏族古代文献選集』第 12 ～ 13 ページ。

第八節　　ティツク・デツェン・ツェンポ

　ティツク・デツェン（レーパチェン）は802年、水馬年に生まれた。815年、木羊年、13歳のときに王位を継いだ。841年、鉄鶏年、39歳のときに亡くなった。

　ティツク・デツェン王の主な政治功績は父王の遺志を継承したことであり、甥舅関係にある唐とチベットの間に発生した国境での軍事衝突を解決したことである。漢とチベット両方の民族関係では、ティツク・デツェンの時期に唐とチベットが互いに使節を遣わして贈り物をし、絶えず和議仲裁を強める一方で、兵を派遣し土地を争い国境を守り、幾度も激しい軍事衝突を起こした。だが双方とも互いに対抗する力がなく、激しい戦争はただ和議の事業に条件と方便を作るためにすぎなかった。トゥルナン寺の門の前に建てられた『唐蕃会盟碑』には「大吐蕃彝泰9年、大唐長慶3年、陰水（癸卯）の年の仲春の14日に碑文を書いた」とある。この年は823年で、ティツク・デツェンが王位を継いでから9年目だった。会盟碑にはソンツェン・ガムポからティツク・デツェンまでの200年近い唐とチベットの和親友好の歴史が記載されており、唐とチベットが2度と戦争を起こさず、万世に渡る友好を永遠に誓うことが伝えられている。これによって、唐とチベットの間の長期に渡って行われていた大小様々な戦争についに終止符が打たれた。ティツク・デツェンの時期には、当時の唐と蕃の間の平和友好関係のために良い歴史的な貢献を生んだだけではなく、漢とチベット両方の民族間の発展のために大いに意義のある功績を築いた。

　ティツク・デツェンは仏教を深く尊崇し、供養をした国王であった。彼が在位している時期に、僧侶の権力は群臣を凌駕し、非常に高い所に

まで達したため大臣と将軍たちの間に不満が高まり、対立は日増しに激化し、王宮の位の高い近侍たちの中でも大きな対立が生じた。『ニャン仏教史』では『その後、ツェンポは出家者のために小さな会議を開き、行政は仏法に従った。権力を僧侶に渡したためボン教を信奉する大臣は適当ではないあらゆる租税を徴収し、好色、盗みなどの放蕩な行為が猖獗し、ツェンポに「尚と論たちは全ての任務を終え、毎年租税を徴収し、庶民を僧侶に与えて、我々は21度も敬礼しましたがまだ返礼されていません。人々はみな出家をしておりますが、これではどうすればいいでしょうか。」と申し上げた。答えていうには、「ツェンポは吐蕃民衆の僧侶と俗人を集めて動員し、大凡仏法を信仰する者に大きな恩恵を与えた。礼儀正しく尚と論の機嫌を伺い、各種の品物など異なる種類を下賜し、道徳規範と仏法戒律を制定する」と答えた』[1]

それから、『臣民たちは暴行を加えたためにツェンポから厳しい制裁を受け、僧侶を指差す法令を提出した。ツェンポは詔をもって「もし私の出家者を指差し指を立てるのであればその指を断つ」と命じた。臣民たちはまた手振りで軽蔑をする所作が違法とされたために指を切り落とされた。彼らはまた言葉でもって罵倒をしたので、ツェンポは、また、「おおよそ僧侶を悪罵する者は唇を削ぐ、おおよそ僧侶を悪視するものはその目を抉り、おおよそ法器を盗むものは80倍の財産をもって賠償するなど」と規定し、法律として執行した』[2]。そのため、君臣の間の対立は更に複雑先鋭化した。

バ・達納堅をはじめとした数人の奸臣たちは陰謀を巡らし、「鉄鶏年に、ティツク・デツェンが墨竹夏巴宮にいて、玉座に座り葡萄酒を飲んで酔っていたところを、バ・達納堅と覚熱・拉倫、勒多賛の3名の奸臣はその頚骨を叩き折り、顔を背中の方に捻って殺した」[3]。

---

1 『ニャン仏教史』第420ページ。
2 『ニャン仏教史』第427ページ。
3 『賢者喜宴』第422ページ。

第九節　ランダルマ・ウイドゥムツェン・ツェンポ

　全吐蕃を統治したツェンポの世系の最後の王がランダルマ・ウイドゥムツェンであり、彼はティデ・ソンツェン・ツェンポとド氏ティモレク王妃の間に生まれた子供である。ランダルマは815年、チベット暦木羊年に生まれた。

　ランダルマの廃仏問題に関して仏教史書の中では「その後、ランダルマに権限が与えられて国王となり、吐蕃の臣民の中でおおよそ仏法を敵視する者であり、仏法を好まない猿頭ペ・ギャル・ト・レを襄倫に任命し、鶺頭ナナム（那囊）・ギャル・ツァ・ティを外相に任命した」[1]『このとき、天からは雹が降り、疫病が流行し、大衆は「このまま仏を信仰するのは不吉だ」と中傷し出した。そして廃仏へ進み、ラサのトゥルナン寺が壊され、門を守る金剛手像の首は縄で縛られた。まもなく、縄で縛った者が吐血して命を落とし、寺は壊されずに済んだ。また、2体の釈迦牟尼仏像と慈氏法輪を河に投げ入れ、仏を信じる大臣たちは既に河に投げたと言い訳をして、仏像を各自の床下に隠し、仏堂門を立てその上に僧侶が飲酒する絵を描いた。サムイェ寺を壊す命令が下されると、塔が発光したり、また康松（三界）と烏孜仏殿の間に小さな黒塔があると言われたりし、その寺を壊すと天から大きな雷が落ち、寺を壊した者は命を落とした。ラサのトゥルナン寺とサムイェ寺は前後して屠殺場となり、その後は狐や狼の住む巣となり、その他の仏殿も多く壊され、おおよそ経書は燃やされるか河に投げ入れられ、あるものは地に埋められた。また、まだ逃げていないパンディタは、みな土地を追われ流された。瑪・仁青却と娘・定増桑被など多数の在家信徒は殺され、多数の僧侶は辺境の地

1　『ニャン仏教史』第429ページ。

に逃げ、まだ逃げていない者は還俗を迫られて聞き入れない者は殺された。ある者は、王や臣の馬に乗るための台とされ、ある者は山に追われ狩られた』[1]という。

それから、ラルン・ペルギ・ドルジェは秘密裏にツェンポのランダルマを殺害した。ランダルマが廃仏した原因に関して、ある者は、彼は仏法を全て廃絶してはいない、何故なら当時の吐蕃の領土は果てしなく広く、軍を守る兵士の費用の出費が足りないし、他方、ティツク・デツェンの時期に僧侶の一定数が膨大になり、彼らの寺に集まった庶民に軍税を徴収することが出来ず、経済的困難を解決するために、ただ僧侶及び彼らが集めた民衆の特権を剥奪しただけだと考えている者もいる[2]。

---

1 『賢者喜宴』第425〜426ページ。
2 『中国蔵学』1988年第4期。

第四章　チベットの分裂時期

第一節　オェスン、ユムテン及びその末裔たちの事跡

一、オェスンとユムテンの生まれた時代

チベット史書ではランダルマ・ウイドゥムツェン・ツェンポは相次いでナナム氏の妃（ベル・ペン氏の妃とも言われる）、ツェポン氏の妃を娶り、ツェンポが崩御してから或いは崩御するのと同時に、ユムテンとオェスンの2人の王子が生まれたとされている。ユムテンの来歴には様々な見解があるが多くの史書にはダルマの実の子ではないとされている。当時の多くの歴史資料を真剣に分析、研究すればオェスンとユムテンの生まれた年は十分に証明できる。ちょうどカトク・リグジン・ツェワン・ノルブが著した『賛普一族の概説書』が述べているように、オェスンは父王ランダルマが崩御する前に、842年、水狗年にユムブラカンで生まれ、ユムテンは父王ランダルマが逝去した後の843年、水猪年に生まれ、彼らの年が1年離れているという見方は正しい。ランダルマが崩御した後にオェスンは国王として擁立された。

二、オェスンとウルーヨル間の戦乱

オェスンは父王の後塵を拝することなく幼年期から仏教を信奉した。これは彼が当時の社会風潮の影響を受けただけではなく、その母と仏教を尊奉していた大臣たちの影響をも受けていることを表している。オェスンの晩年の頃、高僧のゴンパ・ラプセルはマル、ヨ、ツァンら3人

の比丘が授けた戒律を受けて、これよりドメーの律学が栄えた。だが、オェスンとユムテンが各自に興した派閥による管轄区域の争奪戦に力が注がれたために、ウ・ツァンに再び仏教が栄えても効果がなかった。政治の面で見ると、ランダルマが廃仏したのと同時に先祖が創始し遵奉した法律と制度も弱まり、一時は社会全体が混乱し、人々の安寧は失われた。特に2人の「母后派系列の臣民は相互に対峙し、それぞれ2人の王子を擁立して王とし、ユムテンはウルを占拠し、オェスンはヨルを占拠し、ウルとヨルの間では常に殺し合いが起こった。その影響はほとんどチベットの全地域に波及し、各地でも大政、小政、衆派、少派、金派、玉派、肉食派、ツァンパ食派などの派閥が出現するに従って互いに紛争を起こした」[1]。以上の両派に分かれた状況はウル対ヨルの内紛の初期の状況である。ウルとヨルの内紛の戦火が各地に広がった後に、ウ・ツァンの分裂が激化し、オェスンは最終的に晩年に撤退を迫られてツァンに移った。またオェスンの母親のツェポン妃はこの地に留まり続けることができず、北部へと逃げたが、歴史資料で語られるツェンポ家の「18種の宝物」を持って行くことができず、これらの宝物はユムテン派の手中に落ちた。ウル対ヨルの争いに従い、チベット暦土牛（869年）、オェスンが23歳のときに、庶民の暴動が起き、またチベット暦土鶏（877年）のオェスンが34歳のときに、歴代ツェンポの墓が荒らされる事件が起こった。

　オェスンの在位期間の政教方面における業績を概括すると、4歳のときに父王が始めた廃仏運動を阻止し、5歳の時に神像の前で仏門に帰依し、三宝を祀ることを誓い、7、8歳のときにチベットの東と北の境界を唐軍に奪い取られ、23歳のときに庶民の反乱が起き、34歳のときに墓を荒らされ、36歳のときにドカム地区で仏教がある程度復興した。だが、ウルとヨルの争いは国政の分裂を招き、人々は従順ではなくなり、

1　『賢者喜宴』第431ページ。

戦争は絶えず、生産は減少し、また多くの疫病が流行り、人と家畜が災難に遭い、そして雹害や霜害などの天災を招いたため、大部分の史書では父子3人は幸福を祈る国王と称せられている。

三、庶民の蜂起

1. 庶民が蜂起を起こした原因

オェスン派とユムテン派は長年の対立で自身の勢力を温存し、相手の勢力を削ぎ、社会における他の力を利用したために、意識的・無意識的に庶民が蜂起を起こす火種を作っていった。両派の長い内紛により、大衆の生活はますます貧しくなり、戦争、飢餓、略奪、殺人など、人々が目を覆いたくなる事件が相次いで発生した。人々は自然災害に抵抗する力がなかった。一切を戦争に従事させられたせいで、農牧生産に想像を絶する悪影響をもたらした。特にランダルマの時期にチベット全体で統一した仏教を撤廃し始めたため、将官と大臣たちは何ら法的な制約を受けずに、わずかな私益のために、勝手に大衆に労役を割り当て、誰も大衆の苦しみに関心を向けなかった。大衆は戦争の苦しみを嫌というほど被り、統治者と非統治者の間の貧富の差がますます広がり、まさにデウ大師の『宗教史』に記載されているように、庶民の暴動の主な原因は「王室と貧民の間の非常に大きな差がもたらしたのである」[1]。当時の大衆はこれ以上耐え忍ぶことのできない状況下で、生きるために反抗の道を進んだのも必然であった。

2. 各地の暴動の状況

『賢者喜宴』には「土牛年に、2人のツェンポが23歳になったときから次第に暴動が発生し……暴動事件は始めドカム地区で起こり、その首領はバ・コシェル・レクテンだった」[2]とある。ドカム地区の叛逆の知ら

---

1 『賢者喜宴』第413ページ。
2 『賢者喜宴』第413ページ。

せがウ・ツァンに伝わったとき、ウル地方ではド氏とベル氏の間の内戦が起こり、バ・ロポ・ロチュンがこの機に乗じた。ユムテン派系列の大臣バ氏は、庶民が叛逆した際にウルとヨルの戦乱が激化した機に乗じて、オェスン派系列を制圧しようとしたが思い通りにはならなかった。このとき、バ・ロポ・ロチュンはオェスン派系列の数人と手を組み、オェスン派系列の人々の裏切りを招くように画策し、ユムテン派に帰順させた。パヲ・ツクラク・テンワによると、ウルとヨルの内紛はチベット全域に広がり、各地では二者の対立が起こり大政と小政の紛争が続いた。

ツァントェ、ニェモ、ペンユルなどの土地では相次いで民衆の暴動が起こった。それらの事件の発生地や土地神などははっきりと記載されているが、具体的に君主がどのような者であったのかははっきりしていない。

1) オェスンの子のペルコルツェンはウ地域の地に基盤を置くことができず、ツァンに移動を迫られた。勢力はいくらか増して、ドムパ・ラツェ岩に砦を修築し、ドルのメンルンなどの廟宇を修築した。ペルコルツェンはツァンで王となり、ド氏とチョクロ氏を臣下とする君主制を築いた。ツァンに移動を迫られたニャク氏を差別したため、人民に対する態度がまたもや不公平になり、ペルコルツェンは最終的にドムパ・ラツェでタクツェ・ニャクに殺され、ペルコルツェンの2人の子息はその地に落ち着くことができず、ガリ地方に逃げ延びざるをえなかった。

2) カラク・キュンツンなどはシュ・ニェモのダンカルチェツェンの地で砦を修築して、王系を名乗り、ナン氏とニャン氏を臣下とした。

3) ペンポ・サダム地方で砦を修築し、ド氏とマ氏を臣下とし、王系を作った。

4) ヤルルン地方の上手ではチム氏とニャク氏を族長とする王系が上ナモと下ナモの2箇所に砦を建てた。

5) ロダク・タムシュル地方ではニィボ、シュプの両氏を族長とする王系がチャツァン・グンナンに砦を建てた。

6) チョンギェではシュ氏とニャク氏を族長とする王系がクグ・チョガル地方に砦を建てた。

3. ツェンポの陵墓が分割され暴かれる

869年、土牛年に民衆蜂起が起こった。9年後の877年、火鶏年にシュプ氏、タクツェ氏、ニャク氏などの4大氏族が協議した。ツェンポの墓穴が反逆した世系にそれぞれ分けられ、多くが暴かれ破壊された。

4. 民衆蜂起後に分裂割拠した局面

ウ・ツァンの民衆蜂起事件後から百年余りで各地に分割された情勢が形成された。割拠した勢力が統治している時期に、ツェンポの世系が統一していた歴史は終わったものの、大小それらの地域では王臣と庶民の階層の関係は廃止されなかった。分割したチベットで王臣の統治が存在していただけではなく、ドメー、ガリなどの地ではツェンポの統治が残存していた。ウ・ツァン地区で民衆蜂起が起こってから、各派閥は力づくである地方を占領しその地を統治した。いくつかの割拠した勢力範囲内ではツェンポ時代のように君主がおり、また大臣の頭となる者もいた。

チベット分裂時期に、次の人々による支配階級が形成された。過去のツェンポ時期に権勢を持ち更に保持できた一部の人間、崇められ頼られる高僧で徳のある族長、及び、寺社領地に属している族長である。彼らは後伝期に次第に形成された政教合一制度のひな形となった。

四、民衆蜂起がチベット社会にもたらした功罪

1. 良い面

1) 庶民が蜂起を起こし、支配階級に庶民の暮らしを考えざるを得なくさせたことは、社会が不安定で農牧生産が不景気の状況下において良いことであった。民衆蜂起は奴隷制の残滓を消滅の道へと推し進めた。世襲制度が残したくびきを打ち砕き、氏族間の恩讐をなくし、悪習を徐々に取り除き、大多数の人間の自主権を強め、暮らし、或いは仏事を自由

に行うことができるようになった。

2) レーパチェンなどの先達のツェンポが築き上げた文化の発展を停止させて、また先達のツェンポの願いによってインド、ホータン王国などの地にいる多くの学者をチベットに来てもらうことを実現し、発展させたことで、以前の閉鎖的な状態を終わらせた。

3) チベットが分裂割拠している時期の中期にチベット全体の農牧業に比較的大きな発展が起こった。各地の手工業、商業貿易なども比較的大きな発展を遂げた。ツァンのグルモ、ティンリ、ニェナムなどの地に多くの商業貿易市場が作られ、ガリ上手地域のグゲ、チベット北部のロデンなどでは金鉱を採掘し、ロカとガムリンの2つの土地では陶磁器業などができ、チベットの経済が好転し始めた。

2. 弊害面

1) 民衆蜂起事件によりチベットはばらばらになり、チベットの各方面の事業を統率し、気に掛ける者がおらず、多くの事業が停滞し、チベットの実力が大きく削がれた。

2) 農牧業生産が非常に弱体化し、また、自然災害に多数見舞われ、飢餓や流行病が起こり、ウ・ツァンの多くの人間は荒れた土地からアムドなどの土地に逃げざるを得なかった。多くの人間は戦争の苦しみを更に耐えざるをえず、一家は離散し死亡し、土地が荒廃する悲惨な有り様になり、経済は衰退し、人口が大幅に減った。

3) 文化遺産が深刻な損害を受けた。

第二節　　チベット仏教後期発展史

一、マル、ヨ、ツァン 3 人のカムへの逃亡とラチェンの略伝

　843 年、ランダルマがウ・ツァン地区全域で仏教を禁じたとき、ヨルのガンパ・チャンタンのマル・シャキャムニ、ロドのヨ・ゲワジュンネ、ギャチのツァン・ラプセルら 3 人の比丘がチュウオリ山で修行していた。それから、3 人の比丘は物乞いに扮し、戒律の経巻をラバに背負わせて異郷の地へと逃げた。仏法を発揚しているガリに逃げるためだったが、彼らはその地に拠点を置くことができず、更にチュルクの地に逃げ、その地区で有名なシェラプ・ゴチャという居士の名前をシャキャ・シェラプと変え、召使として彼とともに旅立った。ドメ南部のベレの塩湖を経てマルン・ドルジェダク・ダンティク寺に辿り着いた。現地の人間は僧衣を着た僧侶を見て非常に驚き、慌てふためいて森へと逃げた。3 人は食料が欠乏して身体が衰弱していたが幸いにも 1 人の女の居士から食物を施してもらった。このとき 3 人の比丘はラチェン・ゴンパラプセルと出会い、これによりウ・ツァン地域に仏教の戒律が伝播する種子が蒔かれたのであった。

　ラチェン・ゴンパラプセルは 832 年にゾンカル・デカンに生まれ、俗名はカラペンと言い、（かつてボン教を信奉していたためムス・セルバルという名前を付け、仏教の燃え尽きた灰を再燃させたことにより）ラチェンと呼ばれ、受戒後にはケンポの名前を得てゲワセルと呼ばれた。

　水猪（843）年、彼が 12 歳の時にランダルマの廃仏に遭遇した。成長した後に温恩地方でノン・ジャムペルから口伝を授けられ、カン・リンチェン・ドルジェに師事して菩提律儀を学び、キィギェルワ・ツクトルに中観と因明を授かり、ナム・ガンデン・チャンチュプに従って瑜伽

部を学んだ。

　彼は49歳のときにデンティク寺へ向かい、3人と相見えて3人から具足戒を授かった。ヨ・ゲジュンがケンポの任に就き、ツァン・ラプセルが阿闍梨の任に就き、マル・シャキャが屛教師の任に就いた。仏教の規定により、戒律を授けるときには辺境の地で5人によって構成されていなければならず、人を遣わしてダルツェンド（康定）にいたラルン・ペルギ・ドルジェを招いたが、彼はかつて国王を刺殺したという理由で戒律を授ける儀式に参加せず、それでカルワンとカルパの2人の漢人の和尚を呼んで彼ら5人によって具足戒を授かり、更に名前をゲワセルに改めた。その後、仏教に博識な人物となり、ラチェン・ゴンパラプセルと尊称されることとなった。

　その後、北部の甘州木雅の西夏人の地方へ行き、ゴロン・センゲダクを訪ねて師とし、律を学び4部の法典を得た。東方のラツェのビクティクへ行きカオェチョク・ダクパを訪問して師事し、十万般若経と注釈など大乗経典を12年かけて学んだ。ラチェンは受戒して15年後にウ・ツァンで10人に戒律を授けてケンポを担当させ、この10人は其後にウ・ツァン地区で戒律を発揚する礎となった。ラチェンは49歳のときに丹底寺へ着き、その寺に35年間住み、チベットの木猪（915）年に享年84歳で入寂した。

二、低地律の広がり

　仏教の発展後期は何年から始まったのかについては多くの異なる意見がある。カトク・リクジン・チェンポの比較研究を経て、ドムトン・ギェルワジュンネは、鉄鶏（841）年から廃仏が起こったと言う、また、仏教のない時期が77年間続き、土虎（918）年が仏教の発展後期が始まった年だと考えられている。『仏歴年鑑』には「10人に戒律を授けたケンポに関して3つの見解があり、ラチェン、ドゥム・イェシェ・ギェルツェン、ツル・シェラプ・チョクである。1つ目はプトンの見解で、十

第四章　チベットの分裂時期

人はラチェンがケンポを担当するように要求したが、ラチェンは受戒後5年未満だという理由で固辞したというものだ。異例の状態であるからという説明を受けて、ラチェンはケンポになることを承諾したが、合理的な理由を準備するように求めた。この見解、つまりウ・ツァンの10人がラチェン・ゴンパラプセルから受戒してもらったという見解は正しい。ウ・ツァンの10人はラチェン・ゴンパラプセルから灌頂を受け終わった後、ルメ以外の者はウ・ツァンに戻ることにし、ルメはドゥム・イェシェ・ギェルツェンを師と仰いで仕え、戒律を1年間学んだ。当時のケンポは弟子たちに今後のどう発展させるべきかを説明した際、ルメが様々なことに精通し、熱意のあるので、彼がケンポになるべきであると言った。また、管理能力のある者は尊者になるべきであり、ロトンは威徳を具えているので、仏法を護る任務につくべきであり、晋尊は聡明なのでで大師になるべきであり、スムパは修行に行くべきであるなどと言った。伝えられるところによれば、その後、その言葉通りには行われなかったらしい。

　当時、ラクシ・ツルティム・チュンネの弟子と、バ・ツルティム・ロドゥの弟子が迎えに行ったとき、カムのロンタンの地で兄と逢ったのだが、彼らは非常に素直であったため、兄は成長してから剃髪して出家し、戒律を授かりケンポのロトンとなり、軌範師として2人の兄となった。

　それから、ロトン・ドルジェ・ワンチュクはその他の人間を一時的にデンマ地方に留め、自分はデンマ商人と一緒にウ・ツァンに行った。出発間際にもし仏教がウ・ツァンで発揚できれば私はそこにとどまるのであなた達もすぐに来てくれ。そうでなければ私はここに戻ってくると説明した。スムタンまで着いたとき商人は戻りたがったがロトンはそのままチベットに進むよう求めた。商人がツァンのグルモ地方へ着いた後に生産は成功を収めた。この地はグルモという（今日のシガツェ市ギャムツォ区である）の定期市である。

　翌年、ルメはケンポにウ・ツァンへ戻らせてもらうよう求め、更に供

物を賜るよう要求した。ケンポは彼にボン教の毛皮の帽子を与えた。ルメはケンポから賜った帽子の後ろのツバを巻いて頭に載せた。これよりウの10人から出た弟子はみなこのような長いツバの帽子をかぶることになる。

その10人の内、ウの5人はそれぞれ寺を建て、またルメはウル地方にラモチャクデウ寺を建て、ミチョ区にバラム寺を建て、チベット暦土鶏(949年)にラモ地方でギェル寺を修築し、翌年のチベット暦鉄狗(950)年にレン・イェシェ・バルとゴク・チャンチュプ・チュンネの二人に戒律を授けた。次の年、チベット暦の鉄猪年（957年）にイェルパのバラン寺を修築した。ドゥメル・ツルティム・チュンネなど10人が出家した後、ツォンドゥ寺を修築した。後に、ルメはセラプクパからタンに行く途中に逝去した。ルメと彼の次に逝去したドゥメルのためにオンバル地方に霊骨塔を建立した。ルメにはシャン、ゴク、レン、ドゥメルなど4柱と呼ばれる弟子がおり、またヤムシュなど多くの弟子がいた。

スムパ・イェシェ・ロドゥはディサタンにメル寺を建てたものの、僧侶にはならなかった。後にルメはスムパは「二梁」と呼ばれるようになる。その弟子たちは門の長爾甘寺などを建てた。

ディン・イェシェ・ユムテンはゲンラム・チモ寺を建立して、上部ディンを広め始めた。すると、カルチュとニェタンのダクナによってダン・ラモチェ寺が修築され、下部ディンを広め始めた。ルゴンから中部ディンが派生した。以上3部にウの5人のうちルメとスムパの一派を加えてウの4団（衛地四部）と呼ばれるようになり、ウの仏教発展に大きな貢献をした。

ロトンの24名の弟子のうちシャキャ・ションヌはデシンパにラテ・マルラタン寺を建て、ディンツァムにブルトク寺を建て、キョ・シェラプ・ドルジェはドンモリ寺を建て、タクロ・ションヌ・ツォンドゥはタクロ寺を建て……チェツン・シャラプ・チュンネはシャル寺を修築してからインドに行き、また受戒した。チェツン・シャラプ・チュンネは4柱7

梁の弟子を名乗り、シャル寺の僧侶の人数は100人余りとなった。

総じて、ウ・ツァンの10人がドカムに行き、ラチェンから受戒を授かったが、ウの地のスムパ、ツァンのゴクとギェル兄弟、ウカルの4人は人に伝承しなかったので、これからウ・ツァン六人と称されるようになった。また、バとラクシの2人が1人としてみなされて、ウ・ツァン5人とも称される。

三、高地律の広がり

高地律は主にラ・ラマ・イェシェ・オエの助けのもとに広がった。伝えられるところによれば顕密教典にこの聖賢が自分の政権を弟の松昂に渡し、更に2人の息子と一緒に釈迦丹巴に付き添い出家すると予言されている。

その後、仏教は発展した。仏典を実践する中で遭遇する疑惑を消さすために、ガリの3地区から10歳以下の聡明な子どもを選抜し、21人をインドに行かせた。これらの子どもはインドの国王への贈り物とパンディタに教えを請うための供物として出発間際に多くの砂金を持たされ、更にインドから滾寧教典と仏教律経、密集両派の経典を迎え入れるために、どれだけの黄金がかかっても構わないから卡其パンチェン・ダルマパーラとリンチェン・ドルジェの2人にチベットに来てもらうように言いつかっていた。これらの子どもがインドに着いたあと、インドの灼熱の気候に耐えられず19人が死んでしまい、ただシャンシュンの拉索・リンチェン・サンポと布譲の勒貝西繞の2人だけがインドに滞在している期間中にともに仏典を読み、学業を成就した。彼らはまず徳科恰爾のもとで言語を学び、賛達哈日に密集両派の経典を教わり、三界曼荼羅を3回修練し、極めて高い悟りの境地に達した。彼らは3回インドに行き、骨身を惜しまず修行して内外各種の知識に精通したため、大訳師リンチェン・サンポと小訳師勒貝西繞の名前は各地に広がった。チベット仏教史上での新しい密呪とは大訳師リンチェン・サンポの頃から始ま

り、彼はまだラ・ラマ・イェシェオェの指示に従って卡其パンディタダルマパーラ、直達噶熱瓦瑪、白瑪噶熱瓦瑪などの大学者をチベットに迎えた。広く伝えられた律経と見聞を広めた弟子のサトパラ、覚俄古那巴拉、扎甲巴拉ら3人の比丘が育てた弟子は非常に多かった。その中で扎甲巴拉の弟子のシャンシュンの巴・傑哇西繞は、ダルマパーラに修行し、婆羅門の直達噶熱にも師事して軌範を修めたことから、2人の師は道統2師と呼ばれ、西日那抜扎と蘇西日希底の2人の師の下で経義を聞いたことから、2師は釈続2師と呼ばれた。そして、ガリで発揚された上述の律経は上路律派と総称される。

四、仏教発展後期のパンディタ

『賢者喜宴』の記載によると、発展後期には73人のパンディタがチベット入りし、仏教の発展と豊富なチベット族の文化のために不滅の貢献をした。発展後期にチベット入りしたパンディタはみなラ・ラマ・イェシェオェから招かれチベットに来ており、その系譜は、布甲巴拉に始まり、1426年、チベット歴火馬年に班納吉仁欽がチベット入りするまでの約420年もの期間に渡っている。発展前期にインドからパンディタ貢薩熱が初めてチベット入りしたことを起点として日晋がチベットに来たときまでの間、合計で24名のパンディタがチベットに来た。だがウ・ツァン一帯まで着いたのはたったの22名である。

五、仏教発展後期の訳師

『テンギュル目録』の記載によると、前後して訳師は合計で157名も大量に出現し、彼らは多くの仏経典籍を翻訳、調査した。[1] 発展前期にトンミ・サンボータから朗卡迥までの期間に58名の訳師が大量に出現し、発展後期に大訳師リンチェン・サンポと覚朗・達熱納に辿り着くまで合

---

1 『テンギュル目録』第161ページ。

計で157名の訳師がおり、サキャ・パンディタまでにはまた35名の訳師が出現した。これら以外に、チベット分割時期のみに大量出現した訳師は122名に上り、発展前期の2倍以上である。

第三節　　チベット分裂時期の教派

一、カダム派

　カダム派は、仏祖の三蔵律義など一切の教えをアティシャ尊者の3士道への教授に取り入れ、それを修行として利用したため、ガダムパと呼ばれる。

　カダム派の創立者のドムトン・ギェルウェチュンネは1004年（チベット暦木龍年）にトェルンのプツァキェモで生まれた。17歳でカムからインドへ行きセツン尊者に会った。すると突如信仰心が生まれ、大悲6字の教えを求めた。それからドムトンはギェルのシャン・ナナム・ドルジェ・ワンチュクから士戒を受け、名前をギェルウェチュンネとした。1022年（チベット暦水狗年）の19歳のとき、商人と一緒にドカムのデンマ地方に行き、セツンに五体投地して、セツンと会った日から彼は一途に崇拝し師とした。彼はセツンのそばで全面的に顕密経典を学び、特に龍樹と弟子たちの『中観根本論』、無著の『慈氏五論』などの経典に通じ、多くの僧侶の中で彼と渡り合える者はいなかった。当時、クトン・ツォンドゥ・ユンドゥン、ゴク・ロクペー・シェラプの2人も出家してこの寺におり、そのためクトン、ゴク、ドムトンの名前がまず、カムに知れ渡った。

　その後、ドムトンはガリへ赴き、アティシャに謁見して貴金属を贈り、

顔合わせの贈り物とした。アティシャはドムトンの頭を撫で、サンスクリット語で彼に祝福、加持、灌頂を行った。その後、ドムトンはアティシャに3つの問題の答えを請うた。1つ目はインドにはどれほどのパンディタがいるのか。2つ目は自分がかつて学んでいた経典は私の願いを叶えるのか。3つ目はもし至尊アティシャのそばにいることになったらどうすべきか、であった。至尊は答えた。インドには多くのパンディタがおり、私がチベットに来たあとは東のベンガル地方に道を得た者が毎日現れた。あなたがかつて学んでいた法はあなたの願いを叶えることができず、大師にかしずいてこそ運がついてくるのだ。あなたが私のそばにいるのは私の天神度母が私に啓示し、私に侍る者は福の力があることなどを教えてくれた、と。その晩は至尊と同じ寝台に寝ることを許されて、多くのことを話し合った。木鶏年（1045年）にキロンへ行き1年間住み、その後、至尊にネパールに住むように言われるが国が乱れて行く手を阻まれて辿り着けなかった。それでドムトンはこの機会にラサ、サムイェの多くの重要な寺院、また無数の僧侶などを参観して交流した。このことに対し、至尊は、インドにもこれほど多くの浄行者はおらず、それならば阿羅漢はきっと多いことであろうと述べ、東を向いて数度跪いて拝んだ。このときドムトンは至尊をウに招待する自信に溢れていたが、至尊は衆人の命に背くことはできないのだが、彼らが招待してくれれば必ず行くと答えた。ドムトンは直ちにシャン・シャキャ・ワンチュクに、「形は車軸に似ている世界の主……秋までにその地へ赴く」などの字句を書いた手紙を出した。ドムトンがウへ出した手紙はシャン・シャキャ・ワンチュクによりカワに送られた。カワも大いに関心を持ち、直ちにギェルのシャンチェンポなどと折衝して出発する準備をして迎えに行った。ツァンの高僧、高官たちがガリのペルタンへ着いたとき、至尊師弟たちもその地へ着いた。ゲンパ・チャンタンに来たとき、至尊はラサ方向の谷の道を指してあそこには何があるのか。と尋ねられた。あそこにはラサのトゥルナン寺がありますと答えると、至尊は、たしかにそのようだ。

天上の神々がみな供物を捧げられ祭られていると言った。サムイェに来てからラツン・ボーディラージャの丁重な招待を受けて、多くのチベット僧もサムイェに集まった。アティシャはクトンの住んでいる地に行き、タンポチェに1ヶ月住み、ドムトンも同行したが、クトンは懇ろにもてなすことをしなかったため上師は、静かにこの地を離れた。至尊一行はサムイェ寺に戻り、ペカルリン殿に住んだ。2人の訳師によって『般若二万頌』、世親が著した『摂乗釈解』などの多くの経典が翻訳された。
　その後、ニェタンに到着し、聴衆に向けて分かりやすく『現観荘厳論』を教えたが、聴衆の願いを充分に満たせなかったので、もう一度求めに応じて細かく講義をし、それを記録した。本になったあとに康派はこれを『現観荘厳論』と名づけた。『般若二万頌』を講義したとき14人のゲシェのみが聞きに来た。ニェタンでドムトンに『菩薩道次第灯論』を伝授した。
　アティシャがチベットにいる期間に受け取った供物は、弟子のチャクティ・チョクなどが二度インドに赴き、上師と僧侶に献上した。イェルパ地方に着くとゴク・ロクペー・シェラプの懇ろなもてなしを受けた。無著が著した『究竟一乗宝性論之疎』は2人の訳師によって訳された。イェルパにいる間にドムトンは父方の親族に黄金を強要しに行き、戻ったあとに『大般若経』と言われる典籍を執筆した。それから、アティシャはドムトンに「あなたが小さな寺院を建てなさい、そうすれば私は全ての経典をあなたに渡そう」と述べた。それからドムトンはアティシャの指示に従ってチベット暦第1ラプチュン[1]火猴年（1056年）にラデン寺

1　ラプチュン：中国漢族地区の天文暦法は早くからチベット地区に伝えられていた。特に吐蕃の時期賛普のソンツェン・ガンポが文成公主と婚姻を結んで後は、漢族の地域から天文暦法を含む多くの文化経典や典籍、および、各種の人材が吐蕃に伝えられた。漢族の暦法が吐蕃に与えた影響は非常に大きく、チベット族の地区の紀年は漢族の五行（金・木・水・火・土）と十二支（子・丑・寅・卯・辰・巳・午・未・申・酉・戌・亥）の組み合わせで六十年を1周期とし、水丑年、火酉年、木午年などがある。11世紀チベットに『カーラチャクラ・タントラ』が伝来したとされる「火の女兎の年」

を修築した。これより至尊の主張に従って発揚する教えをカダム派と言い、アティシャは最後、第1ラプチュン木馬年（1054年）に入寂した。ドムトンは龍年（1064年）に亡くなり、享年59歳だった。

二、カギュ派[1]

〈カギュ派の由来〉

大成就者のキュンポ・ネルジョルはまた、二智慧空行母から語旨教授を伝授され、この法律と伝統を継承することをシャンパ・カギュと名づけた。洛扎瑪爾巴・曲吉洛追はダクポ・カギュを創立し、彼は金剛持から諦羅納若までの間のあらゆる語旨教授を受けていたため、この法律と伝統を継承することをダクポ・カギュと名づけた。以上がシャンパ・カギュとダクポ・カギュの名前の由来である。

1, シャンパ・カギュはキュンポ・ネルジョルが伝えたものである。キュンポ・ネルジョルはチベット暦鉄虎年、990年にニェモ地方に生まれ、幼少にしてボン教を学び、その後、曹慶チュンネ森格に師事して大圓満法を修め、それからネパールに赴き、蘇摩謗論師にサンスクリット語を学んだ後、すぐに仏教の発祥地インド（天竺）へ行き、インド・ネパール・チベットを約50年往復し、インド・ネパール・チベットの大善知識と大成就者のおよそ150人と親しくなり、顕密教論及び一切の大切な要領に通じた。彼の共通の上師には大金剛座主、米至巴、白巴瑜伽、羅怙羅

（丁卯、ラプチュン年、1027年）から始まる60年間を「第1ラプチュン」と呼ぶ。チベットのラプチュン紀年法はこれより始まり今に至る。（『西蔵研究』チベット語版、1984年第4期）

1 カギュ派は、チベット仏教の4大宗派の1つ。11世紀頃のチベットへの後伝期に翻訳されたタントラに主として従う、サルマ派（新訳派）に属する。開祖はマルパ訳経師（マルパ・ロツァワ）と弟子のミラレパであり、ミラレパ以来の伝統として「レパ」と呼ばれる在家の瑜伽行者が白い綿衣を身に纏うことから古くは「白派」と漢訳された。

など四人おり、共通ではない上師には智慧空行母尼古瑪、楽成空行母などがおり、以上6人の上師が彼が主に師事するところであった。チベットに戻ってから朗日塘巴に比丘の戒律を受けた。チベット暦第2ラプチュン、鉄牛年（1211年）に癸如香地方に至り、香雄雄寺を建立するとシャンパ・カギュの名は高まった。聞くところによれば当時の香雄雄寺には約8万人の僧徒が参集した。入寂したときは150歳だったと言い伝えられているが、おそらくチベット暦第2ラプチュン、土羊年（1139年）に亡くなった。

2. ダクポ・カギュはマルパ訳師チョキロドゥが伝えた教派である。ここでは簡単にマルパの伝統を継承した4人の弟子を紹介する。

マルパ訳師の南の弟子俄・曲古多吉は1036年、チベット暦第1ラプチュン、火鼠年に雄日俄に生まれた。幼少に父から仏経を聞き覚えて文章に精通し、巴妃曲措を妻に迎え雄色龍地方でゲシェの吉爾窮巴にニンマの教えを学んだ。ゲシェは彼に、もし本当に経典を学びたいのならばマルパ訳師のところに学びに行くのが一番だと言った。この話を聞いて非常に敬慕の念を抱き、その日の晩の仏経学習が終わると次の日にはマルパのところに行き、続いて手厚い贈り物をし、『喜金剛』『四麻』『摩訶摩耶』などの仏法の教戒と教授を求め、黒炭母を得て護法の神とした。マルパが伝授した喜金剛9本尊、無我母15尊、衆神4座、智慧大自在、摩訶摩耶5尊と宝帳怙主などの6仏法及び弥底派の文殊菩薩具の計7法を俄7法と総称し、窮頂山の廟を修築した。1102年、チベット歴第2ラプチュン、水馬年に亡くなり、享年は67歳だった。

東の弟子楚・敦旺多吉は堆之谷口の楚子家族のところに生まれた。それから彼は般若経を10,000回書き写したある者に、いま『集密』に精通している者は誰か、と尋ねた。その者は、マルパが最も精通していると答えた。彼はマルパに謁見に行き、『集密読』と伝授と教授を求めた。マルパはいくつかの仏法を伝えて、あらゆる経典も彼に教えると答えた。楚敦はマルパに自分が堆谷口にいる住居にまで招き、『五次第』教戒及

び続刊の全てを伝授してもらった。楚敦はマルパの重要な弟子の1人である。

北の高弟、藏戎地方の梅敦村波は娘堆達蔡の人間で、索朗堅参と呼ばれた。惹朶の領主の家系である。彼はかつてたくさんの贈り物を3回も贈りマルパを喜ばせ、『摩訶摩耶』及び教戒の教授などを得た。

西の高弟はミラレパという名前で、その家族は堆達日のキュンポ氏を宗家とする分家のミラであり、彼は1040年、チベット暦第1ラプチュンの鉄龍年に生まれた。彼が生まれてまもなく父親はこの世を去った。その後、母親の希望によってウ地方に来て、呪術を学び、仇敵を呪殺した。彼が大圓満を修めたときにマルパの名声を聞き、非常に敬慕の念を抱き、直ちにマルパのところへ行った。このときマルパはまた2人の婦人が結晶体の金剛を献上し、それを洗って宝幢に置くと金剛が全世界を照らす光線を発した夢を見た。マルパ大師は吉祥の予兆を感じ、自らミラレパを迎えに行った。それから上師はあらゆる教戒を彼に伝授し、そして彼に判子を押した巻物を渡し、万が一やむを得ない場合を除き決して開くな等のことを言った。マルパ上師はミラレパを短い距離ではあるが曲拉地方まで送り、別れるときに彼に摩頂の祝福をし、頼りにするところや伝承者など多くの未来の事情を預示した。

ミラレパは38歳のときにマルパのそばにいて、それは44歳まで続いた。45歳になり上師の指示に従って厳しい修行をし始め、入寂まで途絶えることはなかった。タガタソで修行をしたとき、妹と紫斯がお供えした食べ物を食べて全身に病気が発症した。それで大師から賜った巻物を開くと、気と心を分け隔てない教戒を得て、にわかに霊験を得て大成就した。カイラス山で神の力をもって納若ボン教徒を征服し、名声が各地に広がった。最後はチベット暦第2ラプチュン、水兎年（1123年）に入寂し、享年は84歳だった。その教えと法は忠実な弟子のガンポパに伝授された。

三、サキャ派[1]

　サキャ派はコン・コンチョク・ギェルポが始めた。彼は性格が善良で、相地術、法典、性相に精通し、特に密呪に詳しかった。コンチョク・ギェルポは僧である兄のシェラプ・ツルティムの命令で芒怒古隆の卓弥・釈迦益西大訳師のもとに参拝しに行った。これによりコンはサキャと師弟関係を結び、サキャ派を創始した。彼は卓弥・釈迦益西から新訳密教を学び、また貴・庫巴拉澤、克什米爾の杭欧噶布パンディタ、瑪・仁欽確訳師、金巴訳師などを頼り、大きな徳は非常に多かった。1073年、コンチョク・ギェルポが40歳のとき、白土山の中部にサキャ寺を建て、これよりサキャ派を名乗った。この教派は主にコン氏の世襲によって無数の仏教学者と成就者が大量に現れ、発展し続けた。

---

[1] サキャ派はチベット仏教4大宗派の1つ。時として赤帽をかぶることから、ニンマ派、カギュ派とともに、赤帽派と呼ばれている宗派の1つでもあり、古くは「花派」と表記されたこともある。

第五章　サキャ王朝（サキャ派）[1]のチベット統治期

第一節　13世紀初頭のチベットの形勢とサキャ王朝の家系

　今日見ることが出来る歴史文献及び当時の高僧の伝記の記載によると、13世紀初頭まで仏教はチベット発展後期以来、多くの異なる大小の教派が出現・分化して、少数の大徳や僧侶は各地に赴き仏法を説き、僧徒を集め寺院や尼寺を建て、あるいは修行場や神殿を建て、各教派の拠点とした。その一方で西部のガリ各地で吐蕃のツェンポの末裔たちが分割統治をしていたところを除き、主要な世俗の政治勢力はみな衰えている最中であった。

　このような状況下で、少数の高僧はその学識の功徳と声望によって地方の首領と民衆の信奉を受けた。彼らは土地の寺院を修築し、更に田畑、人家、家畜、財物を供物とし、寺院の荘園（香火荘とも言う）や寺院へお布施を受けて部落となった。一部の教派の主要な寺院は徐々に土地、家畜、農牧などの生産力（と労働力）を蓄積して領主となり、更に寺院

---

[1] サキャ派（sa skya pa）、略称サキャ、はチベット仏教サキャ派の5祖、パクパが元王朝の力を借りて政府システムを全チベットに打ち立てた元王朝に隷属する政教合一の自治政権、これはチベット史上各教派統治時期の1つ目の政権で、また、チベット史上初めての政教合一政権で、サキャ王朝ともいう。サキャパは1253年にパクパがサキャ派を掌握してから、1358年にサキャ派がパクモドゥパにより勢力を失う105年間をいう。

第五章 サキャ王朝（サキャ派）のチベット統治期

の経済基礎の発展に伴って寺主を担当する高僧の親族、その事務を行う強佐などが正式に封じられていないが、事実上の貴族官僚となり、彼らの下に溪涅、あるいは協本（荘園に属する民衆を管理する人間）、仲訳（文書）、涅巴(管事)などの１段低い官吏が現れた。様々な状況にしたがって、彼らは自ら法廷、監獄、生産に従事しながら従軍する地方の軍隊を作り、地方政務を管理する需要に適応させた。

　総じて言えば、この期間に宗教の首領と地方官僚の職能を結合させた行政機構に似た組織が出現した。これらの教派の間では各々が持っている土地、牧草地、水源や隷属している人々、各派の教義上での違いや財産利益の上での錯綜し複雑な矛盾によって幾度も衝突と戦乱が起こった。これらはチベット分裂時期後期における、おおまかな状況であり、同時に以下に述べる政治勢力の発生と形成の全過程に反映されている。ただし、政権や法律などが統一されていなかったため、当時のチベットの情勢は不安定で、人民は租税や労役をずっと負担しなければならなかっただけでなく、常に不慮の災難に遭う可能性があった。

　13世紀初頭になると、ウ・ツァン地区で形成された僧俗の民、土地、農牧業部落で最大の政治力を持っていたのはディグン派、サキャ派、パクモドゥ派、ツェル派、ヤサン派、タクルンタン派などであった。彼らはカムとアムド、ロ、モン、西部ガリなどの地区で寺院の分社を建てて、多くの部落と関係を作ったものの、誰も全チベットを統一する力を持っていなかった。この他に、カダム派は寺と僧侶の数は最も多かったものの、自身が作った教法を継承する伝統によって政治方面では大きな発展はなかった。カルマ・カギュ派派は宗教方面で極めて高い声望を誇っていたが、一大政治勢力にはならなかった。その他の、例えばサムイェ・ツェポ・シャキャ・クンなどツェンポの末裔とこれまでの地方の首領の遺族は高僧を凌ぐ世俗的な首領を生み出せなかったばかりか、宗教の高僧に従わざるを得なかった。これは当時のチベット社会システム上の注目すべき重要な特徴であった。

上記の宗教の勢力の中で、我々はペルデン・サキャパ（家族）の家系が生まれた状況を簡単に紹介したい。コン氏のコンチョク・ギェルポが始祖であり、その父親はコン・シャキャ・ロドゥで彼の父祖はみな旧密法のラマに精通していた。『サキャ世系史 - 奇異宝庫』（著者：ダチン・ガメイシャ・クガ・ソナム（達欽阿美夏・阿旺貢噶索南）、1629年版）によるとコン・シャキャ・ロドゥは最初、チャル・ルンパ（恰如隆巴）、上下シャブ（夏卜）などの土地を占領するという比較的大きな事業を打ち立て、その後半生で父祖のヤルルン（現在のサキャ県内）の城を占領した。コン・シャカ・ロド（款・釈迦洛追）には2人の息子がいて、長男はコン・シェラブ・チュルティム（款・喜饒楚臣）であり、末子がコン・コンチョク・ギェルポ（款・官却傑波）だった。コン・コンチョク・ギェルポ（款・官却傑波）は1034年にチベット暦第1ラプチュンの陰木狗年に生まれ、幼少時から父兄に多くの教法を教わり、身に付けた。その後に兄の言いつけによってドクミ（卓米）訳師など多くの上師から無数の灌頂、教戒、経呪などを教わり、新旧の密呪のあらゆる教法を習得した上師となった。

　最初に彼はダクウォ・ルンパ（扎窩隆巴）に小さな寺院「サキャ・ゴポ（薩迦果波）」（薩迦旧寺）を建設した。一度、彼ら師弟は外で遊びに出ていると小山の上の、現在はサキャ寺がある土地の後ろにある山本波日の形がまるで象が地面に伏しているように見えて、山の中腹の右側の土壌は薄い灰色に光っており、また川の水が右から流れて多くの瑞祥があり、もしここに寺院を作れば仏教や衆生にとって大きな利益を生むと考えた。そして彼はこの地の領主に訴え許しを得て、またこの地の直接の主人に「ここに寺院を建設したいのですがこの土地を頂けないでしょうか」と言った。皆は彼の要求を認めたが、将来にいざこざが起こらないように彼は更に彼らに1匹の白い牝馬、宝飾品、女物の服を土地代として差し出し、門卓より下と巴卓より上の土地を全て自分の物とした。彼が40歳になった1073年、チベット暦第1ラプチュンの水牛年にペ

第五章　サキャ王朝（サキャ派）のチベット統治期

ルデン・サキャ寺を建設し始めた。彼はサキャ寺を取り仕切って 30 年の後、1102 年、チベット暦第 1 ラプチュンの水馬年に 69 歳で世を去った。

　コン・コンチョク・ギェルポ（款・官却傑波）の第 2 夫人であるマルジグ・シャンモ（瑪久尚摩）は 1092 年、チベット暦第 2 ラプチュンの水猴年にクンガ・ニンポ（衆喜蔵）を生んだ。彼はサキャ派の創始者であり、通常言われる「サキャ 5 祖」の第 1 の始祖である。幼少から父親が把握している全ての教法を教わり、父親が亡くなったあとは多くの識者と成就者を拝して上師とし、多方面にわたって教法を学び、徐々に教証と法力を習得した大自在者になり、コン氏の部族の兵隊の面倒を見た。サ・チェン（クンガ・ニンポ）からサキャパの声望及び経済、政治力は大きくなり始め、彼は善趣 7 功徳（高貴な生まれ、厳格、長寿、無病、優れた縁、十分な財力、膨大な智慧）を備えていると称された。サ・チェンの弟子は全チベットにおり、その中でも有名だった者に、上師ソナム・ツェモ、ジェツン・タクパ・ギェルツェン、パクモドゥパ・ドルジェ・ギャルポなどがいる。サ・チェンはサキャの法座を 48 年守った後、1158 年、チベット暦第 3 ラプチュンの土虎年に 67 歳にてこの世を去った。サ・チェンクンガ・ニンポの長子のソナム・ツェモは 1142 年、チベット暦第 2 ラプチュンの水狗年に生まれ、父親から金剛乗密続注疏、経呪、教戒、修持などを学び、1 つにまとめ上げた。彼は 17 歳のとき前チベットへ行き、桑浦の鄥托寺でチャパ・チョーキセンゲを拝して上師とし、11 年間付き従って大識者となった。当時の人々は彼を「那薩布顧堅（袖の短い袈裟の者）は経典に精通し、弁論に長けており、比べられる者がいない」と褒め称えた。彼はまた『喜金剛続第二品注疏―太陽光輝』などの多くの論著を著している。彼は多くの時間を静かな土地での修行に費やし、1182 年、チベット暦第 3 ラプチュンの陰水虎年に亡くなった。サ・チェンの次子傑尊タクパ・ギェルツェンは 1147 年、チベット暦第 3 ラプチュンの火兎年に生まれた。8 歳のときに居士戒を受け、持戒の

面では出家者よりも更に厳しかった。彼は兄のソナム・ツェモなどの多くの上師を頼り、様々な多くの不可思議な教法を習い、勤勉に修行し、説明、弁論、著述などの方面でも匹敵する者がいなかった。『密集三続部現観－珍宝樹』などの多くの著作を書き、『烏孜ニンマ（寧瑪）』と呼ばれる仏殿を建て、祖先・父・兄などを記念する金メッキを施した銅製の仏塔や仏像、供物などを作った。木雅（西夏）の甲郭王などは、彼に白銀や絹織物など、豊富な財物を献上した。彼は三宝をもって祭り、残った物品は物乞いに喜捨した。1216年、チベット暦第4ラプチュンの火鼠年にこの世を去った。彼の主な直弟子にはサキャ・パンディタ・クンガ・ギェルツェンなどがいる。

　雪の降る地域であるチベットのあらゆる大小五明に精通した匹敵する者がいない賢者としてサキャ・パンディタ・クンガ・ギェルツェン・ペルサンポの名声は天下全ての地域に遍く広がっていた。彼は1182年、チベット暦第3ラプチュンの陰水虎年に生まれ、幼少から常人とは異なる聡明な智慧を持っており、加えて彼の伯父の傑尊扎巴賛の庇護の下で鍛えられた。他にも、彼は極めて礼儀正しく、多くの善知識大徳を慕って上師とし、様々な共通、あるいは異なる学識を勤勉に学び、そして、最も傑出した学者となった。「これより声明・因明・詩学・韻律・修辞・密呪・般若・論部・律部などの様々な経教や道理の簡要について正確に理解してまとめることができた」。彼は医学と暦算にも非常に精通しており、工芸の面では寺の建造や像の作成について理解しており、実際の製作過程をも非常に精通していた。（彼が建てた）サキャ寺烏孜寧瑪殿の文殊菩薩像の飾りなどは『根本続』が述べるところによると絹織物に仏像の絵が描かれた作りになっていて、サムイェ寺の壁画の文殊菩薩像及び仏具などは極めて卓越しており、彼が自ら多くの工芸制作を手がけたことが分かる。

　サキャ・パンディタ（サ・パンと略称される）の出家する前の名前はペンデントンドゥプ（貝丹頓珠）と言い、1206年、チベット暦第3ラ

第五章　サキャ王朝（サキャ派）のチベット統治期

プチュンの火虎年に年楚（ニャンチュ）河の下流にあった堅貢寺で喀且パンチェン（釈迦室利）によってケンポに、吉沃勒巴によって阿闍梨（軌範師）に、秀昌巴によって屏教師に任ぜられ、彼は十分な数のインド、チベットの比丘の中から剃髪して出家して尚且つ具足戒（比丘戒）を受けてクンガ・ギェルツェン・ペルサンポと名乗った。彼はサキャコン氏家系の中で初めて正式に受戒して出家し、更に比丘戒を受けた人間だった。通常、正式に出家したかどうかを区別することから、サキャ5祖のサ・チェン・クンガ・ニンポ、ソナム・ツェモ、タクパ・ギェルツェンの3人を白衣3祖と称し、サ・パン、衆生依怙パクパの2人を紅衣2祖と称した。

サ・パンは長い間、喀且パンチェンなどのインド、チベットの識者と成就者を頼り、五明の学識を更に習熟し、説明、弁論、著述などの方面に通暁した。彼がマンユル済仲の春堆地方に住んでいるときに、インドの南部から外道上師の措切噶瓦とその従者などが来たが、その折に、仏教の論争が起こったが、サ・パンは教理をもって彼らを論破し、彼ら外道師のお下げ髪を切り、仏法に帰依させた。彼の「マハーパンディタ」（大パンディタ）の名声は各地に広がった。彼は更にサキャ寺の細脱ラダンと多くの仏像、仏塔、仏経を新しく作り、具吉祥サキャ派の声望をアジア各地に広げることとなる基礎を打ち立てた。

サ・パンの弟の桑察・ソナム・ギェルツェンは、1184年、チベット暦第3ラプチュンの木龍年に生まれた。彼は父祖が伝える様々な顕密教法を修めた。サキャコン氏の繁栄のために合わせて5人の妻を娶り、更にサキャの烏孜寧瑪仏殿を新しくし、サキャ寺に自分が矢を射って届いた距離の長くて広い壁を建造した。更にサ・パンの声望を頼りに世俗方面でサキャ派の実力を拡大し、斯塘などの土地に定期市や人口の多い村を作り、仲堆、仲麦、達托、芒喀寨欽、蔵哇普、上下シャブ（夏卜）、達那などの土地に荘園を作り、絳迥、喀索、果斎、喀爾普などの土地に多くの牧場を作り、熱薩などの土地で馬の群れを飼い、政治と教育の両

面で大きな功業を立てた。『サキャ世系史』に記載されている上述の地名を見ると、当時のサキャ派が新しく建てた寺に属する荘園は、主に分布している今日のサキャ県、ラツェ県内を除き、ガムリン県とシガツェ市内にも分布しており、南北各地に作られた牧場も少なくない。総じて言えば、この時期からサキャ派は前チベット地区におけるディグン、ツェルパ、パクモドゥパなどの大きな地方の勢力と実力が伯仲してきて、ツァン地区の最大の地方勢力となった。

　桑察・ソナム・ギェルツェンには多くの子供がいたが、その中で最も重要な子は長男の衆生依怙パクパ・ロドゥ・ギャルツェン・ペルサンポであった。彼の名声は各地に伝わり、元朝皇帝フビライ・カアン（クビライ・セチェン・カアン）[1]にチベット地区3つの「チョルカ」の統治者に封じられ、中国統一の事業において偉大な貢献を打ち立てた歴史的な偉人である。彼は1235年、チベット暦第4ラプチュンの木羊年に生まれ、幼少から群を抜いた智慧があり、文字の読み書き、知識の学習、教法の学習などの方面で他人より早く覚え、学んだ事柄を完全に習得した。8、9歳のときには『蓮花経』と『本生経』などの修行法を暗誦することができ、サ・パンが挙行する説法法会で『喜金剛続第二品』を説明し、衆人を驚かせ、「聖者」と称賛された。そのため彼の名前は「パクパ」（傑出している、聖者の意味）という通称になった。彼の弟のチャクナ・ドルジェは1239年、チベット暦第4ラプチュンの土猪年に生まれた。

　サ・パンの後半生及びパクパの主な事績について、後ほど各時期の歴史を叙述する際に紹介するので読者には注意して読んで欲しい。

1　モンゴル帝国第5代皇帝（在位1260年～1294年）、中国語：忽必烈薛禅汗。

第二節　モンゴルのチンギス・カアン（成吉思汗）の末裔勢力のチベット侵入とチベット再統一

　12世紀末期ごろからモンゴルのチンギス・カン[1]の軍事力が盛んになり始め、武力をもって中国北方の各地を征服し、次第に西夏の領地を攻め取った。チンギス・カアンが亡くなってからは彼の第3子オゴデイ[2]がカン[3]位を継承した。オゴデイ・カアンが王子たちにそれぞれ兵を率いて各地で領土を開拓させているときに、アムドとカムの一部の寺院と高僧は人を遣わして自分の周りにいるモンゴル軍に贈り物を献上した。モンゴルのカアンの命令に恭順の意を示し、チベット族が住む各地に軍が攻め込まないように願ったのである。

　このような方法はすぐにウ・ツァン各地に遍く使われるようになり、大きな地方の勢力集団はモンゴルのコデン王子[4]が相次いで派兵してチベット地区に入ってくる勢いに抗えないと見るや、続々と人を遣わしてモンゴルの王子たちに恭順の意を表し信頼関係を作った。この状況はいくつかの文献にだいたい同じように記載されている。パクドゥ・チャンチュプ・ギェルツェンは「当時、吐蕃地方は涼州にいた王子のコデンに支配され、コデンアガ（アガとはモンゴル語で兄の意味）から供物をもらった上師のディグン派はモンケ・カアン[5]に統治され、ツェル派はクビ

1　モンゴル帝国の初代皇帝（在位1206〜1227年）。
2　モンゴル帝国の第2代モンゴル帝国皇帝（カアン、大カアン）。
3　カアンは、北アジア、中央アジア、西アジア、南アジアにおいて、主に遊牧民の君主や有力者が名乗る称号。
4　コデン（闊端）第2代大カアン、オゴデイの次男で、チンギス・カアンの孫。
5　モンゴル帝国の第4代皇帝（カアン、大カアン、在位1251年7月1日〜1259年8月11日）。

簡明チベット通史

ライ・カアンによって統治され、パクモドゥ派は王子のフラグ[1]によって統治され、タクルン派はアリクブケ[2]によって統治された。4人の王子はそれぞれ各万戸を支配した」と書かれている。これらの王子はまたそれぞれが統治している万戸府にモンゴルの守備軍を駐在させ、それからクビライ・カアンが中国の皇位についてから、これらのモンゴルの守備軍を引き揚げさせ（パクモドゥ万戸に駐在していた守備軍はクビライとフラグの関係が親しかったために引き揚げなかった）、これらも大司徒チャンチュプ・ギェルツェンの著作に見られる。上記の記述は、モンゴルの軍隊の脅威が現れた時にチベットのそれぞれの統治集団が全てそれぞれのモンゴル王子に帰順を表したことを説明している。

1240年、チベット暦第4ラプチュンの鉄鼠年に当時のモンゴルのオゴデイ・カアンの在位中、オゴデイの息子のエチンコデンは武装した軍隊を率いた将軍ドルダチを遣わしてチベットまで行かせた。これが多くのチベットの史籍で言われているモンゴルのドルタ将軍である。彼らはアムドとカムを経てウ・ツァン地区へ行き、道中で勝手に帰順し降伏した人々には危害を加えず、その首領の役人に古い支配地を統治させ、抵抗する人々には武力をもって鎮圧し、大多数の地方勢力を降伏させて支配下に置いた。その頃は比較的順調に前チベットの熱索地方に到着した。

当時、ディグン寺の法座のチェンガ・ダクパ・ジュンネの近侍である官巴シャキャ・リンチェンが、モンゴル軍への抵抗の準備を積極的に進めものの、組織として抵抗することができず、官巴本人はドルダチ（多爾達赤）に捕えられた。まさに処刑されるというときにチェンガ・リンポチェ（高僧転生ラマへの尊称）が頓塘へ行きモンゴル軍に降伏し、また更に、多くの経典を説いたところ、ドルダチは「トイン（出家した僧

---

[1] フレグ（フラグ・フラク、生没年1218〜1265年）。イルハン朝（フレグ・ウルス）の創始者（在位1260〜1265年）。
[2] モンゴル帝国の第5代皇帝（大カアン）。チンギス・カアンの4男トルイとソルコクタニ・ベキ妃の間の4男（末子）。モンケ、クビライ、フレグの弟。

第五章　サキャ王朝（サキャ派）のチベット統治期

侶に対するモンゴル人の呼び方）よ、あなたは良い人だ」と言った。そして彼に敬礼し官巴の死刑を免じて、双方和解した。「チェンガがチベット木門家の戸籍名簿を彼に渡し、ドルタは受け取り（チェンガを）優遇した」[1]。

　当時のチベットの主な各地方勢力のうち、ディグン派が最も裕福であった。ディグン派がモンゴル軍に降伏したことがきっかけとなり、ウ・ツァンの各地方勢力も武力抵抗を諦めた。モンゴル軍は「東部コンポ地区以上、西はネパール、南はメンパの地区内に至る柵で囲まれた村を取り壊し、カアンの命令に背かないよう厳格な法を以って統治した」[2]。

　このようにして、400年余り続いたチベットの分裂・割拠した混乱の時期は瞬く間に終わり、大きな戦争や殺戮を経ることもなく、全チベットに平和と安寧がもたらされることとなった。チャンチュプ・ギェルツェンは「ドルタは……下は東方コンポ地区、東西ロダク、洛若、加波、門地門貝卓、洛門とネパール国境以内も各地の柵で囲まれた村を取り壊した。モンゴルの法令によって統治し、地方に安寧をもたらし、この時の国法と教法は夜明けに東の空に上る太陽のようにチベット語を用いる地域を照らした」[3]と記述している。この記述はチベット族の大多数の人々が、当時のチベットが統一され、情勢が安定したと考えていたことをよく表している。

1　『朗氏家族史』第109ページ。
2　ダライラマ5世『西蔵王臣記』、民族出版社1957年版、第121ページ。
3　『朗氏家族史』第109ページ。

第三節　モンゴル王子エチンコデンが　サキャ・パンディタを招き内地へ行く

　ドルダチ将軍は武力による進攻と投降を求める方法を合わせて、全チベットを統治下に収めた後、王子コデンの命令に従ってチベットの各派閥の高僧について考察し、コデンへの報告で「辺境の地のチベットでは僧伽が最も大きいのはカダム派で、最も面子を重視するのがタクルンの法主であり、最も声望があるのはディグン派のチェンガであり、最も教法に精通しているのはサキャ・パンディタであります。彼らの中から誰を招けばいいのか命令を下さい」と書いた。コデンは彼への返信で「今日の世間でチンギス・カアンを超える力と威信を持つ者はない。来世に利益がある教法が最も必要とされるため、サキャ・パンディタを招け」と書き述べた。

　コデンが遣わしたドルダチと本覚達爾瑪の2人は、招待状と多くの贈り物を持ってサキャへ赴いた。サ・パンは既に当年63歳であったが行くことに同意した。出発する前に彼は伍由巴・索南僧格と夏尔巴・釈迦桑布をラマに任命してサキャ派の宗教事務を任せ、仲巴・釈迦桑布を囊涅（内務管事）に任命し、サキャ派の総務を任せて法座の代理をさせた。当時、パクパはわずか10歳でチャクナ・ドルジェはわずか6歳であったが、それでもサ・パンは1244年、チベット暦第4ラプチュン木龍年の年末に彼らを連れて内地へ出発した。彼らが前チベットに着く前に、ディグンパ、ツェルパ、タクルンタンパなどの派閥の首領である人物は彼らに面会し、大量の贈り物を差し出してサ・パンがモンゴルに行ったあとに宗教の面で自分の世話をしてくれるよう求めた。

　史籍の記載によると、サ・パンは全チベットの仏法と衆生の利益のた

第五章　サキャ王朝（サキャ派）のチベット統治期

めに、老骨に鞭打ち命すらも顧みずに偉大な決心を胸に秘めてモンゴルへ出発した。途中、南喀本と言うカダム派のゲシェが面会に訪れ、「あなたがモンゴルに行くのは利益のためですか」と尋ねた。サ・パンは「モンゴル人が私に何としても来て彼らの上師になれといい、もし来なければ兵を遣わすと言うのであれば、モンゴル軍がチベットに危害を加える恐れがある。衆生の利益のためにモンゴルに行く。今後、衆生に有利なことがあるならば、たとえ自分の体と命を捨てることも惜しくないし、何も躊躇うことなく行く」と答えた。

　このことからサ・パンがモンゴルへ行ったことはチベットの全ての民衆を気にかけていたからであって、全チベットに関係する大事件であったことがわかる。

　このように、サ・パンの一行は、馬・ラバ・ラクダなどの乗り物を使って数千里の旅路を踏破し、彼が65歳になった1246年、チベット暦第4ラプチュンの火馬年の8月に北方の涼州（現在の甘粛省武威市）に着いた。当時、エチンコデンはモンゴルでグユク・カアンの大カアン即位式に参加しに行っていて涼州にいなかった。翌年、火羊年の正月にコデンは涼州へ戻ってきてサ・パンと会った。コデンは非常に喜んで彼と教法や世間の仕事まで広範に話し合った。双方、言葉が通じなかったためにウイグルの博学なゲシェが翻訳を担って双方は互いに意思を疎通し合い、コデンはこれに非常に満足した。コデンは更に命令を出し、これよりモンゴルのシャーマンは古い規則に従って僧侶の列の首位に立つことができなくなり、サ・パンがそこに座った。集会で祈誓するときはまず仏教の僧侶が祈祷することになり、これがモンゴルで初めて仏教の僧侶の地位の向上が宣布されたものだと伝えられている。その後、コデンがらい病を患った際に、サ・パンが治療し、法事を挙行して劇的に治癒した。これによりコデンは彼に対する熱心な信仰が生まれ、彼に多くの仏法の教えを請うた。サ・パンはモンゴルでサキャ派の教法の声望を上げただけではなく、更に上師の頓科などを山西の五台山に遣わし説法をさ

せ、涼州で漢、ウイグル、西夏などの地区の仏教徒を集めて説法し、各民族間の文化交流と友好関係を深めたのである。

第四節　サキャ・パンディタがチベット各地の首領に手紙を送る

　サ・パンが涼州に着いたあと、寸暇を惜しまずにチベット地区が直面している現状と長期的な幸福のために心を尽くした。彼は、巧みにコデンにチベット族の地域を安定させる方法を提案し、当時にチンギス・カアンの末裔たちの軍事力、行政の方策、及び広大な漢、ウイグル、西夏などの地を通じて当時の状況を真剣に観察、分析し、チベットがもし内地の他民族のようにモンゴルのカアンに統治されるのであれば、仏教と多くの衆生の一時的かつ長期的な利益に大いに資すると考えた。そのため、彼は自分がモンゴルにとどまり、更に『サキャ・パンディタ・クンガ・ギェルツェンがウ・ツァン、ガリの善知識大徳及び大衆の施主に送る手紙』と呼ばれる手紙を書き、彼らのために取捨選択して道筋を示した。この手紙の全文を以下に記す。

　　吉祥利益を祈り、上師と怙主文殊菩薩に頂礼します。
　　具吉祥サキャ・パンディタがウ・ツァン、ガリ各地の善知識大徳と大衆の施主に手紙を送ります。
　　私は仏法と衆生の利益のために、特にチベット語を話す全ての衆生の利益のために、モンゴルの地へ行きます。私を呼んだ大施主（コデンのこと）は非常に喜んで、私に「あなたは私に配慮してこのように幼いパクパ兄弟を率いて侍従と一緒に来てくれた。あなたは頭をもって帰順し、彼は足をもって帰順した。あなたは私の招きに応

第五章　サキャ王朝（サキャ派）のチベット統治期

じて来てくれて、彼は恐怖のために来た。このことを私がどうして知らないことがあろうか。パクパ兄弟はもともと既にチベットの教法を知っており、パクパに勉強させ続け、チャクナ・ドルジェにモンゴルの言葉を学ばせることもできた。ただ私は世間の法でもって保護し、あなたは世間の法を超えたものでもって保護するのであり、釈迦牟尼の教法がどうして各地に遍く広まらないことがあろうか」と言った。

この菩薩カアンは仏教の教法、とりわけ三宝を非常に崇め敬っており、良い法度をもってあらゆる臣下を良く世話し、私への配慮は他人以上であった。彼はかつて私に「安心して仏法を説くがいい。必要な物があれば全て提供しよう。お前が善行を行うのは私も知っている。私の行為が善行であるかどうかは天が知ることだろう」と話した。彼はパクパ兄弟を特に可愛がった。彼は「（政治を行う者として）法度を自ら知り、法律を執行することを理解し、あらゆる国土に利をもたらす」という良い願いを持ち、かつて「お前たちチベットの部衆が習っている法度を教え導いてくれ。私は彼等を安らかにさせたい」と言った。だから、あなたたちはみな努力してカアンと諸々の王子の長寿を祈って法事を行うべきである！

今日の情勢ではこのモンゴルの軍隊は数え切れないほど多く、おそらく贍部州の全てが既に彼等の統治下に収められている。彼等と心を同じくするものは彼等と苦楽を共にするべきである。彼等ははっきりとした性格であり、口では帰順すると言いながら彼等の命令を聞かない者を許さず、もしそのような者がいれば必ず滅ぼした。このようなこともあって、天山ウイグル王国の領土は苦しむことなく却って以前よりも繁栄し、人民と財産はみな彼等自身が所有することとなり、ビチクチ、財政税務官、守城官（八剌哈赤）はみな天山ウイグル王国人の彼等自身が担当した。漢、西夏、タタールなどの土地が攻め滅ぼされていないとき、（モンゴルは）彼等をモ

ンゴルと同じように遇したが、彼等が（モンゴルの）命令を聞かずに攻滅ぼされた後は、彼らは逃げ場を失い、モンゴルに投降するしかなかった。だがそれ以降、彼等が（モンゴルの）命令を聞くことによって、彼等の貴族の中から現在でも各地方に任命されている守城官、軍官、ビチクチを担当することになった。我らチベットの民族は愚鈍で頑固、あるいはいろいろな手を使って逃げようとしたり、モンゴル人が長旅に出て戻ってこないように願ったり、モンゴル軍と戦争をして勝利できれば良いと願っている。モンゴルを騙した者はおおよそ最終的には必ず壊滅させられた。各地でモンゴルに帰順した人は甚だ多く、チベットの民衆は愚昧で頑固であるために、おそらく攻め滅ぼされた後はただ奴隷という卑しい身分で賦役させられるだけで、役人になれるのはおそらく百人中数人ほどだろう。チベットは現在モンゴルに帰順すると宣言している者は多いが、献上する金銭や財物が少なく、ここの貴族たちは心中すこぶる不機嫌で、事態は非常に切迫している。

　去年までの数年間、西部各地にモンゴルの軍隊が来たことはない。私が白利の人間を引き連れて帰順したあとも悪いようには見えなかったため、上部ガリ、ウ・ツァンの大衆もみな帰順した。白利の各部も帰順し、今日に至るまでモンゴルは派兵することなく、帰順は既に有益であったのであるが、この道理を上部の人間の中にはまだわかっていないものがいる。当時、この東部には口では帰順すると言いながら貢物をあまり献上したがらず、モンゴル人の信頼を得られなかったため彼等はみな攻められて、人民と財産をすっかり破壊されたが、このことはあなたたちもおおよそ聞き及んでいるであろう。これら征伐された所は、往々にして険しく地の利があって、部衆が勇敢で、兵士が多く、鎧が厚く、戦が上手で、モンゴル軍に抵抗できると思い込んでいたのだが、結局すべて攻め破られたのだ。

第五章　サキャ王朝（サキャ派）のチベット統治期

　民衆は普通、モンゴル本土の領主へのウラ（労役）[1]と兵役は比較的軽く、他地域の労役と兵役は比較的重いと考えているが、実際は、他の地域と比べるとモンゴル本土の労役と兵役は非常に重く、2つを比べると却って他の地域の労役と兵役は軽いのである。

　コデンはまた、「もし命令に従うのであれば、お前らが土地の各地の民衆・部落でもともと役人だった者は官職に就くことができ、サキャの金字使者[2]、銀字使者を招き、我がダルガチなどの役人として任命できる」と話した。役人に推薦するため、あなた方は公文書を送達できる人を選ぶことができ、それからそこの役人の名前、戸数、貢物の数を3部書き写し、1部を私のところへ、1部をサキャに保存し、1部をそこの役人自身が保存する。他に、どこが既に帰順して、どこがまだ帰順していないのかを記した地図を描く必要がある。もしその区別がはっきりしていなければおそらく既に帰順した者でも帰順していない者の巻き添えを受け、壊滅の被害に遭う。サキャの金字使者は各所の役人の指導者と協議を進めるべきであり、衆生利益以外に、勝手に威勢や私服を肥やすことは許されず、各地の指導者もサキャの金字使者と協議せずして独断で決めることはできない。協議を経ずにむやみな行動を取ることはご法度であり、犯した罪の責任を取ることになり、私が許しを請うことは難しい。あなた方大衆が心を1つにして協力し、モンゴルの法度を守ればきっと良いことがあるはずである。

　金字使者への接待はできるだけ周到に行わなければならない。なぜならば、金字使者が戻った時に、カアンは先ず、必ず「逃走か抗戦をするつもりがあるかないか。金字使者をよく接待したか。ウラ（労役）の提供はあったかどうか。帰順する者の意思は固いかど

1　元王朝の課した賦役のこと。
2　内地からチベットへ派遣され、事務を行う官員。政府文書の起草も行う。

うか」と聞くからだ。もし金字使者を敬わない者がいれば、使者は必ずやカアンに悪く言い、もし金字使者を敬っていれば、彼はカアンに良く言い護ってくれるだろう。もし金字使者の言葉を聞かなければ、救い難い。

　この間に各地の貴族及び貢物を携えてやってきた者に対してはみな礼遇し、もし我らも良い待遇を受けたいのであれば、我ら役人たちはみな良い貢物を準備し、人を遣わしてサキャの人と来て、どのような貢物を献上すれば良いのか協議し、私もここで相談に乗ることができる。貢物を献上して各自の土地へ戻れば自分にとっても他人にとっても良いことがある。総じて言えば、去年から私はあなたたちがどうすれば良いのかと人を遣わして意見を出していたが、あなたたちはそうはしなかった。攻め滅された後になってはじめて各々従順に命令を聞こうとでもいうのか。お前たちは私の話を無視して、将来「サキャの人がモンゴルに行った後に、我々を助けてくれなかった」と言わないで欲しい。私は自分の身を投げ出して他人を助ける心を胸に秘め、チベット語を喋るすべての人の利益のためにモンゴルに来たのだ。私の言うことを聞けばきっと良いことがある。あなたたちはまだここの状態を目の当たりにしておらず、噂を聞いても信じていないからまだモンゴルに対抗できると思っている。私は、災厄が突然降ってくることを恐れ、ウ・ツァンの子弟や民を急いでモンゴルにまで来させた。私自身は幸福になろうが不幸になろうが後悔はしない。上師、三宝の加護と恩恵があるので、福運を得られるであろう。あなたたち衆人も三宝にお祈りするべきである。

　カアンは他の人以上に私を気にかけてくれているので、漢、吐蕃、天山ウイグル王国、西夏の善知識大徳と各地の民衆はみな驚き、私の所に話を聞きに来て十分に敬っている。あなたたちはモンゴルが我々のところの人々にどのようなことをするのかと考える必要はな

第五章　サキャ王朝（サキャ派）のチベット統治期

く、全て我々の関心と協力いかんにかかっている。私の話を聞く人は全て安心して住むことが出来る。

　貢物は金、銀、象牙、大粒の真珠、サフラン、モッコウ、午黄、虎皮、豹皮、ユキヒョウの皮、カワウソ皮、チベット産羊毛布、烏思地方のプル（チベット特産の毛織物）などが優れた品として、これらのものはみな喜ばれた。この間、一般の品々はあまり重要視されないが、各地で自分が最も良いと思う品を献上しても良い。

　「黄金があれば願い通りになる」ので、よくよく考えられたし。

　仏法を伝える各位に祝福があらんことを。[1]

サ・パンのこの手紙はチベット400年の分裂時期で絶えず続いた戦乱と各勢力が割拠した紛争がもたらしたチベット人民の終わりなき塗炭の苦しみ、苦難の経験と教訓を総括し、当時のチベットの各政治勢力により互いに統轄・隷属されず、大きな矛盾があり、チベットに安寧をもたらすためにまずは統一を実現させる必要があった。だが、チベットを統一できる力量を持っていたのは当時モンゴルのカアンしかおらず、モンゴルも広大な国土を統一することを主要な戦略計画としていた状況であった。そして、チベットは漢・ホータン王国・モンゴル・西夏などのような地域と同じであることを理解し、歴史上密接な関係のあるこれらの民族を統一することが短期的にも長期的にも最も有利であるとし、彼はチベット族の各階層の人士にこの歴史的な過程に参加する大号令を発したのである。彼のこの手紙はチベット族の僧俗各界の歓迎と尊重を受け実行し、チベットが偉大な中国の各民族という大きな家庭の一員に自ら望んで参加したことを表す重要な歴史的文献となったのである。

　サ・パンが涼州に住んでいた時期に王子コデンは風景が優美な地方に彼のために広大な寺院を建てて彼に献上した。設計が絶妙で工芸が精巧であり、神秘的で幻想的だったことから通常は幻化寺と呼ばれ、サ・

1　達欽阿旺貢噶索南『薩迦世系史』、民族出版社1986年版、第135〜140ページ。

パンは晩年にこの静かな寺院に住み、最後は1251年、70歳の時の1251年、チベット暦第4ラプチュンの鉄猪年に円寂した。

第五節　パクパとモンゴルのクビライの会見　僧侶を讃え保護する詔書

パクパは10歳の時にサ・パンに着いて内地に行った。前チベットを通過したとき、サ・パンによってケンポに、蘇浦哇によって阿闍梨に任ぜられ、剃髪して出家して沙弥戒を授かり、法名をロドゥ・ギャルツェン・ペルサンポとした。涼州に着いた後、パクパは七年間サキャのそばから離れず、彼の大部分の学識を学び終え、心に刻んだ。サ・パンは臨終のときに彼が既に教法の重責を任せられるとみて、自分の法螺と鉢を彼に伝授して更に大勢の弟子も彼に任せ、彼に「あなたが仏法と衆生の利益をはかる時機は既に来ている」と述べて、彼に頼んだ教法の手順が完成した。彼はサ・パンの法事をよく執り行い、涼州にいたサ・パンの弟子と信徒を保護し、以前と同じように仏法を学んで修行し、涼州に更に2年間住んだ。

1252年、チベット暦第4ラプチュンの水鼠年に王子セチェン・カアン（クビライ）が兵を率いて南征し、大理（現在の雲南省内）を征服した後凱旋した。1253年、第4ラプチュンの水牛年にセチェン・カアン・クビライは上師パクパとの会見を行った。それから、パクパ兄弟を上都（現在のモンゴル自治区内）と呼ばれる宮殿に招いた。当時、パクパはまだ19歳に満たなかったが、セチェン・カアンに多くの他の人間では答えるのが難しい問題を聞かれたが、完璧に答えた。パクパはまた、歴

第五章　サキャ王朝（サキャ派）のチベット統治期

史上吐蕃と唐がときに戦い、ときに友好的だったことを語った。セチェン・カアンは、もしそうであるならば以前の王朝の文書に記載があるはずであると人に調べさせたところ、確かにその通りであり、セチェン・カアンを更に喜ばせた。その後、セチェン・カアンは彼に人を遣わしてチベットで兵役と租税を徴収することを話したが、パクパはチベットは辺境の小さな地方で田畑は少なく人民も貧しいので、どうか税を徴収しない欲しいと訴えた。セチェン・カアンは同意することなく、パクパは心中穏やかではなかった。もしそうなればチベットの僧侶もここに留まる必要もないので故郷に帰る許しを請い、セチェン・カアンはそれを許した。その時、セチェン・カアンの皇后のチャブイは、このような僧侶は珍しいのでチベットに返してはいけない。あなたと彼は2人とも話を続けて、彼に仏法に関する問題を尋ねるのが一番良いと話した。セチェン・カアンはチャブイ妃の意見を取り入れて、パクパと多くの問題を話し合うことを続けた。

　上師パクパは上都に居住していた数年間の内、セチェン・カアンは彼に付いて初歩的な仏法を聞いた。1254年、チベット暦第4ラプチュンの木虎年にセチェン・カアンはサキャ派に『僧侶を褒め護る詔書』と呼ばれる文書を賜った。主な内容は以下の通りである。

　　　上師と三宝の保護、及び天命の主であるチンギス・カアン及びモンケ・カアンの福徳に従い、仏法の利益のためにクビライが詔にて曰く。

　　　真実の仏陀釈迦牟尼は変えることが出来ない智慧と無辺の慈悲を具え、具えている福と徳の2つは満月のようで、日輪は暗黒を消し去るがごとく、百獣の王の獅子が妖魔外道を打ち負かすがごとくである。私とチャブイ・ハトン（ハトンとはモンゴルの古い言葉で皇后、王妃を表す呼び名）は、その功徳、事業及び教法に信仰が芽生え、以前既に教法と僧衆の主を担当し、今の法主であるサキャパ、上師パクパから信心を得て教法を遵奉し、陰水牛年に灌頂を得て多

くの教法を学んだ。その他、上師パクパに黄金及び宝石で装飾された袈裟、長袖のチョッキ、宝石の装飾品、法衣、帽子、靴、座布団などを与え、他にも黄金の傘蓋、金の椅子、金の杵、金の爵、柄が装飾された刀剣や大きな金塊1つ、大きな銀塊4つ、ラクダ、ラバ、黄金で出来た鞍と轡を与えた。虎年に法縁があってまた大きな白銀の塊56個、お茶200個、錦110疋を与えた。お前たちチベットの僧侶はこのことを知っているのだが、いかにこの詔を遵奉するべきなのか。お前たち僧侶は官位を争ってはならず、この詔勅を持って他人を圧してはならない。お前たち僧侶は従軍や戦をせず、釈迦牟尼の教えに従い、わかる者には講じ、わからない者には聴かせ、仏法を学び、読経し、身を修め、天に祈り、私に幸多きことを祈れ。ある者は経を学ばずとも身を修めれば良いという者があるが、経を学ばずしてどのように身を修めるというのか。年長の僧侶は若輩の僧に言葉で仏法を教え、若い僧は老僧から経典について聞いて学びなさい。お前たち僧侶は兵役、課税、賦役を免じられているのは、上師と三法の恩徳であるということを知らないとでもいうのか。もしお前たちが釈迦牟尼の教えに遵わないのであれば、モンゴルの人々は必ずや「釈迦牟尼の教えは本当にいいのか。お前たちの罪を問わなくていいのか」と言うであろう。お前たちモンゴルの人がこのことを何も知らないと思ってはならない。偶然一度二度は知らないことがあっても、最後には必ず知ることになる。お前たち僧侶は悪いことをしてはならず、人々の前で私の顔を潰してはならない。お前たちは教えに従って物事を行い、天に福を祈りなさい。私がお前たちの施主となろう。

これはカアンの詔書である。陽木虎年（1254年）の仲夏月（5月）9日に漢地とチベットの境界に接する上都で書かれた。

上記の詔書から、パクパが初めてセチェン・カアンに灌頂をしたときに、セチェン・カアンがパクパにどのような供物を献上したのかをはっ

第五章　サキャ王朝（サキャ派）のチベット統治期

きり知ることができる。

　1255年、チベット暦第4ラプチュンの木兎年、衆生に頼られているパクパは21歳の時に漢の地とモンゴルの境界にある㞢刺に向かった時に、涅塘曲傑扎巴僧格をケンポ、覚丹巴ソナム・ギェルツェンを阿闍梨とし、ヤルルン巴チャンチュプ・ギェルツェンを屏教師として、20名の信仰を持った比丘に具足戒を授けた。その後に上都に戻り、1257年に五台山へ行き、広範に仏法を習い、聞いた。1258年（チベット暦第4ラプチュン土馬年）、彼は開平の王宮でセチェン・カアンの命を受けて仏教と道教の弁論に参加し、17名の道教徒を仏教に改宗させた上、出家させて僧侶にした。セチェン・カアンは大いに喜んで彼をますます重視した。

　1260年、チベット暦第4ラプチュンの鉄猴年にセチェン・カアンは皇帝の位に就き、パクパを国師に封じ、羊脂玉製の玉印を賜った。これは漢文史籍に記載を見られる。チベット語の『漢蔵史集』には「この後、大都宮へ行き、パクパはセチェン・カアン及びその皇后、王子らに密法3部の大灌頂を伝授した。セチェン・カアンはパクパを帝師に封じ、灌頂を授かった供養としてパクパにウ・ツァン13万戸と数えきれないほどの品々を献上した」[1]と書かれている。この記載により、我々はセチェン・カアンがウ・ツァンの管理と権力をサキャ派のパクパに渡した時期がおおよそ1260年のことであるとわかる。

1　達蔵宗巴・班覚桑布『漢蔵史集』、四川民族出版社1985年版、第327ページ。

第六節　セチェン・カアン・クビライがカルマ・パクシ（噶瑪抜希）を中国へ招く

カルマ・パクシ（噶瑪抜希）はまたの名を却吉ラマと言い、『賢者喜宴』には、彼がドカム金沙江流域の董其里擦多地方の哉波務家の出身で、1206年、チベット暦第3ラプチュンの陽火虎年に生まれたと記載されている。最初の名前は却増と言い、11歳のときにラマ・プン・ダクパに従って出家し、貝欽波却吉ラマと名乗った。その後、年頃になると比丘戒を受けた。それから彼は努力して修行し、賢哲と成就者の名声を得た。

彼はウ・ツァンへ行きツルプ（楚布）で6年住み、寺院を修築して栄えさせた。「しばらくしてクビライ王子は人を遣わして皇帝の命令を送り、彼に辺境の地に仏法の火を灯すよう求めた。彼はドカムを経て、第4ラプチュン木兎年（1255年）に絨域の色堆地方で王子クビライに会い、それからクビライ王子の宮殿に行き、クビライ王子にお布施をされて関係を結び、打ち解けた。クビライは彼に長く留まるよう求めたが、将来良くないことが起きると予見して誘いを断り、王子を少なからず失望させた」[1]。この記載によりクビライはおおよそサキャ派のパクパの年齢が若く、もう少し年上の彼にモンゴル皇室のチベット統治に効果を発揮してもらいたがったのである。しかしながら、政治方面での反応はパクパの方が彼よりも明らかに機敏だった。

それから、彼は徐々に前進し、「漢の地、西夏、モンゴル、チベットのあらゆる土地の王、モンケ・カアンが即位して4年後の火龍年（1256年）に杭蓋地区の大宮殿賽熱斡耳朶（斡耳朶〈オルド〉はモンゴル語であり、意味は宿営地・宮廷を意味し、元朝の皇帝・皇后は、建設した各

---

[1] 巴俄・祖拉陳瓦『賢者喜宴』、民族出版社1986年版、下巻、第888ページ。

第五章　サキャ王朝（サキャ派）のチベット統治期

自の斡耳朶でその財産と私属の民戸を管理し、死後は親戚に継承させた。チンギス・カアンのは四つの大きな斡耳朶を持っていて、クビライも4つの大きな斡耳朶があった。）で皇帝のモンケ・カアンと会見した。モンケ・カアンが当時信奉していたのはモンゴルの也里可温宣教師（也里可温はモンゴル語で景教〈ネストリウス派〉の宣教師の呼び名であり、福のある人という意味である。景教は唐代から中央アジア一帯に流行したキリスト教の流派の1つで、モンケ・カアンの母親が景教を信奉していたと言われている。実際、当時のモンゴル人は多くの宗教と触れ合っており、各種宗教の存在を許していた。）の教えであった。彼はモンケ・カアンを改宗させて仏教徒にした。モンケ・カアンに灌頂と教戒などを伝授させるため、監獄13条を整理して提出し、獄中のあらゆる犯罪者を赦免した。また、人を水路に埋める方法（モンゴル軍は漢の地の住民の反抗を鎮圧させるために、反抗した者を水路に追い立てて溺死させた。）を止めるように建議した。モンケ・カアンに、統治下の臣民に毎月4回の吉日を不殺生の日とさせて、旧暦の1日と15日に斎戒を実施させて10善法行を実施させた。庫粧木でモンケ・カアンは無数の仏殿を建設し、また漢の地、モンゴル、西夏、天山ウイグル王国などの各地で仏殿と仏塔を修復、新設するよう命令し、必要な物資を補給した」[1]。モンケ・カアンは彼を信じて非常に崇拝しており、長く付き従ってくれるよう求めたが、彼は時機が変化したことを察知してモンケ・カアンにチベットへ戻る許可を求め、「皇帝は彼に詔書を賜り、彼にあらゆる事務をつかさどらせ、あらゆる僧侶への教法を監督させ、彼にしっかりと法律を管理するように言ったが、カルマ・パクシ（噶瑪抜希）はこの世俗の権力を授からなかった」という。

1260年、「鉄猴年にモンゴル皇帝モンケ・カアンは蛮子地方で亡くなっ[2]

---

1 『賢者喜宴』下巻、第881～890ページ。
2 「蛮子」はモンゴル人が南方の漢人を指す言葉。

た。皇帝の息子と大臣たちはトルイの第7子アリクブケを皇帝に立てたが、コデン皇子ら西夏の王子たちはチンギスの子トルイの第4子クビライセチェン・カアンを帝に立てて、2人の皇帝に分かれた」[1]、つまりこのときチンギス・カアンの末裔は内部で相次いで二派に分かれて、重大な衝突が発生したのである。この状況下でチベットの各高僧と貴族勢力もそれぞれモンゴル皇族の勢力につき、各自自分の教派の力を広めていった。

この前に、ツェルパ・カギュとサキャ派はクビライセチェン・カアンにつき、ディグン・カギュ派はモンケ・カアンにつき、互いに競い合い、己の後ろ盾を自慢した。このため、カルマ・カギュ派派は初めの頃はクビライについていたが、その後にサキャ派と競い合えないと見るとまた皇帝モンケ・カアンに転じて付いた。モンケ・カアンが亡くなったあと、モンケ・カアン側のアリクブケについた。当時、モンゴル皇帝の政権を最終的にアリクブケとクビライセチェン・カアンのどちらが掌管するのか、チンギス・カアンの末裔である両勢力の誰が勝ち、誰が負けるのかということに注目されていたばかりか、当時のチベットで声望が最も大きかった2大派閥であるサキャ派とカルマパ双方の勢力の勝負が鍵となる問題になっていた。「サキャとツェルパの弟子の噶熱は閻羅王に鬼神を遣わして王子アリクブケの規則を捕まえ、アリクブケを呪い殺し、国土全てを大乱に陥れた。……クビライは大成就者に命令を下して行かせ、彼を処刑人に引き渡し」

カルマ・パクシ（噶瑪抜希）に各種の刑罰を下したが彼は多くの奇跡を見せて体に少しも傷を負わなかった。それから海の近くへと流され、いること3年が経った。最後にセチェン皇帝は「彼に安住の土地を選ばせて皇帝のために祈らせ、更に彼に多くの品々を与えよ」「カルマ・パ

---

1 薩迦『賢者喜宴』下巻、第894ページ。

第五章　サキャ王朝（サキャ派）のチベット統治期

クシ（噶瑪抜希）は首都の上都を離れ、8年かけてツルプに戻った」[1]

　記録によると、このカルマパは自身で血液の流れと脈拍を抑えることができ、大成就を得たため宗教での声望が高まり事業が拡大した。彼はツルプに「贈部州厳飾鍍金大銅像」と呼ばれる釈迦牟尼像など多くの仏像を作り、寺院を拡張し、カルマ・カギュ派教派を大きく発展させた。彼には仏教の天禀がある弟子が多く、主な成就者に鄔堅巴、意希旺秋、仁欽貝など証悟と瑜伽自在を得た上師がいる。彼から歴輩の霊が子供に生まれ変わり、ずっと継承させる慣習が始まり、歴輩のカルマパ（噶瑪巴）はみなチベットの声望のある高僧となった。明代に至、カルマ・カギュ派はチベットで最も盛んな教派になったが、その基礎は全て彼が打ち立てたものであった。彼は1283年、チベット暦第5ラプチュン水羊年にこの世を去った。世俗の政務の面では元朝のセチェン・カアンの気持ちに背いたため、大きな功績はなかったが、漢の地、モンゴル、西夏の各地で大きな宗教的業績を打ちたて、元朝の皇室の何人かと関係を持ち、チベットと中国の関係性を強めたので、彼も貢献者の1人である。

第七節　吐蕃の3つのチョルカが元朝の統治に入りチベットに宿場を設立することを公布する

　モンゴル皇帝セチェン・カアンは1260年に即位し、衆生依怙パクパを国師として封じた。その当年に大臣ダシュマン（答失蛮）を派遣し軍を率いさせてチベットへ行かせた。主な任務は全てのチベット族の地区にセチェン皇帝クビライの統治下に入るように公布することで、中国の

---

[1] 『賢者喜宴』下巻、第894ページ、第895ページ、第900ページ。

111

内側から具吉祥サキャ寺の間に至る道に「駅」と呼ばれる派遣された使節の送り迎えと接待をする宿場を設立した。『漢蔵史集』には「吐蕃地区がクビライの統治下に入ったことと宿場の設立を公布するためにダシュマンと呼ばれる大臣を遣わしサキャへ行かせた」と記載されている。さらに書物には

　　　皇帝がダシュマンに対してこう言いつけた。「ダシュマンよ、よく聞け。吐蕃の地の人民は勇猛果敢だ。以前吐蕃の国王が統治していたとき、唐の代宗皇帝の時代に多くの吐蕃の軍隊が五台山に到着して巴府定府地方にカマロクと呼ばれる多くの軍隊を駐留させた。現在、吐蕃には王がおらずチンギス・カアン皇帝の福徳を頼り広大な国土全ては我が朝廷の統治に収まっている。サキャ・ラマ（薩迦喇嘛）も招請を受けて我が朝廷の上師になった。上師パクパの伯姪が、一方の主ならば、その学識は広大で、私らも及ばないが、今のように我が朝廷の管轄の下にはいった。ダシュマンよ、汝は品行方正である。速やかにサキャへと行き、屈強な吐蕃全体が既に我がセチェン皇帝クビライの統治下に入ったことを称えていることを、大臣ダシュマンがサキャへ既に到達したという知らせを、私に聞かせろ。」ダシュマンは「陛下のご命令を謹んで受け行ってまいります。しかれども、吐蕃の民は凶暴で彼等は自分の法度を破り、また漢の地やモンゴルの法度に従わず、また境界に歩哨所を建てて巡守せずにおります。私は経費と物資が戻るまで待ちましょう。また、どうすれば大事を成せるかご指示を下さい。」と上奏した。皇帝は再び命令を下し「汝らは屈強な吐蕃全体が既に統治下に入って褒め称えていることを朕に聞かせることができれば良い。道中で必要な各品々は倉庫の役人が配る。サキャ以降の地方へ至る道中は困難な所があり、人民に貧富の差があり、大なり小なりの宿場を建設する土地を適宜選び、漢の地に宿場を設立した例に倣って宿場を建設せよ。上師パクパが吐蕃へ行く際には何も問題はなかった。また、お前は

第五章　サキャ王朝（サキャ派）のチベット統治期

宣政院の職を受け、もし吐蕃地方の情勢を詳しく理解することができたならば、掌握している事柄と大勢の人間にとってきっと有利になるであろうから、汝はまずそれに向かえ」と言った。ダシュマンは上師の法旨、皇帝の札撒（詔書）などを受けて、多くのお供を引き連れて道中の往復で必要な品々を携帯し、大小の倉庫から吐蕃各地のそれぞれの僧侶の首領に褒美を分配する際に必要な品々を携えて、吐蕃へ行った。[1]

この歴史的な古い書籍に記載されている基本的な史実に基づくと、モンゴル皇帝の力がチベット族のいる地区全てをその統治下に治めて既に20年近く経ち、そのために統一された吐蕃方面には何の問題も存在しなかった。だがモンゴル皇室の各派閥勢力が自分の権勢を拡大させようとしている中で対立が存在し、同時にチベット族の地区が長期的に分裂割拠しており、宗教の派閥ごとの偏見などがあった。それに加えてディグン・カギュ派とカルマ・カギュ派などの大きな地方の僧侶勢力がサキャ派の統治を認めたがらず、モンゴル皇室のそれぞれの後ろ盾を頼りにして、チベット族の地区の内部で以前と同じようにそれぞれの勢力範囲を保持しようと望んでおり、抵抗していた。これらの対立を緩和させ、チベット族の地区を統一するためにクビライはチベット族のいる地区全てをセチェン皇帝の統治下に入れ、上師パクパがチベットに戻るときのために道路を安全に開通して宿場を設立するという2つの任務を公布した。

ダシュマンはお供の人間を引き連れてアムドに到着したあと、まずはチベット仏教後期の教法の発祥地である丹斗水晶仏殿（丹斗寺、現在の青海化隆県内）にドメー地区の様々な僧侶の首領を集会に呼び、彼らそれぞれに適宜に褒美を与え、皇帝の詔書を読み上げた。そしてその地区に7つの宿場を設立した。その後、彼らはまたドカム（カム）に着き、

---

1 『漢蔵史集』第273〜275ページ。

卓多桑珠（またの名を乃賽と呼ぶ）で上記と同じように集会を行い、九つの宿場を設立した。その後、サキャ寺に着き、ウ・ツァンのそれぞれの首領を集めて集会し、それぞれに褒美の品々を与え、詔書を公布し、更に戸籍人工を徹底的に調べ、索（現在のチベットの那曲地区の索県）、夏克、孜巴、夏頗、貢、官薩、甲唯（現在のラサ北部の羊八井一帯）などに前チベットが責任をもって管理する7つの宿場を設立し、達（現在のシガツェ内）、春堆（現在のシガツェ内）、達爾城、仲達（現在のサキャ県内）などにツァンが責任をもって管理する4つの宿場を設立し、更に各1万戸が宿場に労役を提供する制度を規定した。

ダシュマンはチベット族のいる地区全てに皇帝の詔書と上師の法旨を公布する任務を終わらせただけではなく、更にチベット族の地区全体と個別の状況に対して認識を持ち、セチェン皇帝の輿の前に行き、処理した事物に対して詳細な上奏を行い、皇帝のお褒めの言葉と褒美を賜り、更に宣政院の役所の主要な官僚に任命された。ダシュマンは皇帝に上奏し吐蕃各地の宿場は全て新しく設立したもので、宿場の安定を保証するために専門家を派遣して管理する必要があると述べた。このため、皇帝は額済拉克と言う名の大臣に吐蕃の各宿場を管理させる詔書と官職を与え、彼をチベット族の地区に行かせた。この後、モンゴルがサキャ派と施主と受施者の関係を結んだ時期には、チベット地区の27の宿場はずっと平安を保っており、サキャの帝師、ポンチェン、及び、モンゴルとチベットの使者が行き来する道路が安全になり、チベット族のいる地区全ての人民に幸福が与えられた。[1] 宿場は金字使者を主とする旅行者を接待し送迎する機関であり、各地の大きな宿場が責任をもっている地域に若干の小さな宿場を設立して各地の小さな宿場の間隔は、馬に乗った者がおよそ1日かかる距離であった。各地の宿場の一部には家が振り分けられており、彼らは各宿場の範囲内で労役（ウラ）を負っていた。

---

1 『漢蔵史集』276ページ。

第五章　サキャ王朝（サキャ派）のチベット統治期

　1262 年、チベット暦第 4 ラプチュン水狗年にパクパは中国からチベットに向かうときに、多くの金銀と品々を持ってきて、ポンチェン・シャキャ・サンポの責任によってサキャ寺の鄔孜寧瑪殿の西に最も早い大きな金頂殿を建てた。

　1264 年、チベット暦第 4 ラプチュンの木鼠年にセチェン皇帝は首都を上都から大都（現在の北京市）に遷都した。『元史』の記載によると、当年の元朝は総制院と呼ばれる機関を新設した。その職責は全国の仏教僧侶と吐蕃地区全土の管理であり、当時の元朝政府がチベット族のいる地区全ての事務を掌管する中央王朝の機関の設立であり、パクパは皇帝の上師という身分をもってこの機関（総制院を指揮する）を管理し、この機関の責任者（院使）を皇帝に任命された大臣サンガに担当させた。総じて言えば、元朝皇帝はパクパを全国仏教の指導者に封じて、彼にチベット地区の 3 つのチョルカを管理する事務的な権力を与えた。

　『漢蔵史集』の記載によると、「それぞれのチョルカはポンチェンがおり、皇帝と上師の協議によって決められて任命された。」[1]とある。つまり、チベット族の地区の重大な問題は皇帝と上師の協議により上師が皇帝に状況を説明したあとに決定が下される。

　このようにして当初のモンゴルは将校のドルダチが武力によってチベット族の地区の分裂割拠の歴史を終わらせて、チベット族のいる地区全てをモンゴル皇子コデンの管轄に入れ、それから 20 年余りを経てそれぞれの地方勢力がモンゴル皇室のそれぞれを自らの後ろ盾として頼り、最後に元朝皇帝セチェン・カアンがモンゴルのその他の皇室の人間がそれぞれ万戸府に設けていた領土防衛官と呼ばれるモンゴル軍隊を撤廃し、統一された守衛の軍隊をチベットに作った。この基礎のもと、皇帝はチベット地方を管理する権力をサキャパに集中させて、それ以降チベットは中国皇帝の管轄する地区となった。

1　『漢蔵史集』278 ページ。

元朝皇帝セチェン・カアンはパクパをチベット全土の首領に封じただけではなく、チベット族の地区の土地と民戸を振り分けて領地と属民としてサキャパに贈った。「セチェン皇帝のとき、吐蕃の広大な土地の人口と戸籍を徹底的に調べた際には朶思麻から調査を始めた。河州の熱布卡（渡し場）地方に囊索の管轄に属す荘園があり、城壁がラマ城と呼ばれており、その下には典康谿と呼ばれる荘園があり、これらは上師パクパが皇帝の命令によって与えられた土地であった。府庫や宿場などの漢の地、吐蕃のあらゆる税や労役を負わず、戸籍制作の範囲外であった。500モンゴルグラムの種子を植えられる田畑であったと伝えられている」[1]。サキャパのこれより大きな領地はツァン地区にあり、これらは土地と人口の租税を負わず、その後パクモドゥに権力が移ったあとも根本的に変化はなく、サキャの住居である寺社に属する荘園のままだった。これはチベットが再び統一した始めの頃からサキャパの管轄は公私両面の区別があったことをはっきりと表している。

第八節　珍珠詔書の贈り物とチベットに戻ったパクパのサキャでの新しい機関の設置

『サキャ世系史』の記載によると、衆生依怙パクパが再び皇帝セチェン・カアンに請求を提出したことにより、皇帝に詔書を発布してもらい、金字使者とモンゴル軍人などが寺院や僧侶の宿舎に住むことはならず、寺院に労役（ウラ）を要求せず、寺院から税を徴収しないという規定を明確にして、皇帝がそれを同意した。このため1264年、チベット暦第4ラプチュン木鼠年に『珍珠詔書』と呼ばれる聖旨を発布した。詔書の全

---

1 『漢蔵史集』277ページ。

文は以下のとおりである。
　　長生天であるチンギス・カアンの力によって、先祖代々の福徳の護助するところによる皇帝の命令
　　全僧侶と世俗の民各部へ諭示する。
　　現世の福楽を求め、チンギス・カアン皇帝の法度を頼り、それを行い、来世の利益を求め、教法に依存しそれに留まっている。そのため、朕は釈迦牟尼の道に正見を発し、教義を良く理解して上師パクパに灌頂を請求したことを明らかにし、彼を国師に封じ、あらゆる僧侶の護持者になるよう命じた。上師は仏法を信奉し、僧衆を管理して彼らに教授し、経を説く、法を聞く、修行など仏法の旨とするところを良く行い、僧衆たちは上師の指示に背いてはいけない。これは仏陀の教法の根本であり、仏法を理解する僧侶が経を説き、年の若い誠実な者は仏法を学び、仏法を理解しているが経を説けない者は律に従い修行する。仏教の教える法はまさにこの通りで、朕は僧衆の施主を任じ、三宝を恭しく祭る意識はこの通りである。汝ら僧衆が経を説かず、法を聞かず、律に従い修行しなければ仏教の教える法はどこにあるというのだ。
　　仏陀はかつて我の教える法は百獣の王の獅子のようであり、もし体内で害が生まれなければ外部に壊せる物はないと述べられた。朕は大道におり、聖旨を遵奉し、教法に通暁する衆人に対して宗派を分かたずに同様に尊崇し孝養を尽くす。法に従い行う僧侶たちに対し、その他の士官、軍人、城を守備する役人、ダルガチ、金字使者など何人たりとも（僧衆を）欺いてはならず、兵を派遣せず、租税を徴収せず、労役を要求してはならない。汝ら（僧侶）は釈迦牟尼の道に背いてはならず、上天を祈祷し朕のために福を願うべきである。朕は法令を賜り汝らと共有し、僧侶たちの殿堂、僧侶の宿舎に金字使者は住んではならず、供給と労役（ウラ）を要求してはならない。寺院に属する土地、水路、水車の臼などはいかなる人間も

奪ってはならず、徴用してはならず、権勢を笠に着てこれを売ってはならない。僧侶たちはまた法令（扎撒）があるからといって、釈迦牟尼の教える法を敬わないということをしてはいけない。

　皇帝の聖旨、鼠年仲夏月（5月）1日に上都にて記す。[1]

　詔書でパクパに対し言われている「彼を国師に封じ、あらゆる僧侶の護持者に命じた」にはパクパが総制院の事務の責任を負っていた状況がはっきり反映されている。

　派遣された大臣ダシュマンなどがチベット族の地区に宿場を設立し、モンゴルの法律を用いてチベット区の各地を安定させた後、1265年、チベット暦第4ラプチュン木牛年に、上師パクパは皇帝の意図に従い、チベットに戻りサキャの法座に就き、その後に扎西ゴマン仏塔を作り、200あまりの金泥で仏経を写経して作成し、チベットのそれぞれの仏像や仏塔及び寺院に供養を奉った。更に皇帝の意図に従って、新しいモンゴル文字を創造して、言語学に関する著作を著した。特に彼はチベットの状況に対し詳細な考察をまとめ、多大な苦労をして、サキャの様々な官吏を再設置しなおした。

　パクパ本人はチベット地方の政治と教育方面の指導者であり、それぞれの具体的な事務はサキャのポンチェンが上師の願いに基づいて実施した。最初に担当したサキャ・ポンチェンはシャキャ・サンポであり、彼の名前はパクパが名付け、皇帝セチェン・カアンによって「ウ・ツァン三路軍民万戸」の名称と銀製の印鑑を下され任命された。ポンチェンの下に3つで1組の官が3組あった。索本・森本・却本を1組とし、司賓・仲訳・司庫を1組とし、司厨・接引・掌座具を1組とした。また2つ1組の官が2組あった。管鞍具・管馬匹を1組とし、管牛・管狗を1組とした。これら合計で13種類の官は偉大な人が持つべき13侍従官と呼ばれた、17世紀にダライ・ラマ5世が新たにチベット政府を組織

---

1 『薩迦世系史』第160〜162ページ。

第五章　サキャ王朝（サキャ派）のチベット統治期

したとき、多くの官吏が依然としてサキャの官吏制度の基礎の上に設立されたが、この方面の状況はデパ・サンギェギャムツォが著した『水晶明鏡』で参照できる。索本は上師の飲食を検査して差し出す役割を負い、森本は召使が寝ること、袈裟や衣類及び彼の身の回りの細々とした日用品の管理を負い、却本は神仏を祀る手配と供物品の管理、陳列など宗教方面の活動を負った。司賓は卓吶爾（仲尼爾）と呼ばれ、上師が賓客と会見し、賓客を紹介し接待し、上師が階級の違う人員に連絡する手配の役割を負い、仲訳は書記や秘書であり上師の手紙のやりとりや草稿を書くなどの事務の役割を負い、司庫は上師の私的な物品や金銭財物の収支などに対する役割を負った。司厨は上師の飲食物を作る役割を負い、接引は法事活動を挙行する際に食品を分け、褒賞の品々を渡すなどの役割を負い、掌座具の者は上師の座具に対する役割を負い、更に上師が接見する賓客、役人などその身分や地位に応じて適当な座席を用意する役割を負った。管鞍具の者は上師が正式に外出する際の馬、旗、鼓や笛など儀仗の順序を手配する役割を負い、管馬匹の者は上師が乗る馬、ラバなど公務で使用する家畜を飼育する役割を負った。管牛は公務で使用する黄牛やヤクを飼育するなど牧畜方面の事務をする役割を負い、管狗は犬を飼育し夜間に見回る役割を負った。これらの官には上下の区分があり、高級侍従の職責は重大で地位も比較的高かった。

　上記の官吏を設置する中で司法官や士官の類の役人はまったく見られず、サキャパが単に元朝皇帝の保護・管理下にあるチベットの指導者だということをはっきりと示している。

　パクパがチベットにて政治と教育両面の功績を建てたあと、大皇帝はまた金字使者を遣わして迎えに来たために、彼は1267年、チベット暦第5ラプチュンの火兎年に具吉祥サキャ寺を出発して中国の内地へ向かった。ポンチェン・シャキャ・サンポは彼を送るために彼らの師弟一行と東の傑日拉康まで行き、寺院を巡礼した際に上師パクパは「その者は有能でよくできた侍従であり、そのためにこのような仏殿を作ること

119

ができた」と言った。ポンチェンが上師の後にいてこの言葉を聞き、「上師がもしそうしたいのであれば、私はこの仏殿を天窓から入れる大仏殿にするように要求します」と言った。パクパは「それならば本当に良い」と言った。それでシャキャ・サンポは直ちに測量してサキャを連れて行った。翌年（1268年）にポンチェンはチベット北部の当雄、索拉甲沃以上のウ・ツァンの各万戸、千戸及び属民の部落に命令を出し、労役（ウラ）を徴用し、サキャのために宮殿の基礎を作った。伝え聞くところによると、彼はまた仁欽崗ラダン、拉康ラダン、都却ラダンを順番に作った。サキャの宮殿の壁と内壁、やぐらがまだ完成していないときにシャキャ・サンポはこの世を去り、サキャの宮殿の残りの工事と内部の仏像の建造、3つのラダンの建設の完成は次に担当したサキャ・ポンチェンのクンガ・サンポのときに終わった。

　その後、上師パクパはチベット北を経て朝廷へ行き、道中で大勢の衆生と会った。彼が都付近に到着したとき、皇帝の長子チンキム（真金）太子・后妃・大臣など大勢の人が（インドゾウの背中に宝物や瓔珞で装飾した宝座を設置し）珍しく貴重な錦の房がはためく傘蓋・経幡・旗及び盛大な太鼓を交えた音楽を伴って迎え、パクパは盛大な儀伏のもとに首都に入った。パクパがセチェン・カアンに謁見したとき、彼が新しく作ったモンゴル文字（パクパ文字）の字形と音韻の著作を献上し、皇帝を大層喜ばせた。彼が36歳の1270年、チベット暦第5ラプチュン陽鉄馬年に皇帝が再度彼に灌頂の伝授を要求したとき、西夏の甲郭王の印章を六稜玉印と改制して、「皇帝の天の下、大地の上、西天の仏子、文字を作り、仏陀の化身、国政を補佐し、詩章の源、五明パンディタ・パクパ帝師」に封じ、特別な詔書と多くの供物を賜った。

　当時チベットその他の各教派の勢力はまだ厚い基礎があり、サキャ派がそれらを管理できるかどうかは絶対とは言えず、そのため1268年、チベット暦第5ラプチュン土龍年に皇帝はまた阿衮と米林を初めとする金字使者を派遣し、お供とサキャポンチェン・シャキャ・サンポを引き

連れて一緒にウ・ツァンの戸口に対し2度目の徹底的な調査を行い、それを通じて新たに13万戸と呼ばれる行政機構を設立した。元朝皇帝の命令により、相次いでチベット地区で3度戸口に対し徹底的な調査を行われた。その詳細な模様はあとで紹介する。

第九節　元朝皇帝の政治顧問としてのパクパ

　セチェン皇帝と上師パクパの間には施主と受施者（福田）の宗教関係だけではない。国家政治に係る大事な方面でも上師パクパは皇帝の主要な顧問であった。まず、セチェン・カアン・クビライが大臣ダシュマンと談話をしている最中に「上師パクパ伯姪が、一方の主であるならば、その学識は広大であり、私らは及ばない」と言い、パクパの政治的な見識を十分認めていた。しかも実際に、『漢蔵史集』にはパクパが皇帝のために政治的な建議を出した事例が記載されている。その本には『皇帝セチェン・カアンは上師パクパと施主と受施者2人として互いに打ち解けて話していたとき、皇帝は上師に「当初チンギス皇帝が広大な国土を征服したときと、その後に私が国土を安定したときの体力と気力を大いに消費したモンゴルのモンゴル部隊たちとでは、現在は財が不足している。彼らの財を増やし収支を改善するよい方法はないだろうか」と質問し、上師は「陛下はご自分の府庫にある財物と実際の部隊の数を数えてみてはいかがでしょうか。数年の間は決まった数の衣食や生活の品々の褒美を与えられます。」と答えた。皇帝はそれを実行し、元々のモンゴル軍 500,000 人の他に大量のケシク（交代で警備に当たる親衛部隊）の衛兵をもつことができた』と書かれている。

　パクパは元朝の軍事、大臣の選任などの重大な事務に皇帝と協議し建

議を出し、国家統一の事業のために貢献した。

　カマロク部落出身のサンガと言う大臣はモンゴル語・漢語・ウイグル語・チベット語など多くの言語を理解し、最初にドメーの中国とチベットの境界を接するところで上師に謁見し、奉仕をする許可を求めた。パクパは彼を訳吏に任じ、何度も彼を皇帝の車の前に行かせことを行わせた。皇帝も彼が学識と功徳があるために彼を上師のところから来させて官職に任じた。彼は様々な官職の任に耐えて最後は宣政院のミポン（主管役人）[1]にまで昇進した。彼はそれから上師が亡くなったときに兵を率いてチベットに入り、白朗甲若宗（現在の白朗県内の諾布穹孜）の城を破り、ポンチェン・クンガ・サンポを死刑にし、チベット地区の宿場制度を再建した。

第十節　パクパの再度のチベット帰還と逝去　及び元のチベット進駐

　パクパはセチェン皇帝の周りでまた約8年住んだ後、再びチベットに帰る許しを求めた。皇帝は彼がまた都に直ちに戻って来ることを条件に彼の訴えを認めた。パクパが出発する際、皇帝は心中名残惜しく、自ら見送った。結果、見送りの日が数日から数ヶ月に増えて、最後には青海瑪沁蚌拉（またのアニマチェン山と言い、現在の青海省果洛チベット族自治州内にある）山の下の黄河の曲がった所にまで送り、そこから皇子チンキムを遣わしてサキャ寺まで警護をしながら送り届けたと伝えられている。長旅の苦労を経て、1276年、チベット暦第5ラプチュン火鼠年にパクパはサキャ寺に到着した。

1　『漢蔵史集』第288ページ。

第五章 サキャ王朝（サキャ派）のチベット統治期

　翌年（1277年）に皇子チンキムが施主を担当し、ツァン・チュミク仁摩（現在のシガツェ市内）地方の曲徳欽波（大寺院）でパクパが大法会を開催した。チベット区全土の70,000人の僧侶、数部の経典に精通し説法を担任できる善知識大徳数千人に加えて一般の衆生を合わせた100,000人以上が法会に参加した。半月の法会期間にパクパは大衆に難しい仏法と品物のお供え物を賜った。これがチベット史上有名なチュミク大法会である。この活動によって元朝皇帝の「セチェン法王」としての名声はチベット各地に広まった。

　パクパの後半生は説法、弁論と著述などの宗教方面の活動に従事しており、その著作の多さは『サキャ五祖文集』に詳しく参照できる。知識があって有能であり成就した彼の弟子は多い。その一方、モンゴル、チベットの貴賎の異なる人々らや異なる教派全てに隔たりなく支持されており、衆人にとって利益な政治と宗教方面の指導を行い、国家の安定と民族団結に対して尽くし、卓越した貢献をした。

　パクパは46歳の鉄龍年（1280年）11月22日に様々な奇妙な光景を伴ってサキャ寺の拉康ラダンで示寂したが、その死に関しては重大な疑問が存在する。『王統神幻鑰匙』（パンチェン・ソナム・ダクパが著した『新紅史』である）などのその他の方面の文献で言及されている記録によると、当時、パクパの大侍従とポンチェン・クンガ・サンポが権力争いをしていたために侍従がパクパをそそのかす耳打ちをしてパクパとポンチェンの間に対立を招き、更に上師の名前を騙って皇帝にポンチェンの罪を奏報した。そのため皇帝は直ちに司法官を1名派遣して大軍隊を率いて調査させ処罰しに行かせた。司法官と軍隊がウ・ツァンにまもなく着こうという頃に侍従は自分の嘘がばれるのを恐れて上師の食事に毒薬を盛り、パクパを殺した。その後その侍従も後悔のあまり恐ろしくなって服毒自殺した。

　元朝皇帝セチェン・カアンがかつて総制院の院使を担当したことのある大臣サンガを遣わして法執行の軍隊をチベットへ行かせた状況に関

し、もともと 70,000 いたモンゴル軍にドカム、ドメー地区の軍隊を追加して 100,000 を超える軍隊となった。1281 年、チベット暦第 5 ラプチュン鉄蛇年に法執行の軍隊はまず下朗卓康瑪土城を攻め、続いて白朗甲若宗を包囲して砲撃し、砦を打ち破り、クンガ・サンポを極刑に処した。[1]

当時の元朝皇帝の将官がチベットの南北各地に兵を駐留させた土地は「それから、大臣サンガがサキャに来た。法執行の軍隊は内地に引き返した。蚌波崗で尼瑪衮と達爾格を始めとして精兵を選出して 160 名の兵士を残し、ダルマパーラ（達瑪巴）大師の警護隊を担当した。また 7 つのモンゴル千戸の軍隊から 700 人を選出して西路モンゴルを警備する哨兵所への駐兵を担当させた。南木官薩地方で烏瑪爾恰克を始めとするモンゴル軍 400 人が残った。多爾台を始めとする巴拉克の軍隊は塞日絨地方に駐留した。衛普爾の軍隊は甲孜、哲古（山南の哲古）羊卓などの地方や鎮撮冬仁部落（洛巴あるいは門巴の部落）に駐留した。多爾班土綿の軍隊は当雄那瑪爾、朗絨などのチベット北部の草原に駐留した」[2]。ここでは駐留した軍隊の将校の名前、兵士の数、駐留した土地、任務などがはっきり記載されており、当時のチベットの安全と辺境の守備などの軍事方面でのさまざまな事務がみな元朝皇帝によって統一的に手配されていたことを読み取ることができる。

この他、前チベットの 6 つの万戸に対応する七つの宿場の管理方法に新たに重要な調整を行った。「これ以前、チベット北の宿場の例えば索・夏克・孜巴・夏頗・貢・官薩・甲哇などの大きな宿場では吐蕃烏思（前チベット）地方の各万戸の人間によって 1 年中駐在して支えられており、大変苦労していた。烏思地方の人々はまたチベット北の気候条件に合わず、逃亡したために宿場が不安定になった。モンゴルとチベットを行き

---

1 西蔵人民出版社 1982 年 6 月版、第 57 ページ。
2 『漢蔵史集』第 291 ページ。

来する金字使者と旅人は道中で労役（ウラ）を受けられず、往々にして自分で何とかしなければならなかった。衆人の訴えによって大臣サンガは衛普爾、巴拉克などのチベット北部に駐留している部隊に命令を出して一部の者に宿場の事務を担当させた。更に烏思地方の各万戸は達果（50戸を1つの達果とする）を単位と規定し、馬匹・運搬に使う家畜・乳業の家畜・肉羊・宿場に供給するはだか麦・褐布・テント・馬の鞍・座布団・縄・かまど・寝具・薬品及び人戸の一切合財をモンゴル軍に渡した。これから烏思地方の人間はチベット北の宿場に駐在する必要がなくなり、毎年人を遣わして宿場に交付される物資をチベット北に届けてモンゴル軍に渡し、行き来する旅人は宿場に常に労役（ウラ）の供応を受るようになった。衆人に対する利益の全ては大臣サンガの恩徳によるものである」[1]。

第十一節　チャクナ・ドルジェ父子

　チャクナ・ドルジェは6歳の時に法主サ・パンについて中国まで行き、サ・パンとパクパに付き従って多くの灌頂法と教戒などを学んだ。中国で約18年住んだ後の25歳のとき、1263年、チベット暦第4ラプチュン水猪年にサキャ寺に戻ろうと旅立った。『漢蔵史集』には「カアンコデンは彼（チャクナ・ドルジェ）にモンゴルの衣装を着させ、墨卡頓を彼の妻とした。それからセチェン・カアンに謁見し、白蘭王に封じられた。金印、同知左右衛署などを賜り、吐蕃全土を任された。王の官爵を封じられたのは吐蕃全土及びサキャ派にとって最も早かった」[2]。それから4年の間に衆生を保護し利益を与える事業を行い、最後は1267年、チベッ

---

1 『漢蔵史集』第292ページ。
2 『漢蔵史集』第330〜331ページ。

ト暦第5ラプチュン火兎年に29歳の年にサキャで亡くなった。
　チャクナ・ドルジェは合わせて3人の妻を娶り、最初の2人との間には子供はいなかったが、3人目であるシャル地方の坎卓本が、チャクナ・ドルジェの亡くなった六ヶ月後の1268年、チベット暦第5ラプチュン土龍年にダルマパーラを産んだ。大層可愛く育ち、彼が地震の被害に合わないように「辛康ラダン」（木造の寝殿）を特別に作ったと伝えられている。パクパがサキャ寺に戻ったとき、彼は9歳近い歳になっており、パクパに灌頂、教戒、経呪などを1つずつ伝授されて育てられた。13歳のときにパクパが亡くなり、彼が保護していたサキャ寺の法座とパクパのために執り行う葬式で、超度と薦亡及び霊塔を建てるなどの活動を行った。
　ダルマパーラが14歳の時に都の京城に行き、皇帝セチェン・カアンに謁見して皇帝を大層喜ばせた。彼は都の梅朵列哇に5年住み、上師パクパの舎利を保管する水晶塔を建て、水晶霊塔を置く仏殿を修築した。そのツァンに戻ろうと出発し、ドカムに至り、20歳の1287年、チベット暦第5ラプチュン火猪年に哲明達で亡くなった。
　ダルマパーラがモンゴルの諸王啓必貼木児（コデンの息子）の貝丹という娘を妻としたが子供はいなかった。彼はまた達本という名の女性を妻として、1人の子供をもうけたが幼くして夭折した。
　ダルマパーラが亡くなったあと、公認されるサキャ家の跡継ぎがほとんどいなくなったため、一時期はシャルパ（サキャ東院弟子の伝承）の絳漾仁欽堅賛がサキャパ寺の法座を19年守った。

第十二節　サキャとディグン派の対立
　　　　　の激化　ディグン寺廟の乱

　ディグン寺廟の乱とはサキャパがチベットを統治していた期間に起きた最大の戦乱であり、チベット史上有名な事変である。
　サキャとディグンの対立が最初に始まった状況はこのようなものだと伝えられている。1234年、チベット暦第4木馬年にディグン派の上師オン・リンポチェ・ソナム・ダクパが亡くなった。当時は「ディグン日巴」と呼ばれる修行者たちがカイラス山へ行き、道中のサキャ寺でサキャ・パンディタと会った。サ・パンは「オン・リンポチェが逝去したときどのようなしるしがあったか」と問うと、1人の日巴が「逝去したとき舎利の雨が降り、1尺あまりの高さの大印金身像が現れました」と言った。二日目の法苑のときに、サ・パンはディグン日巴に「あなたたちの学識は非常に広大で、私にはあなた方に何の恩徳もあげることができない。だが、あなたたちは昨日のようなホラを二度と吹いてはいけない」というと、ディグン派の人間はこれを徐々に聞き、大いに不満を抱いた。それからディグン派の勢力が強くなったとき、ドルジェペル（チェンガ・ダクパ・ジュンネ（扎巴チュンネ）の侍従であり、かつてパクモドゥ万戸長を任されていた）がツァン地区の役人になったとき、このときの恨みを思い出してサ・パンの法苑の最中に馬を走らせ、大きな銅鍋に貯めてある水を馬に飲ませ、家屋をとり壊して商店街にして、サキャ派の衆人の怒りを買った。偏った教派の行いにより、紛争が起こり始めた。
　サキャとディグン両派で起こった対立の最も大きな原因はモンゴルのチンギス・カアンの子孫たちがチベット全土を統一したときに、各地の勢力が貢派の力と名声が一番になることを阻止したため、達那波の軍隊がチベットに来たときにまずはディグン派と連絡を取り、ディグン派が

モンゴル皇室に後ろ盾を探しているときに見つけたのが大カアンのモンケ・カアンであり、フレグ・カアンの強力な支持を得た。そしてサキャ派が法主サ・パンの並ではない声名を頼り、コデン・カアンとセチェン皇帝の支持を得た。特にセチェン皇帝はチベット地区全土を便利にするために地方の行政権力をサキャパへと渡した。

このようにサキャ派とディグン派は互いに競い合う主な相手となり、彼らの争いはまさにチベット地方内部の権力闘争だった。

例えば『漢蔵史集』の記載によると、サキャとディグンが紛争を始めたときに訴訟の際に、対質尋問をさせるために双方は身分のある人間を（モンゴルに）行かせ、「サキャ派のポンチェン・シャキャ・サンポ、ゲシェ仁欽遵追、仁波且頓楚の3人が上師、教法、寺院のために毅然として向かった。訴訟に行くために蔡公塘から上都まで直接、木の枷を背負いながら歩いて行った。朝廷での訴訟はとても順調にいき、サキャ派の事務はこのように完成した」[1]。ここではこの訴訟の年代が書かれていないが、上都へ訴訟へ行くということは、1264年のセチェン・カアンが都を上都から大都に遷都する前に起きたことであるはずであり、1260年代初めか、やや前の頃である。この歴史上の事件はサキャ派とディグン派の激しい対立を反映しているだけではなく、更に当時のチベットでこのようなモンゴルの役人にも処理できない大きな訴訟案件があった際に、訴訟の双方の主要な人物が元朝皇帝の都にまで送られ審理が行われたことを示している。この訴訟はサキャ派が勝ったが、ディグン派は納得せず、また紛争を仕掛けた。特に1285年、チベット暦第5ラプチュン木鶏年にディグン派の古尚楚傑が兵を率いてサキャ派に属する恰域に攻め込み、恰域寺に放火してこれを燃やし、恰域寺のケンポ桑結蔵頓及び9名の僧侶を殺害し、戦闘中に古尚楚傑父子らも殺され、サキャとディグン両派の間の対立は更に激化し、更に厳しい状態になった。

---

[1] 『漢蔵史集』第404ページ。

第五章　サキャ王朝（サキャ派）のチベット統治期

　上記のサキャとディグン派の対立は度重なり、サキャ・ポンチェン宣努旺秋、絳曲多吉の時期になっても、衝突と紛争が絶えず起こった。
　いくつかの文献の記載によると、1285年、チベット暦第5ラプチュン木鶏年にディグン派の官巴袞多仁欽はモンゴル帝国西部を支配していたフレグ・ウルスのカアンであるフレグに派兵の支援を頼みに行き、（中東の）アラブ地域から90,000の西部モンゴルの軍隊を率いてチベットに向かい、サキャパの統治を根底から覆そうとしていた。当時、元朝の皇帝がチベットに駐留していた領土を守る軍隊とサキャ・ポンチェン阿迦侖が率いたウ・ツァンの万戸の各軍隊はラトェの巴莫貝塘地方に駐屯し、西部モンゴル軍隊の侵略を食い止めていた。だが、当時のガリ西北地区に前代未聞の大雪が降り、30,000の西部モンゴル軍が大雪の下に埋まったと言われている。進軍を阻まれたため、（西部モンゴルの軍隊は）チベットに到達できなかった。
　このように、サキャ派とディグン派の間で起こった戦闘の衝突が吐蕃全土、ウ・ツァンを不穏にさせていたため、皇帝セチェン・カアンの遣わした皇子テムル・ブカ（鉄木児不花）がモンゴル軍とドメー、ドカムの軍隊を率いてチベットに来て、同時にサキャ・ポンチェン阿迦侖もウ・ツァンの労役兵士の混成軍を率いて、1290年、チベット暦第5ラプチュンの鉄虎年にディグン派に進軍し攻め入り、ディグン寺の正殿に火を放ち燃やした。殺された僧侶は合わせて10,000人以上に達した。当時のディグン寺の法座努・多吉意希もわずか11歳のディグン居尼仁波且多吉仁欽らを連れてコンポの絨波地方へ逃げ延びた。ポンチェン阿迦侖が兵を連れて追い、コンポに着いた。ディグン派の属民と領地の多くがサキャ派に占領されたと伝えられている。
　ディグン寺廟の乱が鎮圧された後に、ディグン寺の主要なラマはコンポに約3年逃げ込んだ。咱日巴那波という勇士はセチェン皇帝に釈明書をさし上げた。当時はまさに扎俄色が帝師に任じられており、彼は皇帝にサキャ派とディグン派の衝突を鎮めてくれるように訴えており、その

129

ため皇帝はディグン派に大量の品々を保証として贈り、ウ・ツァンの万戸府の民戸を管理させてディグン寺を修復するよう命じ、朗格巴意希貝に虎頭印章と官巴に任じる詔書を賜り、彼をディグンの万戸長に任命した。その後、居尼巴多吉仁欽は19歳の時にディグン寺の法座につき、当年にディグン寺の殿堂の修理もほとんど終わらせ、以前と同じように宗教方面の活動を展開した。これはサキャとディグン派の戦乱が集結したことを示している。

総じて言うと、ディグン寺廟の乱という歴史的事件によって、我々はもし元朝皇帝の保護と支援がなければ当時のサキャ派は独自にチベット族の地域にあった3つのチョルカを統治できなかったばかりか、ウ・ツァンの13万戸を指揮する術を持てなかったということが見て取れる。

第十三節　サキャタンイ・チェンポ・サンポ・ペルの業績

サキャ派の上師サキャ、タンイ・チェンポ・サンポ・ペル（父親はパクパと母を異にする弟の意希チュンネである）は1262年、チベット暦第4ラプチュン水狗年に生まれた。16歳のとき、パクパが中国からサキャに戻ってくると、彼は謁見して灌頂、教戒と経呪など多くの教法を受けた。19歳のとき、パクパが亡くなった。当時は父親の声望がまちまちだったため、ダルマパーラはタンイ・チェンポ・サンポ・ペルより若いのにサキャ寺の法座を任ぜられた。21歳のとき、「彼はアブーという大臣の招待を受けて朝廷へ行ったため、パクパの推薦を得ずして行くという掟破りしたと告訴された」[1]とあるが、これは彼がサキャ法座の職位を

---

1 『薩迦世系史』第238ページ。

第五章　サキャ王朝（サキャ派）のチベット統治期

争って秘密裏に内地に行ったことを示している。「縁があり、皇帝は彼を調査するよう命じ、蛮子地方への流刑に処された。彼は蛮子地方（現在の江蘇、浙江一帯）に着き、海辺にある蘇州の大城を住処とした。それからまた皇帝の命令によって蘇州から7駅離れた杭州の大城を住処にした。それから彼はまた10駅先の普陀山の地（現在の浙江省丹山群島にある普陀県、漢伝仏教ではこの地を観世音菩薩が霊場とした普陀山〈漢伝仏教の4大名山の1つ〉と呼んだ）で秘密瑜伽を学び、また1人の漢人の女性との間に息子をもうけた。当時彼は皇帝から更に過酷な詔旨を下されることを心配し、ターラ菩薩に祈願した」[1]。これは当時のサキャ家内部で既に権力闘争が起こっており、更に元朝皇帝の法廷をずっと騒がせていたことが反映されており、タンイ・チェンポ・サンポ・ペルはこの訴訟に負けて流刑のように江浙地区まで送られて、ここで約15年住んだ。

　その後、ダルマパーラがサキャで亡くなり、タンイ・チェンポ・サンポ・ペルが漢の地に住み、サキャ寺の法座はシャルパ・ジャミヤン・リンチェンが守った。サキャ・コン氏の家族はわずかに一人っ子のサンポ・ペルを遺すことになったとき、ポンチェン阿迦侖は十分な関心と努力をもってこれを解決した。サキャの議事会の構成員たちが協議しているときに、専任者を遣わしてかつて上師パクパの却本を担当した後に、朝廷の帝師の職を務めたダクパ・オェセルを探すことを決めて、彼にサンポ・ペルを迎える方法を考えさせた。それでダクパ・オェセルは皇帝に上奏し、尼徳哇国師喜饒貝と大臣アブーらもダクパ・オェセルを支持し、皇帝テムル（鉄木児）オルジェイトゥ（完澤篤、元成宗、在位1294～1310年）に再び上奏した。最終的に皇帝がついに命令を下し、サンポ・ペルを探して迎えた。サンポ・ペルは蛮子地方から戻された後に皇帝に謁見した。皇帝は彼が確かに帝師パクパの甥であることを認め、彼にサキャに戻り

1　『薩迦世系史』第238～239ページ。

子孫を繁栄させるよう命じ、サキャ寺の法座を任せて詔書と大量の品々を贈った。彼は皇帝の命令に従い直ちに出発し、37歳のとき、1298年、チベット暦第5ラプチュン土狗年にサキャ寺に帰った。拉康ラダンにしばらく住み、仏法を聞き、よく考えて、45歳のときにサキャ寺の法座に就任した。普顔篤皇帝（アユルバルワダ、元仁宗、在位1311～1320年）は彼を国師に封じ、詔書を贈り、彼をサキャ細脱ラダンの座主に任じた。彼が蛮子地方で娶った漢人の妻を除き、子孫を反映させるよう皇帝に命じられたサンポ・ペルは合わせて6人の妻を娶り、彼女らに多くの息子や娘を産ませた。彼はサキャ寺の法座に19年つき、1324年、チベット暦第5ラプチュン木鼠年に亡くなった。

第十四節　元朝のチベットでの徹底的な3回の戸籍調査によるチベットの行政制度の確定

モンゴルのチンギス・カアンの末裔は、その軍事力を頼りに分裂割拠したチベット族地区を統一して以来、チベット地区で前後して徹底的な土地と戸籍調査を数回行った。吐蕃ウ・ツァンでは最初に「モンゴルのチンギス・カアンが漢地の皇位を取得し、国土全土を鎮圧し、皇子たちに土地を分封したときとその後の歴代の皇帝のときに拉徳、米徳を分けて土地を徹底的に調査し、戸数を計算する各種の制度などが生まれた」。チベット地区については大きな調査が3回行われた。1回目はセチェン・カアンが皇位についた初年の1260年に皇帝が遣わした大臣ダシュマンがチベット区の3つのチョルカに至って宿場を設立したときに土地と人口を徹底的に調査した。2回目は1268年、チベット暦第5ラプチュンの土龍年にセチェン皇帝が派遣した大臣阿袞と米林の2人により

第五章　サキャ王朝（サキャ派）のチベット統治期

サキャ・ポンチェン・シャキャ・サンポと共にウ・ツァン、ガリ各地の土地の人口戸数を詳しく調査して、13万戸の体制を確立した。3回目は1287年、チベット暦第5ラプチュンの火猪年に元朝皇帝が派遣した大臣托粛阿努肯と格布恰克岱平章らによってサキャ・ポンチェン宣努旺秋と一緒に再度戸籍を調査して、宿場を再建し、新たに大清冊と呼ばれる登記簿を作成した。

　元代の戸籍調査の問題を論述するときに、まず突き当たる問題は当時戸籍を計算していた基本単位「ホルドゥ」（モンゴル戸、ホル戸とも訳す）に何が含まれているのかということである。これは当時の体制全ての基本を認識する上で非常に重要である。『漢蔵史集』には「モンゴル皇帝にトゴン・テムル（妥歓鉄木児）が即位してから托粛阿努肯、格布恰克岱平章を派遣して（托粛阿努肯と格布恰克岱平章がチベット入りしたのは阿衮らが1268年に戸籍調査をした20年後の、1287年は元の世祖クビライが在位しており、元の順帝トゴン・テムルは在位していない）、宣努旺秋がウ・ツァン・ポンチェンに再び着いた際に人口を調査し戸籍を統計した。当時の戸籍の統計の方法は6本の柱がある面積の家屋に12モンゴルグラム種子を植えられる土地があり、夫妻、子供、奴隷が合計6人おり、家畜には乗るもの、耕すもの、乳を絞るものの3種（乗るものとは馬、背の低いロバを指し、耕すものとは犏牛、ヤク、黄牛を指し、乳を絞るものとはメスの黄牛、メスの犏牛などを指す）、及び山羊、綿羊の2種、黒白雑畜の24頭がいたことである。このようにして家1戸を1ホルドゥ（モンゴル戸）と称し、50モンゴル戸を1つの達果（馬頭）と称し、2つの達果を百戸と称し、10の百戸を千戸とし、10の千戸を万戸とした。標準に従って作られた各万戸は6千戸と米徳6千戸（四川民族出版社1985年版『漢蔵史集』チベット語本によるとここは「標準に従って作られた各万戸は6千戸を拉徳として区分される」と訳されている－漢訳者注）であり、10万戸を1つの路と称し、10の路を1つの行省と称した。以上の統計方法により、モンゴルのセチェン皇帝の時代

133

には 11 の行省を治めていた。各行省の名称は大都の都市には中書省があり、外地には河南省・嶺北省・甘粛省・四川省・雲南省・江西省・江浙省・湖広省・遼陽省がある。吐蕃の 3 つのチョルカは（人口は）1 つの行省にも達していないが、上師（帝師）の住所であり、仏法の盛んな地区であったために 1 つの行省と数えられており、このようにして（合計で）11 の行省があった」[1]

このように見ると、「ホルドゥ」（モンゴル戸）は土地、人口、家畜の数を基礎として統合的に数えられた単位であり、もし裕福な家であれば 1 戸につき数個の「ホルドゥ」に相当し、もし貧乏な家ならば財産などが「ホルドゥ」1 つに満たなくてもその全てを使わねばならず、戸ごとにごとに「ホルドゥ」1 つの 2 分の 1、3 分の 1、4 分の 1 または 6 分の 1 に換算すると比較的合理的に各家族ごとが負担するべき労役（ウラ）と租税を確定できる。近代の先のチベット地方政府の時期まで、「崗頓」（即ち力役と租税であり、力役とは人や家畜を無償で供給する傜役であり、租税とは実際の金銭財物を納めること）と言われる税の計算も元代の「ホルドゥ」を計算する方法をある種延長したものだった。

その他、チベット人が常に口にする「チベット 13 万戸」とは一体どのように発生したのか、知っている人間はそれほど多くない。「ウ・ツァン 13 万戸」は上記 2 回目の「ホルドゥ」の調査統計であり、それから調査統計の状況に基づいて新たにウ・ツァン 13 万戸を定め、これよりこのチベット行政区画の用語が生まれたのである。まだ状況を理解していない一部の人間はチベット 13 万戸にウ・ツァンとガリの属民全てが入っていると思っているが、それも違う。この点は後ろの内容を読むとわかる。同時に、異なる文献に記載されている 13 万戸の名称も少々異なっている。これらの問題をはっきりさせるために、我々はここで『漢蔵史集』でサキャ・ポンチェン・シャキャ・サンポの控えの記載に基づき、

---

1 『漢蔵史集』第 270 〜 271 ページ。

第五章　サキャ王朝（サキャ派）のチベット統治期

当時、戸籍調査したときの13万戸とは何だったのか、各万戸にホルドゥがいくつあったのか、いずれの万戸にも属さなかったホルドゥの数などを引用する。だが、この本では詳細では戸籍がいくつであったのかが詳細に記述されており、文字が若干多く、また偈頌体で書かれているために、文の区切りなどがわかりづらいので読者に読みやすくするためにここに重要な実例を簡単に列挙する。

まず、ツァン地区の6つの万戸の名称とそれぞれのホルドゥの数は以下の通りである。

ガリマンユル万戸（主に現在の吉隆県内にある）には 2,635 のホルドゥがあった。

ラトェ洛万戸（主に現在のティンリ県内にある）には 1,089 のホルドゥがあった。

ラトェ絳万戸（主に現在のラツェ県と昂仁県内にある）には 2,250 のホルドゥがあった。

チュミク万戸（主に現在のシガツェ市内のギャムツォ区東部と切甲などの地にある）には 3,003 のホルドゥがあった。

シャル万戸（現在のシガツェ南部と巴堆、ギャンツェなどの地にある）には 3,630 のホルドゥがあった。

絳卓万戸（主に現在の南木県内と牧区にある）には 2,250 のホルドゥがあった。

前チベット地区の6つの万戸の名称とそれぞれのホルドゥの数は以下の通りである。

ディグン農牧万戸（ディグン南北各地にある）には 3,630 のホルドゥがあった。

ツェルパ万戸（ツェルグンタンを中心とし、ラサ地区と山南の一部地方を含む）には 3,702 のホルドゥがあった。

パクモドゥ（帕木竹）万戸（現在のネドン県を中心とし、轄地分布の各地）には 2,438 のホルドゥがあった。

135

ヤサン万戸（現在の隆子県などの地にある）には3,000のホルドゥがあった。

甲馬万戸（現在のメルド・ゴンカル県と温区などの地にある）には2,950のホルドゥがあった。

嘉域万戸（山南嘉域地区にある）には2,950のホルドゥがあった。

このことから13の万戸の間にはそれぞれ管轄している範囲が異なり、大きな違いがあることを見て取れる。

この他、いかなる万戸の管轄にも属さない民戸が多くあった。例えば、西部ガリはツェンポの末裔が管轄していた767のホルドゥに属しており、ツァン地区はサキャ家族が共同で管轄する拉徳の606のホルドゥに属しており、格如地方の朗巴サキャに属す牧民の30のホルドゥがあった。この他にも如参などの地には拉徳と米徳の930あまりのホルドゥがあった。

前チベット地区には万戸の管轄に属さない絳達壟が管轄する500のホルドゥがあり、山南には唐波且が管轄する150のホルドゥがあり、主巴が管轄する225のホルドゥがあった。この他、サムイェなどの前チベット地方には拉徳、米徳合わせて1,220のホルドゥがあった。この点を更に詳しく知りたければ、『漢蔵史集』を読んで欲しい[1]。当時、ツァン地区のホルドゥの調査は阿衰と米林の2人が責任を負っており、前チベット地区のホルドゥの調査は司徒阿什傑が責任を負っていた。司徒阿什傑についてはダライ・ラマ5世が自伝で『漢蔵史集』の中から万戸のホルドゥの数を引用している記載があり、蘇図阿什傑の末裔、羊卓万戸一族（浪卡子家）について触れ、この家族の女の子赤堅貢噶拉則が瓊結巴家に嫁ぎ、ダライ・ラマ5世を産んだ[2]。これはダライ・ラマ5世がその母親家族の来歴を記述した際のことで、これにより『漢蔵史集』などの

---

1 『漢蔵史集』第298～301ページ。
2 『ダライ・ラマ5世自伝』、木刻本第1書簡、20ページ、西藏人民出版社1984年鉛印版、上巻、第37～38ページ。

第五章　サキャ王朝（サキャ派）のチベット統治期

本の記載の信頼性が更に補強されている。

各万戸がそれぞれいくつかの宿場を担当していることに述べる際に、この本の記載はツァン地区の4つの大宿場の状況について説明している。

　1. ラトェ絳とラトェ洛の2つの万戸及びガリ万戸が一緒にサキャの大宿場を担当した。ラトェ洛万戸は更に瑪爾拉塘の小宿場を担当し、ガリ万戸の米徳は夏喀の小宿場、江仁の小宿場、蚌蘭地方の兵站を担当した。瑪法木地方の小宿場は普蘭の人間が担当し、グゲ南北の2つの道の人間が梅朶色如地方の小宿場を担当した。

　2. チュミク万戸は達爾壟の大宿場を担当した。

　3. 夏魯万戸の3,892のホルドゥは甲若倉（現在のパナム県）の832のホルドゥを除き、残った3,060のホルドゥが春堆大宿場を担当した。

　4. 甲若倉の832のホルドゥ、羊卓万戸、絳卓万戸は川辺の11の達果で達竹地方の大宿場を負担した。ヤルツァンポ江陰にある1つの小宿場は羊卓万戸が担当した。

前チベット地区の7つの大宿場は以下の通りである。

ディグン万戸が担当する白駅である。

甲域万戸はツェルパ万戸の熱雑特哇の350のホルドゥを加えて、噶熱大宿場を担当した。

嘉瑪万戸はツェルパ万戸の素喀の350のホルドゥを加えて索地方の大宿場を担当した。

パクモドゥ万戸は達壟の500のホルドゥ及び拉巴の600のホルドゥを加えた孜巴の大宿場を担当した。

朱固崗・喀熱・主巴・扎瑪塘・沃喀などの地の万戸に従属していない米徳は夏頗の大宿場を担当した。

ヤサン万戸は貢地方の大宿場を担当した。

ツェルパ万戸のもとの民戸は官薩の大宿場を担当した。

以上に記載されている数字の平均から見ると、一般的に1つの大宿場は3,000程度のホルドゥが担当することが必要であり、サキャ・ラダン自体が管轄している寺に属する荘園の庶民は宿場の労役を担当しない特権を持っていた。ここから元朝皇帝が吐蕃の3つのチョルカ全てをサキャパに送っておらず、当時の人々は政府と貴族（僧侶の領主）にそれぞれ属していたという区別を見ることができる。

これらの宿場の労役（ウラ）は元朝皇帝の使者とチベットを守護するモンゴル軍の送迎をするために設置されていたため、国家に租税を支払っているといっても良かった。この他、ウ・ツァン13万戸のその他の租税は1269年、チベット暦第5ラプチュン土蛇年からセチェン皇帝がパクパに献上したと伝えられており、サキャ寺の供物として集めることができた。

総じて言えば、元朝がチベットで何度も土地と人口を徹底的に調査し、ホルドゥを計算し、13万戸・千戸・百戸の機構を新設し、宿場労役の制度を確立して、チベット族地区の3つのチョルカを行省などにした歴史的事実がはっきりし、700年以上前にチベットが既に中国の領土の一部分になっていたと理解することができる。

上述のチベットで戸籍を統計し、宿場を担当するなどの状況を詳しく記載した『漢蔵史集』は歴史学者達倉宗巴・班覚桑布が1434年、チベット暦第7ラプチュンの木虎年に編纂し、現在から550年あまりを経ている。彼がこの本を編纂したときに用いたホルドゥ統計に関する資料の底本はサキャパ統治時期の朗欽、有都元帥の都元帥の称号を持つ宣努袞だった宣努袞の文書であり、文書を原本通りに写したものであったので、これらの歴史的事実は誰にも否定出来ないのである。

---

1 『漢蔵史集』写本、上巻、第218ページ。四川民族出版社鉛印本、第304ページ。

第五章　サキャ王朝（サキャ派）のチベット統治期

第十五節　元朝はサキャ統治集団に官位を与え、印を賜る

　チベットが中国（元朝）の領土に入れられたときから地方の様々な権力者にとって皇帝の（任じた）詔書と賜った印章の有無がその権力をもたらす地位が合法のものであるかどうかの基準となっていた。例えば、チベットの歴史上非常に有名な政治家であるパクモドゥ大司徒チャンチュプ・ギェルツェンは自伝でディグン官巴貢噶仁欽と会見した際のことをこのように記載している。「官巴は、現在のサキャパの職権は、以前の我々ディグンパの職権だと言った。私は彼にそのような話をするなと言ったが、そのとき（あなたたちの）上師がチェンガ・仁浪且で、官巴はシャキャ・リンチェンであり、あなたたちの上師と官巴は親指大の印章を持っておらず、また皇帝の帝師にもなったことがなかった。あなたたちがラトェ崗で興ってから南に18本の大きな川がある土地で5年間成長し、8年間安定し、2年間没落し、合計15年で権力を握った。サキャ派は皇帝の上師に任じられ、贍部洲の主人として既に百年あまりになる。皇帝の勅命がどこかに伝わると、サキャ派の勢力もそこまで達し、大海に達する地域にまで及んだ。サキャ派は僧伽、仏殿などの事務を管理する命令を受けて、派閥による競争は何もなかった。あなたは他人の前でこのような話をしない方が良い。あのときのあなたたちディグン派の権勢は巨大であったが、私の今の権力も概ねそのぐらい大きい」[1]。この話は皇帝に官位を与えられ、印を賜っていることがチベットの政治制度の中でどれだけ重く見られているかを十分反映している。元朝がサキャ派を封じた重大な事例は以下の通りである。

　　1.最も早く元朝に封じられ、詔書と印章を得て、チベット地方の政治と宗教を掌握する者に任命されたのはサキャの衆生依怙パクパ

1　『朗氏家族史』第307ページ。

である。1253年、セチェン・カアンが彼に国師の尊称と羊脂玉製の玉印を賜った。セチェン・カアンが皇帝の宝座に就いたあとの1264年に、再びパクパに中央の総制院機構の管理を命じ、彼に全国の仏教事務と吐蕃の3つのチョルカの管理を任命した。1269年、皇帝はまたパクパに宗教上の称号を与えたのと同時に、彼にパクパ帝師の字が彫られた金印を与え、これよりサキャ派に以前の全地方の首領とは異なる、あたかも全チベットの首領中の象徴的な地位を得た。

2. パクパの弟のチャクナ・ドルジェについて、セチェン皇帝はコデン・カアンの娘墨卡頓を彼に嫁がせ、彼を白蘭王に封じ、金印、同知左右衛署などを賜り、彼をチベット総管の役人に任命した。『サキャ世系史』では「チベット全土とサキャ派にとって、王に封じられ、そのために設けられた官署を得たのは最も早かった」と言われている。

3. パクパの同父異母の弟の上師意希チュンネの息子の達尼欽波桑波貝については「普顔篤皇帝が彼を国師に封じ、彼をサキャ細脱ラダンの座主に任命した」[1]。

4. サンポ・ペルの長子の索南桑布（『元史』の英宗本紀では唆南蔵卜とし、釈老伝ではトソナム・サンポとする）については、元朝「格堅皇（元英宗）が彼を白蘭王に封じ、公主門達乾を彼に嫁がせた」[2]。

5. サンポ・ペルの息子のラマ・クンガ・ロドゥ（『元史』では公歌羅古羅思堅蔵班蔵卜とする）については、元朝「格堅皇帝は彼を上師として尊敬し、彼に帝師の尊称を与えた」。

6. サンポ・ペルの息子のナムカ・勒貝洛追（堅賛・ペルサンポ）

---

1 『漢蔵史集』第335ページ。
2 『漢蔵史集』第335ページ。

については、元朝「和世護都篤皇帝（元明宗）は彼を灌頂国師に封じ、彼に玉印を贈った」。

7. サンポ・ペルの息子の貢噶勒貝チュンネ（『元史』泰定帝本紀では公歌列思巴衝納監蔵班蔵卜とする）については、元朝「扎牙篤皇帝（元文宗）は彼を上師とし尊び、帝師の尊称を与えた」。

8. サンポ・ペルの息子のクンガ・ギェルツェン（『仏祖歴代通載』では公歌児監蔵班蔵卜とする）については、元朝「イェスン・テムル（也孫鉄木児）皇帝（元の泰定帝）は彼を靖国公に封じ、その後の3人の皇帝の期間中は彼が上師を担当し、帝師に封じられた」[1]。

9. サンポ・ペルの幼い息子の貢噶勒貝堅賛については、元朝皇帝「トゴン・テムル（元の順帝）が彼を白蘭王に封じ、金印と吐蕃の3つのチョルカを管理する詔書を与え、以前の白蘭王索南桑布の妻門達乾公主を彼に嫁がせた」[2]。

10. サンポ・ペルの息子の貢噶尼瑪堅賛を、元朝「ゲゲン・カアン（格堅皇帝）[3]が彼を大元国師に封じ、彼に玉印を贈った」[4]。

11. サンポ・ペルの息子のラマ・ダンパ・ソナム・ギェルツェンについて、元朝皇帝「トゴン・テムルが彼を国師に封じた」[5]。

12. 帝師クンガ・ギェルツェンが比丘戒を受ける前に娶った妻の産んだ息子のロドゥ・ギャルツェンに対して、元朝皇帝「トゴン・テムルが彼を大元国師に封じ、詔書を与えた」。

13. 国師ナムカ・勒貝ロドゥ・ギャルツェン・ペルサンポの息子の貢噶仁欽堅賛について、元朝皇帝「トゴン・テムルが彼を通議大夫大元国師に封じ、玉印を贈った」。

1 『漢蔵史集』第336-337ページ。
2 『漢蔵史集』第338～339ページ。
3 ゲゲン・カアン（個人名はシデバラ）元の英宗。
4 『漢蔵史集』第338～339ページ。
5 同上第338～339ページ。

14. 白蘭王貢噶勒貝堅賛の息子のソナム・ロドゥについて、元朝皇帝「トゴン・テムルが彼を帝師に封じ、達倉宗とチュミク万戸に属す各地を管轄する詔書を与えた」[1]。

15. 喇欽ソナム・ロドゥ（即ち帝師ソナム・ロドゥ）の弟のタクパ・ギェルツェンについて、皇帝は「彼を白蘭王に封じ、同知左右衙署を設置し、彼が西土を管理する詔書を与えた」[2]。

16. 白蘭王タクパ・ギェルツェンの長子の貢噶勒貝堅賛については、元朝皇帝「トゴン・テムルが彼を大元国師に封じ、詔書を贈った」[3]。

17. 白蘭王タクパ・ギェルツェンの次子の南色堅賛について、元朝皇帝「トゴン・テムルが彼を日章王に封じ、金印を贈り、彼のために左右八種衙署に属する役人を置き、彼が西土を管理する詔書を贈った」[4]。

これらの記載は『漢蔵史集』の原文から抜粋したものであり、この書はサキャパがチベットを統治していた様子が最もはっきりと記載されている信頼に足る史料である。以上の抜粋したものから、我々は元朝皇帝が当時チベット地方の権力を掌握していたサキャ家族の構成員に僧俗の官職名称を封じ、賜った職権の状況をはっきり理解することができ、どの皇帝がサキャのどのラマと家族構成員にどんな政教の権力と官職を封じたかなどを理解できる。帝師、国師、白蘭王、日章王などの名称はみな当時の元朝の職官制度の規定に基づいて与えられたもので、これらの尊称の意義は音訳に従って説明することができる。例えば帝師は皇帝の上師であり、国師は大賢哲あるいは仏教僧徒の指導者の意味である。白蘭王と日章王については、当時の元朝全国に11の行省があり、各省では、

---

1 『漢蔵史集』、第340～342ページ。
2 同上、第342、345ページ。
3 同上、第342、345ページ。
4 同上、第346ページ。

第五章　サキャ王朝（サキャ派）のチベット統治期

元朝皇室の末裔あるいは皇帝の女婿が監督と管理を担当し、彼らを王に封じた。サキャコン氏家族の末裔でチャクナ・ドルジェから南色堅賛までの4人の白蘭王と日章王の多くが元朝の公主を娶り、元朝に吐蕃の3つのチョルカの総務に封じられた。これらの政治上の関係を理解することで、我々はサキャ派がなぜ百年近い期間チベット地方を統治していたかがわかり、チベットと中国の間にどのような関係があるのかがわかる。

ウ・ツァン13万戸の通常の事務を管理し担当するのはサキャ・ポンチェンである。最初に任命されたポンチェン・シャキャ・サンポから旺秋遵追までは重たい任務ではなかったが、合わせて16名のポンチェンがおり、彼等の多くはサキャの帝師（あるいは座主）が名前を付け、元朝皇帝が任命した。総じて言えば、当時のチベットの巨大な統治者の官職名称や印章などはみな元朝皇帝の詔書や任命が関係しており、これは信頼できる史料からはっきりと証明できる。

第十六節　サキャパが元朝皇帝の命を受けてチベット事務を管理した若干の実例

元朝皇帝はサキャ派の高僧と家族の構成員などに名称・印章・詔書・官職などを与えた。元朝のこれらの授与は、当時のチベットの政治権力・土地・家屋・属民の占有、ひいては各種の労役の招集など様々な方面で実質的な力をもたらした。周知のように昔のチベットは封建農奴制の社会だった。そのような社会で政治・経済、ひいては農奴などの所有権は全て官府鉄券文書と官印によって運営し、従っていた。これは年齢の高い人ならよく知っている事実である。では、当時のチベットでは元朝皇帝以外に鉄券文書（封文）を発布する権力を持つ人間はいなかったのだろうかというと、皇帝が任命したサキャ派の首領以外、この権力を持つ

人間はいなかった。サキャ派の首領のこの権力の大きさと範囲をはっきりさせるため、我々はここで当時のサキャ派の首領、帝師たちが発布した2部の鉄券文書から比較的短い2部を紹介したい。

1部目は元朝皇帝シデバラ（碩徳八剌、元の英宗ゲゲン・カアン〈格堅〉徳八剌）が上師のために帝師の名称を勅封したサキャ派首領のクンガ・ロドゥ・ギャルツェン・ペルサンポ（『元史』では公歌羅思堅蔵班蔵卜とし、1315～1327年に帝師に任ぜられる）が1316年、チベット暦第5ラプチュン火龍年に娘科哇に贈った鉄券文書（帝師法旨）である。この文書の全文を以下に記す。

　　　皇帝聖旨のクンガ・ロドゥ・ギャルツェン・ペルサンポ帝師の法旨。
　　　蔵・烏思・納里速古魯孫宣慰司役人（ミポン）・軍官・軍人・金字使者・行き来する僧侶や俗人など・宿場の役人・掌印官・掌庫官・牛馬を飼育する者・地方役人・庶民などへ諭す。

　　　娘科哇は皇帝の幸運を祈る法事でヤクのバターで灯りを灯し、俄色僧格（サキャ・ポンチェンの1人）を始めとする宣慰司の役人（ミポン）の定めた所の税額納付によって、法度に従って暮らせ。あなたたちは何人であれ、権力を傘に着て苛めたり、増税したりしてはならず、それに牛馬を放牧させたり、猟をさせたり、魚を捕らせたりしてはならず、彼らを安住させなければならない。このように管理する文書を宣布し賜り、文書に違反する行事をもしも発見した場合は皇帝に奏上し、不届き者には懲罰を加える。彼らはまた文書があるために法度に背くことはできない。

　　　龍年4月8日、都の大都の大寺院書で書いた文書である。[1]

2部目は元朝ジャガヤトゥ・カアン（扎牙篤皇帝、元の文宗トク・テムル〈図鉄木児〉、在位1329～1332年）、イリンジバル（懿質班、元

1　（西藏自治区社会科学院、中央民族学院藏学研究所編『中国西藏地方歴史資料選編』（チベット語）、西藏人民出版社1986年、第245～246ページ。）

第五章　サキャ王朝（サキャ派）のチベット統治期

の寧帝、在位 1332 年 10 月～11 月）、トゴン・テムル（元の順帝、在位 1333～1368 年）など 3 人の皇帝が上師を尊び帝師の名称を贈ったサキャ派首領クンガ・ギェルツェン・ペルサンポ（『仏祖歴代通載』では公歌児監蔵班蔵トとし、1333～1353 年に帝師に任ぜられていた）に 1336 年、チベット暦第 6 ラプチュン火鼠年に夏魯寺に贈った寺院を守る鉄券文書である。この文書の全文を以下に記す。

　　皇帝聖旨の帝師クンガ・ギェルツェン・ペルサンポの法旨。
　蔵・烏思宣慰司の役人・朗索の責任者・各ラダンの侍従（役人）・招討司役人・ダルガチ・断事官・金字使者・回収及び行き来する僧侶や俗人など・万戸・塔巴林寺のケンポ経師・千戸・作業者などへ暁諭する。
　　2 つのギャツオ地方（今日のガツェ市甲措区にある - 訳者）の各ラダンについては以前かつて続けて聖旨と文書を発布し、彼らにシャル（夏魯）で聖寿を祝延させて僧伽を祝う仏殿で力を出させ、現在も以前の規定に従い、これを保持して変えない。あなたたちは何人であれ奪取してはならず、受け取ってはならず、これにより争ってはならず、彼らに平安祈祷させる。もしこの論示に背き行動するものは、恐れというものを知らないのであろうか。
　　鼠年 4 月 16 日に都の大都梅朶熱哇大寺院にて書いた文書である。[1]
上述の鉄券文書の始まりはみな『皇帝聖旨の某帝師の法旨』と書かれており、これは帝師が元朝皇帝から帝師に贈った詔書と印章に従い表示され、ウ・ツァンの法度を管理する人、即ち、宣慰司のチベット、モンゴル文武官とあらゆる庶民に対して命令を発布する権力があり、文書の内容には帝師が土地属民の占有と租税の徴発などの方面を手配する権力を備えていることを表明している。もし元朝皇帝が贈った詔書と印章がなければ、どんな人間でも、例えばサキャ家族の正当な末裔でもこのよ

---

1 『中国西藏地方歴史資料選編』第 250 ページ。

うな鉄券文書を発布する権利はなく、しかもモンゴルの文武役人だけではなく、チベットの各教派の主宰者や万戸長などの人間もその命令を聞かない。そのため、元朝皇帝はサキャの歴代の首領に名称を与え、詔書と官職などを与えたことは「相互に尊重し贈り物をする」という問題ではなく、チベットの政教権力の重要な象徴であることを意味し、この点は実在する歴史資料ですでに証明されている。

その他、『元史』の記載によると、クビライセチェン皇帝は1282年（至元10年）にチベットに「ウ・ツァン、烏思蔵納里速古魯孫等三路宣慰司」と呼ばれる機構を設立した。この機構には5名の宣慰使を任命し、これらの宣慰使は当時チベットでの軍政大権を掌握していた人間であり、彼らがウ・ツァンの13万戸を管理していた。この他、宣慰司の下にはまだウ・ツァンを指揮するモンゴル軍の元帥2名、納里速古魯孫の兵を統率する元帥2名を設置し、その他、烏思やチベットなどの地で「取り次ぎ」を1名設置し、宿場と兵站の事務を専門に管理させた。[1]

チベット語の史籍では今に至るまで宣慰使などの役人の権限に関するはっきりとした記載は見当たらないが、上述の帝師が発布した2部の官府鉄券文書が対象にしている始まりは「チベット・烏思蔵納里速古魯孫等三路宣慰司の役人・軍官」であり、宣慰使が具体的にチベットの行政権力を執行する主要な役人であり、ウ・ツァンの職責管理を負う最高級の役人であることを説明している。

これ以外に、ウ・ツァンの各万戸と大きな地方の首領などが占有している土地と属民も元朝皇帝の詔命と聖旨を主要な根拠として保持しているものである。我々は試しにいくつか例を上げて説明してみる。『漢蔵史集』の記載は夏魯万戸の襃美の状況について「上師ダルマパーラ合吉塔が朝廷に行ったあと、モンゴルのオルジェイトゥ（完澤篤）皇帝（即

---

1 （牙含章『ダライ・ラマ伝』、青海民族出版社 1989年チベット訳本19ページ、漢文見人民出版社 1984年版、第9～10ページ。）

第五章　サキャ王朝（サキャ派）のチベット統治期

ちクビライの孫にあたる元の成宗、在位 1294 ～ 1310 年、ここではクビライセチェン皇帝である）に謁見した際、皇帝に上奏し「吐蕃ウ・ツァンで、私の舅のシャル万戸家に、褒美を下さい」と言い、皇帝は「上師の舅であれば私の舅と同じであり、特別に協力しよう」と言った。全ての万戸と千戸はみなシャル家族を尊重し、シャル家族の子々孫々に万戸府を管理させるとの詔書を与えた」[1]。羊卓万戸長が褒美を受けた状況は「ポンチェン・阿迦侖が漢の地へ行き、アユルバルワダ（愛育黎抜力八達）ブヤントゥ（普顔篤）皇帝（元仁宗、在位 1311 ～ 1320 年）に謁見し、皇帝が彼に羊卓万戸長を代々担当させる詔書を贈った」[2]。

パクモドゥ万戸の状況はチェンガ・謝巴（チェンガ・ダクパ・ジュンネの弟傑哇仁波且は 1235 ～ 1267 年にデンサ・ティル寺のチェンガを任じられていた）のときにモンゴルセチェン皇帝の命令によってデンマ官を万戸長として任命し、それ以降順番に受け継いだ。

ラトェ万戸の状況は「皇帝の詔命があり、雅沃拉から章索以上のラトェ地区を司り、万戸長を任命する詔書を得て、これにより地方の基礎を打ち立てた」[3]。

ガリ・グンタンの万戸長の状況について、カトク・仁増才旺諾布が著した『吐蕃聖神ツェンポの末裔のガリ下部マンユル・グンタンの地方での家系 - 伏藏本水晶幻鑑』に記載されており、吐蕃王室の王子オェスンの末裔赤扎西孜巴の息子がガリ下部におり、下部の「3 デ」と呼ばれていた。その中で兄の貝徳の末裔はガリ・グンタンのツェンポになった。貝徳から 12 代目の領主赤徳本は漢の地のモンゴル皇帝に封じられるために朝廷へ行きたいと思い……

「彼ら王臣 8 人は朝廷に行った。セチェン皇帝の長子皇太子チンキムの息子は王子のときにテムルと呼ばれ、皇帝の冠をかぶり灌頂を受けて

1　『漢蔵史集』第 370 ページ。
2　『漢蔵史集』第 361 ページ。
3　パンチェン・ソナム・ダクパ『新紅史』、西藏人民出版社 1982 年版、第 61 ページ。

即位したときの尊称は成宗皇帝オルジェイトゥ・カアン（完澤篤汗）となった。吐蕃の文書では彼はオルジェイトゥと称され、彼の福徳が広大であったために漢地の秦朝皇帝の印章の永久的な宝（御璽）を得たため、国政を掌管する位置に自然についた。赤徳本らがオルジェイトゥ皇帝の車の前に来て、オルジェイトゥ皇帝は彼に寵愛を与えて、彼に「お前は吐蕃を統治する大族の末裔であり、天の加護がある」と言った。それで彼を吐蕃木門家の王、3家都元帥の主、常管ガリ13百戸の領主に封じ、様々な宝で作られた七稜印章と印章の箱、印章の包みを与え、国政の永久の宝（即ち御璽）を金字と呼ばれる詔書に押した。彼は珍しく高価な褒美の品々をいくつも得た。その後、無事にチベットに戻った」[1]。

この書では更に「当時のチベットの貴族たちはみなモンゴル皇帝に心を寄せていた」と書かれている。これは事実と符合する。各万戸に限らず、各千戸の首領も元朝皇帝から褒美と詔書を得た。これらの事例は枚挙に暇がなく、これもチベットの貴族の政治権勢と土地・属民の占有に対して元朝皇帝の聖旨・詔書と緊密につながっていたことを説明している。

総じて言えば、13世紀の中期から元朝歴代皇帝がチベットに発布した詔書・命令・印章など全てが当時のチベットの政治・経済・法律・軍事など各方面に実質的に最高の指揮する効果を発揮していた。これは多くの信用に足る歴史古書が何度も証明している事実である。

第十七節　サキャ派統治時期のチベット経済の発展

サキャ派がチベット地方の統治権を握っていた百年近くの期間でチベット経済の発展に一定の促進作用が起こり、その中でも特にチベット

---

1 『ガリ・グンタン世系』、蔵文手抄本第9～10ページ。西蔵蔵文戸籍出版社1990年4月鉛印出版『西蔵史籍五部』第111～113ページ。

第五章　サキャ王朝（サキャ派）のチベット統治期

民族の文化の発展に関しては賞賛に値する貢献をなした。

　チベットの長期的な分裂時期で、まずツェンポの末裔のオェスンとユムテンの間に10年あまり王室の内戦が続き、それから「臣民の反抗」の戦乱があり、それからまた新旧農奴主など権勢を振るう者の間で属民、割拠した土地を争奪するための混戦が起こった。継続する戦乱により広大な農牧民や群衆の正常な生産活動が度々妨げられたことによって、チベットの経済に重大な破壊が招来され、経済が急激に衰えた。分裂時期の後期になり、仏教が再興してチベット全土に徐々に普及すると、社会の動乱がいくぶん減少した。しかし、生産条件の良い地方に対する各地方の首領による管理があるだけで統一された法規による広範な農牧業生産の推進と保証がなく、農牧民や群衆は生産への積極性を喪失し、徒党を組んで流浪し、物乞いに成り果てた。生産の衰退により、大きな田畑が荒廃し、役畜は飢餓のために殺されるか低価格で売りに出された。このため、チベット経済の基礎である農牧業生産は下降が続き、これに対して生産の下降を食い止める任を負える者が誰もいない状況になった。

　このような歴史の状況下でモンゴルのチンギス・カアンの末裔の勢力がチベットにまで伸び、非常に短い期間でチベットをモンゴルの法度で統一させ、平和で安定した環境を得させた。それから、元朝皇帝はチベット地方の統治権を掌管するサキャパを任命し、前後して土地と人口の徹底的な調査を行い、ホルドゥの数を統計し、チベット族地区を3つのチョルカの基礎に区分けし、万戸・千戸・百戸・達果（馬頭）などの各級に分かれた社会組織を定め、各首領の職権と責任を確定し、定額の租税と労役を徴収し、各地を統一した法度に従わせ、徐々に生産を管理・保養・奨励させる制度を作った。同時に、戦乱の平定と盗賊の消去によって社会に安定がもたらされ、チベットの田畑の耕作と畜産業を快復させ、次第にある程度の発展をみることになった。

　この時期に中国とチベットの間の「黄金の橋」と呼ばれる関係も更に拡大し、民族間の生産品交換に使う交易路も以前より多くなった。元朝

の文献の記載によると、中央王朝政府は四川の碓門と黎州両地方にチベット人と漢人間で生産品の交換に用いる商業市場（権場）を特別に設立した。このように生産品交換は盛り上がり、農牧業生産と群衆の生活の需要を更に満たし、チベット経済の発展を推し進めた。民族間の関係の強化と往来の増加により、中国の多くの名産品と工業製品がチベットに伝わった。

　扎俄瑪と呼ばれる碗は内側に重なりあった蓮の花が描かれ、縁に渦巻き模様が描かれている。これは帝師ダクパ・オェセルがいた時期に現れたものである。甲桑瑪と呼ばれる碗はお椀と長さが等しい把手があり、厚みは薄く、口は広く、非常に澄んでおり、他の人間に真似された。このような碗には青龍、花龍図案を装飾としたものもあり、ポンチェン・ギェルワ・サンポが院使の身分を持って宣政院衙署を取り仕切っていたときに作られたものである。[1]

　これらチベットの僧俗の首領の役人のために特別に作った有名な碗以外に、モンゴル碗・モンゴル服・モンゴル鈸と呼ばれる各種の価値の高い元朝時期の珍貴な文物はチベットの至るところで見ることができた。これらはみなこの時期にチベットに入ってきたものである。その他、上師パクパが中国からチベットに磁器を製造する職人を遣わしサキャ付近の噶熱と呼ばれる溪谷にチベットの磁器を焼く窯を二度にわたって建設した。『漢蔵史集』には「更に薩則と呼ばれる碗はサキャ寺付近の噶熱で作られ、この碗の中心には薩の字が必ずあった」[2]と記載されている。

　これと似ている『サキャ世系史』には、大臣サンガ（桑歌）がサキャに到達したときに「彼は東甲窮章康寝殿を修築し、大門の様式は漢の地の様式を真似た」と記載されている。ここから当時漢地の建築と工芸などがチベットに伝わったと見ることができる。

1 『漢蔵史集』第252ページ。
2 『漢蔵史集』第297ページ。

第五章　サキャ王朝（サキャ派）のチベット統治期

　この他、コデンなどモンゴルカアンの時期にチベットの各地は数年に一度モンゴルに貢賦と呼ぶ貢物の品々を納め、それからセチェン皇帝が即位してからチベット地方を統一して中国（元朝）の版図に取り入れ、上師パクパの請求によってチベット地方の経済が順調に発展するように、チベット地方が国家に納めるべき租税貢賦の免除に同意した。

　これだけではなく、元朝皇帝はさらに上師に大量の宗教の供物を捧げ、あるときは一度に黄金の塊 100 個、白銀の塊 1,000 個、絹織物 40,000 疋に達した。このような多くの宗教の供物は『サキャ世系史』の記載に見られる。その他、元朝皇帝はまたチベットの各寺院と僧伽に供物と、貧苦にあえぐ民を救済する布施を出し、多くの金銭財物を提供した。

　元朝のこの褒美と供物の具体例は史籍にその記載を見ることができる。『漢蔵史集』の記載によると、上師パクパが 1275 年にチベットに戻って以来、「チュミク仁摩でウ・ツァン、ガリ各地の数万の僧衆を招集して転法輪（法会）を挙行し、集まった財物は黄金 963 両 3 銭、白銀の大きな塊 9 個、錦 41 疋、彩糸緞子 838 疋、縐子 5,858 疋、大きな茶葉の包み 120 個、蜂蜜 603 桶、バター 13,728 克（1 克およそ 14 キロ）、はだか麦 37,018 克、はったい粉 8,600 克、その他の細々とした品々は数に含めない」[1]。この記載によると、上師パクパが二度目にチベットに戻ったあと、火牛年（1277 年）にチュミクで大法会を挙行した際に、総数 100,000 に及ぶ僧俗の人々に二度の 7 日に渡る盛大な大供養を行い、70,000 あまりの僧侶 1 人ずつに 5 グラムの黄金、3 法衣（上衣、下衣、僧衣）1 式を贈った。このような多くの僧侶 1 人ずつに 5 グラムの黄金を布施することはチベットの歴史上例を見ず、同時にこのような多くの袈裟を布施することも当時のチベットの紡績業が大きく発展していたと見ることができる。時を同じくして、この時期には空前の規模であるサキャ南寺大殿とその周囲を取り囲む塀が建てられ、境内には想像を絶す

---

[1] 同上第 328 〜 329 ページ。

る多くの仏像・仏経・仏塔が造られ、サキャ寺の南寺と北寺の建築が人を驚かせるほどにまでになった。これらの偉大な成功にはこの時期のチベット経済が空前の発展を遂げていたという事実が表れている。

元朝政府は（経済的に）高僧と寺院を支援していただけではなく、チベットの困窮する労役を行う民にも一定の救済と配慮をした。『元史』の記載によると、「至元29年（1292年、チベット暦第5ラプチュン水龍年）9月にウ・ツァン宣慰司は『必里公反後より、宿場は次第になくなり、労役を行う民は貧しく供給できるものがない。』と言った。ウ・ツァンの5駅にの労役を行う民に、馬100匹・牛200頭・羊500匹を与え、銀の代りとした。軍736戸には銀150両を与えた」[1]。それからドメー、ドカム地区の宿場の困窮する労役を行う民に対してもこのように救済した。「順元年（1330年、チベット暦第6ラプチュン鉄馬年）に吐蕃などのドメーの民が飢え、司に命じてこれを振興させた」[2]

その他、『漢蔵史集』の記載によると、元朝セチェン皇帝と上師パクパの恩徳により、ウ・ツァン、ドカムを全て統治下に収めたが、南方の珞門地区の人々は未だに帰順しておらず、「夏冬」と珞冬の多くの「冬仁」部落は何度もチベット南部地区を攻め、略奪した。14世紀初め、サキャの上師サンポ・ペルの時期に康巴根敦堅賛、本益帕巴貝などのサキャの7名の仲科爾を始めとする各万戸長と千戸長の軍隊を派遣し、文武両面を合わせた戦略を採り、まず珞門地区のあらゆる「夏冬」部落を降伏させ、その後に駐屯地を帕里地区に移し、「珞冬」部落の首領や権力者160名余りを殺し、珞・魯克巴（ブータン）地方を統治下に収めた。その詳細な状況については読むことができる[3]。その後、チベット地方に安定が訪れ、農牧民は安心して生産に従事することができるようになり、農牧業は発展を遂げた。この時期にチベット全土が統一されたという基礎の上

---

1 『元史』世祖本紀14、中華書局標点本、第2冊、第366ページ。
2 『元史』文宗本紀3、中華書局標点本、第3冊、第756ページ。
3 『漢蔵史集』第377～381ページ。

に、中国との関係も確立し、ネパール、珞門、ブータンなどの地区とも繋がりを作り、チベット経済は回復と全面的な発展を遂げた。

第十八節 サキャ派統治時期のチベット文化事業の発展

　文殊怙主サキャ・パンディタ・クンガ・ギェルツェン・ペルサンポは近代チベットに遍く伝えられている大小五明と呼ばれる全ての学識に精通しているだけではなく、古代の各種の共通と非共通の様々な学識にも幅広く深い整理を行い、特に以前は書名だけしか知られておらず翻訳されていない、あるいは翻訳されているものの完全ではない一部の学術著作の翻訳を普及させ、典範と称される多くの著作を新たに著し、後世の人間を啓発した。

　まず、声明学の方面では、彼は『入声明論』『智者入門』『語門摂義』などの著作を執筆し、これらの課程を講義する道を切り開いた。サ・パンの主要な弟子たちがみな声明学の理論に精通していたため、パクパはモンゴル民族のために新しいモンゴル文を創り、モンゴル文の表音文字（パクパ文字）と正書法などを想像し、使用できるモンゴル文の制定業務を最も早く完成させた。このことはこの時期のチベットの声明学が非常に高い水準に達したことを十分に説明している。

　因明学の方面では、サ・パンは『七部量理論』と様々な注疏を熟読し、しっかりと心に刻んだ。これらの著作の意義をよく解釈するために、彼は『因明理蔵本釈』2部を執筆した。これ以降、大多数の教派はみな因明学を講義するための例や規則を作り、これによって因明学は大いに発展することになった。

声律学の方面では、サ・パンは『声律論・諸色花束』を執筆した。彼より昔、チベットの声律学には学問の分野の名前しか知られておらず、実際には広まっていなかったが、彼から大きく広がり始めた。

藻詞学の方面では、サ・パンはパンディタ僧恰室利から『藻詞論・甘露蔵』と様々な注疏を学び、これらの内容を3部あるいは4部にまとめた。チベットで三蔵と四続と呼ばれる仏典経呪にある無数の語彙を随欲（基本語彙）・後成（派生語彙）・形類（比喩語彙）などに分類し、また文字の作り方を3回修正し、新旧語彙を適切に分け、チベットの修辞学に非常に大きな発展をもたらした。

戯劇学の方面では、サ・パンはパンディタ・センゲシュリーから『蘇吉尼瑪的故事』『マハーバーラタ』などを学んで通暁し、戯劇と音楽を論述した『器楽論』を執筆したため、チベットの戯劇芸術が徐々に発展していくことになった。

疏釈三蔵と四続部、仏学のカンギュル、テンギュルの経義を主とする内明学は当時大きく発展したが、この方面は広範囲に及び、内容も難しいため説明しづらい。総じて言えば、サ・パンは仏教を漢地とモンゴルの広大な地区に広く伝わらせ、チベットと漢地、モンゴルの仏教を緊密に関係させ、兄弟民族の間の文化と友好関係を発展・強化させ、その大いなる功績は今日に至っても明らかである。同時に、チベットの医薬学・工芸学・暦算学も其々に発展を遂げた。ここで一々紹介はできないので、読者には『サキャ五祖文集』を読んで頂きたい。

この他、上師パクパの時期に大量のチベット語の大蔵経カンギュルとテンギュルの写本が新しく制作された。写本の品質の高さと使用されている材料の貴重さは世の人を感嘆させた。『サキャ世系史』の記載によると、当時はただ青紙に金泥で書いた6組の完全なチベット語のカンギュルのみであり、総数は2,157冊に達した。この他、サキャ大殿正門のチベット書殿には『サキャ五祖文集』やサキャの歴代上師の伝記、多くの著名な訳師が書いた声明学の論著の注疏解釈などが保管されてお

り、合わせて 6,000 冊あまりの古籍があり、その大部分が手書きの抄本であった。

世界的に有名なチベット語のカンギュルとテンギュルもこの時期に、ナルタン寺堪欽覚丹日貝熱智により仏陀が語った経典や、学者たちの論著などを広範囲に渡って収集・分類された。そして、内容によって経・続・論などに分けられ、新しくカンギュルとテンギュルの目録が制定された。これもチベット文化の発展に対する巨大な貢献である。

総じて言えば、13世紀中期から14世紀前半の間にサキャパがチベット地方の統治権を掌握した百年近くの期間はチベット文化の大五明（工芸学・医学・声明学・因明学・内明学）が以前より発展し、小五明（数学〈天文暦算と占いを含む〉、詩学〈文学理論と修辞学〉、詩藻学、音韻学、戯劇学）の大部分の内容がこの時期にチベットで出現し、広く伝わり始め、特に俗世の道理の学問分野、民族文学芸術の方面については空前の発展を遂げ、チベット民族の知識文化水準の向上に大きな作用を発揮した。この時期はチベット族の歴史的な民族文化が長足の発展と進歩を遂げた時代であることは衆目の一致するところである。

第十九節　チベット族文学史上に新しい時代を切り開いたション訳師ドルジェ・ギェルツェン

ション訳師ドルジェ・ギェルツェンは我々チベット民族の古代文学芸術を新たな水準にまで上げて、新しい時期にまで発展して十分傑出した貢献をしたチベット族の歴史上、特に重視すべき学者である。しかしながら我々は今に至るまでまだ彼の伝記を見たことはない。彼が翻訳し作

成した大量の論著の前書きと後書きにのみ彼の名前を見ることができるだけである。そのため我々は、全力を尽くして見つけた関係文献を基礎として、彼に関する業績を以下に紹介する。

『五明学出現的情形』の記載によると、ション訳師ドルジェ・ギェルツェンはツァン・ラトェ洛の恰壟夏村の「翁熱」地方に生まれ、幼い頃出家し、時輪タントラの内容の1部と勝楽・喜金剛・金剛の密宗経呪を学び、舞踊・作画・計算など密法を修行するための知識を理解した。それから『星曜推算明灯』など多くの暦算に関する論著を編纂した。

その後、1265年にパクパがサキャ寺に戻ったとき、ション訳師はパクパに彼を称賛する1篇の詩を贈り、自分の理想と、声明学を学びに行くために派遣されたいという願いを表した。読み終えた上師は喜び、彼に『声律学』と『因明理蔵論』の2部・黄金5両・絹織物13匹などを贈った。また、彼の侍寝侍従多麦巴・洛追傑波を遣わしション訳師とともに声明を学びに行かせた。彼は自信と勇気を漲らせてネパールへ学びに行った。（我々はション訳師の生年月日に関する明確な記載を見つけられていないが、当時彼は翻訳を学びに行っていることから見てきっとまだ若かったはずである。そのため、彼を1240年代ぐらいに生まれた人間と見て、大きな間違いはない）

ネパールで彼は昼夜休まず声明・詩律・修辞・戯劇・藻詞などの学識を学び、努力して通暁した。学び終えると直ちにサキャ寺に戻りパクパの前で状況と成績を詳細に報告した。上師は大層喜び、「昔の我々の法主（サ・パン）は涼州の幻化寺で亡くなる前に私に『心配することはない。だがパクパはまだ比丘戒を受けておらず、『本生記・如意宝樹』はチベット語に翻訳されておらず、『時輪タントラ』はまだ偈頌体で翻訳しておらず、それが遺憾だ』と仰った。現在私はすでに比丘戒を受けているが、残りの2つの翻訳はまだ完成していない。あなたは何が何でもそれを完成させて、ポンチェン・シャキャ・サンポを助けるのだ」と言った。ション訳師は興奮しながら引き受けた。しばらくして彼はサキャ寺で『時輪

経続注疏』を翻訳した。これが学者たちから優秀な翻訳本として知られている『ション訳時輪注疏』である。

この後、ション訳師はポンチェン・シャキャ・サンポの支援のもと、サキャ寺の仏殿に『本生記・如意宝樹』『龍喜記』（脚本）や『修辞論・詩鏡』（通称『詩鏡論』）など、以前、翻訳されていなかった学術論著や故事などをチベット語に翻訳し、『藻詞論・甘露蔵』を翻訳し注疏を作った。これより、声明・詩詞学の伝授が発展し始め、これらの学識に精通する多くの弟子が育った。

チベット文学史上において、ション訳師ドルジェ・ギェルツェンと邦訳師洛追丹巴は太陽と月に例えられ、チベット各地で名高い存在である。邦訳師はかつて7回ネパールへ行き、多くのパンディタに謁見し、いくつかの経論を翻訳した。特に彼が執筆したチベットの『詩鏡論注疏』は邦訳師注釈本と言われ、非常に大きな貢献をした。彼らは声明・詩詞・因明などの文やの様々な重要な論著をチベットに遍く伝えた。総じて言えば、14世紀からチベットの著名な学者が次々と現れ、チベットの文学・芸術が海の大波のように、凄まじい勢いで発展したのはション訳師と切っても切れない関係がある。

ション訳師は自分の民族の文化と伝統を継承し、他民族の長所を取り入れ、両者を結合させて、チベット族文化の発展に意義を切り開くという貢献をした。彼の偉大な成果は我々後世の人間の心に永遠に残る価値あるものである。

第二十節　サキャ家族が4つのラダンに分裂　サキャパ統治の終了

『サキャ世系史』の記載には「サキャ法座が全てのサキャ派を統治したのは有名なタンイ・チェンポ・サンポ・ペルとそれ以前の時期だった。

タンイ・チェンポ・サンポ・ペル以降、サキャ家族は4つのラダンに分裂した。タンイ・チェンポ・サンポ・ペルの息子の帝師噶洛追は（帝師公歌羅古羅思堅蔵班蔵卜）であり、1315～1327年帝師に任ぜられていた）彼の弟たちに印章を与え、4つのラダンに分けた」[1]。我々はサンポ・ペルが娶った7人の妻と生まれた息子及びサキャ家族が4つのラダンに分裂した様子を簡単に紹介する。

サンポ・ペルは全部で7人の妻を娶った。第1の妻は蛮子地方（浙江）の漢族であり、彼女の生んだ息子は幼くして夭折した。

第2の妻はモンゴル皇室の公主門達乾であり、息子の白蘭王トソナム・サンポと1人の娘を産んだ。

第3の妻は昂摩であり、生んだ息子は帝師クンガ・ロドゥである。

以上3人の妻が産んだ息子は特別にあるラダンに属するわけではなく、統治されたサキャ派全ての家系に取り入れられた。

以下の4人の妻が生んだ息子たちはそれぞれ生みの母の肩を持ち、徐々に不仲となり、そのため1324年、チベット暦第5ラプチュン木鼠年にサンポ・ペルが亡くなり、息子たちのうち年齢が最も高い皇帝の帝師のクンガ・ロドゥが異母弟を4つのラダンに分けた。

第4の妻はナムカ・傑摩であり、3人の息子を産み、長男は闍尊欽波ナムカ・勒貝堅贊・ペルサンポであり、次男はナムカ・喜年であり、末子は国師ナムカ・ギェルツェン・ペルサンポであり、彼らは玉印を得て細脱ラダンに分かれた。

第5の妻は瑪久宣努本であり、3人の息子を産み、長男は大元貢噶仁欽であり、次男は絳陽頓月堅贊であり、末子は国師ソナム・ギェルツェンであり、彼らは玉印を得て、仁欽崗ラダンに分かれた。

第6の妻は貢噶南傑瑪であり、2人の息子を産んで、長男は帝師貢噶弥貝堅贊・ペルサンポ（『元史』では公歌列思巴衝納思堅贊班蔵卜とする）

---

1 『漢蔵史集』第248ページ。

であり、末子は帝師クンガ・ギェルツェン（『仏祖歴代通載』では公歌児監蔵班蔵卜とする）であり、彼らは金印を得て、拉康ラダンに分かれた。

第7の妻は拉久尼瑪仁欽であり、兄妹3人を産み、長男は尼瑪貝であり、娘は貢噶本であり、末子は貢噶勒貝チュンネ（彼は白蘭王に封じられた）であり、彼らは金印を得て都却ラダンに分かれた。

ここで言う金印、玉印などは元朝皇帝から贈られた印章であることが明らかである。このようにサキャコン氏家族が4つのラダンに分かれたあと、それぞれ繁栄し、子孫が生まれ、跡継ぎが多かった。サンポ・ペルの子孫で元朝皇帝から名称と詔書をたまわったのはこの他にも多くおり、1人ずつ述べるのは難しく、もし詳細が知りたいのであれば『薩迦世系史』を読んでもらいたい[1]。

4つのラダンの区分と各ラダンの権勢は、おおよそ等しく優劣の差がなかった。そのためそれ以降、サキャコン氏家族はラマ・ダンパ・ソナム・ギェルツェン（1312～1375年、サンポ・ペルの子、仁欽崗ラダンに属する）などの仏教の勉強に没頭した少数の数人を除き、その他の人間はみな自分のラダンの勢力と財力を拡大させることに尽力しており、相互の怨恨はますます大きくなった。サキャ・ポンチェンや朗欽などの役人も特定のラダンに味方したり、近づいたりして派閥を作った。これらの人間は周囲を腹心で固め勢力を築き上げたために、不和になって、政治が混乱し、内部が不安定になったために、チベット全土の社会的な不安定を引き起こした。同時に、宗教の首領と役人の数がますます多くなったため、庶民の租税と労役（ウラ）の負担が年々重くなっていき、怨嗟の声は絶えず、サキャパの名声と威信は次第に衰えていった。そしてウ・ツァンの万戸長たちもサキャのそれぞれの歴代のポンチェン都の間との矛盾の中で、味方を増やし、敵対するものを攻撃し、個人的な利益を追求した。

---

1 『薩迦世系史』

総じて言えば、サンポ・ペルが亡くなってサキャパが統治権を喪失した30年余りの、ウ・ツァンで発生した戦乱の経過と、サキャパが政権を失った過程におけるその大まかな様子は以下の通りである。パクモドゥとヤサンの間に土地と属民の占有権の争奪のために何度も紛争が起き、サキャ・ポンチェンで訴訟が起きた。サキャ派はヤサン万戸の肩を持ち、帝師クンガ・ギェルツェンが朝廷に上奏し、チャンチュプ・ギェルツェンの万戸長を職位から下ろそうと画策し、ラマ・ダンパ・ソナム・ギェルツェンはまたサキャとパクモドゥの協力を得て、ポンチェン・ギェルワ・サンポとパクモドゥ・チャンチュプ・ギェルツェンの会談を促した。だが、拉康ラダンの帝師の2人の息子がギェルワ・サンポを捕まえたため、チャンチュプ・ギェルツェンがツァンに兵を進めた。それからギェルワ・サンポがラツェで突然亡くなり、拉康ラダンに属する一団はサキャ内部で内輪もめを起こし、チャンチュプ・ギェルツェンが兵を進めてサキャ大殿を占領した。パクモドゥの軍隊は再びサキャへ行き、数百人を殺傷し、サキャ派の抵抗を徹底的に打ち負かし、サキャ・ポンチェン・旺尊を捕虜にした。

　一連の戦乱と闘争を経て、サキャパは百年近いチベット地方への統治を終了させた。大司徒チャンチュプ・ギェルツェンは元朝皇帝の法度を擁護し、執行し、1357年、チベット暦第6ラプチュン火鶏年に朝廷に人を遣わして上奏し、皇帝から大司徒の名称、詔書と玉印などを賜り、パクモドゥ・デシがチベット13万戸への統治を開始した。

　総じて言えば、サキャパがチベット地方を統治していた政権が解体されたものの、チベットが中国の領土の一部分である事実においては何も変化は起きていない。

　以上が、サキャパがチベットを統治していた時期の簡単な歴史である。

第六章　パクモドゥパ統治時代のチベット

第一節　ラン氏一族とパクモドゥ・カギュ
　　　　　パクモドゥ万戸とパクモドゥ・デシ

一、ラン氏一族とパクモドゥ・カギュ

　パクモドゥパの歴史について述べる際には、まず必ずラン氏一族とパクモドゥパの来歴と主な状態を紹介する必要がある。『ラン氏家族・霊犀宝巻』の記載によると、ラン氏一族はチベット人の先祖の6族姓の1つであるセチュン・チャク氏の末裔であり、その後の5代後に天神8兄弟が現れた。天神8兄弟のマンドムタクツェンとツァンセーラモが夫婦になり、頭の上に法螺貝そっくりの白い霧を抱く奇異な男の子が生まれた。父親のマンドムタクツェンは子供を見て大変喜び、「ランソ（靄だ）」と3回連呼し、それからこの男の子を「ラリク・ペンポチェ・ラン」（チベット語で天神族のラン氏ペンポチェという意味）と名づけた。ペンポチェによって子孫が繁栄し、人々からラン氏一族と言われた。

　パクモドゥという名前の由来はパクドゥの寺院があった土地の地名に基づく。この地名は宗教的にこのような解釈がなされる。「パクは無生の法身を指し、ドゥ（舟の意味）は衆生が解脱することを指す」。ここが法身仏を証明できる地方であり、悪趣苦海から衆生を救出することができる舟と同じであるという意味である。

　パクドゥ・カギュはパクドゥ・ドルジェギェルパが創始したカギュ派4大支派の1つである。パクドゥ・ドルジェギェルパはカムの金沙江流域メショ地区タクゴサプカンの人間で、1110年、チベット暦第2ラプ

チュンの鉄虎年に生まれた。彼が20歳までカムで生活し、幾人かの上師に付き従って多くの顕密経呪を学んだ。その後彼が22歳のときに前チベットに来て、41歳にカギュ派の創始者ミラレパの弟子のダクポ・ラジェを師として仰ぎ法を学んだ。ダクポ・ラジェには合わせて16名の弟子がいたが、その中でも彼は教法を継承した四大弟子の首席だったと言われている。1158年、彼は師の指示により各地を行脚し、パクドゥ地方にデンサ・ティル寺を建て、ダクポ・ラジェが伝える教法を主とする顕密仏法を講義して教えた。教法の伝承の特徴により、その後パクドゥ・カギュ派と言われた。ドルジェギェルポ本人は彼が61歳の1170年、チベット暦第3ラプチュンの鉄虎年に亡くなった。彼に従っていた弟子はそれぞれ康蔵各地に寺を建てて弟子をとり、またパクドゥ・カギュ派の8小支系を繁栄させた。これがディグン・カギュ、タクルン・カギュ、ドゥクパ・カギュ・ヤサン・カギュ、トプ・カギュ、シュクセプ・カギュ、イェルパ・カギュ、マルツァン・カギュである。

　ラリク・パンポチェ・ランから20代後にパクドゥ地方のラン氏一族のラン・ニェントル・ガツォンの子孫のダクパ・ジュンネ（1175～1258年）がいる。彼は出家して僧になり、パクドゥ・ドルジェギェルパが自ら伝授した弟子のディグン・キョプパ・ジクテンゴンポを師として仰ぎ、17年仏法を学んだ。この期間はディグンパ上師から離れずに左右にいたため、「チェンガ」（目の前の人という意味）と呼ばれた。その後、チェンガはラン氏一族でデンサ・ティル寺の法座を担当し、ディグン派の宗教首領の称号を得るに至った。チェンガ・ダクパ・ジュンネが34歳のとき、ディグン覚巴の褒美を受け、デンサ・ティル寺の主管を任ぜられ、33年行った。73歳の時、ダクパ・ジュンネはディグン寺の法台を兼任した。それから、ラン氏一族は、パクモドゥパが建てたデンサ・ティル寺を管理・守護・発展させる責任を負い、その教派の伝承をラン氏一族の血縁関係と結合させ、パクモドゥ・ラン氏一族と称した。

第六章　パクモドゥパ統治時代のチベット

二、パクドゥ万戸

　元朝がチベットにウ・ツァンの13万戸を設立したとき、パクドゥは万戸であり、最初はモンゴル王子フレグの管轄だった。パクドゥ・ラン氏一族はデンサ・ティル寺地方を管理している初期に、群衆が献上する農牧産品の布施を受け取る他は、自分に行政管轄権がある専門の寺に属する荘園を作らなかった。ダクパ・ジュンネの後任として、彼の弟の息子であるダクパ・ツォンドゥがギェルワ・リンポチェと称してデンサ・ティル寺の住持をしていた頃、パクドゥの農牧産品のお布施を受けるという基礎の上に、皇帝はまたモンゴル皇子フレグがチベットの土地・家屋・属民などを含む耕地をパクモドゥ派に管理させるという詔令を発布し、最初にギェルワ・リンポチェの手下の侍従官デンマ・ゴムツェンをディグンとパクモドゥの総務の役人に任命した。その後、デンサ・ティル寺の住持の配下であるドルジェペルはモンゴル皇帝の命を受けてパクモドゥ万戸長に任命された。ドルジェペルは合わせて3回皇帝の輿の前に行き、皇帝の詔書と褒美を貰った。彼は任期中にポタン・ガン、ツォンドゥ・ダクカなどの地に寺に属する荘園を12作り、パクモドゥ・カギュ派が盛んに発展する時期に向かわせた。これらの荘園の形成は封建荘園制度がチベットで発展を得る標識となったと言える。

　ダクパ・ツォンドゥは65歳の1267年、チベット暦第5ラプチュンの火兎年11月18日に亡くなった。ダクパ・ツォンドゥの弟のチュニ・ニンマ・リンチェン・ドルジェは1218年、チベット暦第4ラプチュンの土虎年に生まれ、50歳の火兎年（1267年）にデンサ・ティル寺の法座を継ぎ、僧衆を14年間保護し、63歳の1280年、チベット暦第5ラプチュンの鉄龍年12月12日に亡くなった。チュニ・ニンマ・リンチェン・ドルジェがいた頃、万戸長のドルジェペルが亡くなり、ドルジェペルの弟のションヌ・ギェルツェンが万戸長に任命された。ションヌ・ギェルツェンが亡くなったあと、セチェン皇帝は詔令を発布し、ロダク・ションデ寺のケンポであるリンチェン・ギェルツェンに万戸長を2年やらせ

た。その後、皇帝は再び詔令を発布し、ヤムドゥク湖付近のカルパ氏のチャンチュプ・ションヌがパクモドゥ万戸長に任命された。総じて言うならば、この3人の万戸長は勝手気ままに振る舞い、パクモドゥ万戸に対して何も功績を残さなかった。

　パクモドゥ・ラン氏一族のダクパ・ジュンネと祖を同じくする兄弟の袞波堅賛の息子は綽沃潘であり、彼はまたリンチェン・シェラプ、ダクパ・イェシェ、チュンギャウォまたはダクパ・リンチェン、リンチェン・キャプの4人の息子を作った。2人目のダクパ・リンチェンは(1240年)チベット暦第4ラプチュンの鉄鼠年に生まれ、42歳の鉄蛇年（1281年）にデンサ・ティル寺の法座を担当し、チェンガ・ダクパ・イェシェとなった。彼は僧衆を8年間保護し、49歳の（1288年）チベット暦第5ラプチュンの土鼠年5月18日に亡くなった。ダクパ・イェシェの時期にションヌ・ヨンテンが万戸長に任じられたが、酒色に溺れたためパクドゥ万戸の権勢が増えないばかりか逆に衰えることになった。

　ラン氏綽沃潘家の3男チュンギャウォまたはダクパ・リンチェンは（1250年）チベット暦第4ラプチュンの鉄狗年に生まれ、40歳の土牛年（1289年）にデンサ・ティル寺の法座に就任した。このときセチェン皇帝の帝師ダクパ・オェセルとテムル・ブカはパクドゥ万戸長の詔書と虎頭印章を彼に与え、その後は万戸長を委任することはなかったので、そのため彼はデンサ・ティル寺法座とパクドゥ万戸長を兼任する「ラポン」となった。彼がパクドゥ万戸を管理している期間、ディグン寺廟の乱のときにパクドゥ万戸が失った土地や属民などを埋め合わせ、パクドゥ万戸に大きな貢献をした。彼はパクドゥの政教事業を22年間保護し、61歳の（1310年）チベット暦第5ラプチュン鉄狗年2月22日に亡くなった。

　ラン氏一族の4番目のリンチェン・キャプは2人の妻を娶った。1人目の妻はシャン・チャムマと言い、彼女はギェルツェン・サンポ、ツェシパ・タクパ・ギェルツェン、ダクパ・サンポの3人の息子を産んだ。

もう 1 人の妻はブム・キィマと言い、彼女はチャンチュプ・ギェルツェン、チュニ・サルマ・ダクパ・シェラプ、ソナム・サンポの 3 人の息子を産んだ。リンチェン・キャプの 6 人の息子のうち、ツェシパ・タクパ・ギェルツェンは（1293 年）チベット暦第 5 ラプチュンの水蛇年に生まれ、18 歳の鉄狗年（1310 年）にデンサ・ティル寺の法座を担い、僧衆を 50 年間保護し、68 歳の 1360 年、チベット暦第 6 ラプチュン鉄鼠年 12 月 3 日に亡くなった。彼の在任期間、その兄のギェルツェン・サンポはモンゴル皇帝の輿の前に行き、詔書と印章を得て、パクドゥ万戸長を七年担任した。その後、ギェルツェン・キャプ（かつてパクドゥ万戸長に任じられていたションヌ・ヨンテンの子供）が万戸長を 5 年担任したが、彼らはパクドゥ万戸に対して特に何の功績も残さなかった。

チュニ・サルマ・ダクパ・シェラプは 1310 年、チベット暦第 5 ラプチュンの鉄狗年に生まれ、51 歳の鉄狗年（1360 年）にデンサ・ティル寺の法座を引き継ぎ、僧衆を 12 年間保護し、61 歳の 1370 年、チベット暦第 6 ラプチュンの鉄狗年 9 月 12 日に亡くなった。

三、パクドゥ・デシ（パクドゥ政権）

1. パクドゥの初代デシ大司徒チャンチュプ・ギェルツェン

チャンチュプ・ギェルツェン（1302〜1364 年）はチュニ・サルマ・ダクパ・シェラプがデンサ・ティル寺の法座に任命されているときのパクモドゥ万戸長であり、パクモドゥ政権の創始者であり初めて執政者（デシ）に就いた。そのため我々はここで彼の業績を詳細に紹介したい。

出生と仏法の学習について

大司徒チャンチュプ・ギェルツェンは 1302 年、チベット暦第 5 ラプチュンの水虎年に生まれた。彼は 3 歳から読み書きを学び始め、7 歳のときにチェンガ・ツェシパ・タクパ・ギェルツェンから居士戒を受け、チャンチュプ・ギェルツェンと名付けられた。9 歳のときにケンチェン・ツ

ルダルワのところで出家し、14歳のときにサキャ寺へ仏法を学びに行った。彼はサキャでダクニ・チェンポ・サンポ・ペルとラマ・ニャムメパを師として拝し、『二観察続』などの経論を聞き学び、5年の学習を経てサキャ派のゲシェの資格を得て、ダクニ・チェンポ・サンポ・ペルの管印侍従官を担任した。この時代のチベットの万戸長、地方首領はみな自分の子弟をサキャに行かせて勉強させた。これらの貴族の子弟のうちパクモドゥ・チャンチュプ・ギェルツェンが最もダクニ・チェンポ・サンポ・ペル師から重視された1人である。彼はサキャにいる期間に、万戸長をその後担う基礎を固めるため、宗教・行政に関する必要な知識を多く学び、精通した。

パクドゥ万戸長の担任

チャンチュプ・ギェルツェンの前任のパクドゥ万戸長ギェルツェン・キャプは政治的にも宗教的にも何の才能もなかったが、万戸長の職位をチャンチュプ・ギェルツェンに渡したくなかったため、離職前にネドン万戸府の倉庫の品々を持っていける分だけ持って行き、持っていけないものは破壊した。チャンチュプ・ギェルツェンが就任したときに倉庫内に価値のあるものを何も残さず、荘園や土地、属民の権力も彼に渡さずいくつかの地方首領の手中に分散させた。総じて言えば、チャンチュプ・ギェルツェンはパクドゥ万戸内外の多くの人間が望まない状況下でパクドゥ万戸長に就任した。彼は就任したあと、まずションヌ・オェセルをネドン万戸府の責任者に任命したが、ションヌ・オェセルが内外のいくつかの事務でチャンチュプ・ギェルツェンと意見に従わずに、自分勝手に行動した結果、最初の7年間でネドンの財力が増えないどころか他から黄金1,000両あまりを借金し、チャンチュプ・ギェルツェン万戸長の立場は非常に苦しくなった。

その後に、チャンチュプ・ギェルツェンはホル・ションヌ・サンポをネドンの管理人に任命した。彼ら2人は志と信念を同じくしていて、ショ

ンヌ・サンポは一心にネドンの事務を管理し、チャンチュプ・ギェルツェンも自分の能力を十分に発揮したために、他人の手中に落ちたパクドゥ属地の大部分を段階的に取り戻し、パクドゥ万戸の力を徐々に増していった。彼はパクドゥ配下のいくつかの荘園を修復し、各地で植樹を行い、香曲河に大きな橋をかけ、ネドン城塞の建築を拡大し、最終的にパクドゥをチベットの各万戸で最も強大な実力を持つ万戸とした。

チャンチュプ・ギェルツェンは自伝の中でこう記載している。

それから、イェンパ（元朝宣政院役人を指す）がグンタンに来たとき、私たちもサムイェのズンガルまで迎えに行った。イェンパは詔書と行（宣政院）の印章と文書を携え、我々は恭しく聖旨の読み上げを聞き、イェンパを接待した。イェンパは『あなた自身が朝廷に行き皇帝に謁見するのが最も良い。あなたが行けなければ代表者を行かせるべきだ。このようにすればあなたが求めることが実現する』と話した。それで私はシェラプ・ドルジェと管理人のションヌ・サンポなどをはじめとする使者を朝廷に派遣した。大司徒の名称と印章と万戸府が必要とする銀制の丸印を朝廷に求め、さらに万戸府の人頭税を半分に減させて、私の民に休息をもたらした……

シェラプ・ドルジェとワンチュクが都についてから2日目に皇帝陛下に謁見し、それはとても順調であった。皇帝が聖旨を与え、パクモドゥ万戸が欲する銀制の丸印2つを贈り、万戸の民が必要な宿場の労役を除き、その他一切の租税を半減し、宣政院へ大量の品々と金でできた腰札を賜った。

チャンチュプ・ギェルツェンはヤサンやサキャなど各派の侵攻を打ち負かした。王子フレグがパクドゥ万戸を管理しているとき、ヤサン派はパクモドゥ万戸の下の千戸の1つであった。それからヤサンの勢いがやや伸びたあと、ヤサン派は合法的手段と武力手段を使って合法的にパクドゥ万戸から分離して、1つの万戸となり、絶えずパクドゥの配下の地方と荘園とを奪った。特にギェルツェン・キャプが万戸長を担当してい

たときに、パクドゥ配下の2つの地方がヤサン派に奪われ、両者は絶えず衝突していた。チャンチュプ・ギェルツェンがパクドゥ万戸長となるまで、ヤサン派はこの衝突において常に優位に立っていた。

それから、ヤサン万戸、ディグン万戸、ツェルパ万戸とサキャ・ポンチェンが団結し、訴訟を審理するという名目でチャンチュプ・ギェルツェンを逮捕し、首枷と鎖を嵌め、皮の鞭で打った。彼は体の皮が裂けて一ヶ月あまりうつ伏せになるしかなかった。チャンチュプ・ギェルツェンはヤルルンに3ヶ月あまり監禁され、ツァンにも2ヶ月半監禁され、この期間にツェル派などの人間はサキャパ・ポンチェンにチャンチュプ・ギェルツェンを殺させようと密かに煽った。チャンチュプ・ギェルツェンは合法的な名目で数多くの大きな圧力を受けたにも関わらず、屈せず、勇敢かつ冷静に対処し、ホル・ションヌ・サンポをはじめとするパクドゥの軍隊がネドンを守り、侵攻者に反撃し、相手の力を削いだ。この時期のパクドゥは危険かつ困難な状況に置かれていた。だが、サキャ派内部での衝突が次第に激化し、特にワンツォンがサキャ・ポンチェンになってからは、ポンチェン・ギェルワ・サンポの権力が損なわれたため、彼は将来自分に軍事力を支援してくれる盟友を探さなければいけなくなった。そして、チャンチュプ・ギェルツェンが最も適任だったためギェルワ・サンポは密かに監禁されているチャンチュプ・ギェルツェンを釈放し、チャンチュプ・ギェルツェンを死地から生還させた。

事実、サキャとパクドゥの間には歴史上対立があり、更にヤサン派などの人間がサキャ・ポンチェンを煽ったため、サキャとパクドゥの間の対立は次第に不倶戴天の仲になっていった。チャンチュプ・ギェルツェンはネドンに戻り、パクドゥ万戸の役人と庶民を集めて集会を開いた。チャンチュプ・ギェルツェンは民衆に対してこの訴訟が最終的に解決される前に、僧俗役人庶民は誰であれ仏法の修業に専念したり、苦労や危険を避けるような話をしてはならず、皆が心を合わせて、勝利するまでは絶対に敵との戦いを止めてはならないと宣言した。それからパクドゥ

は各万戸の軍隊とサキャの部隊との戦争の中で自分の軍隊を拡張させ、最終的にはチャンチュプ・ギェルツェンがチベット全土を統治することができるまでになった。

チャンチュプ・ギェルツェンのパクモドゥ政権確立
　大司徒チャンチュプ・ギェルツェンはサキャ派の統治を終わらせ、パクドゥ政権を確立した。これは複雑な過程を経て、最終的に様々な反対勢力に勝利した末に実現したものである。
　チャンチュプ・ギェルツェンがサキャ派によるチベットの統治を終わらせてパクドゥがチベットを統治する政権を確立することを可能にしたのは、サキャの4つのラダンの間にある内部対立が拡大していたことが原因であった。ポンチェンのワンツォンをはじめとするラカン・ラダンの一派とポンチェンのギェルワ・サンポをはじめとするその他の3つのラダンの一派が互いに争い、その結果、ギェルワ・サンポの一派が失脚し、ラカン・ラダンの帝師クンガ・ギェルツェンの2人の息子がギェルワ・サンポを逮捕し、サキャに監禁した。ギェルワ・サンポを救い出すために、彼の息子のゲシェ・ダクパ・センゲはチャンチュプ・ギェルツェンに助けを求めた。チャンチュプ・ギェルツェンが兵を率いてサキャに到着した時、サキャ・ラマ・シャチェンパに反論して「私がここに来る前に朝庭宣慰司の役人たち、あなたたちサキャ派の知恵のある人々、ウ・ツァン全体の理知的な人が相次いで私に手紙を送り、ポンチェンを救いに行かなければいけないと言ったので私は来た。私がチュミク・タシ寺に来た目的はあなたたちサキャに贈り物を届けに来たのでもなければ、事業や財産をもらいに来たわけでもなく、恭順を示しに来たのでもない。あなたたちサキャ派の諸々のケンポは私が礼拝に来るなど期待してはいけない。私は帝師の2人の息子をすぐに捕まえられるし私の手に落ちれば殺すこともできる。私はポンチェンを救いに来て、正義を実施する手助

けをしにやってきたのだ」[1]と非難した。この歴史的な事件について、パンチェン・ソナム・ダクパは著書の『新紅史』にて「木馬年にサキャで内乱が起こり、シャル・ラダンの人間がギェルワ・サンポを逮捕して牢獄に入れた。このとき、チャンチュプ・ギェルツェンはリンチェン・サンポをはじめとする大軍を遣わし、(サキャに)脅しを加え、ギェルワ・サンポを救出し、ツァンの大部分の地区を整頓した。これ以降、13万戸のウ・ツァン各地の責任者などの任免を大司徒が監督するようになった」[2]と述べている。ここの木馬年とは1354年であり、チベット暦第6ラプチュンの木馬年である。この年が現在の歴史学者たちに、パクドゥによるチベット統治が始まった年とされている。事実、当時のパクドゥの力はすでに13万戸の誰もが太刀打ちできない程になっていた。だがチャンチュプ・ギェルツェンが多大な労力と財力を費やしたのは元朝皇帝の法度を守るためであり、また、チベット全土の安楽のためであり、個人の官職や権勢のためではなかった。

チャンチュプ・ギェルツェンに感謝するためギェルワ・サンポは当時チュミク寺院の回廊で大宴会を催し大司徒を招いた。宴会でポンチェンは自分の子孫・息子や甥・財産・権威・権力・地位などをチャンチュプ・ギェルツェンに献上した。これによりチャンチュプ・ギェルツェンはチュミク、リンプン、タク駅などの土地を接収して管理するようになった。その後、彼は手下のドワとリンチェン・ウォの2人をゲンポと管理者として派遣し、約200名の兵士を残してサキャ大殿を管理し、自分は大軍を率いてネドンに戻った。

1358年サキャ内部で再び争いが起き、ギェルワ・サンポは人を遣わして大司徒チャンチュプ・ギェルツェンにチュミクに来てもらうよう手紙を送った。このとき、ギェルワ・サンポが急逝したという知らせが伝

---

1 『朗氏家族史』第265ページから引用。
2 パンチェン・ソナム・ダクパ『新紅史』、西蔵人民出版社1982年チベット語版、第78ページ。

第六章　パクモドゥパ統治時代のチベット

わり、この知らせを聞いたチャンチュプ・ギェルツェンは直ちにケンポ・リンチェン・サンポを遣わしてサキャへポンチェン・ギェルワ・サンポの得度追贈への応対の手伝いに行かせた。まさにこのとき、1358年チベット暦第6ラプチュン土狗年に元朝がサキャまで高僧ソナム・ロドゥを呼んで朝廷へ行かせて、帝師を担わせようと、金字使者としてルギェル・トシゴンとギェルワ・リンチェン・ウォンポをチベットへ派遣し、その時にチャンチュプ・ギェルツェン大司徒の称号と印章を与えた。このときからチャンチュプ・ギェルツェンが大司徒チャンチュプ・ギェルツェンと呼ばれるようになる。

　この年に、サキャのサパ・ロンパ・タクパ・ギェルツェンがラツェ及び一部の地方勢力の軍隊と連合して、共にガムリンを攻め、ラテェ・チャンの領主が存亡の瀬戸際に立たされた。彼は人を遣わして大司徒チャンチュプ・ギェルツェンに派兵して救援してくれるように求めた。大司徒はすぐに軍隊を出し、ポンチェン・ワンツォン父子をはじめとする軍隊がラツェを発して、まさにサキャ大殿を包囲して攻めようとしているそのとき、大司徒の軍隊もサキャに着いた。サキャでの軍隊の行動は非常に順調で、彼らはポンチェン旺尊を生け捕りにして重い罪状の者たちを処刑し、464人に目を抉る刑罰を科した。[1] そして、この武力による敵対勢力の根絶の後に、大司徒はチベット全土の政務を直接管理し始めた。彼は各地方勢力の間の紛糾を徹底的に解決し、サキャ派の様々な重大な事を直接管理し、各首領に1人の担保人を付けて、永遠に規定に違反しない旨の保証書を書かせた。大司徒チャンチュプ・ギェルツェンはまたサキャのラマ・ダンパを自分の根本ラマとし、事件が起こると彼に相談し、その他のサキャ派のラマとポンチェンなどに対して彼らが協議に違反しない状況下でも恭しく接した。彼はまたギャンツェ首領パクパ・ペルをサキャ大殿の管理人とラカン・ラダンの大近侍に任命した。事務の

1　大司徒チャンチュプ・ギェルツェン『朗氏家族史』、第308～309ページ。

引き継ぎを終わらせてから、大司徒は自分が昔駐在していたサキャパの役人と軍隊の兵士を1人も残さず全てをネドンまで撤収させた。このような彼のやり方に対して、ダライ・ラマ五世もこれを賞賛し、「そのディグン、ツェルパ、ヤサン、サキャ・ポンチェンら事件を起こした者は、権勢や財力を笠に着て驕り高ぶり争い、豹や狼のようであった。獅子はそれを敵とせず、毒蛇が珠を献上するという例えのように、意識しない内に侵犯者を服従させた。大司徒は最終的に武力をもって各地の権勢を奪い取り、西方の水神の辺境に至るまでの地を統治した。その威厳のある号令は黄金の牛の軛のように重く、衆人はみな法令の下に入った。……」[1]と述べている。大司徒チャンチュプ・ギェルツェンは元朝とサキャ政権が衰退の道を辿っている問題を深く観察・分析した上で、どのように当時の情勢にパクドゥ政権を合わせていくのかを真剣に考え、後世にも有益な規定をたくさん制定した。主な規定の内容は下記の通り。

1) 戦場で得た戦利品を兵士と兵役のある家の所有にした。パクドゥ万戸はかつて何度も包囲と侵攻に遭い、敵に反抗し抵抗するために、自分の管轄地区から多くの兵員を集めて戦った。そのため人々には前例のないほど甚だしく巨大な負担がかかった。部衆が戦争での損失の一部を補填するために、彼はこれまでの戦争で得た戦利品をパクドゥ政権が徴収したり専有したりせずに、参戦した役人や兵士・兵役のある家の人々自身が所有することと規定した。

大司徒チャンチュプ・ギェルツェンのこのようなやり方はチベットの歴史上、未だかつてなかったことであり、戦争に対し、部衆を団結させ、敵に対して心を1つにさせるための重要な方策であり、パクドゥの軍隊がその他それぞれの勢力に対して勝利を収めていく過程の中で顕著な効果を発揮した。

2) 租税を軽減した。毎年租税と労役を徴発していたために人々は負

---

[1] ダライ・ラマ5世『西藏王臣記』。

第六章　パクモドゥパ統治時代のチベット

担する力がなくなり、官府の取立てを受け、農牧業生産を正常に行えなかった。大司徒チャンチュプ・ギェルツェンは人々を静養させるために、負担を軽減し、広範な群衆に対し租税を減らし、救済する方法を取った。あるとき、連続で何年も軽減し、人々の労役に基準額を規定し、出来る限り軽減させ、人々の発展と生産・生活物資を増加させるのに資する多くの方策を行った。

　大司徒チャンチュプ・ギェルツェンが人々に対して実行した租税を減免させるという時宜を得た措置は、農牧業の生産を回復させ、人々の生活を徐々に改善させるのに効果を発揮した。生産を回復させる様々な措置を取ったことにより、耕地を放棄して荒廃させないばかりか、耕作・作付けに適した未墾地を開墾し、耕作地や作付けを拡大し、山谷や平地が田畑で満ちて豊作になった。これにより果てしない広大な田畑と人々の生活が改善され、平和な光景が出現した。

　3）建設事業を組織した。この時期は建設事業もかなり大きな発展を遂げた。例えば、当時は「クンガ、ザカル、ネウ、オルガ・タクツェ、サムドゥプツェ、ルンドゥプツェ、リンプンなどウ・ツァンの重要な地方に13の大きな砦を作った」[1]。大司徒は自分の遺言の中でも「我々が管轄している全ての地方において、毎年200,000株の柳の木を必ず植えること。柳の林を管理する人を派遣し、細かく調査・点検させること。植樹の利点は官房寺院を修理し、僧俗・賦役民・人々の住処を修繕し、船を建造することができるので、植樹しなければいけない。人々はみな無尽蔵の宝物である菩提を発する心と植樹をよく管理しなければいけない。あらゆる地方の溪谷や平地に樹木が少ないために、季節によってある期間は伐採を禁止する。鋭利な鎌や兵器を使って土地の境界を分け、分けられた境界の中で植樹しなければいけない」[2]と言った。

1　ダライ・ラマ5世『西藏王臣記』、民族出版社1957年、第139ページ。
2　大司徒チャンチュプ・ギェルツェン『朗氏家族史』第372ページ。

1351年、チベット暦第6ラプチュン鉄兎年に大司徒はツェタン大寺院の建設を取り仕切った。歴代の統治者の中で、彼のように植樹造林を重視して、後世の人間に無尽蔵の物資の宝庫を残すための努力をした人間は、ほとんど見られない。

　4）法律を改定した。ダライ・ラマ5世の『西藏王臣記』で大司徒チャンチュプ・ギェルツェンが法律を改定したと記載され、「英雄猛虎律・懦夫狐狸律・官吏執事律・聴訟是非律・調解法廷律・重罪肉型律・警告罰律・胥吏供応律・殺人命価律・傷人処刑律・狡頼賭呪律・盗窃追賠律・親属離異律・奸汚賠償律・過時逾約律」[1]などの15の法律を制定した。サキャ派がチベットを統治していた時期に実施されたのは元朝の法律であり、殺人者には命をもって償わせた。大司徒チャンチュプ・ギェルツェンは死刑を執行する法律が一種の罪であると考え（仏教では生命を傷つけることは一種の悪業と考えている）、同時に以前のツェンポ時代の良い規則が衰退しないように、殺人者の命をもって罰する規定を、チベット族の伝統習慣と当時の実情と適合するように、彼は法律の条文を15個にまとめて、15法を制定し、これ以外にも彼は多くの法律と行政法規の範囲に蔵する規定を定め、公布して執行した。例えば、「最も重要な都市であるネドンの大門・外門・内門の3つの門のうち、婦人と酒は内門に入ってはいけないという法規」や、チベットの13の大宗のゾンポンが3年ごとに交替する制度などである。[2]

　5）人事の手配。これはチャンチュプ・ギェルツェンがパクドゥ政権を長く維持するために採用した重要な方法であり、彼が行った他の一般とは異なる行政制度上の考えである。彼は歴史上の大小様々な政権を掌管する統治者が盛衰し、交替する経験から得た教訓をまとめ、彼等の長所を汲み取って自分が失敗しないようにし、パクドゥ政権が何代も続い

1　ダライ・ラマ5世『西藏王臣記』、民族出版社1957年版、第139ページ。
2　パンチェン・ソナム・ダクパ『新紅史』、西藏人民出版社1982年、第80ページ。

第六章　パクモドゥパ統治時代のチベット

ていくだけではなく、彼の執政における考えが堅持されるように願った。パクドゥ政権のその後の歴史は大司徒のこれらの考えと措置が正しかったことを説明している。

　大司徒チャンチュプ・ギェルツェンが遺した教えのうち、パクドゥ政権のデシとパクドゥの近侍の条件について述べた箇所では、ラン氏一族の血統が純潔な子孫はツェタン寺へ勉強に行き、様々な知識を学び、遊んでばかりで働いていない人間を子孫から外すべきだとした。パクモドゥ政権のデシの位にある人間はネドンをはじめとするあらゆる賦役民と新旧のシカ（荘園）を管理する責任を負っていた。だから、この職を担任する人間は青少年時期に出家しなければならず、みだりに婦人たちと交わらず、行いを戒め身を正しくし、飲酒せず、午後には食事してはいけない。理知ある年配者たちの話をよく聞き、目は下を向かず、気ままな振る舞いをせず、暇なときも籠もって修行し、本尊礼賛を規定の数まで黙読し、時間通りに護法神に供物とお供えの食事を献上する。彼は回りの若者や幼童と親しくしてはならず、昼間に彼らと遊んだり賭博に興じたりしてはならず、夜間に彼らと放埓なことをしたというような話をしてはならない。また、政権の下の貧苦にあえぐ人々を私的に占有することはできず、不公平になってはならず、兵士や人々を失望させてはならない。もし間違いを犯した場合、知恵のある知識豊富な人々の指摘を聞き、道に迷ったと悟って引き返すような1人前の人間の気概を持つべきである。

　もし上記の規定に違反すれば、彼が我々の末裔のどんな人間であっても官職から下ろし、その本人と召使の2人をデンサ・ティル寺の普通の土部屋に12年住まわせ、誰も彼に敬礼してはならず、敬ってはならず、彼を普通の人間として扱うべきである。[1]彼はまた、「我々の末裔の中で

1　大司徒チャンチュプ・ギェルツェン『朗氏家族史』、西藏人民出版社1986年版、第363ページ。

在家の俗人が多くても何の利益もなく、各家には 1 人の在家の俗人がいれば良い。妻は 1 人娶れば良く、2 人娶る必要はなく、もし妻が子供を産まなければもう 1 人娶っていい。妻との結婚の時には外部の首領・達官・大徳や権勢のある者の女を妻としてはならず、我々の政権の管轄区域内にいる人々のなかから、賞賛を受けている素晴らしい父祖がいる良家の女を妻とするべきである。管理者あるいは権勢のある俗官の家の女を妻とすることはできない。その原因は我々の末裔が娶った女の兄弟・親友・眷属及び召使などが我々の親戚に当たるかもしれず、わが世の春を一世代のみにしてはならないからである。これらは政権内部に不和や災い、滅亡に至る原因を生じさせる」[1]とも述べている。

ここから『大司徒遺教‐見者受益』という文献は、チャンチュプ・ギェルツェンが昔の多くの統治者の執政方法をまとめて、先人の基礎の上に、発展・継承させた上で自分独自の政権を掌管する方法を編み出したことがはっきりとわかる。その内容は具体的には以下の通りである。

1 つ目は、彼がラン氏一族の末裔で権力を掌握するものは、パクドゥ・デシ・デンサ・ティル寺チェンガ・ツェタン寺座主の 3 人と規定した。例えパクドゥ・デシを担任していた者であっても出家しなければならず、顕密経論に通じ、酒色に溺れず、知識は豊富で、様々な放逸な行為をやめなければいけない。デンサ・ティル寺とツェタン寺の座主を担任していた者は徐々に仏法を学んで、精通しなければならず、修業の幡幢（儀礼用の旗・幟）を樹立し、教法を保護する事業に専念しなければならない。彼らは貧苦にあえぐ農奴を私的に占有してはならず、独断専行して職権を乱用してはならず、行政事務に関与してはならない。彼はまたラン氏一族の子孫繁栄に関して、妻を娶るときに外の地方首領と権勢のある家族の女子を娶ってはならず、更に特殊な状況を除いて、妻を 1 人しか娶ってはならないと規定した。

1　大司徒チャンチュプ・ギェルツェン『朗氏家族史』第 370 ページ。

第六章　パクモドゥパ統治時代のチベット

　２つ目は、大司徒チャンチュプ・ギェルツェンはまたラン氏一族の末裔に属さないものの、パクドゥ政権の侍従の官職を担当する人員に対して厳しい条件を規定した。例えば、パクドゥ政権の内務を掌管する管理人も出家する必要があり、更に酒色の過ちも犯さず、一途にパクドゥ・デシに仕え、私利を貪らず、掌管している鍵を任に就いたときから亡くなるまで、終身をパクドゥのために奉仕しなければならないと規定した。パクドゥ政権は彼らの親族と子孫を優遇した。これと同じく、大司徒の司膳・司寝などの侍従の召使に対しても明確な規定を作った。これらの規定は彼が亡くなり闡化王タクパ・ギェルツェンの時期までずっと執り行われ、大きな改変もなく、パクドゥ政権を強固し、勢力が増長するのに重要な作用を果たした。パクドゥ早期の政権の安定と社会の発展は司徒チャンチュプ・ギェルツェンの行政思想が傑出し、また正しかったことを示している。そのため、大司徒チャンチュプ・ギェルツェンは軍事に精通していただけではなく、傑出した政治家でもあった。彼は人々の賞賛に値するチベット史上の偉大な人物であった。

　チャンチュプ・ギェルツェンは20歳のときにパクドゥ万戸長を担任し、51歳のときにツェタン寺を建て、リンプン・ゾンを作り、53歳のとき、1354年にパクモドゥ政権を打ち立て、サムドゥプツェ城（今日のシガツェ）を建設し、55歳のときにネウ・ゾン（現在のラサ市ラサ川の南）、キャク地域のザカル・ゾンを建設し、57歳のとき、1358年にサキャ・ポンチェン・ワンツォン及びそれの追随者を滅ぼして、サキャ政権の残りの勢力を粛清し、チベット全土の全面的な統一と統治を始めた。この年に、元の順帝トゴン・テムルがダルガチなどの金字使者をチベットに派遣し、チャンチュプ・ギェルツェンに大司徒の名称と印章を贈った。最後、大司徒チャンチュプ・ギェルツェンは62歳のとき、1364年、チベット暦第6ラプチュンの木龍年10月17日に逝去した。

　大司徒チャンチュプ・ギェルツェンはパクモドゥ政権の最初のデシであり、現代の計算方法によれば1354年から1364年までの10年間政

権を握っていた。

　2. パクドゥ政権第2代デシ国師ジャムヤン・シャキャ・ギェルツェン　チャンチュプ・ギェルツェンの弟のソナム・サンポは2人の妻を娶り、合わせて3人の息子をもうけ、その中のジャムヤン・シャキャ・ギェルツェンが、パクドゥ政権の2代目のデシに就任した。

　ジャムヤン・シャキャ・ギェルツェンは1340年、チベット暦第6ラプチュンの鉄龍年に生まれた。彼は幼少期にラマ・ヌプロン・ダクパに付き従い、読み書きを学び、居士戒を受けたときにダクパ・サンポと名付けられた。9歳のときにケンチェン・ションヌ・ワンチュクと法師ションヌ・ツォンドゥに付き従って受戒して出家し、ジャムヤン・シャキャ・ギェルツェンと名付けられた。13歳でツェタン寺の法座を担任し、26歳まで13年間その寺の僧衆を保護した。

　1361年に、大司徒チャンチュプ・ギェルツェンが元に恩賞を貰いに行かせた使者ザカルワ・ドゥンツェン・シェラプ・タシは朝廷からチベットに戻り、元朝の最後の皇帝トゴン・テムルがジャムヤン・シャキャ・ギェルツェンの弟のシャキャ・リンチェンに賜った彼をパクモドゥ万戸長とする詔書と印章を持ち帰った。この方面の状況について大司徒チャンチュプ・ギェルツェンは彼の自伝の中で「私がシェラプ・タシらを朝廷に行かせ、その道中に院使の達瑪格底が彼らに甚だしい妨害を仕掛け、彼らを多くの問題に遭遇させて酷い目に合わせた。朝廷で達瑪格底院使はまたギェルツェン・リンチェン、ラチェンパ（帝師ソナム・ロドゥである）の年扎らと一緒に皇帝へ我々が裏切っている、サキャ寺に攻め込んだ、サキャ寺大殿を壊して厠とした、枢密院の院衙署を奪ったなど様々な事実とは反することを上奏した。この後、シェラプ・タシらも朝廷へ着き、まずラマ・ギェルワ・リンチェンとパンディタらに報告し、彼ら2人によって皇帝の前に上奏しに行った。それからシェラプ・タシらが皇帝に謁見し、首尾よくことが運び、皇帝から詔勅と下賜品などを賜

第六章　パクモドゥパ統治時代のチベット

り、更にシャキャ・リンチェンは万戸長として封じられ、詔書と虎紐印章、管轄する人々と地方の名簿を貰い、更にクンガ・リンプンをはじめとする私たちのいるウ・ツァンのシカ（荘園）と完璧に管轄範囲が書かれた任命書を得た。その中には属民庶民に有利になる租税を減らす内容があった」[1]。チャンチュプ・ギェルツェンはシャキャ・リンチェンのために万戸長の褒賞を勝ち取ったが、シャキャ・リンチェンとは意見が合わず、ついに彼が健在の期間に別の万戸長を委任して、シャキャ・リンチェンをデンサ・ティル寺に密法の静修に行かせた。

　大司徒チャンチュプ・ギェルツェンの考慮により、ジャムヤン・シャキャ・ギェルツェンは修業の幡幢（旗・幟）を立てなければならなくなったことにより、賢哲・尊厳・善良の３つの功徳を具え、プトンのように全てを知る仏教大師となった。パクドゥ・デシを継承する者について大司徒はシャキャ・リンチェンの息子絳曲多吉に託したいと思ったが、大司徒チャンチュプ・ギェルツェンが重い病にかかったとき、彼はまた考えを変えてジャムヤン・シャキャ・ギェルツェンにパクドゥ政権のデシを継ぐ権利を授けた。そのため、ジャムヤン・シャキャ・ギェルツェンは1365年、チベット暦第６ラプチュンの木蛇年に正式にパクドゥ・デシに就任した。

　1372年、チベット暦第６ラプチュン水鼠年に明朝皇帝太祖朱元璋はジャムヤン・シャキャ・ギェルツェンを大司徒・靖国公・灌頂国師の官職・印章及び吐蕃３つのチョルカを代々管理するように詔書をもって封じた。これ以降、彼の名前は絳漾国師ジャムヤン・シャキャ・ギェルツェンと通称されるようになった。これは明朝皇帝が初めてパクモドゥ・デシに詔書と官爵を贈ったことであり、パクモドゥパラン氏一族がチベットを統治する根幹となる根拠もこの詔書である。

1　大司徒チャンチュプ・ギェルツェン『朗氏家族史』、西蔵人民出版社1986年版、第343ページ。

国師ジャムヤン・シャキャ・ギェルツェンがパクドゥ・デシを担任していた期間、彼は伯父の大司徒チャンチュプ・ギェルツェンが定めた行政方法を忠実に執行し、この期間、ツァンのいくつかの地方首領が命令を聞かなかったため、彼は軍隊を率いて平定した。この小さな戦争を除き、何の戦乱も起きなかった。そのため、パクドゥ政権は安定し、発展へと向かうようになった。1373年、チベット暦第6ラプチュン水牛年9月30日にジャムヤン・シャキャ・ギェルツェンは34歳で亡くなった。

絳漾国師ジャムヤン・シャキャ・ギェルツェンはパクモドゥ政権の2代目のデシであり、彼は1365年から1373年まで9年間在位した。

3. パクモドゥ政権第3代デシチェンガ・ダクパ・チャンチュプ

チェンガ・ダクパ・チャンチュプはツェシ・サルマワとも言い、1356年、チベット暦第6ラプチュンの火猴年に生まれた。彼はジャムヤン・シャキャ・ギェルツェンの同父異母の兄の息子でありジャムヤン・シャキャ・ギェルツェンの甥でもあった。彼の兄ダクパ仁欽はかつてツェタン寺の寺主を担任したことがあった。彼は4歳から読み書きを学び始め、12歳のときチェンガ・ダクパ・シェラプに付き従って教法を学んだ。

絳漾国師ジャムヤン・シャキャ・ギェルツェンはかつてダクパ・チャンチュプに妻を娶り子供を産みラン氏一族の末裔を反映させるよう頑なに要求したが、彼は受け入れず15歳のときに出家戒を受け、ダクパ・チャンチュプと名付けられ、その後比丘戒を受け、本来の名前にペルサンポの3文字を加え、ダクパ・チャンチュプ・ペルサンポと呼ばれた。彼は16歳のときにデンサ・ティル寺の法座を担任した。

チェンガ・ダクパ・チャンチュプ自身は努力して顕密教法を修業したいとしか思っておらず、仏法の幡幢を掌管したが、彼にとっては高位高官の地位や豊かな財産・享楽は、芭蕉の木（芭蕉は一度実を結ぶとすぐ枯れると言われている）と同じで、なんの意味はなかった。だが彼が19歳になったときラマ・ダンパ・ソナム・ギェルツェンとパクドゥ

第六章　パクモドゥパ統治時代のチベット

議事会成員たちはジャムヤン・シャキャ・ギェルツェンが亡くなり空席になったデシの地位とデンサ・ティル寺の法座を兼任することを彼に強く請い求めたため、彼は政教の重要な任務を司る「ラポン」に就任し、1374年、チベット暦第6ラプチュンの木虎年に彼はチェンガとデシを兼任した。彼が26歳の1381年、チベット暦第6ラプチュンの鉄鶏年にチェンガ・ソナム・ダクパを育成するパクドゥ・デシの職務を担任し、彼本人は引き続きデンサ・ティル寺の法座を担い、僧衆を世話し、合わせて16年間デンサ・ティル寺法座に就いていた。チェンガ・ダクパ・チャンチュプがパクドゥ・デシを担任している期間、彼は神変月（チベット暦正月）の間には各宗とありとあらゆる地方での殺生の禁止を規定し、仏教法王の功績を努力して打ち立て、彼は更に説法と修業を努力して仏法事業の模範の樹立に尽力した。

　ダクパ・チャンチュプは学識が豊かで、至尊ツォンカパ大師すらも彼を師と仰いだ。ツォンカパは更に檀丁の『詩鏡論』の様式に従って詩体の『チェンガ・ダクパ・チャンチュプ・ペルサンポの物語─福力的須弥山』を執筆した。

　チェンガ・ダクパ・チャンチュプは31歳の1386年、チベット暦第6ラプチュンの火虎年2月5日に亡くなった。彼は1374年から1381年までパクモドゥ・デシを担任し、8年間在位した。

　4.パクドゥ政権第4代デシ・ソナム・ダクパ
　デシ・ソナム・ダクパは桑東巴とも称し、1359年、チベット暦第6ラプチュンの土猪年に生まれた。彼は前任のデシ・ダクパ・チャンチュプの異母弟だった。9歳のときに近事戒を受け、・ソナム・ダクパと名付けられた。それから法主ラマ・ダンパによって出家した。彼が10歳のときツェタン寺の座主に就任し、説経を広く聞いた。それから彼は比丘戒を受け、14年間ツェタン寺の僧衆を世話した。1381年チベット暦第6ラプチュンの鉄鶏年に彼が23歳のときにパクモドゥ政権のデシを

181

担任した。彼の執政期間に不安定な兆しが現れた。『洛絨教法史』には、「ソナム・ダクパは貢噶シカ（荘園）の土地を巡視し、それから陰木牛年にデンサ・ティル寺の森康秀拉寝殿に行った。当時邪悪な行為を行う者のために不吉な兆しが現れた。翌年、彼が28歳の陽火虎年に寺院の法座に登りつめ、修業密法の主となった」[1]。まさにこの記載に暗示されているように、彼は27歳の1385年、チベット暦第6ラプチュン木牛年にデシの職位を捨て、デンサ・ティル寺に行き座主に就任した。彼は20年間デンサ・ティル寺の僧衆を世話したあと、47歳のときに法座をチェンガ・貝哇（貝丹桑布）に渡し、自分は遁世して修行した。最後は彼が50歳の1408年、チベット暦第7ラプチュン土鼠年2月19日に亡くなった。

ソナム・ダクパはパクモドゥ政権の4代目のデシであり、1381年から1385年の5年間在位した。

5. パクモドゥ政権第5代デシ王ダクパ・ギェルツェン

シャキャ・リンチェンは国師ジャムヤン・シャキャ・ギェルツェンの弟で、彼にはタクパ・ギェルツェン、絳曲多吉、果色哇（またの名をチェンガ・ソナム・サンポ）、チェンガ・貝丹桑布）、チェンガ・ソナム・ギェルツェン、チュウ・サンギェ・ギェルツェン（仲桑結堅賛）の6人の息子がいた。長男のタクパ・ギェルツェンは1374年、チベット暦第6ラプチュンの木虎年に生まれ、7歳のときに堪欽宣旺により出家し、タクパ・ギェルツェン・ペルサンポと名付けられた。彼が8歳の鉄鶏年にツェタン寺の法座に登りつめ、『因明釈量論』を説き、賢哲の名声を得た。彼は4年間ツェタン寺の僧衆を世話し、12歳の1385年、チベット暦第6ラプチュン木牛年にパクモドゥ・デシ・ソナム・ダクパがデンサ・ティル寺に行った後に、パクモドゥ政権のデシに就任した。

---

1 巴俄祖拉陳哇『賢者喜宴』（即ち『洛扎都法史』）、手書き本、第309ページ。

第六章　パクモドゥパ統治時代のチベット

　タクパ・ギェルツェンが 16 歳のときに明朝皇帝の建文帝は彼を王爵に封じ、金印を贈った。1409 年、明の永楽皇帝はまた彼を闡化王に封じ、詔書と玉印を贈った[1]。そのため人々は彼を王タクパ・ギェルツェンと通称した。

　王タクパ・ギェルツェンが執政していた期間はパクモドゥ政権の権勢が最も盛んになった時期であり、パクモドゥ政権の行政制度に変化が起こった時期でもあった。王タクパ・ギェルツェンが執政している前期は「古尚宗吉扎巴仁欽が掌政大臣となり、中間のある時期には多くの役人が彼に対して不満を持ち、デシに讒言して宗吉を死に至らしめた。続いてヤルルンの 10 名の俗官が起こした「10 人夥」と言われる混乱があった」[2]。またある記載には「彼の前半生には甥と舅の争いと艾、涅地方の戦乱など多くの災難や困難があったが、彼はそれから本部を安定し、ウ・ツァンの大部分の万戸と千戸を統治下に収めた」[3]。この 2 つの記載に基づくと、当時パクモドゥ政権内部とヤルルン地区では小さな動乱が起きたが、タクパ・ギェルツェンが平定させた。その後、年堆（現在のギャンツェ〈江孜〉）の法王夏哇熱丹貢桑帕巴が命令を聞かなかったため、パクモドゥはかつて 2 回年堆地区に対して兵を用いた。この少ない状況を除き、全ての地区は安定し何事もなく、群衆の生活は改善され、チベットの経済・文化・建設などの方面では過去いずれの時期よりも発展した。このとき、チベット各教派の学者は空の星のように次々と現れた。ゲルク派はこの時期に創立して発展を遂げ、前チベットゲルク派の 4 大寺廟（デプン・セラ〈色拉〉・ガンデン〈甘丹〉・タシルンポ〈扎什論布〉）を建てた。チベットの木版印刷事業も発展し出して、一部では木版印刷の大蔵経が現れ始めた。交通方面でも大河に多くの人々が往来できる橋がかけられるなど、大いに発達していった。

1　東噶・洛桑赤列『論西藏政教合一制度』、民族出版社 1981 年版、79 ページ。
2　パンチェン・ソナム・ダクパ『新紅史』、西藏人民出版社 1982 年版、第 84 ページ。
3　達倉宗思・班覚桑布『漢藏史集』

王タクパ・ギェルツェン本人は政教両面ともに深い学識を持ち、配下の役人たちも学識と才能があり、更にパクモドゥ政権への忠誠心を持ち、志を保持した。そのためタクパ・ギェルツェンは大司徒チャンチュプ・ギェルツェンから始まったウ・ツァン各宗のゾンポンに規定している任期、職務の交代の方法と事態がすでに実情に適合しなくなり、あまり必要ではないと考えて、主な大臣によって代々掌管するそれぞれの主要な宗を新しく規定した。例えばリンプン・ナムカ・ギェルツェンはリンプン・ゾンを率い、瓊結巴・霍爾・班覚桑布がシカ・シガツェ（桑珠孜）宗（現在のシガツェ）を率い、ネウパ・ナムカ・サムポがネウ・ゾンを率い、扎喀哇会欽貝哇がザカル・ゾンを率いた。これはパクモドゥ政権の行政制度の重大な改変であり、固定されたそれぞれの宗の役人を管理するという問題だけではなく、更に重要なのは彼がチャンチュプ・ギェルツェンの時期から始まった主要な役人・管理人・侍従がみな出家しており、酒色に対して過失がないという規定を家族世襲制の役人制度に変えたことである。この改変は当時から見ると、パクモドゥ政権の事業に対して一定の利益があったが、その後の各宗の貴族の末裔が徐々に分割して統治するようになると、パクモドゥ政権の権力が他人の手に落ち、部外者が介入する局面を生み、パクモドゥ政権が衰退する大きな原因となった。特にパクモドゥとリンプンパ家族の婚姻関係はパクモドゥ政権の滅亡の原因に直接なった。

　王タクパ・ギェルツェンの執政時期にパクモドゥの侍従役人はとても多く、各級の高官や貴人の侍従機構を設け、これに従いチベット古代の装飾品・服装・各種の珍しい宝石を象嵌した耳飾りなどが日常身に付ける物となり、特にチベット暦新年に挙行する祝賀会のときに身に付けられていた物は吐蕃ツェンポ時期の服装と珍しい宝飾品だったと伝えられている。この他、彼は勝手に風俗習慣に合わない服装にすることを禁止し、美しい行為とは言えない立ち振舞や言動不一致などを禁止した。

　宗教方面ではタクパ・ギェルツェンは各教派の僧団を尊重し、長年4

第六章　パクモドゥパ統治時代のチベット

部僧衆が夏安居へ行く施主を担っていた。彼は3つの吉祥多門仏法を建て、金泥書の大蔵経カンギュルを作成し、数多の仏像・仏教・仏塔を造った。特にツォンカパ大師はラサの祈願大法会(モンラム)を創立したとき、彼は多くの資財を寄付し、ゲルク派の主な寺ガンデン寺を建てたときに彼は主要な施主となった。

1432年、チベット暦第7ラプチュン水鼠年に59歳の王タクパ・ギェルツェンはこの世を去った。彼はパクモドゥ政権の第5代のデシであり、1385年から1432年まで47年間在位した。

6. パクモドゥ政権第6代デシ王ダクパ・ジュンネ

王ダクパ・ジュンネは王タクパ・ギェルツェンの弟サンギェギェルツェンがリンプン家から娶った貢噶貝宗という妻が産んだ息子であり、また、サンギェギェルツェンはリンプン家からもリンプンパの娘を娶り、彼女が産んだ息子がクンガ・レパ（貢噶勒巴）である。

ダクパ・ジュンネは1414年、チベット暦第7ラプチュンの木馬年に生まれ、19歳のとき（1432年）にパクモドゥ政権のデシに就いた。1434年の戦乱の中でパクモドゥ大臣の地位にある仁蚌巴諾布桑波が機に乗じてシカ・シガツェ(桑珠孜)などのツァン地区のいくつかの宗を取り、その後、パクモドゥ政権は衰退を辿るようになった。1440年、チベット暦第7ラプチュンの鉄猴年に明の正統帝がダクパ・ジュンネを王に封じる詔書を賜ったため、彼は王ダクパ・ジュンネと呼ばれるようになった。1445年、チベット暦第7ラプチュンの木牛年に王ダクパ・ジュンネは32歳で亡くなった。

王ダクパ・ジュンネはパクモドゥ政権の第6代のデシであり、1432年から1445年まで13年間在位した。

デシダクパ・ジュンネはパクモドゥとリンプン両家が婚姻を結んで産

1　東噶・洛桑赤列『論西蔵政教合一制度』、民族出版社1981年版、第81ページ。

まれた初めての跡継ぎであり、王タクパ・ギェルツェンが亡くなってから、彼ら父子（サンギェギェルツェンとダクパ・ジュンネ）は誰がパクモドゥ・デシを継ぐのかという問題で争った。この方面の様子をダライ・ラマ５世『西蔵王臣記』がこのように記載している。「大法王が亡くなったあと、ダクパ・ジュンネはまだ若く、故に宮殿の法座は父子のいずれが掌管するのか大臣たちの議論はまとまらず、チェンガ・リンポチェ・ソナム・ギェルツェンに尋ねたところチェンガが息子にするよう指示したため、ダクパ・ジュンネをデシに継がせた。チェンガが亡くなったあと（1434年）。父親（サンギェギェルツェン）はまた位に就きたいと思い、行いが悪く、ヤルルン地方の動乱を作り、その後、父親サンギェギェルツェンは雅郊に行かざるをえなかった」[1]。パンチェン・ソナム・ダクパの記述によると「大法王が亡くなったあと、ダクパ・ジュンネはまだ若く、首領役人たちが叔姪（父子）のいずれが王位を継ぐのかについて意見が合わず、この時リンプンパ・ノプ・サムポがデンサ・ティル寺のチェンガ・リンポチェの意見を聞きに行くことを提案し、チェンガの話によって決定した。このチェンガの意見を聞きに行った際、チェンガは息子に継がせるべきであり、年寄り（父親サンギェギェルツェンを指す）は位に就くべきではないと言った。誰もチェンガの話に反対しなかったため、19歳の息子のダクパ・ジュンネは水鼠年（1432年）に高位に就き、国政を担った。木虎年（1434年）新年正月22日に、チェンガ・リンポチェがデンサ・ティル寺で亡くなり、父親サンギェギェルツェンがまたしても是非を問い、王位を奪おうと図り、肉親の情を損なわせる行動に出て、ヤルルンと丹薩替の政局が不穏になり、サンギェギェルツェンは雅効に避難せざるをえず、地方の不穏が更に高まった。このことは虎年（1434年）の大動乱と呼ばれ、パクモドゥパ内乱の年とも呼ばれる」と言われ、また「ダクパ・ジュンネが30歳の水猪年（1443年）にまた父親を雅

---

[1] ダライ・ラマ５世『西蔵王臣記』第149ページ。

郊から沢当嚢索の住処まで非常に丁重にもてなして呼び寄せた」とある。当時の歴史背景全体から考察すると、これらの記載が当時の歴史に符合する真実であることを見ることができる。

7. パクモドゥ政権第7代デシ王クンガ・レパ

　王ダクパ・ジュンネの弟クンガ・レパは1433年、チベット暦第7ラプチュン水牛年に官薩で生まれた。14歳でツェタン寺の法座に就任し、16歳でパクモドゥ政権のデシに就任した。王ダクパ・ジュンネが1445年に逝去してクンガ・レパがパクモドゥ・デシに就任する間はパクモドゥ・デシの職位には誰も就いていない3年間の空位があった。

　クンガ・レパはリンプンパの娘の曲貝桑姆を妻として、彼女が産んだ息子が仁欽多吉旺格傑波である。明朝景泰帝、正統帝のとき（明英宗正統元年から14年の1436～1449年、代宗景泰元年から8年の1450～1457年、その後英宗が復位し元号を天順と改めた）金字使者をウ・ツァンまで遣わしてクンガ・レパを王と封じる詔書を賜り、これより彼は王クンガ・レパと呼ばれた。

　王クンガ・レパの執政期間中に彼がシカ（荘園）に巡視に行ったとき、各首領役人がみな丁重にもてなした。特にツァンに巡視に行ったときはリンプンの接待役人が肉・バター・チーズのある大宴会を催し、両方の大宗（リンプンと桑珠孜宗）に山のような財物を献上した。これと同じく、パナム、ルンドゥプツェ、峰格宗などの土地及び拉堆絳と拉堆洛、江孜（ギャンツェ）も手厚い礼品を献上した。そうであるにも関わらず、クンガ・レパはリンプンパ・ノプ・サムポとその配下に不満を抱いており、妻との関係すら悪くなり、社会には政局の混乱を予感させる出来事がいくつも出現した。ヤルルン上部や恰巴、サムイェなどの地の首領は

1　パンチェン・ソナム・ダクパ『新紅史』、西藏人民出版社1982年版、第87ページ、第89ページ。

奥方（クンガ・レパの妻）に付き、ネウや沃喀などの地の首領はデシに付いて、王と臣下の内部は2派に分かれた。ダライ・ラマ5世は『西蔵王臣記』の中でも似たようなことを述べている。総じて言えば、クンガ・レパが政治に長けていなかったため、リンプン・ゾンのゾンポンノプ・サムポはパクモドゥ・デシ政権内部の不和と機会に乗じてパクモドゥからツァンの大部分の地区の管理権を取得した。

　王クンガ・レパは35歳の1467年、チベット暦第8ラプチュン火猪年に子であるリンチェン・ドルジェ（仁欽多吉）にツェタン寺の法座を任せたが、その後リンチェン・ドルジェとその母親が結託してツェタンに再び混乱が起きた。リンチェン・ドルジェは19歳のときに亡くなり、その母の曲貝桑姆も亡くなってツェタンの混乱は収まったものの、デシはまたリンプンパ・ツォキェ・ドルジェの意見を取り入れて、僧侶が赤い帽子をかぶるように規定し、僧侶はみな進んでそれを行わず、ある者は赤い布を帽子の代わりとしたり、ある者は頭をむき出しにしたりするなど下品であった。これは帽子の色ではなく、カギュ派の信奉とゲルク派に対する制限に問題があり、このためにカギュ派とゲルク派の対立が起こった。このようなやり方はチベット大衆に何の利益もなく、それどころか多大な迷惑を蒙った。

　1454年、父親且薩桑結堅賛と王クンガ・レパの協議を経て、王ダクパ・ジュンネの16歳の息子阿格旺波をデンサ・ティル寺の法座に任命した。それからまもなく、阿格旺波が20歳のとき、デシクンガ・レパは阿格旺波のチェンガの職位を狙い、自身が法座に就き、阿格旺波はザカルと嘉桑の両地に16年避難せざるをえず、1473年になり阿格旺波はようやくデンサ・ティル寺とネドン宮殿に戻った。

　この期間のパクモドゥの朝政は下にいる一部の役人がそれぞれ掌管していた。1480年、リンプンパ・ドルジェらは兵を率いてヤルルンへ行き、パクモドゥの管理人を駆逐し、それから兵をラサの川下に進め、ザカルや曲水倫波孜などのいくつかの宗磎を攻めて占領した。1481年、チベッ

第六章　パクモドゥパ統治時代のチベット

ト暦第8ラプチュン鉄牛年のチベット暦新年のとき、リンプンパをはじめとするウ・ツァンのそれぞれの重要な首領役人がネドンに集会し、クンガ・レパにデシの職位から降りて、官薩地方に住むように求め、チェンガ・阿格旺波を山南にまで迎えてパクモドゥ・デシの位を継がせ、仲喀哇の妹を阿格旺波の妻とした。このとき、チェンガ・阿格旺波はすでに43歳だった。

3年後の1483年、チベット暦第8ラプチュンの水兎年に王クンガ・レパは51歳で亡くなった。

王クンガ・レパはパクモドゥ政権の7代目のデシであり、彼は1448年から1481年まで33年間在位した。

リンプンパは、表面上はパクモドゥ・デシを長とする姿勢をとっていたが、実際には王クンガ・レパ時期のラン氏一族内部の不和に乗じて、自分の勢力の拡大に尽力し、パクモドゥ政権の基礎を崩した。

8. パクモドゥ政権第8代デシ阿格旺波

阿格旺波は王ダクパ・ジュンネの息子で、1439年、チベット暦第7ラプチュン土羊年に生まれ、16歳のときにデンサ・ティル寺のチェンガを担当した。43歳の1481年、チベット暦第8ラプチュンの鉄牛年にパクモドゥ・デシに就いた。当時、ラン氏一族の男性の末裔は彼1人しか残っておらず、そのため大臣たちは彼に妻を娶り子孫を繁栄させるよう懇願し、仲喀哇の娘を彼に献上した。

阿格旺波が47歳の1485年、チベット暦第8ラプチュンの木蛇年にリンプンパが兵を率いてギャンツェを攻めたが、指揮が不適切で失敗したため、この年は「江若泊嘉の指揮に誤りがあった年」と呼ばれる。同時に、前チベット地区でも紛争が起き、阿格旺波は公平に対処し、衝突したそれぞれを和解させた。彼は戦乱を好まなかったため戦乱に大きな悪影響をおよぼさなかった。

チェンガ・阿格旺波の功績は大きく、在職期間中の功績は彼の父親を

超えた。彼はツェタン寺の法相師と大法事において経済的に大きな援助をした。タントン・ギェルポはニャンチュ河の渡し場で鎖橋を修繕したときも、彼は大きな援助を提供した。

阿格旺波が50歳のときにガワン・タシ・ダクパという息子が産まれた。この年にギャンツェ法王の一族に内乱が起きたためリンプンパがギャンツェに勝利した。

阿格旺波が52歳の1490年、チベット暦第8ラプチュンの鉄猪年6月2日に亡くなった。彼が「亡くなったとき、息子はまだ非常に小さく、非常に心配して、心身ともに苦痛であった。このときチェンガ・チョキダクパはその子が成人する前は彼がデンサ・ティル寺のチェンガの任を執り行い、丹薩替とツェタンの議事に参与する大臣・貴人と共に真剣に政務に取り組み、デシ政権の名誉を損なわないようにさせる」[1]と述べた。ダライ・ラマ5世の見解では当時「替東」(丹薩替により派遣されたの意味)と呼ばれる摂政官が現れて、チェンガ・チョキダクパは名義上の責任者となり、実際にはリンプンパ・ツォキェ・ドルジェが摂政官「替東」の主要な職責を代行した。替東はその他の大臣たちと協議せず仕事をし、個人的に意思決定を行ったために、その他の地方首領たちの不満を引き起こし、翌年にヤルルン地区で混乱が起きた。とはいうものの、大事には至らなかった。

1493年チベット暦水牛年に、チョキダクパがデンサ・ティル寺のチェンガに就任し、同年に明朝皇帝は人を遣わして阿格旺波を闡化王に封じる詔書と褒美の品を賜り、これらを一時的に府庫に保存し、金地使者たちは漢の地へ戻った。1499年の新年、リンプンパをはじめとする役人首領たちがネドンに集まり、12歳のガワン・タシ・ダクパを擁立してパクモドゥ・デシの宝座に登らせた。このときに9年に及ぶ摂政官「替東」時期が終わった。

---

1 ダライ・ラマ5世『西藏王臣記』第152ページ。

第六章　パクモドゥパ統治時代のチベット

　総じて言えば、チェンガ・阿格旺波はパクモドゥ政権の第8代のデシであり、彼は1481年から1490年まで9年間在位し、その後、摂政官「替東」が9年間執政した。

9. パクモドゥ政権の第9代デシ・ガワン・タシ・ダクパ

　ガワン・タシ・ダクパはチェンガ・阿格旺波の息子で、1488年、チベット暦第8ラプチュンの土猴年に産まれた。彼が12歳の1499年、チベット暦第8ラプチュンの土羊年にパクモドゥ・デシの宝座に登り、当時リンプンパがデンサ・ティル寺とツェタン寺の講経院齋僧が布施し、盛大な即位式を行った。

　彼が満17歳になったときに臣下はリンプンパの娘を妻として献上した。妻は1580年、チベット暦第9ラプチュンの土龍年に卓微衮波を産み、その後チェンガ・ダクパ・ジュンネを産んだ。ダライ・ラマ5世の見解によると、ガワン・タシ・ダクパはまた本薩瓊則仲を妻とし、夏仲阿旺ダクパを産んだ。

　ガワン・タシ・ダクパが20歳になった1509年土蛇年にデシとその従僕の間に内乱が起き、リンプンパがデシに厳しい口調の手紙を送り、デシの軍隊を撤退させた。これがデシとリンプンパの間の対立が公になった発端とされている。翌年、リンプンパ・ツォキェ・ドルジェがヤルルンで亡くなり、その法事を挙行する際にリンプン家の子息ドルジェをはじめとする軍隊がパクモドゥの管轄する地方を攻め、デシは彼らが退くように必死に諭したがリンプンパ・ドルジェはこれを聞き入れず、デシとリンプンパの間、つまり、王と臣下の間での対立は更に広がった。このような悪辣な行為を心中容認することができなかったチェンガ・チョキダクパがこれをとりなし、ドルジェに対して「パクモドゥ・デシは全ての領土と各地の首領、特にあなたたちリンプンパを大切にしており、あなたたちは宗襆を主とする貢物を贈り、デシの不満を取り除くのが上策だ」と話した。リンプンパはこの言葉を聞き入れ、行動を改め、チェ

ンガ・チョキダクパとデシ・ガワン・タシ・ダクパの2人を扎達に招き、リンプンパ・ドルジェは彼らに完璧な仕事を行い、非常に恭しい態度で甲爾聾巴地方を謝罪として献上した。デシはリンプンパが献上した財宝の大部分をサムィェ寺に渡し、甲冑を檀家及び土地神に神を祀る物品として贈り、リンプンパに物を重視していない様子を見せた。このためドルジェはこれにも不満だった。翌年、ドルジェは50歳で亡くなった。

ガワン・タシ・ダクパが25歳の1512年、チベット暦第9ラプチュンの水猴年に明朝皇帝は「多くの禅師や国師らを遣わし、ツェタンで彼を王に封じる詔書を賜った」[1]。

1515年にパクモドゥの地方首領桑岱哇が戦乱を起こし、リンプンパ総務ら外臣たちは桑岱哇を支持したため、ツァンで大きな戦が起きたが双方引き分けとなった。このとき、チェンガ・チョキダクパは色達に来て、曲水倫波孜地方を割譲することを条件として、ウ・ツァンで3年間戦乱を起こさない協定を結んだ。その後、リンプンパはまた戦乱を起こし、ギャンツェに兵を進めた。瓊結巴仁欽傑却をはじめとするパクモドゥ・デシ方面の大軍も娘堆（年楚〈ニャンチュ〉河上流のギャンツェ一帯）に進め、噶丹巴（第巴吉雪巴）の将軍索南傑波が吉雪と澎波の軍隊を囊（南木林）に向け、リンプンパは大きな損害を受け、占拠したギャンツェとパナムの土地を返し、デシに許しを求め、今後は二度と反抗する意志を持たないと約束した。リンプンパは口先では多くの約束をしたにもかかわらず、1522年、チベット暦第9ラプチュンの水馬年に、再び大きな戦乱を起こした。

1524年、チベット暦第9ラプチュン木猴年にチェンガ・チョキダクパが72歳にて羊八井地方で円寂した。デシ・ガワン・タシ・ダクパの幼子のダクパ・ジュンネがデンサ・ティル寺の一時期中断していた座主の職務を担任した。彼は足の病を患っていたため行動が不便であり主に

---

1 パンチェン・ソナム・ダクパ『新紅史』、第98ページ。

第六章　パクモドゥパ統治時代のチベット

仏法を修行していた。

　パンチェン・ソナム・ダクパの記載によると、当時一部の地方勢力はパクモドゥ政権に対して絶えず戦を挑んでおり、例えば1524年木猴年にはパクモドゥと達壠巴が戦い、翌年1525年木鶏年には達壠巴と托喀哇の連合がパクモドゥと戦い、1526年火狗年にはパクモドゥとゲルク派の連合軍がディグン・達壠派と戦った。これを除くウ・ツァンの大部分の地区は落ち着いていた。1530年カギュ派とゲルク派は再び争い、おそらくはその影響によってディグンと沃喀地方で再び戦乱が起こったため、デシはまた少数の部隊を遣わして沃喀方面を支援しに行った。1538年、チベット暦第9ラプチュン土狗年になり、ウ・ツァンのあちこちで3年間戦乱を起こさない協定が期限を迎え、デシは協定の期限を延長する方法を考えていたが、リンプンパは聞き入れず、また大規模な戦乱が起きた。

　総じて言えば、デシ・ガワン・タシ・ダクパの時期にリンプンパなどの地方首領は何度もデシ政権と力比べの戦乱を起こし、デシは地方首領に紛争をさせないよう尽力したが、弊害が酷く是正することは難しかった。だが政教両面の実務から見ると、このデシはまだ政治に長けている人物であり、パクモドゥ・デシ政権の状況は微かながらも改善し、特に宗教の方面ではガワン・タシ・ダクパは多くの金泥大蔵経を作成し、新たに多くの刺繍で巻軸を作り、仏教に対して広大な功績を打ち立てた。彼は各教派に対して偏見を持たず、みなを尊重して事にあたった。だが、当時の地方勢力の対立にはすでに紅帽派と黄帽派（カギュ派とゲルク派）の対立も加わり、この各派の対立が全局に重大な影響を及ぼすには、まだ至っていなかったが、各派の対立はますます激しくなり、最後はついにチベットの政権がどの教派によって掌握されるのかという大問題になった。1481年、チベット暦第9ラプチュンの鉄牛年にカルマパ紅帽ラマのチョダク・イェシェ、又の名をチェンガ・チョキダクパの扇動のもと、リンプンパ・ノルブ・サンポの息子貢桑巴とドルジェがツァン方

面の軍隊 10,000 人あまりを率いて前チベットまで行き、ゲルク派の施主内鄔宗宗本阿旺索南倫波と阿旺索南傑の 2 人を駆逐したと言われている。それから、リンプンパ・ツォキェ・ドルジェが摂政官「替東」を担任したとき、1498 年からゲルク派のセラ・デプン・ガンデンの 3 大寺の僧侶がラサの祈願大法会に参加することを禁止し、ラサ付近のカギュ派とサキャ派の寺院の僧侶を参加させることにした。その後、1518 年になってデシ・ガワン・タシ・ダクパがセラ・デプン・ガンデンの 3 大寺の僧侶がラサの祈願大法会（モンラム）に参加する慣例を復活させ、ダライ・ラマ 2 世ゲンドゥン・ギャムツォが毎年ラサの祈願大法会（モンラム）を取り仕切るように迎えて、更にパクモドゥ・デシのデプンにある「阿康恩莫」という名前の別荘をダライ・ラマ 2 世ゲンドゥン・ギャムツォに献上し、そして、この別荘を「ガンデン・ポタン（頗章）」と改名し、その後ダライ・ラマ 5 世がチベットを統治する政府にこのポタンの名前を付け、ガンデン・ポタン政権と称した。

ガワン・タシ・ダクパが 78 歳の 1565 年、チベット暦第 9 ラプチュンの木牛年に「大明朝皇帝世宗嘉靖皇帝はそれを闡化王、灌頂国師法王の職に封じた」[1]。

　この他、パクモドゥのこの時期の状況に関する記述は極めて簡潔であり、我々が詳細を理解することができるような資料はまだ見つかっていない。今ある資料に基づくと、おそらくガワン・タシ・ダクパが在位していた後期の短い時期に、その子の夏仲阿旺扎巴はかつてパクモドゥ・デシの宝座に登りつめたが、しばらくして父親ガワン・タシ・ダクパが再び執政した。このように、パクモドゥパの第九のデシ・ガワン・タシ・ダクパ（その子の夏仲阿旺扎巴の短期執政を除く）は少なくとも約 64 年（1449 ～ 1563 年）執政した。これは彼が 80 歳前後まで生きたことを表している。

1　東噶・洛桑赤列『論西藏政教合一制度』、民族出版社 1981 年版、第 85 ページ。

第六章　パクモドゥパ統治時代のチベット

　夏仲阿旺扎巴はガワン・タシ・ダクパと本薩瓊則瑪が産んだ3人の息子の1人である。夏仲阿旺扎巴の学識は広く、ゲルク派と主巴カギュ派を信奉し、「特に彼は全てを知るソナム・ギャツオ（ダライ・ラマ3世）と施主と受施者の関係になり、太陽と月のように互いを照らし合った」[1]。この時期のパクモドゥ政権の状況に関して、ダライ・ラマ5世の記載から、夏仲阿旺扎巴には2人の弟がおり、ガワン・タシ・ダクパの後には第10、ひいてはもっと多くのパクモドゥ政権のデシを任じたり、ウ・ツァンで何度も酷い戦乱が起きたりしたかもしれないが、これらの状況は今後発見が待たれる資料で補填されることであろう。

　総じて言えば、パクモドゥパ第10代のデシ以降から状況は曖昧ではっきりしない。チベットの歴史学者たちが分析と考証を経てはっきりとした性格な結論を出せるかもしれない。したがって、我々はパクモドゥ・デシの紹介についてはここで終わらせる。通常の歴史年代の記載法から言えば、パクモドゥ政権は1354年から1618年まで264年間存在し、その中で第9代のデシまでは190年間であり、第9代のデシからデシ・ツァンパ(第悉蔵巴)が政権を掌握していたのは74年間であった。

第二節　明朝のチベット地方政権への管理

一、明朝の確立とチベット地方への事務の管理

　元代には長江域の農民は何度も元朝皇帝の統治に反対する武装蜂起を起こし、特に江南農民の蜂起はその数と規模が中国歴史上空前のものであった。当時、劉福通や郭子興らが率いた元朝の統治に反対する農民の武装革命を経て、最後は郭子興の部隊の将軍朱元璋が元朝皇帝の統治を

1　ダライ・ラマ5世『西藏王臣記』第157ページ。

打倒し、1386年、チベット暦第6ラプチュンの土猴年に南京に明朝を確立した。

明朝によるチベット地方へのやり方は元朝の基本的政策と大して変わりはない。1372年、チベット暦第6ラプチュンの水鼠年に明朝はチベットに烏思蔵行都指揮使司と呼ばれる管理機構を設置した。明朝はまだ当時のチベット地方の最も主要な政権を把握する者、即ち、歴代のパクモドゥパのデシに詔書・官爵・名称などを与え、彼らにチベット全土の尊敬を受けさせた。この他にも明朝は各教派の著名な賢哲や成就者となった者に称号や詔書を賜り、褒賞とした。

二、明朝のチベット高僧に対する褒美

明朝が当時ウ・ツァンの主要な統治勢力、即ち、絳漾国師ジャムヤン・シャキャ・ギェルツェンから始まる歴代のパクモドゥ・デシに詔書と官爵を贈った。この方面の詳細な状況はすでに上述のパクモドゥ政権の部分で話した。明朝皇帝は歴代のパクモドゥ・デシに大司徒・靖国公・灌頂国師・闡化王などの官職を与え、吐蕃の人々を掌管する詔書・印章などを贈り、明朝のチベット地方に対する統治と管理を明らかにした。この他、明朝は当時のチベットの各教派の有名な多くの高僧に様々な称号・官爵と公印を与えた。以下に例を挙げて説明する。

1. 明朝が歴代のカルマパ系化身ラマに与えた詔書と官爵

明朝永楽皇帝はカルマパ5世黒帽系の化身ラマテシン・シェーパ（得銀協巴）を1407年、チベット暦第7ラプチュン火猪年に都（現在の南京）に招き、破格の礼遇と尊敬をもって永楽皇帝と皇后は彼に諸仏教戒及び金剛法界の灌頂などの教法を請い、彼を「如来大宝方法西天大善自在仏」に封じ、100両の黄金で作られた金印・玉印・詔書及び珍しい宝

第六章　パクモドゥパ統治時代のチベット

などを贈り、彼と一緒に来た3名の高僧を国師と封じ、金印を贈った。[1]「一緒に来た3名の高僧は仲布国師・噶細巴仁欽貝・堪布官倫である。明朝の成化皇帝（明憲宗）はカルマパ7世チョダク・ギャムツォ（却扎嘉措）に特別な黒帽、珍しい宝珠を散りばめた袈裟、煌びやかな帳のある華蓋など多くの品々、及び黄金・絹織物などを贈った」。

1471年、成化7年チベット暦鉄兎年にカルマパ・チョダク・ギャムツォは人を遣わして明朝皇帝成化帝に仏像などを献じた。皇帝はこの貢物に対して彼に以下の詔書を賜った。

　　皇帝聖旨。ウ・ツァン大宝法王カルマパを人衆の首領とする。

　　あなた方は代々は西土に居住し、天意に従い、朝廷を敬い、職務を慎み深く守り、貢物を献上し、歴史は永く、今は更に勤勉である。この度遣わされた使者が来て、土産物を貢献し、このように忠実で従順の心は殊更表彰に値する。今、使者を送りかえし、褒賞などや絹織物などのものを賜い、朕の返礼の意志とする。使者より受け取るべし。

　　大宝法王へ賜った礼品。青い絹1匹・赤い絹1匹・深緑色の絹2匹・様々な色の絹4匹。大宝法王への返礼の品々。青い絹10匹・緑の絹5匹・深緑色の絹10匹・紙幣4,500錠。国師班覚頓珠へ賜った礼品。青い絹1匹・緑の絹1匹・様々な色の絹2匹。

　　成化7年正月29日

この詔書の原本は今も中国歴史博物館に保存されている。

2.明朝がサキャパの各高僧に贈った詔書と封じた官職

1413年、チベット暦水蛇年に明朝永楽皇帝はサキャ派の大乗法皇王貢噶扎西を中国内地に招き、彼に灌頂の伝授を請い、詔書を贈った。

この状況に関しては『サキャ世系史珍宝庫』にこのように記載されて

1　西蔵自治区社会科学院、中央民族学院蔵族研究所編著『中国西蔵地方歴史資料選輯』、西蔵人民出版社1986年版、第2377ページ。

いる。

　　蛇年2月の間に、都南台（現在の南京）に着き、皇帝に謁見した大法王は幾度も仏法を説いた。大皇帝は尊重と信仰の心を起し、毛髪が逆立ち、奥深い密法の灌頂の伝授を請うた。上師はまず吉祥喜金剛壇城に奥深い成熟した灌頂を伝え、大黒天護法神加持など多くの深い密教法でその願いを叶えた。その後、大船で水路により上師を大都（現在の北京）の宮殿に招き、法坪寺という大寺院を新しく建て、上師の臨時の住居とした。大皇帝は以前の孤独な年配の者に釈迦牟尼を祀ったかのように法王を敬いて事をなし、彼をあらゆる布施を献上される一番の尊勝者とし、更に上師に対して「あなたは以前のサキャ派歴代の上師が伝承したかのように、顕密を理解する大自在者として無数の衆生を完全な解脱させるべし」と述べ、皇帝は更に上師を「正覚大乗法王西天上善金剛応普光光明仏像遍主金剛持」に封じた。更に僧衆を管理し、釈迦牟尼教法を守る金冊と金印、及び様々な珍しい宝を嵌めた1,000枚の黄金法輪など数え切れないほどの貴重な宝物を賜った」[1]

　明朝皇帝は大乗法王の弟である達瑪達扎と洛本欽波索南扎西をも封じたが、これについて歴史書には更なる詳しい記載がない。

　王勒貝堅賛（即ち都却拉章のナムカ・勒貝堅賛）は1399年に生まれ、明成祖（永楽帝）に王に封じられ、金印を賜った。このことの状況について、『サキャ世系史』には「彼が16歳のとき（1414年）、努力もせずに勝ち取った大乗法王が存命していたときの大明皇帝（明成祖）から輔教王の名称と金印を封じられ、チベットを管理する詔書、大量の褒美を得て、更に派ごとに百人の朝貢を認める詔書などがあった」と記載されている。[2] ここには王に封じられた年代は明記されていないが、彼は

1　阿旺貢噶索南『薩迦世系史』、民族出版社1986年版、第344ページ。
2　阿旺貢噶索南『薩迦世系史』、第375ページ。

第六章　パクモドゥパ統治時代のチベット

1399年、チベット暦第7ラプチュン土兎年に生まれており、16歳のときは1414年、チベット暦第7ラプチュン木馬年なので、この年は明朝成祖永楽12年である。

　明朝皇帝が王ナムカ・ギェルツェンを王とし詔書を賜った状況について、『サキャ世系史』には「この上師について、漢の地の王臣の間で動乱が起きたときに皇帝はその父と同じ王の称号・公印・勅令文・金器・王の官服などを賜り、何も欠けることなく彼に送り届けた」[1]と記載されている。ナムカ・ギェルツェンは1435年に生まれ、1463年に亡くなり、王の封号を得たのは彼の後半生であると思われ、おそらく明朝天順年間である。

　明朝皇帝はこのようにサキャコン氏一族の多くのラマを法主・国師・王などの封号に封じただけではなく、金印詔書などを贈り、更に歴史的に問題となっている所有権の帰属問題に対しても、直接的に決定することができた。例えば、サキャ大殿の帰属問題である。『法王熱丹貢桑帕巴伝』にチベット暦水蛇年（1413年）に明成祖は大乗法王とカルマパに礼品を贈り、ツルプ寺に金頂を運び、薩迦細脱拉章首領を大国師に封じ、(輔教)王を王に封じる詔書を贈り、パクモドゥ・デシにそのサキャ大殿をサキャ人に渡す詔書を送り、侯氏と宋氏をはじめとする5人及び付き従う約500人を当年5月8日に都からチベットへ遣わして12月にラサ地方に着いた。それからここで盛大な詔書を発する儀式を行ったと記載されている。これらの記載から当時のチベットについて以下の3点の状況を説明できる。

①ウ・ツァン地方を統治していたパクモドゥ・デシがサキャ派のサキャ大殿を半世紀に及び占拠していたとき、サキャ派の大乗法王貢噶扎西が朝廷に行ったあと、この時機を利用して明朝の永楽皇帝に請い求めた。皇帝はパクモドゥにサキャ大殿を大乗法王に渡すよう命令し、これによ

1　阿旺貢噶索南『薩迦世系史』、第377ページ。

り実際にサキャ派が自分で自分を管理できる権力の詔書を得た。チベット地方勢力のサキャ派とパクモドゥ派の間の長期間解決できなかった問題に、明朝皇帝が証書を発布して実際に解決した。

②明朝皇帝は当時のチベットの高僧と大化身ラマに褒美を賜り、更にチベットで当時政治的に比較的に勢いがあり、声望が高い全ての地方の首領にも称号と官職を封じた。

③パクモドゥ・デシ王タクパ・ギェルツェンの時期に貴族役人の身分と適合する儀仗礼儀を規定し、これを範例として他の貴族も真似た。これにより、王タクパ・ギェルツェンの時期にかつてパクモドゥの森本を担任したことがある江孜熱丹貢桑帕巴がサキャへ行き、明朝皇帝は彼を土官[1]に封じる詔書を発布したとき、その貴族の身分にふさわしい盛大な儀式も手配された。このような儀仗の配置は当時の歴史から分析すると、自分は明朝皇帝に勅封された高級役人であり、他人の命令に従う必要がないということを顕示するためである。

3. 明朝のゲルク派ラマへの詔書と封号の下賜

明朝永楽皇帝は1413年、チベット暦第7ラプチュンの水蛇年にツォンカパ大師を招き中国内地に行かせた状況について、『ツォンカパ大師伝仏法荘厳』の中には、明朝皇帝はツォンカパ大師を十分敬い、かつて、彼に「哲窩」と金字使者に様々な礼品を携帯し遣わし、何度も大師を招き漢の地に招き、ツォンカパ大師に金字詔書を送ったと記載されている。この詔書は幅が3尺半、縦は1尋の長さの漢の地の金色の紙に書かれ、紙には更に5本爪の金龍の図が描かれている。詔書の上はチベット語であり、その下には永楽の年号が書かれ、全て上下折り重ねられて書かれ

1　中国で元代以後民国時代まで、西南地方に置かれた一種の地方官。中央政府から諸少数民族の長に、ある種の官職を授け、従来の慣習に従い土民の統治を許し、これを土司または土官といった。土司は政府の承認を条件に世襲も許されるかわりに、貢賦や治安維持などの義務を負った。

第六章　パクモドゥパ統治時代のチベット

ている。更に下には多くの漢字がある。1408 年、チベット暦第 7 ラプチュン土鼠年にツォンカパ大師は明朝皇帝の詔書に返事を書き、『ツォンカパ大師伝』には返信の全文が記載されている。返信で皇帝の彼への内地への招きを断っており、その代わりとして彼は直弟子の大慈法王シャキャ・イェシェを自分の代理として皇帝の御前に派遣した。

　1414 年、チベット暦第 7 ラプチュンの木馬年にシャキャ・イェシェは明朝永楽皇帝の招きを受けて内地へ出発し、山南、カム、リタンなどの地を経て四川行省付近に着いたとき、成都府の様々な役人と多くの兵士が彼を迎えた。彼が成都城に着いたとき、皇帝が遣わした金字使者と多くの役人が迎えた。彼らは皇帝の詔書を携えており、皇帝は詔書の中で「今日、上師のあなたがすでに西土を離れたと聞き、道中の風雨や厳しい寒暑にも負けずに数万里の行程を経てここに来た。朕は嬉しさのあまり言葉に出来ない。今、また人を遣わして道中のお迎えを贈り、以って縁起を示し、これを以って朕の心を表す」[1]と述べている。

　1415 年、チベット暦第 7 ラプチュン木羊年にシャキャ・イェシェは内地に着き、都の皇宮中心の「大善殿」と呼ばれる豪華で素晴らしい殿堂で皇帝に謁見し、皇帝は非常に喜ばれ盛大な歓迎会が催され、彼は皇帝より何度も褒美を賜った。大慈法王が内地に着き皇帝と大臣たちに多くの教法を伝授し、漢地の五台山に 6 つの寺院を修築し、漢人花園付近に法源寺と呼ばれる寺院を修築し、ゲルク派の修行法を広めた。明朝大皇帝が彼に褒美を与えた状況について、『大慈法王シャキャ・イェシェ伝』によると以下のように述べている。

　　大皇帝は彼に「万行妙明真如上勝清浄般若弘照普慧輔国顕教至善大慈法王」の封号を与え、詔書と考えも及ばないほどの礼品などを賜った。シャキャ・イェシェは漢の地で初めて木版印刷された大蔵

1　西藏自治区社会科学院、中央民族学院藏学研究所編『中国西藏地方歴史資料選編』（チベット語）、西藏人民出版社 1986 年、第 314 ページ。

経カンギュル朱砂木版本の新本と朝廷で書かれた珍しい金泥写本を持ってチベットに戻った。[1]

総じて言えば、明朝皇帝がチベット地方の政権を掌握している人間と各教派の最も重要な高僧大徳らチベットの僧俗貴族の人間に官爵・称号を賜り、彼らが権力を掌管するための詔書を発布し、更に「聖旨に従わなければ法律は絶対に容赦しない」とも規定した。明朝の歴代皇帝のチベット地方の政教の重要な事柄の管理状況については、このようにはっきりと反映されている。

第三節　パクモドゥ統治期のチベットの経済と文化の発展

一、パクモドゥ統治期の経済発展

パクモドゥ政権が統治を行った時代は、チベットの経済や文化が向上した段階であった。

大司徒チャンチュプ・ギェルツェンは歴史的経験をまとめ、デシ[2]政権の行政制度に若干の改正を行った。これらの規定は、タクパ・ギェルツェン王時代に宗を固定の官員に代々管理させ、のちに歴代のデシも当時の実情にあわせて変更を行ったが、根本的なところからみると、チャンチュプ・ギェルツェンが決めた制度は当時の社会発展の要求に基本的に一致しており、それはチベット経済の発展に大きな作用を発揮した。

たとえば、サキャパがチベットを統治した時期に実施した万戸長制度は、高僧と高級官僚が一部の権力をそれぞれ掌握し、世襲することがで

1　西蔵自治区社会科学院、中央民族学院藏学研究所編『中国西藏地方歴史資料選編』（チベット語）、西蔵人民出版社 1986 年、第 316 ページ。
2　チベット語 sde srid の音訳で、摂政、地方行政官などに相当する。

第六章　パクモドゥパ統治時代のチベット

きたが、絶え間ない権力闘争を生むこととなり、一部の地域で何度も争乱を引き起こした。当時チベット全体を統治していたサキャ政権は、のちに多数のラダンに分裂した。ラダンとラチェンとの間の矛盾が、上下関係を崩した。さらにサキャパは効果的な指揮管理ができなくなって、農牧民たちは生産活動が正常に行えず、生活が落ち着かなくなって、自然災害に対する抵抗力も失った。これら経済的基盤と上層建築の不適合により、その政権はただ70年間しか維持できなかった。

　大司徒からタクパ・ギェルツェン王までの30年間、おのおのの宗の主管官員は交代制で、短期間の管理であったため、権力闘争によって所管地域に戦乱をまきおこすことはなく、社会は安定し、農牧民たちに生産を向上させる機会をもたらし、また生活環境の改善や向上もみられた。

　しかしタクパ・ギェルツェンの時代になると、彼は宗の主管官員を一部、固定官職にする方法に改めた。これは、短期間では大臣たちがよく仕事を行えるようになり、ある程度良い部分があったが、ダクパ・ジュンネの時代なると、サキャパ統治時代の弊害が再び現れ、独占的に宗を管理していた貴族がすべて自己利益のために行動し、パクモドゥ・デシ政権の軍隊がどうであろうとかまわず、合法的に一部隊を勝手に配下にしてしまった。またパクモドゥ・デシは彼らに為す術もなかった。のちに、地方の貴族も独自に兵力を徐々に増強し、カギュやゲルクなどの教派にそれぞれ近づき、とうとうウ・ツァンの各所で戦火が立ちのぼることになった。パクモドゥ政権は大きくゆさぶられ、しまいには政権そのものが形骸化するまで衰退した。

　ただ、こうした局面は被支配層にとって悪いことばかりでもなかった。パクモドゥの領民に重税が課せられることがなかった。パクモドゥ政権期は地方貴族が互いに争い、その臨時徴兵を地方貴族が自ら行ったため、被支配層は既定の税と労役以外で、軍事的理由でさらに重い税を負担させられることはなかったようである。

　ともかく、パクモドゥ政権期はおしなべてチベット経済が発展した時

期とみなせる。人々の生活も改善がみられた時期であった。当時の経済関連の統計数値で示した資料がないので、定量的な分析や論述はできないが、当時のチベット文化と構築状況は、当時の経済発展状況を部分的に反映している。

二、パクモドゥ統治期の文化と構築事業の発展

1. 言語文字学と詩学

現在まで使用しているチベット語とチベット言語文字学の理論をトンミ・サンボータが創出して以来、何度か改良され、パクモドゥ時期に至って遂に現在使用している文字の書き方と統一された文法になった。それとは、シャル訳師チョキョン・サンポが1514年に著した『正字宝匣』、『文法注釈明論』や、ギュドゥン・リンチェン・タシが1536年に著した『新旧詞語論－リシグルカン』、パルカン訳師ガワン・チュキ・ギャムツォが1538年に著した『正字学－語灯論』である。これら彼らの著作の完成と伝播により、チベット語の文法正字学が確立したのである。

詩学では、この時期に多くの学者が『詩鏡論』に注釈を施した。そのなかには、シャル訳師チョキョン・サンポが著した『詩鏡論注釈誦読義成』とリンプンパ・ガワン・ジクダクが著した『詩鏡論注釈－無畏獅吼』などがある。これらの著作を教授・伝授することにより、チベットで独自の詩学理論体系を完成させ、文学や芸術の水準を以前より大きく向上させた。

たとえば、ツァンニョン・ヘルーカ（サンギェ・ギェルツェン、1452～1507年）が編纂した『ミラレパ伝と道歌』、ツォンカパ大師が著した『常啼菩薩の物語－如意宝樹』や『チェンガ・ダクパ・チャンチュプの物語－福力の須弥山』『難作詩体修飾』、シャンシュンパ・チョワン・ダクパが書いた『ラーマーヤナ』、リンプンパ・ガワン・ジクダクが著した『サキャ・パンディタ伝－賢動善道』など、すべて完璧な詩歌形式をそなえ、深い意味を含んだ優れた新文学の作品である。

第六章　パクモドゥパ統治時代のチベット

2. 大蔵経などの経典編纂と木版印刷の発達

　チベット大蔵経カンギュルについては、パクモドゥがチベット全土の統治を実現しようとしたとき、ツェルパ・クンガ・ドルジェが完全なカンギュルを金泥や銀泥を使ってつくり、プトン大師に校訂を依頼した。さらに、ツェルパ・クンガ・ドルジェはこのカンギュルのため自ら目次を編纂し、『白史』と名づけた。その中には、カンギュルの目次のほか、写経の経緯も含まれる。このカンギュルは260函あったと言われ、ふつうこれは『ツェルパ・カンギュル』と呼ばれる。こののち、パクモドゥ政権の初代デシ大司徒チャンチュプ・ギェルツェンが、ツェタン大寺院を建立し、寺院内に講経院を設置した。同時に、金泥で書いたカンギュルを新たに作成した。タクパ・ギェルツェン王執政期に、金泥で書かれた完全なカンギュルが2部、金泥と銀泥を混ぜて書かれたカンギュルが1部、さらに墨で書かれたカンギュルが1部つくられた。

　1431年、ギャンツェ法王のラプテン・クンサン・パクがナルタン版のカンギュルを底本として金泥で書いたカンギュルの完本をつくった。これを、ふつう「ギャンツェのテンパンマ」と呼ぶ。これ以降、毎年新しくカンギュルとテンギュルを作成する慣例ができた。

　こうした状況について、ラプテン・クンサン・パクの伝記には、こう記載される。「ラプテン・クンサン・パクが43歳の陰鉄猪年3月14日吉日（鬼宿日）より、チベット語に訳されたすべての善逝と仏が説く経典を書きあらわし、チベット語の大蔵経カンギュルをつくり始めた。翌年、水鼠年（1432年）に仏法を熟知する高僧らの仏典への注釈と論著を書き始めた。これがチベット大蔵経テンギュルである。写経のケンポ・リンポチェ・サンギェ・ギェルツェン師徒らをニェモから招き、まず『宝積経』『二万頌般若経』を書いた。その後、法王本人が在世している間に、金泥でカンギュルを1部、さらに墨でカンギュルを1部書き、カンギュル全巻を書き、さらにこの災難に満ちた世界が終わりを告げるまで、絶

えず写経を続ける慣例をつくりだした」。

ここにいうカンギュルを筆写する慣例は1959年のチベット民主改革まで続けられた。

パクモドゥ政権の時期、漢人とチベット人は以前よりさらに広く深く文化交流するようになり、これはチベットの木版印刷に広く発展を促した。

1410年すなわち第7ラプチュンの鉄虎年、明朝の永楽帝が内臣太監侯顕をチベットへ遣わし、正確で信頼できるカンギュルとテンギュルの底本を求めた。また、この写本をもとに南京でチベット語カンギュル全巻を、木版出版した。これは、最初のチベット語カンギュル木版印刷となった。この時のカンギュル木版本は五台山に送られ、このほかツルプ寺のカルマパやツォンカパ大師らにも贈品として1セット送られた。これより、チベットの木版による書籍の大量印刷の歴史が始まり、チベットの木刻製版技術が急速に発展した。『ツォンカパ大師文集』、『サキャ五祖文集』などの著作も木刻製版によって印刷され、流通した。これは、チベット民族の文化の発展において、前例のないほど大きく推進させる作用をもたらした。

チベット語の楷書体の規範は、チベットの3つの地区で異なる方言があるものの、書き言葉に大きな差異はなく、基本的に統一されている。これも木版印刷術の発展を助ける結果となった。

こののち1594年、明の万暦帝のとき、北京でカンギュル全巻とテンギュル中の42函が木版印刷された。これは北京版大蔵経と呼ばれる。当時、このカンギュルとテンギュルと木版印刷と校訂を担当したのは、カルマパ紅帽第6世チュキ・ワンチュクであった。

チベット族地区で最初にカンギュルが木版印刷された様子は、次の通りである。1609年、すなわちチベット暦第10ラプチュンの土鶏年、カルマパ紅帽系第6世チュキ・ワンチュクがツァリのツォカルに留まっ

たとき、ジャン王（すなわち雲南麗江のナシ族の木氏土司[1]）ソナム・ラプテンにカンギュル全巻を1部木版印刷するように勧めた。すると、ソナム・ラプテンは彼の指示に従って、チベットから明瞭で精確なカンギュルを1部取り寄せて、木版印刷の底本とする必要があるとした。そこで、以前、パクモドゥ・デシ・ダクパ・ジュンネ期にゴー・ションヌペルとカルマパ黒帽ラマのミキョ・ドルジェと紅帽ラマのチェンガ・チュキ・ダクパらによって何度か校訂され、チョンギェのチンワ・タクツェ城に保管されていた写本カンギュルをチベットから取り寄せて底本とし、それによってカンギュルを全巻木版印刷した。これには15年の歳月を要した。（この版が麗江で彫られ、のちにホショト・モンゴルの達爾嘉博碩克図によってリタンに移されたため、麗江リタン版と呼ばれるようになったという。――中国語版原訳者）

以後の各時代で木版印刷されたものに、チョネ版カンギュル、デルゲ版カンギュル、ナルタン版カンギュル、ポタラのショル印経院新版カンギュル、チャムド版カンギュルなどがある。

チベット大蔵経テンギュルについて、パクモドゥがチベットの統治権を手中にしようとしていた1334年、すなわちチベット暦の第6ラプチュンの木猴年にツァンのシャル・クシャン・クンガ・ドンドゥプが施主を担当して、ナルタン寺のテンギュルを基に完全なテンギュルを1部作成した。これには、プトンが校訂を担当し、かつナルタン寺のテンギュルに収められない1,000余篇の論著も加えられ、さらにプトンが目録をつくった。このテンギュルは後にシャル・テンギュルと呼ばれるようになった。

このあと、パクモドゥ大司徒チャンチュプ・ギェルツェンが施主を務め、シャル・テンギュルを底本とし、かつシャル・テンギュル未収録の27篇を加えて、完全なテンギュルルを1部作成し、全202函にのぼっ

---

1 土司は官職名。

た。これをネドン・テンギュルと称している。これは、当時作成された多くのテンギュルの数例にすぎない。

そののち、木版印刷のテンギュルが順次印刷された。それらには、ナルタン版木刻版テンギュル、デルゲ版テンギュル、チョネ版テンギュルなどがある。

パクモドゥ政権がチベットを統治した時期、新たに大量のカンギュル、テンギュルの写本が作られた。とくにカンギュルとテンギュルの木刻本が歴史上前例をみないほどの発展をみせ、雨後の筍のごとく、急激に増加拡大した。これらの事実から、チベット社会の安定と経済がある程度の発展した状況を見いだせる。

3. チベット医薬と暦算事業の発展
①チベットの医学について

チベットの医学は新怡、宇妥の両大師に始まる。チベット医学の著作『四部医典』が現れた後も新しい実践と発展があった。パクモドゥ時期、チベット医学にはチャムパと舒爾の2学派が現れた。

チャムパ学派は強達南傑扎桑（1394〜1475年）が、薬物の気味（寒温などの性質と味）、実践を通して薬効を考察したのち、『四部医典』に基づきつつ、チベット北部の土質や地勢・気候・住民の生活習慣に基づき、自らの治療経験と重ね合わせて、『四部医典』に詳細な注釈を施し、多くの処方を創出した。薬物の見分け方では、後継者による発展を経て、独自の特徴を形成し、それが徐々にチベット全土に伝わった。強達南傑扎桑本人は医学方面で多くの著作があり、そのうち『居希注釈明義』『医学釈続注疏甘露源流』『医学後続注疏所需倶得』『医学四続注疏除暗明灯』などがあって、今日に伝わっている。

舒爾学派の主な代表人物は舒爾喀年尼多吉（1439〜1475年）らである。彼らは、タクポ（達波）、コンポが主となる、チベットで地勢のやや低い洛絨（南方）地区の温暖湿潤という地理的、気候的特徴によって、

腫れやむくみ、風湿などの疾病を引き起こしやすい点に絞り、これらの疾病を治療する独特の治療経験をまとめあげ、さらに発展させた。彼らは『四部医典』をもとに、自学派の理論的観点を形成した。

舒爾学派はチベット南部で多くの人々に対し予防と治病において賞賛に値する重要な成果をあげている。舒爾喀・洛追傑波が山南扎塘地方に着いた時、デパ・雅郊巴が施主を務めて、チベット医学史上、最初の木版印刷『四部医典』がつくられた。これが、すなわち有名な『扎塘居希』で、それはチベットの広範囲で『四部医典』の講義や発展に、とても大きな役割を果たした。

②チベットの暦算学について

この方面では強達南傑扎桑がとても卓越した貢献を残した。彼自身の著作に反映される状況によれば、彼はかつてこの方面に詳しい高僧を訪ねて師と仰ぎ、各種の顕密経論を学んだ。とくに曲傑尊追堅賛や覚桑巴欽波嘉哇貝ら人に従って、吉祥時輪の教法をすべて学んで、とくに傑出した学者となることができた。そして、時輪と暦算に関する多くの著作を書き残した。

強達南傑扎桑は時輪を教授しつつ、かつチベット暦算学でそれまでなかった多くの論著を残し、暦算学の講習を長く途絶えさせないため、彼は多くの弟子を育てた。彼の貢献に対し、私たちは称賛を送るべきである。強達南傑扎桑の暦算学における成果から、私たちはパクモドゥ政権期のチベット暦算学の発展をもみいだせる。

このほか、この時期に、暦算学の優れた成果を残した者にプトン大師、浦巴・喜饒ギェルツェン、暦算学者「3人のギャムツォ（嘉措）」すなわち蔵窮却扎嘉措、克珠諾桑嘉措、浦巴倫珠嘉措らがいる。彼らもチベットの暦算学の発展に重要な働きをした。

---

1 第巴とは、チベット語の音訳で、頭領などの意味。

4. チベットの歴史著作について

この時期に現れた大小五明に精通した学者は夜空の星々のように多く、枚挙にいとまない。多くは仏教学大師で、研究の傍ら、多くの歴史著作も著している。『プトン仏教史』は1322年に成立したもので、チベット史上最初の整った教法史であり、後の同類著作はみなこれを原本としている。作者のプトン・リンチェンドゥプ（布頓仁欽珠）（1290～1364年）は著名な仏学大師で、のちにシャル寺の寺主となり、シャル寺にいた36年間で、著した作品は200余種にのぼる。

『賢者喜宴』は1564年に成立したもので、作者のパヲ・ツクラクテンワ（巴俄・祖拉成瓦、1503～1565年）はカルマ・カギュ派乃嚢寺の2世巴俄化身ラマである。彼の『賢者喜宴』は政治・経済・宗教・文化および自然科学における成果の歴史を集めた著作である。現代人が見ることができない史料や、古チベット語の碑文銘文石刻、吐蕃ツェンポ（賛普）詔書、盟約書に大量に収められている。また。この書には、さらに多くの神話伝説や歴史物語が記録されており、その生き生きとした言葉づかいの物語は、現代人が広く伝誦されるところである。

『青史』は1467年に書かれたもので、カギュ派の著名な僧侶ゴー・ションヌペル（1392～1482年）の作である。彼の著作も多く、現存する文集は10函ある。『青史』の全15章には教法の由来来源、中原王朝、烏斯蔵王朝、前後弘期仏教の伝播・伝承・高僧・寺院などの記載が含まれ、たいへん詳しく充実している。

『紅史』は1346年に成立したもので、作者のツェルパ・クンガードルジェ（蔡巴・貢嘎多吉、1290～1364年）は15歳でツェルパ（蔡巴）万戸長を引き継いだ。ツェルパ万戸長を担当した28年間で、ツェル・グンタン（蔡公堂）寺、ラサトゥルナン寺、ポタラ宮廟宇を管理し、仏像や仏塔を保護・補修・建造し、大きな業績を残した。彼はプトン大師

1　大五明は工・医・声・因・内、小五明は修辞学・辞藻学・韻律学・劇学・暦算学をいう。

にナルタン版大蔵経の校勘を依頼し、さらに金泥と銀汁で『ツェルパ・カンギュル』を書いた。ツェルパが生涯に書いた著述は多いが、『紅史』が最も有名である。この書は吐蕃からサキャ時代までのチベット仏教の各教派の源流を叙述したもので、その史料の多くは実際に見聞きしたことであり、歴史的価値はかなり高い。

このほか、『新紅史』、『漢蔵史集』などや、博東・列喬南傑の『智者入門』、ジョナン・ターラナータ（覚囊多羅那它）の『印度仏教史』、『蓮花生大師伝』などがあって、この時代はチベット史上、歴史著述が最も盛んな時期になった。

5. 建築について

この時期の建築における成果は、主に新築の寺院にみられる。ゲルク派のウ・ツァン四大寺、ラサ上下密院、俄爾艾旺曲徳、ギャンツェのペンコルチョーデ（白居寺）、ツェタン大寺、図丹南傑林寺、図丹色多堅寺など異なる教派の多くの寺院がある。これらの寺院の聖堂や建築は雄大で壮観であり、チベット人の労働者の叡智精華を凝縮したものである。このほか、ラサのトゥルナン寺、サムイェ寺など吐蕃王朝時代に建てられた貴重な建築物には、この時期までに損壊などの状況が起こっており、広範囲で修復が行われた。

これらの建築物は民族的伝統工芸の特徴を鮮明に示している。このほか、新造した仏像では、チベット分裂期の後期トプ訳師が造ったトプ弥勒大仏像と、今世紀の初頭の９世パンチェン（班禅）大師図丹却吉尼瑪が新造したタシルンポ（扎什倫布）寺の弥勒大仏像以外に、チベットの著名な弥勒大仏像、たとえばガムリン弥勒大仏像、絨弥勒大仏像、タシルンポ寺大経堂の弥勒殿内にある弥勒大仏像、デプン寺の弥勒像見者解脱などがある。すべてパクモドゥ統治期、つまり15世紀中に建造されたものである。前述の６尊は、金や銅などの材料で建造された仏像で、大きさに違いこそあれ、全体的にみて、これらの仏像は中国のみならず、

世界的にみても金や銅を材料として建造された仏像としては巨大なものだと見なせる。

仏塔の建造においては、ガムリン（昂仁）県内の迴仁波且の大仏塔、ラツェ県内の江地方の大仏塔、サキャ県内のトプ（綽浦）寺の大仏塔、ギャンツェ県内のペンコルチョーデ（白居寺）の大仏塔などはチベット地区で最大の仏塔といえる。これらもパクモドゥ政権時期の前後に建造されたものである。

6. 橋梁建造について

パクモドゥ時代の経済発展により、当時チベットの各地で大きな川に多くの鉄橋（鉄索橋）がかけられた。これらの橋の建造者は「鉄橋化身ラマ」と呼ばれるタントン・ギェルポである。タントン・ギェルポ（1385～1464年）はカギュ派の僧侶で、彼が謁仏を遊説する途中で、ウ・ツァン地域が広漠として、高い山と険しい道ため交通が不便なことに深く感じ入り、のちに橋の建設を決心した。1430年、現地の首領と住民の支援のもと、まず曲水鉄索橋を完成させ、そののちチベット東部に橋をたくさん建設した。生涯に鉄橋を58橋、木橋を60橋建て、さらに100余箇所で渡し船を建造した。当時の自然条件でこのような巨大な建築工事を継続して行うには、経済発展の基礎がある程度なければ、完遂は不可能なことであった。

7. 植樹造林について

パクモドゥ政権は地方の発展のため、植樹造林事業をとても重視した。当時、チベット各地で植樹造林に相当な発展がみられたため、一部の地域の環境は以前にましてより優美なものとなった。植樹造林の成果は後世の人々に豊富な木材宝庫を提供することとなった。

この時期、チベットの男女の服装や金銀装飾品なども大いに重視された。これらもまた、パクモドゥ政権、特にパクモドゥ政権前期で、チベッ

トの経済や文化に極めて大きな発展をもたらしたことを十分に示している。

第四節　パクモドゥパ政権期のゲルク派

　ゲルク派はチベット仏教の各教派の中で最後に成立した大教派である。これはパクモドゥ期に興り、パクモドゥパ政権から大きな支持を得た。パクモドゥ政権期の後期には、その勢力は急速に拡大し、そののち徐々にチベット社会を継続的に統治する地位を占める教派となった。

一、ツォンカパ大師ロプサン・タクパの生涯

　ゲルク派の創始者ツォンカパ・ロプサン・タクパはドメー（脱思麻）アムド地区のツォンカ（宗喀）地方の出身である。父は達魯花赤・魯本格で、母は辛薩阿却といった。彼は1357年、すなわちチベット暦の第6ラプチュンの火鶏年、様々な異兆を伴って生まれた。彼は父母が生んだ六人息子のうち4番目の息子であった。
　ツォンカパが3歳のとき、法主カルマパ4世ロルペ・ドルジェより近事戒を受け、クンガ・ニンポと名づけられた。7歳のとき、法主頓珠仁欽任より沙弥戒を伝授され、ロプサン・タクパという法名を得た。彼はツォンカ地方の人であったので、名声を得てからはツォンカパと呼ばれるようになった。1373年、17歳のツォンカパはディグン寺を尋ね、ディグンのチェンガ・チョーキ・ダクパ（京俄・扎巴）に拝謁して多くの深密なる教法を習った。また蔡地方の医官却加卜から医学知識を習い、『四部医典』を暗誦した。のちに彼は多くの大師に仏法を学び、かつサキャ、

213

ツェタン、拉頂、ナルタンなどの寺院で巡回辯経に参加した。仏教顕宗の各方面でも、すべて学者の頂点に達した。

　ツォンカパ20数歳の時、比丘戒を受け、これより密宗を学び始めた。彼はデンサ・ティル寺でチェンガ・チュキ・ダクパより那若六法や声明などを習い、さらにラマ意希ギェルツェンのところで『時輪本続』及びその『大疏』などの教法を詳しく教わった。そのため暦算にも精通していた。ツォンカパはさらにラマ徳欽却貝より時輪、金剛鬘の灌頂、教誡、伝授、舞歩、弾線、声調などを習い、金剛心要および注疏、密集教法およびプトン大師の著述等を学んだ。ツォンカパはまた、ヨガ教法を主とする密法四続部のうちの下部密乗(すなわち事続部と行続部)の教誡と灌頂なども学び、各種の教法を、瓶に注がれる清水の如く受け入れていった。まとめてみると、ツォンカパ大師は40数名の仏学大師に仏法を習い、教化衆生を教化するため広く灌頂、教誡、密続、説法、伝戒などの仏法事業を行った。

　ツォンカパの伝法事業は、『ツォンカパ大師伝仏法荘厳』に詳しく記載されている。大師(ツォンカパ)は32歳の時、『現観荘厳論獅子賢釈詳疏』、すなわち大論『善説金鬘』を著した。35歳の時、彼は門喀扎西棟に滞在した。ある日の夜、ツォンカパ大師は坐褥(座禅用の座布団)に座り、チベットの各仏教大師の様々な史跡を述べたあと、「むかし、噶細巴喜饒僧格が1回の定期法会で11種の経論を講じることができたが、後にチベットで誰も1回の法会でそのように多くの経論を講じることができていない」と述べた。すると弟子たちは、大師にもそのように経を講じるように求めた。上師はこれを受け入れ、その月の10日から月末まで、上師は門を閉じて典籍を閲読し、月末のその日に彼はすべての典籍を包んで縛った。5日から、15部の経論の頭から始め、毎日明け方から夕暮れまでの間に15座法を講じて、それが途切れなかった。15種の経論のなかで小さいもの2つを先に話終え、その2部の小部経論で補うようにした。講じた経論は、『釈量論』『現観荘厳論』『上下対法』(2

種)、『戒律本論』『慈氏五論』の後4論（2種）、『中観五論』（5種）、『入中論』『四百頌』『入行論』など合計17種の大論著があり、3か月を使って、すべて講じ終えた。

史書には、彼がのちに、また同時に29経論を講じたと記載されている。これは、人々を驚嘆させた奇跡となった。

ツォンカパ大師は生涯で大きな業績が4つある、その1つが沃卡精其寺の修復で、この寺の仏殿に噶爾米・雲丹雍仲が建造した弥勒銅像が1体あった。高さは人の身長を少し超え、強い加持の力を有していた。しかし寺廟は長年、誰も管理しなかったため、廟も仏像も荒廃していて、いたるところが埃や鳥の糞などの汚物にまみれていた。ツォンカパの師徒がこの情況を見たあと、施主の沃卡達孜にこれを話した。すると、施主の支援のもとで寺院の壁や楼房、室内の床などを修復し、壁を白塗りにして色を添え、師徒などの人々が差し出せるものをすべて献上して、順調に完成させられるようにした。ツォンカパ大師は39歳で列麦森格宗に住んでいた時、色其崩巴で供養大法会を挙行した。ここで多くの戒律関連の教法を講じ、浄除堕罪や懺悔護戒の儀式を行い、弟子たちにも如律の行を行った。春にツォンカパ大師が列地区の崗究に滞在した時、僧侶のため様々な奥深い教法を説き、人々に斎戒と帰依の律儀を説いた。大師自ら手を動かし、僧俗衆人を率いて粘土小仏像数十万尊の「ツァツァ（擦擦）」を作成した。その後も大師はこのようなことを幾度も行った。これがツォンカパの2つめの大きな功績である。

ツォンカパ大師46歳の時、『菩提道次第広論』を書いた。51歳の火猪年のとき、ツォンカパ大師はセラ却頂で厳重に門を閉めて修行した。このとき、『辨了義不了義論―嘉言心要』を著した。52歳の土鼠年、再びラサトゥルナン寺仏殿と回廊の壁画に色を塗り、広範な修理を行った。ラサ正月の祈願大法会（モンラム）を行うため準備をした。この方面の

1　周加巷『ツォンカパ大師伝』、169ページ。

状況について、ケジュ・ジェ『ツォンカパ大師略伝―信仰入門』に詳しい記載がある。

　ツォンカパ大師53歳の1409年、すなわちチベット暦第7ラプチュンの土牛年、ラサの祈願大法会（モンラム）を創立した。牛年正月1日から15日までの間、大神変供養大会をした。覚卧仏像の前に、純金製でハタをつけた5つの如来仏冠を贈った。これは碧玉宝石、珍珠、松耳石などがはめ込まれた珍宝で、極めて美しく荘厳である。不動仏と11面観世音像には純銀でできたすばらしい仏冠を贈り、覚卧仏像の前には大銀鉢をお供えし、さらに銀鉢の前に、その場にふさわしい大小の銀質壇域などの供物を置いた。神変法会の期間、トゥルナン寺とラモチェ寺の釈迦牟尼像の顔に毎日金泥を塗り、8日と15日の両日には仏像全身に金を塗った。また両方の釈迦牟尼像や主要な仏像には最良の絹でできた7衣と祖衣を供えた。男菩薩や女菩薩ら16尊像および怒りの形相を示す諸神像には、上等な絹スカーフと禅裙を供えた。このほか、各々の大小仏殿の屋根の飛檐、姫垣などの突き出たところは、すべて縄で結んでつながれ、経幡や払塵、響鈴などの物で飾られ、厳密に配列された。外の環状大道の外に極めて高い木柱がたくさん立てられ、絹でつくられた極めて威厳のある大旗が掛けられていて、その旗には各方の荘厳な護法神像が描かれていた。毎晩、供施朶瑪の儀軌が行われた。

　このほか毎日、内側では回廊以上のところで400盞の灯りが点され、中では迂回路に100余盞の灯りが点され、外にある迂回路の石碑（トゥルナン寺の門の唐蕃長慶会盟碑のこと）周辺で覚卧仏像とちょうど向かいあうところに1つ四角い大甕を置いた。毎辺長さ約3庹（約15尺）あり、その中に油をいっぱい入れ、適当な灯心を1本立てた。その灯は、黄金

1　ハタは、チベットスカーフのこと。仏像やタンカ（仏画）に掛けたりして使用する。また、チベットで大切な友人・知人の送迎の際やお寺の参拝、高僧の謁見、誕生日や結婚式等の際に心からの敬意を込めて相手にハタを渡す習慣があり、渡す事で心からの敬意を相手に伝える。

の光が大空を突き抜けんばかりであった。このほか、さらに大きな陶甕に油をいっぱい注ぎ、大人の腕の太さほどある灯心は1本の矢竹ほどの高さがあった。これは人々が外の迂回路を歩くのに役だった。

このような準備を経て、大地の上に光明が燦爛とし、連なった灯りの炎が天空に達して、夜を覆い降りおりてくる暗闇のなかに現れる群星の光は、まさに恥じるように消え去り、人々は星々の光をみることができないほどであった。

『ツォンカパ大師略伝』の記載によれば、大法会で「神や僧侶への供え物及び、喜捨された供物などは、概算すると、黄金921両と黄金450両相当の銀、バター37,060克(今の単位に換算すると、1ラサ克のバターは6斤7両に相当するので、バターは計248,320斤、つまり約124トンとなる)、青稞、ツァンパ18,211克(今の単位に換算すると、1克の粮食は28斤に相当するので、あわせて粮食509,908斤、つまり約255トンとなる)、白茶416両、磚茶163包、蔗糖18包、乾肉類2,172頭分、大きな柱の旗や幟33件、袈裟法衣30揃い、緞子290匹、織物731匹、柱面毯（未詳）50余条、大小の古い玉石60余顆、牛や馬などの家畜が白銀2,073両相当、灯り1つごとに献茶14盤、白香211克、神像華蓋（未詳）3揃い、矢竹ほどの長さの大香33,270根、盤香と紅花25大袋。このほか、計算に入れていない細かいものが多くあった」とある[1]。

これらの財物の主な提供者はパクモドゥパ政権のデシ、チェンガ、乃鄔宗ゾンポンと現地の世俗貴族であった。彼らの支援なしに大法会は成立しえなかった。同時に、このような豊富な財物も、当時のチベット経済繁栄が到達した程度を示している。これはツォンカパが生涯のうちに行った3番目の大功績である。

大法会後の1410年、ツォンカパ大師はガンデン寺を創建した。これ

---

[1] 克珠傑『ツォンカパ大師略伝』、86〜93ページ。

がツォンカパの4つめの大きな功績である。ガンデン寺の創立はゲルク派の正式な成立をも意味している。

1419年、63歳のツォンカパ大師は自らの僧帽と袈裟大氅を弟子のギェルツァブジェ（賈曹傑）に授け、自らの法座を彼に代理させることを表明した。この年の10月25日、ツォンカパ大師は入滅した。ツォンカパ大師去世の翌年から、毎年10月25日にガンデン寺で「安却欽莫」（5供説）の灯火供祭の法事が行われた。この慣例はチベット族地区全体に広がっていき、現在に至っても衰退せずに持続している。

ツォンカパ大師の一生の著作は全18函あり、彼の直弟子は100余人にのぼる。

二、ガンデン寺の歴史について

当初、ツォンカパ大師には定住する決まった寺院がなかった。そのため、彼の修行と講義、著述は異なる場所で行われていた。1409年のラサ祈願大法会（モンラム）の後、各地方の首領や弟子、施主たちが、何度も旧寺院を献上したい、或は新しく寺院を建ててさしあげたいと提案した際、彼は新たに寺院を建てることで同意した。

この寺院の位置はラサから東へ40kmの所にある旺古日山の麓で、ツォンカパ大師が自らその地に行き、その基礎で加持を行った。弟子の都増ダクパギェルツェンとギェルツァブジェの2人を中心として前チベット地区の大部分の僧侶はここに集まって、ツォンカパ大師の言いつけに従い、ガンデン寺の建設が始まった。付近の施主や僧侶、民衆は無数の財物を献上した。土牛年であったこの年、寝殿を中心に僧舎70余所が完成し、かつ100数箇所で基礎工事が行われた。

ツォンカパ大師54歳の鉄虎年(1410年)2月5日、彼はガンデン寺に着き、完成したばかりの仏殿と仏像などに盛大な開眼供養を行った。これより後、彼はこの寺院に定住し、ガンデン寺がすべての顕密教法を備えられるように基礎をつくった。そしてゲルク派の名声は徐々に大地

第六章　パクモドゥパ統治時代のチベット

の上で様々な場所に広まっていった。

　ツォンカパ大師が入滅した後、ネドン、ディグン、ネウなどの場所から多くの金銀がツォンカパ大師への済度礼品として贈られた。ギェルツァブジェと都増ダクパギェルツェンの2人が主宰して、ツォンカパ大師の内供黄金像が建造された。ラサトゥルナン寺の覚卧仏像より肘1つ分高く、極極めて美しく荘厳であった。これは大師の霊塔（墓）内に安置されている。後に、第50任ガンデン・ティパ（赤巴）甲哲根敦彭措が銀質大霊塔のある処を純金で包んだため、これはガンデン寺大金塔と呼ばれている。

　明朝の皇帝が大慈法王に下賜した檀香木幕室・内部の幔幕・上部の織り模様入り高級緞子の宝蓋・珍しい絹織物の十六羅漢・四大天王・密不動金剛タンカなどの物品もツォンカパ大師霊塔に納められた。後に、毎年6月の3番目の7日間に珍しい絹織物のタンカを展示して、霊塔への供祭を行う活動が恒例となり、ガンデン絹織物タンカ節と呼ばれるようになった。

　清の乾隆22年、すなわち1757年に、乾隆皇帝は具誓法王像の報酬供物として黄金、珍珠などの宝物が象嵌された、とりわけ優れた兜を贈った。その兜にはチベット文字、漢字、満洲文字、モンゴル文字4種が書かれており、それは央堅仏殿のなかに納められた。このほかにも、ガンデン寺にはとりわけ優れた仏殿・仏像がたくさんある。

1. ガンデン寺の法台（ガンデン・ティパ）について

　ガンデン寺の法台はツォンカパ大師の法位の継承者であるため、ほかの寺院の法台と職位が異なっている。この職務を担うには特別な条件が必要とされる。転世化身ラマか否かにかかわらず、また出生地区や出身の寺院・年齢・身分の貴賤・声望の大小などに係わらず、ただ顕密経論に通じており、講義を行える知識があれば、誰でも担当できた。民衆のことわざに、「男ならば自ら努力すべきだ、ガンデン寺の金座地は空い

ている」というのがある。これは、ガンデン・ティパの職位が担えるかどうかは学識の多さによるということを生き生きと表現している。

ガンデン・ティパに昇進する過程について、『黄琉璃』では、こう述べられている。「依怙法王の金座に就く過程は、修法証果の10地の形式と同じである。まず我々衆生の教法の宝とならなければならない。つまり出家して僧となり、仏法習得に努力すること誓い、教規を守り、法苑に入って学ぶことである。そののち大論を広く聞き、巡回しながら経を弁じ、合格に達しなければならない。そして観修に入り、賢哲の列に加わった。さらに、上下密院で密法を学び、ガンデン・ティパの金座へ登りついた。ガンデン寺では、これまで96人が法台に就いた。

2. ガンデン寺の学堂（ダツァン）と康村

ケジュ・ジェがガンデン・ティパを担当していた時、講経師を4名任命した。よって当時、経論を講じる学堂（ダツァン）が4つあった。のちに、この4つの学堂を合わせて絳孜学堂と夏孜学堂の2つにした。

絳孜学堂の創建者はツォンカパ大師の直弟子霍爾敦ナムカ・ペルサンポである。その後、法座は達波欽波貢噶扎西、曲傑洛追丹巴らが務めた。絳孜学堂には12の康村がある。

夏孜学堂はツォンカパ大師の直弟子乃丹仁欽ギェルツェン、又の名をシャル・リンチェン・ギェルツェンと呼ばれる者が創建したもので、その後の法座は温達哇ダクパ、尼瑪扎らが務めた。夏孜学堂には11の康村がある。

ガンデン寺の創建時には、およそ500名の僧侶がいたが、その後徐々に発展した。ガンデン寺には3,300名の僧侶がいるといわれるが、実際のところ、ガンデン寺の僧侶は多いときで5,000名を超えていた。

ガンデン寺の創建はゲルク派の勃興を意味するものである。この寺の名から、このツォンカパ大師が創立した新興教派は、ガンデン派と呼ばれたが、最終的にゲルク派「徳行派」と呼ばれるようになった。また、ツォ

ンカパ大師は、戒律を守る以前の人々と同じ習慣で、黄色い僧帽を被ったので、彼が創建したこの教派は黄帽教派とも呼ばれる。

三、ギェルツァブジェ・ダルマ・リンチェンの事跡

ギェルツァブジェ・ダルマ・リンチェンはツォンカパの重要な弟子の1人である。彼は1364年、すなわちチベット暦第6ラプチュン陽木龍年、年楚（ニャンチュ）河上流の日塘地方の隆拉卓恰で生まれた。彼が10歳だった年、乃寧寺で沙弥戒を受け、ダルマ・リンチェンと名づけられた。このあと、上師貝官巴の身前で文字や読み書きを習ったところ、とてもよくできた。彼は貢噶貝を経師として『量理論注疏』、『量抉択論』などを学び、さらに日嚢巴仁欽多吉に従って『般若』を学び、頓珠仁欽から『倶舎論』を学び、洛追桑波から『戒律論』を学んだ。このほか、彼は多くの知識豊富な高僧に従って『顕密経論』を学んだ。とくに、彼はのちに仁達哇宣努洛を上師として、般若・因明・戒律・倶舎・中観など顕宗方面の経論と、密集など密宗方面の大部分の経呪を習い、各教派の教法に精通して、仁達哇の弟子のなかで通経論に広く通じた7人の1人となり、弁論に長けた弟子と称されるようになった。

ギェルツァブジェが25歳の土龍年（1338年）、比丘戒を受けた。このあと、彼はサキャ寺などツァン地区の各大寺院に行き各部大論の噶居巴巡回辯経に参加した。ツェタン寺での辯経の後、彼はツォンカパに目通りし、その学問に深く敬服して、師と仰いだ。弟子同士の関係から師弟関係に変わり、しかも、それ以降ずっとツォンカパ大師の側にいて、片時も離れなかった。

ギェルツァブジェは頭の回転が速く、ツォンカパ大師が何の経典を講じても、彼は即座に精通することができた。ツォンカパ大師が南木章頂で戒律方面の教誡を広く説いたとき、彼はすぐに記録をとって、『南木章頂における教誡説法』をまとめた。ツォンカパ大師がセラ却頂で『母続円満次第』を講じれば、彼はすぐさま『円満次第春之雨露』を書き上

げた。彼はこのようにツォンカパ大師の多くの講話を記録し、多くの著作をまとめあげた。

1409年のラサ祈願大法会（モンラム）創立、ガンデン寺建立など、ツォンカパ大師後期の宗教活動の多くに、ギェルツァブジェは参画し、重要な任務を担当した。ツォンカパ大師在世のころに、彼の多くの弟子たちはすでにギェルツァブジェを上師と仰ぎ、ツォンカパ大師が出家戒や比丘戒を伝授するとき、ギェルツァブジェも伝授に参加して護持を行った。

ツォンカパ大師が死去してから、ギェルツァブジェは56歳のとき大師の大氅と長頂尖帽を受けとり、その法位を継承した。そして、ガンデン寺の2代目の法台となった。彼はガンデン・ティパをつとめた13年間、説法と修行で仏法と衆生を広く益した。

ギェルツァブジェは、68歳となった1431年、すなわちチベット暦の鉄猪年、ケジュ・ジェ・ゲレク・パルザン（克珠傑格勒貝桑）に自らの法位を継承させ、3代目ガンデン・ティパを任せた。ギェルツァブジェは最後に69歳の1423年、つまりチベット暦第7ラプチュンの水鼠年にポタラで入滅した。ギェルツァブジェが生涯に著した著作は多く、合計で8函になる。

四、ケジュ・ジェ・ゲレク・パルザンの事跡

ケジュ・ジェ・ゲレク・パルザンもツォンカパの重要な弟子の1人である。彼は、1385年、すなわちチベット暦第7ラプチュンの木牛年に、ツァンの堆絳地区の朶雄地方で生まれた。両親には3人の息子がいたが、彼は長男であった。他は生まれたあと克珠拉旺の転生だといわれ、そのため幼い頃は人々からケジュ・ジェ（克珠傑）と呼ばれた。

ケジュ・ジェが出家して後、沙弥応学の様々な知識を習い、その後、さらに師匠に従って因明七論、上下対法、慈氏五論、中観理聚五論および戒律論を学んだ。ほどなくして、彼は著名な学者となった。ケジュ・ジェは若い頃から講義、弁論、著述などで無比の名声を得た。彼は、16

歳の時、ツァン地区の各寺院に行き巡回辯経に参加した。ケジュ・ジェが18歳の時、撰『文殊語獅子賛－身相極荘厳』を著した。

ケジュ・ジェはもともと仁達哇の弟子でもあり、比丘戒を受けた後、ツォンカパ大師に敬虔な信仰心を抱き、22歳の時に前チベットに来てツォンカパを師と仰いだ。

ケジュ・ジェはツォンカパ大師から『菩提道次第論』など奥深い教誡を学び、とくにツォンカパ大師の密伝および密呪において多くの教誡を教わった。ツォンカパ大師は彼に「君は、私の密呪教法を広めなさい」とおっしゃり、自らの教法をすべて彼に渡した。

ツォンカパ大師が入滅した後、ケジュ・ジェは日沃当堅地方に定住していた。当時、ギャンツェの熱丹貢桑帕巴が彼をギャンツェに招き、彼はそこでペンコルチョーデ（白居寺）のゲルク派学堂のため奠基儀式を行った。

1431年、すなわちチベット暦第7ラプチュンの鉄猪年、ギェルツァブジェが乃寧寺に着くと、ケジュ・ジェに会い、ケジュ・ジェにガンデン寺法台に就くよう要請した。ケジュ・ジェは同意して、ギェルツァブジェとともに前チベットへ行き、ガンデン寺の3代目法台となった。彼はこれを8年つとめた。ケジュ・ジェの著作には『ツォンカパ大師略伝－信仰の門』『ツォンカパ大師秘伝－珍宝穂』『釈量論注疏－教理海』『現観荘厳論注釈』など13函ある。

後に、ケジュ・ジェは第1世パンチェン大師と認められた。そこで、ここでパクモドゥパ統治期に現れ、大きな功績を残した第2世と第3世のパンチェン大師の業績についても簡単に紹介しよう。

第2世パンチェン大師ソナム・チョクラン（索南喬朗）は1439年、すなわちチベット暦第7ラプチュンの土羊年にツァンの洛庫地方で生まれた。彼が子どもの時、肌の色が見苦しく、体格も醜かった。彼が巴索曲傑ギェルツェンの前に時、巴索曲傑は他に名前を訊ねた。彼は「貝吾」（仔牛の意）という名だというので、巴索曲傑は仔牛ならば大きくなっ

て大法牛になるだろうといい、索南喬朗という名前を与えた。彼は依止善巴欽波洛追比巴らを経師とし、様々な知識を学び、学者となり、温薩地方の雪寺院の法台を務めた。彼は桑普寺で巡回辯経に参加した。そのあと彼は釈迦牟尼の銅像の授記に従い、温地方の雜浦に曲科伍頂と呼ばれる寺院を建て、動物と対話をする形式の道歌などの著作をあらわした。彼は66歳の1503年、すなわちチベット暦第8ラプチュンの木鼠年に入滅した。

3代目のパンチェン大師ロプサン・トンドゥプ（洛桑頓珠）は1504年、すなわちチベット暦第8ラプチュンの木牛年に温薩地方で様々な異兆を伴って生まれた。彼は11歳のとき、剃髪して出家し、ロプサン・トンドゥプと名を改めた。彼はデプン寺、タシルンポ寺で経を学び、のちに各地を行脚して、師を求め法を学んだ。33歳の時、ゲンドゥン・ギャムツォがケンポを勤めるデプン寺で比丘戒をさずけられた。この後、ロプサン・トンドゥプはゲンドゥン・ギャムツォの予言により、温地方の中央の山の頂上に温寺を建て、法輪を転じ（布教をし）、修行を行った。最後、ロプサン・トンドゥプは61歳であった1566年、すなわちチベット暦第9ラプチュンの火虎年に温寺で入滅した。

五、ジャムヤン・チョジェ（嘉央曲傑）の事跡とデプン寺の建立

1. ジャムヤン・チョジェの事跡

ジャムヤン・チョジェ・扎西貝丹は1379年、すなわちチベット暦第6ラプチュンの土羊年にサムイェ地方で生まれ、のちにツェタン寺で出家して僧となった。

他は桑普寺で戒律論と和倶舎論を学び、ガンデン寺でツォンカパ大師から『辯了義不了義論』『中観論』『入中観論』『菩提道次第論』『菩提道次第広論』『密宗道次第論』『密集注釈明灯』などの顕密教法を教わり、それらを吸収した。彼の智慧と聡明さに及ぶ者は他にいなかったと伝えられる。その後、ツォンカパ大師から比丘戒が授けられた。

ツォンカパ大師の指示により、ジャムヤン・チョジェは38歳の1416年、すなわちチベット暦第7ラプチュン的火猴年にデプン寺を建立した。
　ジャムヤン・チョジェはデプン寺を建てたあと、寺院の初代法台になり、各学堂の講経師に依頼して、ネウ荘園から毎年、祈願大法会（モンラム）への供給と白傘蓋法会の物品提供、夏と冬の法会の物品や、必要に応じて寝殿と講経院で必要な僧衣や食物品などを提供させた。彼はさらにツォンカパ大師の指示に従い、父親が息子を思いやるような大きなザンカ（僧伽、僧団のこと）をつくり、隅々まで講経聞法活動を展開した。ジャムヤン・チョジェ本人は、各学期に顕宗の八経論のチベット人注疏を講義した。彼が講義を行った経論は130余種にのぼる。ジャムヤン・チョジェは信徒の献上物を受け取ったとき、いかなる時も3分割して、1つを経典の筆写や仏像仏塔の建造に、1つを病人への薬に、1つを寝舎での入り用や弟子の世話に用いた。ジャムヤン・チョジェがデプン寺の法台に就いていた32年間、彼はずっと顕密法輪を転じた。ジャムヤン・チョジェは1449年、すなわちチベット暦第8ラプチュンの土蛇年の4月18日に入滅し、彼の遺体は銀塔の中に安置され、デプン寺の仏殿に納められた。
　ジャムヤン・チョジェの著作は主に『ツォンカパ大師秘伝祈願』『般若経義初学者体験』および教誡、記録などがある。

2. デプン寺の歴史
　ツォンカパ大師はかつて「我々の教派の顕密教法講習を永遠に続け、すべての場所に布教を広げるため、完全に整っている寺院を1つ建てて、母親が息子を育てるように各寺院を発展させていくべきだ」とおっしゃった。1416年、ネウ首領ナムカ・サンポが施主を担い、ジャムヤン・チョジェは主宰してデプン寺を建てた。ジャムヤン・チョジェは初代法台となり、その後14代続いた。第14代目のダライ・ラマ5世から、歴代のダライ・ラマが名目上のデプン寺の法台を勤めることになった。

デプン寺は最初、7つの大きな学堂があったが、のちに合併されて4つの学堂になった。すなわち、扎西郭莽学堂、洛色林学堂、徳央学堂、阿巴学堂である。前3つは顕宗学堂で、最後の1つは密宗学堂である。そのうち、扎西郭莽学堂には16の康村があり、洛色林学堂はそれまでの都哇学堂、夏郭日学堂、兌桑林学堂を合併してできており、その下に24四の康村を有している。デプン寺の僧侶数は、デシ・サンギェ・ギャムツォ（第巴桑結嘉措）が『黄琉璃』を著した時、最大の特級寺院に列せられており、4,200余人もいたという。この後、デプン寺の僧侶は徐々に増加した。ふつうデプン寺には7,700名僧侶がいるというが、これは基本的な人数で、実際、僧侶が最も多い時は、この人数をゆうに超えていた。定住する僧侶が最も多い寺院である。

デプン寺のガンデン・ポタンは、1518年、すなわちチベット暦第9ラプチュンの土虎年にパクモドゥパ・デシ・ガワン・タシ・ダクパが、デプン寺の「朶康恩莫」（青い石の部屋）と呼ばれるパクモドゥパの別荘をダライ・ラマ2世ゲンドゥン・ギャムツォに贈ったもので、ゲンドゥン・ギャムツォがこの別荘を「ガンデン・ポタン」と改名した。ダライ・ラマ2世から、歴代のダライ・ラマがデプン寺にいる際は、ここに住んでいた。この後、1624年、すなわちチベット暦第11ラプチュンの水馬年に、グーシ・ハーンが武力でデシ蔵巴噶瑪丹迴旺布の政権を終わらせた際、チベット地方をダライ・ラマ5世に献上し、新しい政権の名を「ガンデン・ポタン」とした。このように、ガンデン・ポタンは宮室の名前から政権の名前へ変化した。政治的に言って、デプン寺は他の寺院とは異なる重要な位置を有している。

六、大慈法王シャキャ・イェシェの事跡

1. シャキャ・イェシェ

ツォンカパ大師の直弟子である大慈法王シャキャ・イェシェはツェルパ地方の首領一族の出身である。1354年、すなわちチベット暦第6ラ

第六章　パクモドゥパ統治時代のチベット

プチュンの木馬年にツェルグンタン地方で生まれた。

彼は出家の際に絳欽曲傑と名付けられ、幼い頃より文字の読み書きを学び、教法の修行につとめ、多くの上師に各種の経論を学んで、学者となった。特に、かれはツォンカパ大師の司茶侍従をつとめたあと、ツォンカパ大師は彼に多くの顕密教法を教えた。

1413年、明朝の永楽帝は家臣を遣わしツォンカパ大師を本土に迎えようとした。ツォンカパ大師はシャキャ・イェシェを代表として遣わした。彼は1414年に山南からカム里塘などを経て、明朝の皇宮に到着して、明の永楽帝に謁見した。明の皇帝はシャキャ・イェシェを非常に恭しく受け入れた。永楽帝が重病になったとき、シャキャ・イェシェが診察と治療を行い、病痛を除いたことがあった。

明の皇帝は、北京でツォンカパ大師の教法宝蔵を広めるため、シャキャ・イェシェに仏法の布教、特に大壇城を修供するよう命じた。シャキャ・イェシェは皇帝の意に沿って、密集・喜金剛・勝楽・時輪・大威徳49尊・薬師仏などの壇城に対し、完全な修供を行った。そのため、皇帝より上師に奉じられ、黄金輪の印が下賜された。また「万行妙明真如上勝清浄般若弘照普慧輔国顕教至善大慈法王」に封じられ、封誥と無数の贈品を賜った。さらに漢人地域で印刷されたチベット大蔵経カンギュルも贈られた。この大蔵経は朱砂本で、表紙が金字で書かれた大変珍しいものである。

大慈法王は皇帝の長寿を目的に灌頂法を施した。「当時、長寿丸（という薬）が光芒を放つなど祈願成就の吉兆があり、皇帝は大変喜んで、彼をとても尊敬したという。そして、彼に金銀珠宝がはめ込まれた宝座や案机（椅子の1種）、脚台、座布団など無数の贈品を下賜した」。これより、シャキャ・イェシェは大慈法王を呼ばれるようになった。

シャキャ・イェシェは北京に住んだ九年間、皇帝や大臣らに何度も仏法を説いた。彼は五台山に6つの大寺院を建て、北京近郊にも法源寺を建てて、中国本土でもゲルク派の教法を布教した。

227

大慈法王がチベットに戻るとき、皇帝は使いを同行させて彼を護送した。彼がチベットに戻ったあと、まずガンデン寺のツォンカパ大師の前で、永楽帝から下賜された絹織物16羅漢タンカ、檀香木宝帳、珍宝がはめ込まれた金銀曼遮など大量の贈品を差し出し、ツォンカパ大師の健康と長寿を祈願した。

　このあと、大慈法王はまた明の永楽帝の招きに応じ、1424年、すなわちチベット暦第9ラプチュン木龍年に再び中国本土に向かった。彼が北京に到達する前に、永楽帝が死去してしまった。永楽帝の息子宣徳帝がその父にも益して大慈法王を厚い敬意を示した。大慈法王は再び、中国本土に12年居住し事業を行ったあと、チベットへ戻る道中の卓莫喀(現在の青海省民和県境内の転導郷)地方で入滅した。それは彼が82歳の1435年、すなわちチベット暦第7ラプチュンの木兔年の12月22日であった。

　大慈法王は永楽帝の要請により2度中国本土に行き、長きにわたって仏法を衆生に有益な事業を広く行った。とくに永楽・洪熙・宣徳・正統4名の皇帝の上師を歴任し、漢人とチベット人の友好と文化の発展に重要な貢献を行った。彼を記念して、チベット族地区全体で毎月10月24日、すなわちツォンカパ大師忌辰（五供節）の前夜に「四供節」という活動が例年行われている。

2. セラ寺の建立

　1419年、すなわちチベット暦第7ラプチュンの土猪年、その年の秋に大慈法王はツォンカパ大師を招いて、セラ却頂で礼敬供養をした。ツォンカパ大師は彼にセラで寺院を建てるべきであり、仏法修行の根本を基底する指示を出した。ツォンカパ大師は美しい由緒をつくるため、セラ却頂で長浄し、勝楽と密集の密法2種を初めから法の内容を講義した。ツォンカパ大師の指示により、大慈法王はこの年、セラ特欽林（セラ寺）の仏殿で基礎工事を終えた。僧舎などの工事資材は、大部分がパクモドゥ

パの大臣ネウ・ゾンパ・ナムカ・サンポが提供したものである。ほどなくして、ツォンカパ大師が入滅し、大慈法王はセラで盛大な済度法事を催した。

　約2年経て、大経堂と後殿が完成した。大慈法王は他が漢地で得た白檀香木でできた16羅漢像を胎蔵として、鋳造した16羅漢薬薬泥塑像および居士、和尚像（この2尊像を加えたのが、漢地でいう十八羅漢である）、**硃砂版大蔵経カンギュル**など身語意（三密）の安置場所は大経堂的の後殿にした。これより、大慈法王はセラ寺で法輪を広め、そのほかの仏殿や仏像、仏塔なども次々と建てられた。

　大慈法王シャキャ・イェシェはセラ寺の初代法台となった。その後の18代法台までで、ダライ・ラマ2世ゲンドゥン・ギャムツォ、ダライ・ラマ3世ソナム、ダライ・ラマ4世ユンテン・ギャムツォ、4世パンチェン大師ロプサン（洛桑）チュキ・ギェルツェン、ダライ・ラマ5世・ガワン・ロプサン・ギャムツォが、それぞれ第11、15、17、18、19代の法台に就いた。ダライ・ラマ5世ガワン・ロプサン・ギャムツォ以降、歴代のダライ・ラマはすべて名目上、セラ寺の法台となっている。

　セラ寺ができたばかりのころ、堆巴、麦巴、甲、仲頂の4大学堂があり、のちに甲学堂と仲頂学堂が合わせて堆巴学堂の中に併合された。その後の発展過程で、傑巴学堂と阿巴学堂が現れたので、セラ寺は4大学堂のままであった。すなわち、堆巴学堂と麦巴学堂、傑巴学堂、阿巴学堂である。そのうち、前3つの学堂を顕宗学堂とし、阿巴学堂を密宗とする。

　セラ寺の僧侶数について、デパ・サンギェ・ギャムツォが『黄琉璃』を著した時、2,850名の僧侶がいたという。ふつうセラ寺には5,500名の僧侶がいるというが、これはセラ寺僧数の基本数であり、実際には最も多い時になると、この人数を遙かに超える。

七、ダライ・ラマ1世・ゲンドゥン・ドゥプ（根敦珠）の事跡

　ツォンカパ大師の弟子ダライ・ラマ1世・ラマゲンドゥン・ドゥプは、

1391年、すなわちチベット暦第7ラプチュンの鉄羊年に、サキャ近くのギュルメ・ルーパ地方で生まれた。父の名はゴンポ・ドルジェで、両親には4人の息子がおり、そのうちゲンドゥン・ドゥプは3男であった。
　ゲンドゥン・ドゥプが7歳のとき、那塘堪欽珠巴喜饒から近事戒を受け、さらにギャトン・ツェンダからチベット語の読み書きやサンスクリット語の蘭扎体や瓦爾都体を学び、インドとチベットの様々な文字に精通した。15歳であった木鶏年、ナーサン寺でドゥプ・シェラブ（珠巴喜饒）が沙弥戒を授け、ゲンドゥン・ドゥプ・ドゥプパと改名した。のちに彼はその名の後ろに「桑布」の2字を加え、ゲンドゥン・ドゥプパ・ペルサンポと改めた。ゲンドゥン・ドゥプが20歳の鉄虎年、珠巴喜饒により彼に比丘戒が授けられた。
　ゲンドゥン・ドゥプは、25歳の木羊年に前チベットへ行き、ツォンカパ大師が闡化王ダクパ・ギェルツェンに招かれて温地区の扎西朶喀地方に居たとき、彼に拝謁した。また、ツォンカパ大師に『量抉択論』『辯了義論』『中論』『上師五十頌』『根本堕罪論』など多くの教法の教えを請うた。ツォンカパ大師は大変喜んで、自ら着ていた僧裙を彼に下賜した。ゲンドゥン・ドゥプはツォンカパ大師の指示に従い、多くの経法を学び、大きな名声を獲得した。彼は前チベットに12年間留まった。
　その後、ゲンドゥン・ドゥプと喜饒僧格は一緒にツァンへ向かい、那塘や絳欽、日庫などの土地で住み、教義を説法し、『入中論釈意明灯』を著した。この後、彼は乃寧寺でケジュ・ジェから法を聞き、法縁を立てた。また、ギェルツァブジェに拝謁し、多くの教法を教わった。ゲンドゥン・ドゥプは41歳の鉄猪年のとき、喜饒僧格とともにラトェ地区で教義を説法、『釈量論注疏』を著した。
　ゲンドゥン・ドゥプは50歳の鉄猴年のとき、上師喜饒僧格とともに再びツァンに戻り、那塘や絳欽などの場所で戒律を中心とした教法を説法した。57歳の1447年、すなわちチベット暦第8ラプチュンの火兎年、サムドゥプツェ（今日のシガツェ）に行き、タシルンポ寺を建立し

た。彼は寺のなかに巨大な釈迦牟尼像と弥勒仏像、および各種の仏像・仏経・仏塔などをを建てて、密宗儀軌に沿って盛大な開眼儀式を挙行した。ゲンドゥン・ドゥプは木馬年（1474年）にタシルンポ寺の正月祈願大法会（モンラム）を創立した。最後に、ゲンドゥン・ドゥプは85歳の1474年、すなわちチベット暦第8ラプチュンの木馬年に入滅した。

ゲンドゥン・ドゥプの著作には『戒律広論』『入中論釈意明灯』『別解脱律儀注疏』『釈量論注疏』などあり、あわせて5函になる。

八、タシルンポ寺の歴史

1447年、すなわちチベット暦第8ラプチュン火兎年の10月、ゲンドゥン・ドゥプは施主の達傑巴・本ソナム・サンポと一緒に寺院を建立する場所へ行き、盛大な浄地儀軌を行った。この施主により必要な資財が提供された。48本の柱をもつ大経堂、12本の柱をもつ弥勒殿、6本の柱をもつ後殿、6本の柱をもつ度母殿、2本の柱をもつ依怙殿と回廊がある仏殿のため、基礎工事を行った。ほどなくして、これらの殿堂は全部完成し、金銅合金の釈迦牟尼大仏像を迎え入れた後、盛大な開眼式が行われた。

土蛇年（1449年）の冬季学経期が始まり、ゲンドゥン・ドゥプの師徒はタシルンポ寺に定住して、達傑襄索本索南貝桑が寺院の基金としてシガツェの糧食や税収を献上し、毎年僧侶を夏に滞在するのに必要な糧食や資金を提供した。

1449年土蛇年から1474年木馬年の25年間、ゲンドゥン・ドゥプは主にタシルンポ寺で教義を説法した。このほか、さらにツァンの各地に行き、多くの寺院で経を講じた。

タシルンポ寺の学堂と米村には、ゲンドゥン・ドゥプの生前で、夏孜や吉康、兌桑林など仏法を習う学堂3箇所と26の米村があった。夏孜学堂は村浦など米村が6つあり、吉康学堂にはググェなど10の米村、兌桑林学堂には勒林など10の米村があった。

タシルンポ寺の学経僧侶は主に5部大論を学ばねばならなかった。すなわち『釈量論』6年、『般若』6年、『中観』5年、『倶舎論』4年、『戒律論』4年を学んだ。一般的な情況で、学経僧侶は25年の学習を要した。

タシルンポ寺は第八ラプチュンの土鼠年（1468年）に、12庹（約60尺）の緞子（絹）製仏像を展示する例会を始めた。裁縫を得意としていた曼拉頓珠の師徒に様々な高級絹で釈迦牟尼の大仏像を作らせた。そして、毎年5月にタシルンポ寺の夏季祈願大法会で展示された。その後、様々な法事活動が続々と創出された。毎年冬にチベット暦12月阿巴学堂で28朶瑪を贈る法事を行った。毎年晩夏に孜貢康巴(依怙殿)僧侶が「斯莫切莫」と呼ばれる跳神（神がかりとなって踊る）活動を行い、真言芥子をふり蒔いた。また歴代のパンチェン大師の命日に毎年祭祀を行うなどがある。ゲンドゥン・ドゥプがタシルンポ寺の初代法台となって以来、14代続いたが、パンチェン・ラマ4世・ロプサン（洛桑）チュキ・ギェルツェンがタシルンポ寺の法座を護持してから、歴代のパンチェン大師がタシルンポ寺の法座を管掌し、寺院の法台は任命されなくなった。

このほか、開世パンチェン・ラマ7世テンペ・ニマのころ、パンチェン大師が夏季と秋季に居住するための、仏堂、仏像、仏塔が付いたポタンを上下2つ建てた。そのうち下ポタンはタシルンポ寺の東側にあり、「哲曲祖拉康」といい、1825年、すなわちチベット暦第14ラプチュン木鶏年に建てられた。のちに清の道光帝が下ポタンに4種の文字で「貢覚林」(普救寺)と刻まれた額を1枚下賜したため、これ以後、この下ポタンは貢覚林と呼ばれるようになった。

タシルンポ寺では毎年晩夏に盛大な夏の献供朶瑪を捧げる法事が挙行される。これを「斯莫切莫跳神節」といい、孜貢康巴の僧たちが跳神を行う。そのさいシガツェなどの民衆が数万人集まり、跳神とチベット各地のチベット劇団の演目を見る。タシルンポ寺の僧侶数について、ゲンドゥン・ドゥプの時期で最初約110名ほどだった人数は1,600名にまでなった。のちにタシルンポ寺には3,800名僧侶がいると一般に言われ

るが、最盛期のタシルンポ寺には5,000名近くの僧侶がいた。

　タシルンポ寺はツァン地区最大のゲルク派寺院で、最も知名度の高い寺院である。これは、ツァン地区の絢爛たる明珠ということができる。タシルンポ寺は賢哲高僧を夜空の星々のように多く輩出し、チベット文化の発展に消し去ることのできない貢献をした。とくにタシルンポ寺は4世パンチェン大師から歴代のパンチェン大師が政治宗教の事業を管掌する寺院となった。寺院には、チベットと中国の関係を物語る多くの歴史的文物が保存されている。

　たとえば、パンチェン・ラマ7世テンペ・ニマのころ、1876年すなわち第14ラプチュン火鼠年に建てられた中間仏堂の甲那拉康に、1796年、すなわちチベット暦第13ラプチュン火龍年、清の嘉慶帝がパンチェン大師ペルデン・エシェ（パンチェン・ラマ6世・ロプサン・ペルデン・エシェは1780年に北京で入滅した。そのため、これはパンチェン・ラマ7世・テンペ・ニマのはずである－中国語版原訳者注）に与えた乾隆帝の僧装画が保管されている。周縁部にパンチェン大師の13の転生が描かれており、1枚のタンカとなっている。ほかにも、このタンカの額やガラスなどが安置されいてる。このタンカの前には、1851年、すなわちチベット暦第14ラプチュン鉄猪年に清の咸豊帝がパンチェン大師（テンペ・ニマ）に贈った「咸豊皇帝万歳万歳」という漢文の刻まれた万寿牌があり、それには額や天蓋がつけられている。万寿牌の前に羊脂玉でできた托鉢を供えてあり、鉢には7世仏と、下には乾隆皇帝御製の文字が刻まれている。

　甲那拉康の寝殿には、パンチェン大師が清朝皇帝に派遣された駐蔵大臣と会見する際に用いられた座具がある。このほか漢文『大蔵経』、中国本土で描かれた多くのタンカ、中国本土で作られた珍しい物品などがある。これらも、清朝のチベット業務に対する重視と漢族とチベット族という兄弟民族の間の不可分な緊密関係を物語っている。

九、ダライ・ラマ2世・ゲンドゥン・ギャムツォの事跡

　ダライ・ラマ2世・ゲンドゥン・ギャムツォは1475年、すなわちチベット暦第8ラプチュンの木羊年にタナグ地方で生まれた。彼が生まれたとき、最初サンギェ・ペルと名づけられた。10歳のときゲンドゥン・ドゥプの転生（生まれ変わり）と認定され、タシルンポ寺に迎え入れられた。12歳の火馬年のとき、パンチェン・ルンリグ・ギャツォ（英語版だと「Panchen Lungrig Shetso」となっている——訳者注）の前で具足近事戒を授けられ、ゲンドゥン・ギャムツォ・ペルサンポと改名した。この年の冬季学経期にゲンドゥン・ドゥプがタシルンポ寺でゲンドゥン・ギャムツォに出家戒を授けた。

　この後、ゲンドゥン・ギャムツォはずっとタシルンポ寺で経を学び、16歳で、お茶休みの時間に能熟記百首の偈頌を丸暗記できたり、かつ心から美しい詩篇が自然と湧き出るようになった。

　ゲンドゥン・ギャムツォが21歳の水兎年のとき、デプン寺に招かれ、授了比丘戒を授けた。このあと、長年前チベットとツァンを往来して、ラデン、ガンデン、上下密院などで法輪を広めた。ゲンドゥン・ギャムツォが35歳であった1509年、曲科傑勒雪卓貝噶蔡扎西倫吉珠巴寺（すなわち曲科傑寺）を建てた。1年後、タシルンポ寺の僧たちの要請により、ゲンドゥン・ギャムツォはタシルンポ寺でその5代目法台に就いた。彼が法台を6年務め、夏季と冬季の学経期には毎日集まった多くの僧たちに、『釈量論』『倶舎倫』『般若十万頌』『密続注疏』など多くの密経論を講義した。

　ゲンドゥン・ギャムツォは43歳の牛年（1517年）、闡化王ガワン・タシ・ダクパの要請により前チベットに赴き、デプン寺の第9代法台に就いた。彼はまた曲科傑で数百名の僧侶を集め、法会を挙行した。これより後、彼は毎年冬と春にデプン寺に住み、夏と秋に曲科傑に住んで、仏法を広めた。

　ゲンドゥン・ギャムツォが44歳の土虎年、ネドンのデシ・ガワン・タシ・

ダクパは、デプンにある「朶康恩莫」という鄔宗巴のシカ（別荘）をゲンドゥン・ギャムツォに贈って、彼の住居とした。のちにダライ・ラマ3世のとき、この別荘は拡張され、「ガンデン・ポタン」と呼ばれるようになり、のちに地方政府の名称ともなった。

ゲンドゥン・ギャムツォは、52歳の1526年、すなわちチベット暦第9ラプチュンの火狗年、再びネドンのデシ・ガワン・タシ・ダクパの要請によって、セラ寺の法台に就いた。最後に、67歳の1542年、すなわちチベット暦第9ラプチュンの水虎年にデプン寺で入滅した。

ゲンドゥン・ギャムツォの著作には『名号経注疏』『空性七十論』『入中観論注釈』『七十祈願』『縁起賛』『二十一度母広説』『教派論入海之舟』などがある。

十、ダライ・ラマ3世・ソナム・ギャムツォの事迹

ダライ・ラマ3世・ソナム・ギャムツォは、1543年、すなわちチベット暦第9ラプチュン水兔年にラサ付近のトゥールン河谷の孜康薩貢で生まれた。出生まもなく、白ヤギのミルクを飲んだ。父母は吉祥の祈りをこめて、「ラヌ・シチョ・ペルサンポ」という名を与えた。彼が3歳であった1546年、火馬年に彼がゲンドゥン・ギャムツォの転生であることが認められ、デプン寺に迎え入れられて、ガンデン・ポタンの法座に登りついた。

彼はパンチェン・ソナム・ダクパから近事戒を受け、法名をソナム・ギャムツォとした。7歳で沙弥戒を受けた。

ソナム十歳の1552年、すなわちチベット暦第9ラプチュンの水鼠年にデプン寺の法台に就き、翌年ラサ祈願大法会で法会を主宰する首座に就いた。午前に『仏三十四本生』を説き、午後に回向・祈願を行った。後のソナム21歳の1564年、比丘戒を授けた。このあと、シルンポ寺の各学堂や講経師らは彼をツァンに招いた。彼はタシルンポ・那塘・崗堅・トプ・サキャなどの寺院で巡礼供仏をし、僧侶や民衆に教義を説法した。

ソナム48歳の1571年、すなわちチベット暦第10ラプチュンの鉄羊年、モンゴルのアルタン・ハーンが使者を遣わし、その後、明の皇帝も使者を遣わして彼を北京に招いた。こうした状況については、歴史書『道次師承伝』に詳しく記載されている。「鉄羊年のとき、アルタン・ハーンは上師のソナムの名声を聞きつけ、信仰したいと思い、彼を東モンゴル地区へ招こうとし、ソナムはそれに応えた。自ら青海に向かうとき、ガンデン・ティパやセラ寺、デプン寺の在任者や前任者である多くの高僧が見送りをし、彼が再びチベットへ戻ってくることを要請しつつ、贈品を手渡した。

1576年ソナム一行が青海につくと、アルタン・ハーンは白袍を着ていて、1万を超える随行者を率いて出迎えた。その夫人も多くの従者の前で謁見しに来た。福田施主の歓迎会の席上で、アルタン・ハーンがまずソナムに、500両の白銀製曼遮、珠宝が散りばめられた容量約1升の黄金の碗、赤黄緑青白各色の高級絹織物20匹、鞍轡（鞍と手綱）1式を乗せた白色の宝馬10匹をメインとした駿馬100匹、五色の団花（丸い刺繍模様の）錦絹織物10匹、白銀1,000両、布帛絹など無数品々が贈られ、歓迎するための盛大な宴が催された。」[1]

デパ・サンギェ・ギャムツォが著した『黄琉璃』には、こう記載される。火鼠年（1576年）ソナムが北方モンゴルで仏法と黄帽派の教法を広め、アルタン・ハーン法王の上師を務めた。アルタン・ハーンは彼に黄金製の頭飾り・宝瓶・五部法器・黄金百両でできた五爪龍鈕の金印を贈った。金印の印文に「金剛持達頼喇嘛之印勝利」および「達頼喇嘛瓦斉済爾達喇」の称号が刻まれていた。ソナムもアルタン・ハーンに「法王大梵天」の称号を贈った。

また、当時の漢文著作のなかにも「ソナムが青海に至ったという情報を、明朝政府も知った。当時、明朝は正にアルタン・ハーン（俺答汗）

---

[1] 『道次師承伝』、461〜466ページ。

第六章　パクモドゥパ統治時代のチベット

が西に進み、青海に入ったことで、頭を痛めていて、どうしようもなかった。アルタン・ハーンがソナムを非常に敬っていると聞き、それを信じた。そこで1578年（明神宗万暦6年）甘粛巡撫の侯東莱に命じて青海に使者を送り、ソナムを甘粛に招いて会談したいと要請し、さらにソナムがアルタン・ハーンに軍を率いて内モンゴルに戻るよう諭してくれるように頼んだ。

『明史』の記載によれば、ソナムは甘粛巡撫の招きを受けた後、アルタン・ハーンと相談したところ、アルタン・ハーンは彼に要請を受けるよう勧めたという。そこでソナムは、この年の冬に甘粛へ行き、パクパ[1]と同様の手厚いもてなしを受け、彼をパクパがかつて住んだ幻化寺に住まわせた。ソナムはここから明朝の宰輔（宰相）張居正に1通の手紙をしたためた。『明史』の記載によれば、張居正にソナムの手紙と礼品が届いたあと、「敢えて受けず、之れを帝に聞く。帝之を受けんと命じ、其の貢を許す（独断で貢物を受け取れないので、皇帝に報告したところ、受領してよいとのことであった）」であったという。

ソナムが張居正に送った手紙は重要な文献史料である。ここには少なくても2つの重要な問題が話されている。一つ目は、ソナムが明の皇帝の意図に応じ、明の皇帝ができないことをやってみせたこと。つまり、ソナムがアルタン・ハーンを説き伏せ、青海から内モンゴルに戻らせたこと。二つ目に、これによりダライ・ラマと明朝政府との間で関係がもたれたということだ。当時、明朝政府はソナムにまだ封号を与えておらず、明朝の制度によれば、法王と国師だけが皇帝に貢品を贈る資格があったので、これは明朝政府がすでにソナムのチベット宗教における崇高な地位を認めたことを意味している。[2]

1　パクパ（八思巴）とも。いわゆるパクパ文字を創成したチベット仏教サキャ派の高僧。
2　牙含章『達頼喇嘛伝』、人民出版社、1984版、第21～22ページ、青海民族出版社1990年出版のチベット語訳本、49～52ページ。

ソナムが青海に着いた後、1588年、すなわちチベット暦第10ラプチュンの土鼠年、ツォンカパ大師の出生地に「クンブム・チャムパリン（袞本強巴林）」寺（すなわち青海タール〈塔爾〉寺）を建立した。彼はさらにクンブム（袞本）でツォンカパ大師の出生時にへその緒を切った際の血液から生まれたセンダン（旃檀樹）を白銀で包み、仏塔（つまりタール〈塔爾〉寺の大金瓦殿のツォンカパ大師大霊塔）を建てた。

　1585年、ソナムは再びモンゴルに行き仏教を広めた。1588年、明の神宗が金字使臣を派遣してきて、ソナムに灌頂国師の称号を贈り、かつ彼を首都北京に招いた。彼は要請を受け入れたが、そこに旅立つ前、46歳の1588年、すなわちチベット暦第10ラプチュンの土鼠年に内モンゴルの地で入滅した。

十一、ダライ・ラマ4世・ユンテン・ギャムツォ（雲丹嘉措）の事跡

　ダライ・ラマ4世・ユンテン・ギャムツォは1589年、すなわちチベット暦第10ラプチュンの土牛年にモンゴル地方で生まれた。その父はセチュン・チュークル（辰曲庫爾）という名で、チンギス・カアンの末裔一族であった。彼は出生時に多くの徴候や異兆があったと、外で広まっていた。当時、ソナムの転生者の捜索が行われており、護法と上師はみな転生者はモンゴル地方に現れると言っていた。そこで、ソナムの索本（飲食を司る従者）ツルティム・ギャムツォ（楚臣嘉措）がモンゴル各地をくまなく捜索した。ツルティム・ギャムツォ（楚臣嘉措）はセチュン・チュークルの息子がソナム・ギャムツォの紛れもない転生であるという状況を、信使を派遣してチベットに報告した。1592年、すなわちチベット暦第10ラプチュンの水龍年、ユンテン・ギャムツォ3歳の説き、ソナムの転生だと認定された。チベットでは高級侍従をモンゴルに派遣し、霊童に礼品を献上した。彼らが帰路につくとき、元ガンデン・ティパの傑康孜巴班覚嘉措が霊童に「遍知一切ユンテン・ギャムツォ（雲丹嘉措・ペルサンポ）」の名を与え、ユンテン・ギャムツォへの贈品を持っていっ

た。使者たちは何とかして霊童をチベットに連れていきたかっが、父母の息子に対する愛情が強かったため、チベット行きは何度か延期された。そのため、ユンテン・ギャムツォは14歳の1603年、すなわちチベット暦第10ラプチュン水兎年までモンゴル地方で生活していた。14歳のユンテン・ギャムツォはチベットに到着し、デプン寺ガンデン・ポタンの宝座に就いた。その後、トゥルナン寺に行き覚臥釈迦牟尼像の前で、ガンデン・ティパより沙弥戒が授けられた。

ほどなくして、パンチェン・ロプサンチュキ・ギェルツェンがタシルンポ寺からユンテン・ギャムツォに会いにきて、前チベットに数年間居住し、ユンテン・ギャムツォに多くの顕密教法を伝授した。その後、ユンテン・ギャムツォはラサ祈願大法会を主宰した。この後、ユンテン・ギャムツォはニェモ、トゥンバなどの土地を経てタシルンポ寺へ行った。このとき、カルマパ一派とゲルク派の間の摩擦が激化していたが、ツァントェ王（デシ・ツァンパ）カルマの彭措南傑はユンテン・ギャムツォに食品や薪木などの必需品を贈り、ツァン地区の僧侶や民衆はユンテン・ギャムツォに拝見しに来ていた。

ユンテン・ギャムツォが前チベットに戻る途中、ギャンツェのペンコルチョーデや乃寧寺を巡礼した。彼が乃寧寺に居住していた時、ツァントェ王噶瑪丹迥旺波がツァンでカルマパのゲルク派への迫害を支持し、ツァンの兵がキショド（吉雪）（ラサ河下流）に進軍したことに対し、ユンテン・ギャムツォは不満に思い、甲職強欽波（大呪師）の霊塔の前でツァントェ王と臣下や幕僚たちの名前に対し、呪いをかける法事を行った。

ユンテン・ギャムツォが26歳の1614年、すなわちチベット暦第10ラプチュンの木虎年、パンチェンロプサンチュキ・ギェルツェンにより彼に比丘戒が授けられた。明の万暦帝はラマ・ソナム・ロドゥなどの使者を遣わし、ユンテン・ギャムツォを招待した。さらに、彼を「チャタ・ドルジェ・サンギェ（恰達多吉桑結）」（遍主金剛仏）の称号を与え、官

帽や官服、印章などを下賜し、ユンテン・ギャムツォを中国本土に招こうとした。しかし、ユンテン・ギャムツォが旅立つ前、28歳の1616年、すなわちチベット暦第10ラプチュンの龍年に入滅した。

ユンテン・ギャムツォの遺体は茶毘に付された。心・舌・眼の3箇所と頭蓋骨に多くの舎利が現れた。頭蓋骨と心臓は信奉物としてモンゴル地方に送られた。ユンテン・ギャムツォの舎利などの物品で装蔵し、銀の霊塔を建造し、デプン寺に供えられた。

第五節　デパ・リンプンパの歴史

リンプンパ一族の家伝文書の記載によれば、リンプンパ一族の先祖はソンツェン・ガムポの内大臣ガル・レルパチェンだったといい、昌珠寺仏仏殿建設の責任者が彼であったという。これがデパ・リンプンパ一族の姓「ガル」氏の由来である。彼から20代目、ガル・シャキャ・ボンの息子ナムカ・ギェルツェンがパクモドゥパ・デシ・闡化タクパ・ギェルツェン王に駆け込み、ネドンのパクモドゥパ一族の重臣の1人となった、彼は1408年、チベット暦第7饒ラプチュン土鼠年、リンプン・ゾンのゾンポンを務めた後、彼はツァンのチュミク仁莫の万戸長、サキャ大殿の管理人などの職務に次々と就いた。闡化王ダクパ・ギェルツェンは、ガル・ナムカ・ギェルツェンにリンプン・ゾンのゾンポンを世襲させる玉印を与えた。从此以后、ガル・ナムカ・ギェルツェンおよびその末裔は「リンプンパ」と呼ばれている。

1　装蔵とは、仏像の背中にある穴に宝物を修めること。
2　5世ダライ・ラマ『チベット王臣記』、159ページ。

第六章　パクモドゥパ統治時代のチベット

　当時、闡化王ダクパ・ギェルツェンの弟、且薩・サンギェ・ギェルツェンはリンプンパの娘貢噶貝宗を娶って妻とし、生まれた息子が子闡化王ダクパ・ジュンネとなった。これは、パクモドゥパ・デシ一族とリンプンパ家族の血縁関係の始まりとなり、同時にリンプンパ一族の権勢強化に良い基礎を与えた。

　ナムカ・ギェルツェンの息子ナムカ・ギェルポは幼年のころから、政教両面の業務でよく理解する力があった。ナムカ・ギェルポの息子ノルブサンポは1403年、チベット暦の第7ラプチュン水羊年に、彼はネドンの闡化王ダクパ・ジュンネの大臣を務めた。『リンプンパ世系』の記載によれば、彼は12歳の時、リンプンを掌握し、15歳の時に彼は自らの兵力で徐々に、襄地区、卡桑珠孜(今のシガツェ)を自らの管轄に組み入れた。これは事実上、当時チベット地方を統治していたデシパクモドゥの衰退の始まりとなった。闡化王クンガ・レパの時期になると、クンガ・レパがツァン地区で巡視した際に、リンプンパ・ノルブサンポは恭順し、血縁による友好を保とうと努めたが、闡化王クンガ・レパ夫婦間のすれ違いが、リンプンパとパクモドゥ政権の間の矛盾を生んでしまった。

　このような状況下で、雅郊巴、貢噶、恰巴、サムィェなどの地域の首領は妻側に寄りつき、ネウ、沃卡などの地域の首領は闡化王に寄りついた。両派の争いは戦乱を引き起こし、政局は非常に不安定となった。しかし、この衝突は公になっていなかったので、この時期、各方面では揉め事もなく平和であった。

　リンプンパ・ノルブサンポによる宗教上の主な成果は、絨絳欽曲徳寺とシッキムの傑蔡曲徳寺の建立と、上下寺院に夏季と冬季、春季の学経で必要な食糧や物品を贈るという順縁(仏教における善行)を行ったことである。とくに彼が66歳であった1469年土牛年、6年という歳月

をかけて完成した高さ39庹の絨毯地の弥勒仏金銅大仏像、である。[1]

大仏像が完成してまもなく、リンプンパ・ノルブサンポは世を去った。

リンプンパ・ノルブサンポには5人の息子がいた。すなわち鄔斯噶、根都桑波、頓珠多吉、ツォキェ・ドルジェ、シャキャ・ギェルツェンである。そのうち鄔巴斯噶は夭折した。根都桑波は闡化王扎巴迥に仕え、乃和貢噶勒巴の手下に仕えた、闡化王は父祖の封文詔書と職位封賞を彼に与え、リンプンゾンのゾンポンを任せた。頓珠多吉提はサムドゥプツェのゾンポンに就いた。

リンプンパ・ツォキェ・ドルジェは1462年、すなわちチベット暦の第8ラプチュン水馬年に生まれた。彼は武力に頼んで雅隆喀托の城を掌握したその時、ネドンのパクモドゥパ・デシ阿格旺波が逝去し、その子ガワン・タシ・ダクパが年わずか3歳であったため、チェンガによる摂政が行われた。当時、パクモドゥパ・デシの威望は高くなかったため、チェンガ・チュキ・ダクパは政務の代行を承諾したものの、第8ラプチュン鉄猪年1491年からの9年間は、実際にはリンプンパ・ツォキェ・ドルジェが摂政官として「替東」（デンサ・ティル寺のチェンガが派遣したという意味）の肩書きでパクモドゥパ・デシの政務を管理した。

リンプンパ・ツォキェ・ドルジェがパクモドゥパ・デシの摂政官を務めていた間、事に当たってパクモドゥパの大臣らと相談することなく、常に自らの個人的な考えで政務を処理した。そのため、パクモドゥパ・デシの他の大臣たちの不興を買い、再び争乱と権力闘争が生じた。しかし、ほかの大臣らはリンプンパ一族の軍事力にかなわなかったため、彼が摂政を務めた時期リンプンパの力はさらに増大した。これは後にリンプンがウ・ツァンをコントロールするのに良い基礎を与えることになった。宗教上、ツォキェ・ドルジェは主にカルマパ黒帽系の第4世化身ラマチョダク・イェシェとカルマパ紅帽系第7世化身ラマ物却扎嘉措を信

---

[1] 『リンプンパ世系』、抄写本、第4ページ。

第六章　パクモドゥパ統治時代のチベット

奉していた。そのため彼は法をつくってツェタンでゲルク派を信奉する僧侶に、黄色の僧帽を脱ぎ捨てて赤色の僧帽をかぶるようにさせた。彼はさらに命令を下し、チベット暦第八ラプチュン土馬年、つまり1498年からゲルク派のセラ、デプン、ガンデン3大寺の僧侶のラサ正月祈願大法会（モンラム）への参加を禁じた。その後20年近くの間、カギュ派、サキャ派のラサ付近にある各寺院の僧侶がラサ正月祈願法会を行った。彼がカギュ派とゲルク派の間で一方を重視し、他方を抑圧したため、ウ・ツァン全体が不安定になり、パクモドゥパ・デシ政権の権威も徐々に失墜していった。

リンプンパ・シャキャ・ギェルツェンが楚河流域の城に居住していた時、ギャンツェの法王一族に対抗した。彼は戦争や政治的謀略にも精通していたという。

リンプンパ根都桑波には多吉才丹とドンヨ・ドルジェという2人の息子がいた。ドンヨ・ドルジェはかつてツァンの軍隊を率いて前チベットで、鐉卡ネウパ（吉雪巴）の手中からいくつかの宗を奪った。1499年、すなわちチベット暦の第8ラプチュン土羊年の新年にチェンガ・曲吉・ダクパ、リンプンパ・措吉多傑、ドンヨ・ドルジェを中心に各地の首領が年わずか12歳のガワン・タシ・ダクパを擁立し、ネドンのデシ宝座に上らせた。そののち1504年、すなわち第8ラプチュンの木鼠年に、ドンヨ・ドルジェは自分の妹をガワン・タシ・ダクパの妻として差し出した。4年後、ドンヨ・ドルジェの妹は1人の息子を生んだ。これが後のパクモドゥパ・デシ卓微衰波である。これ以降も、パクモドゥパ一族はパクモドゥパ・デシの名目上の後継者を幾人か輩出したが、事実上リンプンパがウ・ツァンの統治権を掌握し、パクモドゥパ・デシ政権は名目だけ残すことになった。

リンプンパドンヨ・ドルジェとカルマ・カギュ派紅帽系のチョダク・

243

イェシェが施主と福田の関係を結んだ後、ヤンパチェン（羊八井）に寺院を建て、紅帽ラマに駐錫[1]の場を提供した。ドンヨ・ドルジェはさらに、カルマパ黒帽系扎嘉措の意図に応じて、1503年、すなわち第8ラプチュン水猪年に、ラサ付近の薩納瑪地方にセラ、デプン、ガンデン3大寺を抑えつけたカルマ派（噶瑪）の新寺、図丹曲科爾寺を建てた。セラ寺とデプン寺の僧たちは、この寺を破壊した。リンプンパドンヨ・ドルジェはカギュとゲルク両派の間で一方につき、もう一方を攻撃したため、前チベットへ何度も派兵し、動乱を起こした。

リンプンパ・ツォキェ・ドルジェの息子ガワン・ナムギェルはパクモドゥパ・デシ・ガワン・ダクパ・タシの部下がゾンポンの職務を担当した。彼は小五明[2]に精通し、さまざまな技能に長けていたという。しかし、彼が兵を率いて山南の艾や列などの場所を攻めたため、パクモドゥパ・デシ・ガワン・ダクパ・タシの不興を買い、リンプンパのネウなどの宗へのコントロール権を失わせ、前チベット地区への支配力が弱まった。

ガワン・ナムギェルには3人の息子がいたが、長男は幼くして亡くなっていた。次男のドンドゥプ・ツェテン・ドルジェは父祖の時代には征服を果たせなかったパナム（白朗）ルンドゥプツェの城を占領し、カルマパ黒帽系第8世化身ラマ弥覚多吉の指示によってパナム（白朗）桑熱林寺を建立した。3男リンプンパ・ガワン・ジクダクは多くの上師学者のもとに留まり勉学に励んで、小五明に精通した学者となった。彼は国王パンディタの事跡や服事教法に習い、上等なモンゴル緞で様式や構造がすぐれた仏像を作り、『詩鏡論・旦志詩律荘厳・无畏獅子吼声』、『藻詞論・智者耳飾』など多くの論著を著した。チベット人文化おいて特に文学創作の発展で重要な貢献をした。

しかし、彼は政務において失策を犯した。サキャパとラトェ・絳に摩

---

1 行脚中の僧が寺などに滞在すること。
2 「小五明」とは、チベット仏教における修辞学、詞藻学、韻律学、演劇学および星象学の5分野をさす。

擦が生じた時、ガワン・ジクダクはサキャパにつき、チベット1563年すなわちチベット暦の第9ラプチュン水猪年に派兵して叶如ラトェ絳地区を攻めた。のちに、ガワン・ジクダク自らもラトェ絳地区に行き指揮をした際、当時の桑珠孜(シガツェ)のゾンポン辛厦巴才旦多吉が反乱を起こし、ガワン・ジクダクの息子白瑪噶波を殺した。この後、幾たびかの戦争で、リンプンパ方は失敗を重ね、終いにはガワン・ジクダクの執政権力の大部分を失うに至った。于辛厦巴の勃興とともに、リンプンパの統治は終わりを告げることになる。

第六節　デシ・ツァンパ（第悉蔵巴）の歴史

　民間伝承によれば、デシ・ツァンパ一族の家系はツェンポ・トリソン・デッセン(賛普赤松徳賛)の時代に現れた呂氏の一族イエシェ・シュヌ(意希宣努)が始まりであるという。その末裔のなかにシンシャパ・デッセン・ドロジェ(辛厦巴才旦多吉)という者がおり、この人物がリンプンパの親戚であった。彼がリンプンパとネドンパの両家で侍従をしていた。彼には9人の息子がおり、そのうちで有名な者にカルマ・ツトプ・ナムギェル(噶瑪図多南傑)、クンパン・ラワン・ドルジェ(袞邦拉旺多傑)、カルマ・ダンソン・ワンポ(噶瑪丹松旺波)の3人がいる。シンシャパ・デッセン・ドロジェはリンプンパ・ガワン・ナムギェルの時代にリンプンパで馬や馬具を司る官員として働き、のちに徐々に昇格した。かつて襄(シャン)と年楚(ニャンチュ)河下流地区の地方官員を長年勤めていたことがある。

　1548年すなわちチベット暦第9ラプチュン土猴年、シンシャパ・デッ

セン・ドロジェはリンプンパよりシガツェ（卡桑珠孜）のゾンポンに任命された。
　シンシャパ・デッセン・ドロジェは謀りごとに長けた、老練な人物で、彼は徐々に裕福になり、大きな権力を掌握するようになった。ついに、リンプンパ・ガワン・キドラク（リンプンパ・ガワン・ジクダク）の時代になって、彼はリンプンパに反旗を翻し、ガワン・ジクダクの息子パドマ・ガルポ（白瑪噶波）を殺害した。そのため、この年は「リンプンパの血仇年」と呼ばれる。リンプンパ・ガワン・キドラクは死力を尽くして息子のために仇をとろうとしたが、シンシャパ・デッセン・ドロジェはリンプンパの進攻を跳ね返し、リンプンパに滅ぼされることはなかった。1557年すなわち第9ラプチュン火蛇年になって、リンプンパとシンシャパの双方はシャン・ドンラパ（襄・頓熱巴）の土地と領民の問題で再び激しく衝突した。ドゥパ・カギュ（主巴噶挙）の調停により、頓熱巴の命が辛うじて守られたが、その領民と土地はやはりシンシャパに差し出すこととなった。これにより辛厦巴がすでにリンプンパと対抗できる力量を有していたことがわかる。
　1565年、シンシャパ・デッセン・ドロジェが自ら兵を率いて白朗ルンドゥプツェ（パナム・ルンドルプツセ）を包囲し、さらに兵を繰り出して帕日宗（パグリ・ゾン）を奪った。ルンドゥプツェがまさに陥落しようとしていて、年楚（ニャンチュ）河上流の帰属がなかなか決まらず、リンプン宗自体も危うくなっていたとき、リンプンパは再びドゥパ・カギュ（主巴噶挙）に調停を願い出た。そして、パナム・ゾン（白朗宗）全部をシンシャパに譲り渡すことになった。
　シンシャパ・デッセン・ドロジェの死後、その息子辛夏巴袞邦拉旺多傑がさらに、ラトェ絳、ラトェ洛地区を自身の支配下に収めた。彼自身は桑珠孜（シガツェ）に住み、ダンソン・ワンポ（丹松旺波）がパナム（白朗）に住んで、彼らがツァンの大部分を支配した。
　ダンソン・ワンポ（丹松旺波）の息子カルマ・プンツォク・ナムゲル（噶

瑪彭措南傑）は、14歳であった1611年すなわちチベット暦第10ラプチュン鉄猪年にツァンのデシの職務に就いた。これ以降はデシ・ツァンパと呼ばれる。ここの後、1612年水鶏年から1613年水牛年までデシ・ツァンパ・プントソク・ナムギェル（蔵巴彭措南傑）は前チベットに兵を進め、パンポ（澎波）やネウ・ゾンなどの土地を占領した。世に言う「鶏牛年戦乱」である。これよりデシ・ツァンパはウ・ツァンをほぼ統治するようになった。前述の通り、ダライ・ラマ4世・ユンテン・ギャムツォは、カルマパを支持するデシ・ツァンパに不満を抱いていたため、デシ・ツァンパに対する威猛詛呪の法事を行った。これがデシ・ツァンパを大いに怒らせ、ダライ・ラマ4世が入滅した後に、ダライ・ラマ4世・ユンテン・ギャムツォの転世の捜索を禁止する命を下した。

　当時、ウ・ツァンではまさにヤルギャブ（雅郊）、グル（古爾）、デシ・ツァンパの勢力が強まっている時期であり、その中でもデシ・ツァンパは他とは比較にならないほど強くなっていた。デシ・ツァンパは徐々にラサ付近の領地を自身の支配下に収めつつあったため、ゲルク派の施主キショド（吉雪）デパ・索南南傑はポタラ拉山上の観世音像洛迦熱夏熱を贈り物として、モンゴルのハルハ（喀爾喀）部の首領曲科爾兄弟を招きデシ・ツァンパを攻撃させた。1617年火蛇年の年末、ハルハ（喀爾喀）曲科爾ら香客と大軍勢が到着した。ゲルク派とモンゴルの民衆は皆反抗を開始し、ガンデン・ポタンの強佐索南饒丹、セラ寺傑扎倉洛本、帕邦喀巴らが力を尽くして阻止した。しかし、教法と民衆に深刻な災難をもたらし、長短の利害関係も顧みずに、少数の人々が必死に大声で喚きだしたため、多くの人もその気になってしまった。モンゴル軍の兵士とセラ寺、デプン寺の僧兵は一致して、ラサに駐留するツァンの貴族、将軍、チベットに駐留するツァンの軍隊を攻撃したが、極めて大きな失策を犯した。デシ・ツァンパはウ・ツァンの大軍を集結させて攻撃を仕掛けた。この時モンゴル軍は離間の策により、故郷に戻ってしまった。（ゲルク派軍は敗戦し）強佐索南饒丹、デパ・吉雪巴宇傑らも徳慶、扎嘎、喀達

などラサ河上流の南北両岸の宗を放棄して、モンゴル人に随って遠くへ逃げるしかなかった。
　デプン寺とセラ寺の僧侶も寺を捨てて逃走し、北の達隆寺に4、5ヶ月身を寄せた。
　セラ寺、デプン寺は戦火で破壊されたが、タクルンタンパが代って窮状を訴え、やっと修復が許された。当時、両寺の大経堂の門や窓はみなひどく破損していたため、その間イヌや泥棒が入り込むのを阻止するものがなかった。ゲルク派の教法の危機は、この年（現代の歴史学者はこの時期を土馬年すなわち1618年とし、この年をもってデシ・ツァンパのチベット統治の始まりとしている）の7月におとずれた。
　この後、デシ・ツァンパは鶏年と猴年に再び雅隆、タクポ（達波）などの地に進軍して、各地の貴族首領を攻め滅ぼした。このようにデシ・ツァンパは、西はガンディス山から東はコンポ額拉山（在朗県内）まで、北方の牧場やディグン・達隆・拉嘉里・浪卡子など自管貴族や大小の首領を含むウ・ツァン各地を掌握した。その権勢は天にも登るほどであった。カムやウ・ツァンの人からは「ツァントェ王（蔵堆傑波）」と呼ばれ、その声望は遠くまで及んだ。のちにデシ・ツァンパ・プントソク・ナムギェルは、前チベットで兵士を集めていた猿年（1620年鉄猿年）10月に桑域の門冬カトクで天然痘により死去した。情勢が混乱することを恐れ、家臣たちは彼の死を暫く秘密にし、デシ・ツァンパがツァンへ引き返すように装った。鶏年(1621年鉄鶏年)になってやっと彭措南傑の死去を公表し、その子カルマ・テンキョン・ワンポ（噶瑪丹迥旺波）がデシに就任した。当時、デシ・ツァンパ・カルマ・テンキョン・ワンポは年わずか17歳であったが、彼の勇猛で賢明な大臣スガンズン（崗蘇繭）やムグロ・グニエル・ボン・ゴン（卓尼爾崩貢哇）など多くのドランカール（大仲科爾）が支え、内部組織を整えて、デシ・ツァンパの政権を徐々に発展させ、衰えさせることはなかった。デシ・ツァンパ・カルマ・テンキョン・ワンポは丸20年間、チベット全体を統治したが、最後にモ

第六章　パクモドゥパ統治時代のチベット

ンゴルのアオ・ロド・グシリ（衛拉物固始汁）によって水馬年すなわち1642年に打ち負かされ、グシリ[1]がチベットをダライ・ラマへ献上したことは、この後に述べることにする。[2]

　それをまとめると、カルマ・カギュとゲルク派の衝突で、ゲルク派の方は一時的に大失敗を被り、カルマ・カギュ派が頼ったデシ・ツァンパによって1618年すなわちチベット暦第10ラプチュンの土馬年にウ・ツァンを統治する政権が樹立された。初代のデシ・ツァンパ彭措南傑は1618年から1620年まで2年間政務を掌った。第2代目デシ・ツァンパ・カルマ・テンキョン・ワンポは1621年から1642年までの22年間政務を掌った。

　デシ・ツァンパの政治の中心はシガツェ（卡桑珠孜）にあった。ウ・ツァンの要所である13カ所の大宗の城をのぞく、ほかの各宗および険しい場所の要害は、反乱の拠点とされないようにデシ・ツァンパの命によって破壊され、その際に得られた木材などの物資は寺院や船舶、橋などの建造に用いられた。

　デシ・ツァンパは次のようにしてウ・ツァンの統治を実現した。第1点は、彼が軍事力を増強したことである。さらに重要なこととして、カルマパがデ・ブジン・ゴシェグス・パ（得銀協巴）の時、明朝の景泰帝は漢蔵間の距離が離れていることにより、かつて得銀協巴詔書を与え、カルマパは適任者に僧俗官職を任命するよう規定した。この詔書によれば、カルマパ・チョイン・ドルジェ（噶瑪巴却英多吉）（黒帽系第10世化身ラマ）はデシ・ツァンパ・プントソク・ナムギェルをウ・ツァンの統治者に指名し、赤い玉印・旗・嗩吶など貴人の儀仗を贈って、デシ・ツァンパをウ・ツァンの統治者として認めた。[3]

　デシ・ツァンパ・カルマ・テンキョン・ワンポもこのような文章や印

1　グーシ・ハーンの別名。
2　『王統世系水晶鑑』抄写本、47〜48ページ。
3　『蔵堆傑波伝』油印本、第9ページ。

章を得ていた。この当時、これは他に比較できる者がないほどの政治勢力をもっていたことを示す。またデシ・ツァンパの行政政権をもつことを示せる、ほぼ完全な方法であった。

法律において、彼は昔のパクモドゥの『十五法』を基礎として「辺地蛮荒法」（辺境地区の管理法）を加えて、『十六法』とした。彼は、食品などの物品の単位が場所によって不統一であった点について、統一した度量衡の基準を制定した。このほか、歴史書には彼の5つの功績について述べられている。①デシは出家人の敬礼叩拝を受け入れず、礼敬供養出家人を敬い保護して、毎年僧侶に食糧や衣類を提供する。②チベットの一度廃れた法律を復活させ、分厚い法律書を制定し、領民をヨーグルトが固まるように安定した生活をもたらし、昼夜をとわず安心して眠ることができるようになった。③文書を発布し、毎年持ち回りで労役や租税を免除することにした。④毎年、神変法会（正月）から10月までの間は山と河を封じて、魚を捕るのを禁じた。⑤金橋（商道）をスムーズに通行できることを保証し、白雲に基準をつくり、雪山に道路標識を設置し、黒土では遠近を測り、漢地の北門からモンゴルを経てウ・ツァンまで黄金を背負っていても安全に通行できるようにした。

しかし他方で、カルマ・カギュ派とゲルク派の衝突が次第に激しくなり、デシ・ツァンパはカルマ・カギュ派に付いたため、ゲルク派を敵視して迫害を行った。終いにはゲルク派が生き残りをかけて外部に救援を求めた。1642年モンゴルのグーシ・ハーンが兵を率いてチベットに侵入し、徹底的にデシ・ツァンパの力を削いだ。グーシ・ハーンはダライ・ラマ五世をシガツェに招き、チベットの全政権を託し、デシ・ツァンパの宮殿にあった卡桑珠孜が得た様々な財宝をダライ・ラマ5世に与えて、ガンデン・ポタン政権を樹立した。この方面の詳細な状況については、ガンデン・ポタン統治時代の一章で述べることとする。

デシ・ツァンパの政権が終わった時、デシ・ツァンパを救うため、サキャ・シャブドルン（薩迦夏仲）やパンチェン・ラマ4世ロプサン・チェ

第六章 パクモドゥパ統治時代のチベット

キ・ギェルツェン・ロプサン・チュキ・ギェルツェンはグーシ・ハーンに陳情し、その結果デシ・ツァンパ・カルマ・テンキョン・ワンポらはモンゴル軍によりネウ・ゾンで監禁されたが、彼らの命を奪うことまではしなかった。しかし、のちにカルマパ師徒たちデシ・ツァンパ一派の僧侶俗人たちはウ・ツァンとコンポ地区で反乱を起こした。グーシ・ハーンは「毒根黒烏頭(反乱の首謀者のたとえ)」とされたデシ・ツァンパおよび内鄔の数人の家臣を処刑することを命じた。そして、デシ・ツァンパ・カルマ・テンキョン・ワンポはラサ河で水死させられ、この政権は消え去ることになった。

第七章 ガンデン・ポタン政権の統治期

第一節　ダライ・ラマ5世・ガワン・ロプサン・ギャムツォの事跡

一、ダライ・ラマ5世がチベットの地方政権の掌握を認められる

　ダライ・ラマ5世ガワン・ロプサン・ギャムツォは歴代のダライ・ラマの中でも、名声が全国に行き渡った人物で、チベットの政務や宗教活動において、とくに中国統一を強固にしたことで不朽の功績を残した。ゲンドゥン・ドゥプパ大師、ゲンドゥン・ギャムツォ、ソナム・ギャムツォがダライ・ラマ1世、2世、3世として追認され、ダライ・ラマ4世はユンテン・ギャムツォ（雲丹嘉措）である。ロプサン・ギャムツォ（洛桑嘉措）はダライ・ラマ4世の転生霊童であるために、長幼の序によって、第5世のダライ・ラマとなった。

　ダライ・ラマ5世の父はチョンギェ地方の族長、セチュン・チュークル（霍爾・頓都熱丹）であり、母の名はファケン・ヌラ（貢噶拉則）である。ダライ・ラマ5世は1617年（チベット暦の第10ラプチュンの火蛇年）にチンワタクツェ城（青瓦達孜宮）、つまり、チョンギェ・ゾンの城内で生まれた。当時、デシ・ツァンパがウ・ツァンを統治しようとする頃で、カルマ・カギュ派とゲルク派の間で、教派の感情的な深い対立が起き、加えてデシ・ツァンパはいつも病を患っていたために、彼はダライ・ラマ4世（雲丹嘉措）が自分に魔術をかけているのだと疑った。そこで、彼はダライの転生霊童の捜索を厳禁した。彼は、パンチェン・ロプサン・

第七章　カンデン・ポタン政権の統治期

チューキゲルツェン（洛桑曲堅）が法事を行い呪いを解くことで、全快した。パンチェン大師はこれを機に再三、ダライ・ラマ4世の転生霊童を捜索することを懇願して、やっと彼の許しが得られた。1622年（チベット暦の水狗年）、霊童が6歳になった時、パンチェン・ラマ4世・ロプサン・チューキゲルツェン（洛桑曲堅）が中心となって、三大寺の僧衆を率いて、霊童をデプン寺に迎え入れた。その年齢に応じて、徐々に顕密経典を彼に教授した。1625年（チベット暦木牛年）、パンチェン大師は彼に剃髪を行い、出家における最初の重要な戒律である沙弥戒を授け、ガワン・ロプサン・ギャムツォという法名を与えた。

　ダライ・ラマ5世の施主グーシ・ハーンは、北にある新疆地区のオルト（厄魯特）4部のひとつであるホショト部王の哈尼諾顔と王妃阿海哈呑の子である。彼は1582年（チベット暦第10ラプチュン水馬年）に生まれた。当時、デシ・ツァンパがウ・ツァンを統治しようとする頃で、カルマ・カギュ派とゲルク派の間の闘争は日増しに悪化していた。しかし、黄帽派は上部のガリ、中部のウ・ツァン、下部の多康、青海、モンゴル等などの地すべてで強固な基礎を築いていた。とくにダライ・ラマ3世・ソナム・ギャムツォと内モンゴルのアルタン・ハーン（俺答汗）が福田施主関係を築いたあと、アルタン・ハーンはダライ・ラマに尊号「金剛持ダライ・ラマ」と、モンゴル語・漢語で「金剛持」と印文を刻んだ金印を贈った。これより、ダライ・ラマの名声は内外モンゴルや中国本土にも響きわたるようになった。しかし、しばらくすると、モンゴル49大部族のうちハルハ部の首領チョグト・ハーン（却図汗）は部族を率いて本土を離れ、青海を占拠して、その統治を行った。彼とガルツェ（甘孜）地区のベリ・ギェルポ（白利土司）の2人はまたともにボン教の施主だったので、ともに協力して、すべての仏教宗派、とくにゲルク派に対して、深く敵視していた。こうした形勢にあって、ダライ・ラマ5世は家臣を遣わしてグーシ・ハーンに助けを求めた。グーシ・ハーン

1　公開されている経典と非公開の奥義経典。

はその要請に応じて、チベットに人を派遣して仲裁の任務に当たらせた。1637年（チベット暦火牛年）、オルト（厄魯特）部首領グーシ・ハーンはまず、青海のチョグト・ハーン（却図汗）に兵をさしむけ、チョグト・ハーンの近30,000人近くの軍隊を撃滅させた[1]。そして、グーシ・ハーンの全部隊は天山南麓から青海に移動した。この年秋、グーシ・ハーンは一部の随行者を率いて、隊商に偽装して、ラサに侵入し、ウ・ツァンなどの場所の形勢を偵察し、ダライ・ラマとパンチェン大師に白銀数万両を献上して、仏法に帰依し、居士戒を受けた。

　1639年（チベット暦土兎年）、グーシ・ハーンは青海から大軍を動かして、デシ・ツァンパのガルツェ（甘孜）領内の盟友ベリ・ギェルポ（白利土司）を攻撃した。1年近くの戦争を経て、武力でデルゲ、ガルツェ（甘孜）、マルカム（芒康）、デンコク（鄧柯）、パルユル（白玉）などの地を占領し、ベリ・ギェルポ（白利土司）のドンヨ・ドルジェとその追随者を消滅させた。その後、グーシ・ハーンは表面上、兵を率いてマルカム（芒康）から青海に撤収したようにみせかけた。デシ・ツァンパがこの知らせを聞き、これが計略だと知らずに、防備を怠ってしまった。グーシ・ハーンはこの機に乗じて突然北路から兵を率いてツァンの要所に入り、デシ・ツァンパを攻撃した。

　その後、司庫のソナム・チョペルは再びウ・ツァン区のあらゆる場所で動員を行い、大量の兵士を召集した。ツァン地区で、互いに激しい抵抗を行ったため、大きな進展は得られなかった。当時の「デシ・ツァンパとその配下の官員は印鑑をつけた書簡を出し、タクルン・シャブドゥン（達隆沙布噦）やパンチェン大師、ギェル・ツァブ・ドゥン（傑策仲巴）に和平への助けを求めた」、「デシ・ツァンパとその配下の官員が投降する気があるかを探るため、パンチェン大師は、グーシ・ハーンと司庫（ソナム・チョペル）の2人の福田施主の求めにより、晩冬に烏郁へ向かった」といった話は、パンチェン大師とデシ・ツァンパは同郷人で、お互いに

---

1 『ダライ・ラマ5世自伝』第1部168ページ。

第七章　カンデン・ポタン政権の統治期

交流が深かったものの、デシ・ツァンパはパンチェン大師に対して期待と疑いが半々であったことを表している。この時の和議は失敗に終わり、モンゴル軍の進攻はさらに激しくなって、デシ・ツァンパの軍隊は日ごとに弱まっていった。「3月、蔵地の木門は持教法王が統治することになった。セラ寺、デプン寺、トゥルナン寺等などで煟桑[1]や旗の掲揚など、大いにお祝いが行われた」「初めてシガツェ（孜地、すなわちシガツェ・ギャンツェ（日喀桑珠孜）に到達すると、大経堂の内では無数のチベット人、モンゴル人が集まって座し、宴会が行われ、現在ギャンツェにあるセチェン皇帝がパクパ大師に奉納した多くの仏像や日喀桑珠孜を中心とした蔵地13万戸はすべてダライ・ラマ5世へ奉納されることが宣言された[2]」。これはグシ・ハンが、仏舎利をはじめとして、ウ・ツァン地区をダライ・ラマ5世に贈り、仏法に帰依したことを十分に証明するものであった。そのやり方は元朝のセチェン皇帝がチベット13万戸をサキャ派のパクパ大師に贈った先例があり、歴史的な伝統に倣った、まったく法にかなった方法であった。しかも、ダライ・ラマがこれを重要なことであると認識していたからこそ、自らの自伝に書き入れたのであり、たまたま書いたのではないことも読み取れるのである。

このようにして、グーシ・ハーンはダライ・ラマ5世をラサから日喀桑珠孜に招き入れ、チベット3区の全行政と宗教の権力を与え、さらに自らの部族も含め皆でダライ・ラマ5世に尽くし、仏法の帰依者となった。1642年（チベット暦水馬年）、ダライ・ラマが駐留するガンデン・ポタン宮に基づいた、ガンデン・ポタン地方政府が正式に樹立された。

グーシ・ハーンはデシ・ツァンパ政権を一挙に破滅さえたとはいえ、ウ・ツァンの情勢は未だ統一されていなかった。ダライ・ラマとグーシ・ハーンと随行する部下がラサに戻ってからほどなくして、紅帽系のカルマパと黒帽系のカルマパが中心となったデシ・ツァンパ一派の勢力が反乱を

1　煟桑とは、松などを燃やして煙を起こし、天地の神々を祭るチベットの儀式。
2　『ダライ・ラマ5世自伝』木刻版第1部、108ページ。

起こした。パンチェン大師は苦境に陥り、すぐさま救援を求める使者を送った。グーシ・ハーンと司庫ソナム・チョペルらは軍を率いてダクポ（塔布）地方を経由して敵軍を掃討し、ギュバプ（挙巴浦）でコンポ地区の 8,000 人の軍に大勝した。カルマパの部下で司茶人の確英（チョイン）は投獄された。その際に護身符の中からカルマパ命令を記した次のメモが見つかった。

> グーシ・ハーンと司庫ソナム・チョペルを処刑する。パンチェン大師と我が師徒の 2 人はコンポ地区に連れて行き拘禁する。ゲルク派の寺院を破壊する。鉄猴年の蜂起の決まりにより、グルパ（古熱巴）のゾン（宗）とシカ（卡）を与える。……シガツェ、ナムリン（南木林）、パナム（白朗）3 宗を彼の管轄とする。この書類がグーシ・ハーンと司庫ソナム・チョペルの手に渡ると、グーシ・ハーンは非常に怒り、カギュ派は次第に滅亡へ向かうこととなった。[1]

最初、パンチェン大師とサキャ派の達欽ら身分の高い人物はグーシ・ハーンに対し、デシ・ツァンパ・テンキョンワンボのために、彼の生命に危害を加えないよう懇願したので、キショド（吉雪）のネウ・ゾンに拘禁されていた。チベットでこのように大規模な反乱が起きたため、グーシ・ハーンは彼をネウ・ゾン付近の川に投げ入れるよう命令をくだした。

ラサのマルポリ山にポタラ白宮を建立したことについては、まず 1643 年（チベット暦水羊年）にグリン・スマド・シャブドゥン・コンチョグ・チョペル（林麦夏仲・貢覚群培）が提起したものであった。彼は政治と宗教の両面において高い見識があった。林麦夏仲・貢覚群培の提案はダライ・ラマの意思と合致していたので、ダライ・ラマはデパ・ソナム・チョペルと話し合って決め、1645 年（チベット暦第 11 ラプチュンの木鶏年）にポタラ白宮の定礎を行った。

二、清朝皇帝に謁見し、金冊、金印などの封賞を授かる

---

1 『ダライ・ラマ 5 世自伝』第 1 部、230 ～ 231 ページ。

第七章　ガンデン・ポタン政権の統治期

　ガンデン・ポタン政権ができたばかりの頃、デシ・ツァンパの軍隊とカルマ・カギュ派属下の勢力による承認が得られるどころか、彼らはタグコン（塔工）地区で公然と反乱をおこしていた。そのため、軍事力に頼むだけでは情勢を安定させられなかったため、政治的な処置によって安定させる必要があった。当時、中国本土の明朝はすでに衰退し、崩壊の瀬戸際で、清朝政府はすでに中国東北地方で成立していた。ダライ・ラマとパンチェン大師とグーシ・ハーンは協議を行い、セチェン・チョグヤル（賽欽曲結）を使者として派遣し、清朝皇帝と連絡しようとした。1642年（チベット暦水馬年）、セチェン・チョグヤル（賽欽曲結）はチベットから出発し、翌年瀋陽に到着した。清の太宗は自ら諸王、ベイレ（貝勒）[1]、大臣をひきつれ懐遠門まで迎えに来た。

　清朝政府とダライ・ラマが関係を打ち立てたことは、清の中央政府の西蔵地方政府ともに現実的で長期的な利益をもたらした。チベットについていえば、デシ・ツァンパの残存勢力はまだ屈服しておらず、新しく成立して間もないチベットの政権は、なお一層有効で政治的な後ろ盾を必要としていた。清政府についていえば、各少数民族地区、とくに蒙蔵地区を統治するため、重要な条件であったのは当時民衆の尊崇をあつめ、名声のある仏教を利用することであった。そのため、清政府はダライ・ラマ5世と第4世パンチェン大師の2人に頼ったのである。

　セチェン・チョグヤル（賽欽曲結）がチベットに帰る際、清の太宗は彼にダライ・ラマ、パンチェン大師、サキャ達欽の書簡と礼品を持っていかせた。

　順治皇帝が即位してからは、チベットに使者を送り、ダライ・ラマとパンチェン大師に慰問を行った。さらに、チベットの各大寺に熬茶[2]をし、お布施をした。同様に、ダライ・ラマとパンチェン大師もまた貢使を派遣し、皇帝の即位を祝って、特産品を献上した。1651年（チベット暦

1　貝勒とは、清朝における爵位の名で、その地位は郡王の下に位置する。
2　熬茶とは、高僧（ラマ）に茶や金銭を寄贈すること。

鉄兎年)、順治皇帝はツァガン(察干)上師とシスラブ(席喇布)上師をチベットに派遣し、ダライ・ラマの上京を要請した。翌年、すなわち1652年(チベット暦水龍年)3月、ダライ・ラマ5世はチベットの僧俗官員と随行、計3,000有余人を引き連れ、北京に向かって出発した。ダライ・ラマ一行が青海に到着しようとするとき、順治帝は内務府大臣ジャクブタレカン(協古達礼康)に命じて迎えに行かせた。さらに旅路で必要な食糧などを府庫から出して与えた。甘粛に到着する際、皇帝はダライ・ラマに金頂黄轎を与えた。ダライ・ラマは轎に乗って(チベット暦の)12月16日に北京に到着した。順治帝は双方の意見により、狩りに出かけるとの名目で、南苑でダライ・ラマと対面する形式をとり、出迎えることにした。「皇帝は私に格別な恩恵を施してくださった。私は珊瑚・琥珀・獣皮千枚などの貢物を贈った。皇帝の返礼品は大変豪華であった。」[1]

このあと、北京に2ヶ月ほど滞在したのち、ダライ・ラマは順治帝に奏上して、「ここは気候風土が合わず、病気になってしまった。従者もまた病気になっている。おいとまを願いたい」と述べた。皇帝はそれを許し、手厚くもてなした。ダライ・ラマが代噶に到着したあと、順治帝はさらに礼部尚書覚羅郎球や理藩院侍郎席達礼らを遣わし、皇帝冊封ダライ・ラマの金柵と金印を代噶に送り届けた。印文は「西天大善自在仏所領天下釈教普通瓦赤喇怛喇達頼喇嘛之印」となっていた。これらは、ダライ・ラマの名がすでに確定したことを意味している。下賜された歴代の金柵、金印のなかで、とくに重要なものはやはり前述の清朝順治皇帝が下賜した金柵と「大金印」であった。『ダライ・ラマ自伝』にはこうある。「皇上から賜った金印にある漢文から文字を選びとって簡略化し、それに似せて新しい印をつくった。これで、土地の権利書に長く使うことができる。新印を讃える詩を作り、洛格肖日菩薩と欲界自在戦勝天母に捧げた」。ここから、清皇帝の下賜した金印を、ダライ・ラマ5

---

1 『ダライ・ラマ5世自伝』木刻版、第1部、275ページ。

世がチベット政権の掌握における重要なシンボルとして如何に重視し、それを利用していたかが読み取れる。

　ダライ・ラマが中国の本土に赴いていたとき、グーシ・ハーンはちょうど病にかかっていて、チベットに留まり、北京に行くことができなかった。しかし、「清の世祖は当時チベットの政局を事実上握っていたグーシ・ハーンを忘れていたわけではない。清の世祖はやはり金印と金柵でグーシ・ハーンを封賞していた。金印はその全文が『遵行文気義敏慧固始汗之印』となっていた」[1]。ダライ・ラマが中国の本土からチベットへもどったあと、ウ・ツァン蔵地区で13のゲルク派寺廟を徐々に建立した。これらは「13林」と呼ばれる。

　1654年（チベット暦木馬年）、ダライ・ラマはツァンに行き、彼とパンチェン大師が2人で心を合わせて、広く仏法儀式を挙行した。しかし、デシ・ソナム・チョペルとパンチェン大師の間では、しばらくの間その関係はよくなかった。当時（1621年チベット暦第10ラプチュン鉄鶏年）、「モンゴル郡は江壙崗でデシ・ツァンパの軍隊を打ち負かし、デシ・ツァンパ軍隊は加布日山に逃走し、モンゴル軍はさらにその山を包囲していた。その時、パンチェン大師らが出てきて調停を行い、近100,000人近くの命を救った。デシ・ツァンパはパンチェン大師密呪瑜伽の法力とゲルク派の施主であるモンゴル人の強大な軍事力を恐れていたので、占拠していたゲルク派寺院や平民、桑阿卡寺などを恭しく返却してきた」[2]。この数年前、ラサトゥルナン寺はデシ・ツァンパが管理していたが、今パンチェン大師の掌管となり、それはダライ・ラマ霊童が成人まで成長するまで続くことになった。パンチェン大師はタシルンポ寺から代表をトゥルナン寺に派遣し、管理業務を行わせた。パンチェン大師がトゥルナン寺を11年ほど管理し、1632年（チベット暦第11ラプチュンの水猴年）にガンデン・ポタン首領に返された。表面上、双方の意見

1　『ダライ・ラマ自伝』、チベット語版、84〜86ページ。
2　『宗教源流・如意宝樹』木刻版、106ページ。

は一致しているようにみえるが、実際にはパンチェン大師がデシ・ソナム・チョペルに大変不満をもっていて、これがゲルク派内部の大問題となっていた。そこで、当時のダライ・ラマ5世は良策をもって、これを解決することになった。

三、ダライ・ラマ5世が行った政策や処置

ダライ・ラマの伝記でまさに説かれるように、1659年、チベット暦土猪年に往年とは異なり、黄帽教派の運命は北方施主、とくに青海湖周辺を抑えていたモンゴル人の手中にあった。当時、ゲルク派の教法、とくにガンデン・ポタン政権の首領の軍事活動は、モンゴル人の力に頼っていた。モンゴルの頭領たちは宗教上の決まりに従って誓いを立て、内部抗争を起こさず、すべてのことをダライ・ラマに訊ね、ダライ・ラマの認可を得た。これは、モンゴル人の内部抗争を終息させ、ガンデン・ポタン政権の統治において安定をもたらしただけでなく、未来においても中央王朝とモンゴル人の間での争いを防ぐ効果もあった。

ともかく、この方針を取ったことは、中国の統一において、民族の団結とゲルク派教法の継続など方面で偉大な貢献をもたらした。

順治帝は1661年（チベット暦鉄牛年）に崩御した。翌年、パンチェン・ロプサン・チュキ・ギェルツェンも入滅した。1663年（チベット暦水兔年）康熙皇帝が即位。4年後、第5世パンチェン・ロプサン・イェシェが認められ、タシルンポ寺に迎え入れられた。

1668年（チベット暦土猴年）、デシ・ティンレ・ギャムツォとテンジン・ダヤン・ハーンの2人が相次いで逝去した。モンゴル人の習慣によって、ランナ（然那、グーシ・ハーンの次男）が適切な後継者と考えられていたので、ダライ・ラマはすぐに人をポタラ宮に派遣することを決定した。この年、南方のブータン人がチベットの属民アチャオ（阿巧）らモンパ（門巴）人を攻撃したので、ダライ・ラマは4つの路に兵を分散させて、反撃を始めた。当時、自ら政教両面の業務にもあった。ほどな

くして、この争いは、サキャ派やタシルンポ寺、キショド（吉雪）タイジ（台吉）らの調停のもとで話し合いによって終結した。

　チベット地方政府の官員で最も盛んに着られた官服「珍宝服飾」の由来にについて、ダライ・ラマ自伝にはこう書かれている。セチェン皇帝がチベット3区をパクパ大師に献上して依頼、チベットでは五種類の「周」という官帽をかぶり始め、中国の刑法や13種の官位をもつ重要な制度を採用した。高官は必ずローブの官服、官帽、装飾品を身につけなければならなかった。とくに至天命王パクモドゥパ、国公大元帝師聖諭高位の世家（特権をもつ一族）チャムパ、トム・ケサル王の婿キャクハル・ツィパ（江卡孜巴）、王族リンチェン・ドンパ（仁欽蚌巴）などの由緒ある地方首領は、玉を嵌め込んだ金のガウ（嘎烏）・右耳飾・耳飾の裾・長耳飾・琥珀・珊瑚・ローブの官服・黄絨小帽など精巧な装飾品が広く遣われていた……」[1]。ガンデン・ポタン政権が大きな式典を催した時、「珍宝服飾」を着て参列する習わしは、1672年、すなわちチベット暦第11ラプチュン水鼠年の正月2日に始まった。

　このほか、地方政府が式典を行う際、座位の上下も具体的に規定された。サキャ派とパクモドゥパ派の両派の末裔は首席に座し、格別の栄誉を与えられた。これは彼らが我国の元、明両朝の歴代皇帝が下賜した封文、印信、かつてチベット地方を統治していた権力を得ていることを表していた。このときゲルク派は全チベット統治の表舞台に現れたが、詳細な座席に関する文章では、カギュ派の大ラマや達隆寺化身ラマ、紅帽カルマパ化身ラマの座席はガンデン寺の法座の座席より高いところに位置するように規定されていた。また、ドゥパ（主巴）、ガムポ（崗布）、ツポ・ドゥンパ（楚布仲巴）、カム・リウォチェ（康地類烏斉）法王、ディグン寺上師の座位はガンデン寺の法座と同等であった。この事実から、リンプンパやデシ・ツァンパがウ・ツァンを統治した時にみせた狭い了見とは異なり、ダライ・ラマ5世は、名実ともに「所領天下釈教」（仏

---

[1] 『ダライ・ラマ5世自伝』第2部、129ページ。

教の指導者）にふさわしい、寛容な手法を取った。特に清朝皇帝が派遣した普通の官員に対しても「五層薄墊」という厚遇で迎え、皇帝から下賜された印信をもつ内官員には相応に高級な座椅で迎えた。ダライ・ラマ5世は「顕密経教以て化境に達す」（仏教の見識は入神の境地に達している）だけでなく、俗世の政務に関連する書籍をも広く微に入り細をうがつように研究していた。

周知の通り、ガンデン・ポタン政権が成立した後、チベット内部での最大の敵対勢力は、紅帽・黒帽カルマパを主とするカギュ派であった。この教派は以前、長年にわたってツァンとタグコン（塔工）地区でゲルク派に対し攻撃をしかけてきていたが、モンゴル人の武力によってすべて鎮圧された。これ以後、ダライ・ラマ5世は紅帽カルマパを咎めなかったばかりか、意外なほど彼らを大切に扱った。こうした状況は、ダライ・ラマの自伝に皆記載されている。つまり、清朝皇帝の支えがあって、ダライ・ラマは将来を見通す卓越した見識で戦術をくりだし、徐々にカルマ・カギュ派とゲルク派の間のわだかまりを解消し、チベット内部の情勢を安定させて、ガンデン・ポタン政権は安定した方向へ発展していくことになった。

1674年（チベット暦木虎年）、平西王呉三桂が反乱を起こした。康熙帝は使者に勅旨を持たせてチベットに送り、チベット側に兵を出して加勢するように要請した。すると、ダライ・ラマは皇帝に丁寧に停戦による和平を諭した。国内の戦乱が止み、天下が太平になるように、ダライ・ラマはセラ、デプン、ガンデンの3寺に命じて、戦争を回避させる法事を行わせた。「天子順治王の即位から今日まで、私への恩寵は浅からず、私は自ら皇宮に赴き、聖顔を拝見した。皇帝は私に封号と職位を与えてくださった。私は忠心を示し、皇帝の国内が安定し、国家の太平のため法事を行った。たとえ全チベットの兵を中国の本土や霍爾地区に送って加勢しようとしても、まったくお役に立てない。オルト（厄魯特）モンゴルの兵は戦に慣れているが、扱いにくい者たちだ。また火炎のような

天候で、痘疫も流行しており、恐るべき状況だ」。同様に、平西王も使者をチベットに送り助勢を求めた。ダライ・ラマは、「皇帝と臣下の不和によって庶民が苦しむことは、甚だ痛ましいことである。満洲族の皇帝とその前2代（清太宗と順治）すなわち3朝の間は、チベットと福田や施主の関係が極めて密接であった。私は皇帝に謁見し、皇帝は私に対して手厚く扱ってくださった。（平西）王もそれを知っているはずだ。皇帝に背くことは夢にも思わないことだ。もし皇帝に背けば、天帝はそれを許さず、貴方も私を辱めることになる。願わくば、（平西）王は天帝の怒りに触れることがなきよう。お返事と使者が無事に戻ってくることを望む」この話はダライ・ラマ5世が国家太平に対する、聡明で善良な気持ちと、清朝皇帝に対する溢れんばかりの忠誠心が表れている。

四、ガリ三囲を統治下に加える　ダライ・ラマ5世が入滅する

　一般的に、ダライ・ラマ5世の後半生、とくに1679年（チベット暦第11ラプチュン土羊年）に仲麦巴・サンギェ・ギャムツォをデシに任命して以後、政務に追われることはなくなり、宗教方面の修行を全力で行うようになった。この方面での成果は語りつくせないので、詳しく知りたい場合は、『ダライ・ラマ5世自伝』第4部などの書をみてほしい。彼の重要な著述は、隆堆大師が編纂した目録にも述べられるように大変多い。彼はチベット文化史上、不滅の業績を残した。

　ガリ三囲地区は、吐蕃ツェンポ（賛普）の末裔が統治して以来、悠久の歴史を有していた。しかし、ある時からラダク（拉達克）王に占拠されていた。ダライ・ラマ5世の入滅前になって、ラダク（拉達克）の土司センゲ・ナムギュルはその地のゲルク派を大変憎んでいたので、懸命に迫害を加えるようになった。そのため、チベット地方政府はガリ地方に対して兵を繰り出すよりほかなくなった。ダライ・ラマ5世は使者を

1　『ダライ・ラマ5世自伝』木刻版、第2部、204ページ。
2　『ダライ・ラマ5世自伝』木刻版、第2部、211ページ。

送ってガンデン・ツェワンというモンゴル王族の一員を招いた。この人物はゲルク派への信仰心が篤く、勇猛で知略に頗る長けており、チベットの北にあるナムコ（納木）湖畔から250騎の騎兵を率い、遠回りして薩噶に入った。彼はさらに多くの義援兵を編入して進軍し、徐々に三囲から近い所に到着した。チベット・モンゴル軍はラダク（拉達克）の軍営に一心不乱に突撃し、思い上がったラダク（拉達克）軍を大敗させた。そのあと勝ちに乗じて進軍し、最後にはチベットの軍隊はラダク国の都であるレル（列）城を占拠した。ラダク側は今後2度と危害を加えずゲルク派を尊重すること、さらに領民のために尽くすと誓った。ガリ地区で暮らしていた吐蕃ツェンポの末裔ロプサン（洛桑）白瑪を王として封じ、千戸の領民を与えた。このほか、ガリ地区のダクポ・カギュ派とニンマ派の各寺に以前と同じように彼らの教派を信奉し、それについて邪魔をしないように命じた。ゲルク派の各寺院については、廃れた寺院には修復を施し、壊れていない寺院にはさらに拡張させた。つまり、これよりガリ三囲は再びチベットに帰属し、チベット地方政府はこの地区に駐総官や、カルポン（噶本）および各県の県官を派遣し、制度を整えた。これは民主改革まで続いた。

　ダライ・ラマが66歳の時、つまり1682年（チベット暦第11ラプチュン水狗年）、2月10日より門を閉ざして修行に専念し、17日も修行を継続していた。すると、脚部の疾患が少し悪化した。25日、ダライ・ラマの医師ダクポワ（塔布瓦）がデシの前で「大師の脈象（脈の状態）は悪い。もしデシが来られるなら、来てもらいたい」と告げた。デシと司膳ケンポの2人は相談し、ダライ・ラマのため祈福禳災の法事を行った。後に、衆人が去ったあと、ダライ・ラマは手でデシの頭を撫でて、彼に政教両面の業務の処理法や漢人やモンゴル人を主とする施主への対応方法などについて詳しく教えた。ダライ・ラマは「一切法は皆無

1　『頗羅鼐伝』25〜51ページ。
2　原文の「管」は「官」の誤り。

常である。故に決まり切ったことなどはない。心配いらない。短期的な視点でみてはならない。脈象も定まったものではない。私にもし不測の事態があれば、暫く秘密にしておけ。私の転世はすぐに現れるので、簡単だ。転世の場所とその父母は必ず前世と運命的な縁がある。あなたが再び私を認定すればよい。複雑な状況になっても、認定を誤ることは起こりえないので、心配する必要はない。…」デシはこれを聞いた後、雨水のように涙を流した。1682年（チベット暦第11ラプチュン水狗年）2月25日昼、午の刻に法界に召された。法体の祭祀および追善の法事などはみな秘密裏に行われた。これ以後、12年の長きにわたって彼の入滅は付されていた。この間の出来事はデシ・サンギェ・ギャムツォに関する一節で述べることにする。

五、グーシ・ハーン父子と歴代のデシ

1. グーシ・ハーン父子

グーシ・テンジン・リンポチェ（固始丹増法王＝グーシ・ハーン）がチベット全域を征服した後、ダライ・ラマ5世に献上し、自ら教徒となった。この後の12年間、彼はデシとともに軍政の重責を担っていた。後に、清朝の順治帝が彼を冊封によってチベット地方の小国の王とした。1654年（チベット暦第11ラプチュン木馬年）、グーシ・テンジン・リンポチェ（固始丹増法王）はラサのガンデン・カンサ府邸で逝去した。ダライ・ラマ5世の彼に対する賞賛は言葉の限りを尽くしたもので、彼の逝去に深い痛惜を表したものであった。

---

1 『ダライ・ラマ5世自伝』木刻版、第4部、216〜217ページ。
2 「丹増法王」は、グーシ・ハーンがダライ・ラマ5世から得た世襲の称号で「仏の教えを保持する仏教王」という意味（ロラン・デエ著、今枝由郎訳『チベット史』（春秋社。2005年）133ページ）。チベット語だとテンジン・チューギ・ギャルポ」。そのモンゴル語訳が「グーシ・ノミン・ハーン（国師法王）」であり、以後、グーシ・ハーンと名乗った。

1658 年（チベット暦土狗年）、グーシ・ハーンの子、テンジン・ダヤン・ハーン（丹増達延汗）は父の位を継いだ。即位式が正式に行われた時、ツァガン・ノミハン（察干諾門罕）、ペンコルチョーデ（白居寺）のケンポらがデシと相談し、ダヤン・ハーン（達延汗）の名に「テンジン・ドルジェ（丹増多吉）王」の称号を追贈して、珊瑚・琥珀・茶葉・絹織物・プル（チベットの毛織物）など多くの贈ることを提案した。こののち、グーシ・ハーン子孫はチベット地方政府のよりどころとなり、「モンゴル父子ハーン政権」と呼ばれるようになった。地方政府は彼らに食糧を提供し、とても丁重に扱った。軍事や武力関連の重大事案に直面した時は、(モンゴル人たちは)地方政府と協議し、支援をした。ただし地方政府の日常的な業務に関しては責任や権限をもたなかった。

2. 歴代のデシ

ガンデン・ポタン政権が成立したばかりのころ、ダライ・ラマ5世は主に宗教関連業務に従事していて、政治に関する事は任命したデシに管理させていた。初代デシは元司庫のソナム・チョペルで、1642 年（チベット暦水馬年）から 1658 年（チベット暦土狗年）、まで在位 17 年を数えた。グーシ・ハーン逝去までの 12 年間、ソナム・チョペルとグーシ・ハーンは共同して業務にあたった。書類に印をする必要がある時、グーシ・ハーンの赤印（この印の印文は、繋がった万形模様で囲まれている）のとなりに、デシ・ソナム・チョペルの四角い黒印を押した。この時期、ダライ・ラマ5世の意思により、1645 年（チベット暦木鶏年）4月1日、ポタラ山の東にある山で白宮の起工式が行われた。4年を経て、土鼠年に竣工した。以前使われていた、ネドンの首領およびデシ・ツァンパの法律に添削をし、「十三条律例」を制定し、その成果はとても大きかった。1654 年（チベット暦木馬年）、グーシ・ハーンは 73 歳で逝去した後から土狗年までの4年間、デシ・ソナム・チョペルは単独で政権を担当した。彼は都合 17 年間政権を担当し、その後、ラサトゥルナン寺のなかで逝去した。このあとの2年間、ダライ・ラマ5世が政務を掌った。

1660年（チベット暦鉄鼠年）7月13日、仲麦巴・赤列嘉措（デシ・サンギェ・ギャムツォの父の兄）が第2代デシとなった。

1669年（チベット暦土鶏年）8月1日、ダライ・ラマは自身の司供ケンポ・ロプサン・ツトプ（堪布洛桑図多）を3代目デシとした。彼がデシであった時期に「珍宝服飾」を発掘・整理・使用し、ラサのラモチェ寺を拡張・修繕した、またカンギュル経を木版印刷し、すばらしい本を出版した。1674年（チベット暦木虎年）3月、彼はサキャ派の跡継ぎの妻タシと不倫関係をもち、ダライ・ラマに辞めさせられた。

1675年（チベット暦木兎年）、ポタラ宮のナンヤル・学堂（郎傑扎倉）の執事ロプサン・ジンパ（洛桑金巴）が第4代目デシに任命された。ポタラ宮デーヤンシャル（徳陽厦）の3列階段の入り口にある庭の壁や、ダライ・ラマの手印のある告知文で賞賛されているように、彼は人に対し清心寡欲で、政教両方の業務に誠心誠意取り組んだ。1679年（チベット暦土羊年）5月、4年間の在位を経たあと辞職を願いでて、ダライ・ラマの許可を得た。

六、デシ・サンギェ・ギャムツォ（桑結嘉措）

デシ・サンギェ・ギャムツォは1653年（チベット暦第11ラプチュン水蛇年）、キショド（吉雪）娘程地方の仲麦村で生まれた。父の名はアシュ（阿蘇）、母の名は普赤傑姆（ブチ・ギェルモ）であった。ダライ・ラマ5世はサンギェ・ギャムツォの名を授けた。

彼が8歳の時、初めてダライ・ラマに拝謁した。のちにダライ・ラマ5世や本人彼の伯父にあたるデシ・赤列嘉措ら多くの賢哲にしたがって様々な学問を学び、遂に学者の頂点に至った。彼は27歳（1679年）から53歳（1750年）までデシを担当した。

1694年（チベット暦第12ラプチュン木狗年）、清朝の康熙帝はチベット・漢・モンゴルの文字3種で彫られた金冊や金印を下賜し、彼を賞賛した。この事に関して、デシ・サンギェ・ギャムツォの言葉からも、か

つてチベット地方を統一し治めたことがあるサキャ派とパクモドゥパ派の両政権が、力強くかつ争い統治権を行使できたのは、元朝の封冊と印綬を授けられたからであることがわかる。このほか、ディグンとツェルパなど特殊な地域である万戸長などの管理者も、皇帝の諭旨や封文を得ていた。つまり、歴代皇帝の封賞文書を受け取ってこそ、ラマは大ラマになり、各官員は大官員になれるのである。チベットにおいて、朱印の使用が許されるか否かは、皇帝の封文を得られるかで決まるというしきたりが存在していた。

サンギェ・ギャムツォは、チベット『四部医典』の注疏『四部医典藍瑠璃』、その『補遺』、チベット医学史『医学概論』、チベット暦星算学の格言を集めた『白琉璃』など、医薬や暦算の著作を相次いで著した。1696年（チベット暦火鼠年）に薬王山チベット医学校を創建し、80十枚の医薬タンカを作成した。それらは現代までずっと残っている。デシ・サンギェ・ギャムツォの主要な著作には『ダライ・ラマ5世自伝』『伝記精要』、ポタラ宮『ダライ・ラマ5世大金霊塔志』、『ダライ・ラマ5世火錬布爾擦録』など20部近くある。また、彼は、ポタラ宮紅宮の主棟と附属棟の建造を主宰した。康熙帝はこれに対して建設を助けるため漢人の大工114名を派遣し、大量の金銀を与えた。

デシ・サンギェ・ギャムツォが政務に当たって3年を経たのち、チベット暦第11ラプチュン水狗年（1682年）、ダライ・ラマ5世は入滅した。ダライ・ラマ入滅の当夜、デシはケロン・ジャムヤン・ダクパらをペルデンラモ（班丹拉姆）像の前に集めて占いを行った。その結果は、転生霊童が誕生し、ラサに迎えるまで秘密にすることにした。そこで、デシは入滅を秘密にし、対外的にはダライ・ラマ5世は門を閉ざして修行をしていると説明していた。康熙帝に対しても秘密にした。皇帝が使者を派遣してきたり、モンゴルの重要な施主が来て、ダライ・ラマが会わなければならない状況の場合、彼はダライ・ラマ5世に姿が似ていたポタラナムギャル学堂の僧デパ・デイラブが会見し、手書きの諭旨などは、

デシ・サンギェ・ギャムツォらの手で書いていた。秘密にしていたこの時期に、様々な方法で転生霊童を捜索していた。

こうした情況について、牙含章は彼の著作で、

1696年（康熙35年）、康熙は大軍を自ら率いてジュンガル（准噶爾）へ遠征に出た際、外モンゴルのヘルレン川でジュンガル軍を打ち負かした。ガルダン（噶爾丹）は毒を飲んで死に、全軍が壊滅した。康熙帝は捕虜のチベット人から、ダライ・ラマ5世が亡くなって随分経ているという情報を知り、デシ・サンギェ・ギャムツォに書簡を送って叱責した。デシ・サンギェ・ギャムツォは手紙を受け取った後、清政府の威圧に対して非常に畏れを抱いた。翌年（1697年）康熙帝に1通の密書を書き、こう伝えた。「ダライ・ラマ5世は水狗年に入滅し、転世静体は今15歳になっています。タングート（＝チベット）の人々が政変を起こすことを恐れ、入滅を秘密にしていました。牛年12月25日に坐床[1]を行います。大皇帝がお怒りにならないように求めます！」康熙帝は彼が手紙で述べた願いを受け入れた[2]。

チベットの史料には、1696年（チベット暦火鼠年）5月10日、まず転生霊童の父母が秘密を解消し、彼らが自らの息子がすでにダライ・ラマの転生霊童に認定されていたと説明したと記載される。この年、使者を北京に送って秘密にしていた顛末を説明し、いま霊童はすでに大人になって、まもなく其迎至ポタラ宮に迎え入れられ、坐床典礼が行われるということを報告した。皇帝はそれをすでに知っていた、云々[3]。このようにはっきり書かれていないので、牙含章の書の内容で補足した。

---

1 坐床とは、チベット仏教で転生霊童が後継者となる際の儀式のこと。
2 『ダライ・ラマ伝』チベット語版、93～96ページ。
3 『極明金穂』木刻版、287ページ。

第二節　ダライ・ラマ6世・ツァンヤン・ギャムツォ（倉央嘉措）の足跡

一、ダライ・ラマ5世の転世認定と坐床式

　ダライ・ラマ6世・ロプサン・リンチェン・ツァンヤン・ギャムツォ（洛桑仁欽倉央嘉措）の父タシ・テシン（扎西丹増）はもともとツォナゾン（錯那宗）に住んでいた。母はツェンポの末裔で名をツェワン・ラモといった。ツァンヤン・ギャムツォ（倉央嘉措）は1683年（チベット暦第11ラプチュン水猪年）3月1日に生まれた。誕生した時に様々な異兆があったといい、3歳になってから普通の子どもとは異なる行動をしていたという。ツォナの13年間、ツァンヤン・ギャムツォ（倉央嘉措）は大変苦労した。詳細な状況はツァンヤン・ギャムツォ伝『金穂』という書に記載される。後世、ある話が流行した。ツァンヤン・ギャムツォが故郷で暮らしているとき、母親とともに働いていて、若い娘と恋仲になったというが、この話はどんな根拠に基づいているのか、考証が必要である。
　1697年（チベット暦第12ラプチュン火牛年）の提灯節のころ、ダライ・ラマ6世・ツァンヤン・ギャムツォ（倉央嘉措）はポタラ宮の司喜平措大殿で、テンジン・ダライ・ハーン（丹増達頼汗）やデシ・サンギェ・ギャムツォらチベット、モンゴルの僧俗双方の官員の参加のもと、坐床式が執り行われた。清朝の康熙帝は大局的な考慮から、ホトクト（章嘉呼図克図、章嘉大師）ら朝廷の使者を式典に参加させ、無数の珍宝を下賜した。
　1698年（チベット暦土虎年）、ツァンヤン・ギャムツォ（倉央嘉措）がデプン寺で、最初の法縁を建てた。『菩提道次第広論』の始まりから経文伝承を行い、法相経典の聞き取りを始めた。デシはサンスクリット

第七章　カンデン・ポタン政権の統治期

の音韻に関する知識を教授した。このほか、パンチェン大師やガンデン寺主持、サキャ、ゲルク、ニンマなどの各派の上師から大量の顕密経典を学んだ。デシは、ツァンヤン・ギャムツォの勉学について非常に厳しく監視した。

　ツァンヤン・ギャムツォが成長していく頃、ちょうどチベットの政治は不安定で、内外に様々な矛盾が絶えず現れていた。1700年（チベット暦鉄龍年）、テンジン・ダライ・ハーン（丹増達頼汗）がチベットで逝去した。其の次男ラザン・ルパル（拉蔵魯白）が前チベットに来て、父の職位を継承した。これに対し、モンゴル施主の中には賛成と反対の両意見があった。このほか、デシはダライ・ラマ5世の入滅を長く秘密にしていたので、清朝の康熙帝の不興をかっていた。チベット内部では、デシによる独断専行や、長期間も喪を隠匿したこと、袈裟を着て公に「本妻」を養うなどの行為について、デプン寺、セラ寺の一部の首脳は不満を抱いていたことなどである。様々な矛盾が錯綜して複雑になり、ツァンヤン・ギャムツォは「失望した。学んでも何にもならない」と感じるようになった。そして、怠けるようになり、享楽に興じて、やりたい放題になってしまった。

　1702年（チベット暦水馬年）6月、ツァンヤン・ギャムツォが20歳の時、デシは彼に比丘戒を受けるよう勧めた。彼はその勧告を聞き入れた。タシルンポ寺に行き、パンチェン大師ロプサン・イェーシェー（洛桑益西）と面会した。パンチェン・ラマ5世の伝記にこうある。「彼が比丘戒を受けるのを強制してはならない。さもないと、先立って受けた出家戒も放棄してしまうだろう。終いには、私を含めた衆人が彼に俗人の服に着替えないようにお願いするようになる。事男戒に近づけて比丘戒を受けさせて、法輪を再び回そうとした。しかし、結局効果はなく、そのことを詳細にデシに報告するしかなかった。ツァンヤン・ギャムツォ（倉央嘉措）は扎倫布寺で17日滞在した後、ラサにもどった」[1]。それ以降、ツァ

---

[1] 『五世パンチェン洛桑益西自・明晰品行月亮』209ページ。

ンヤン・ギャムツォは俗人の衣服を着はじめ、身勝手に振る舞い始めた。昼に龍王潭で弓矢・飲酒・唱歌をし、遊びほうけた。さらにラサの近郊へ遊びに行き、若い女性と遊んで、戒律を放棄してしまった。

二、ラサン・ハーン（拉蔵汗）、デシを殺してチベットを掌握

ラサン・ハーン（拉蔵汗）はダライ・ラマ6世・ツァンヤン・ギャムツォ（倉央嘉措）とデシ・サンギェ・ギャムツォの不和を利用し、より多くの面倒事を起こした。デシはラサン・ハーン（拉蔵汗）を毒殺しようと企んでいるという風説が出回ってから、チベットとモンゴルの福田・施主間の対立はさらに先鋭化した。1705年（チベット暦木鶏年）1月、ダライ・ラマ6世、キシュド・デパ（吉雪第巴）、ラモ・チェオス・ジェ（拉木降神人）、セラ寺とデプン寺の2寺のケンポ、政府の各要員、パンチェン大師の代表、モンゴルの施主たち等が集まってこの対立をどう解決するか話し合った。その結果、次のように決まった。デシ・サンギェ・ギャムツォは地方政府の職務を辞して、ゴンガ（貢嘎）宗を彼に与える。ラサン・ハーン（拉蔵汗）は「地方政府モンゴル王」の称号を保留し、青海に戻って留まる。しかし、実際には双方ともこの決議に従う意思はなかった。ラサン・ハーン（拉蔵汗）はラサを出発したあと、ヤンパチェン（羊八井）やダムシュン（当雄）などで長期駐留をくりかえし、ゆっくりとした足取りでナチュ（那曲）に着いた。ナチュ（那曲）でチベット北部の各地のモンゴル軍を集結し、戦争の準備をしていた。彼はデシが決議を守らず、依然としてポタラ宮内で政府の業務に関与していることを口実に、そこからラサに引き返してきた。この年5月、ラサン・ハーン（拉蔵汗）はダムシュン（当雄）のモンゴル軍を二手に分け、自ら統率してシャンポ（澎波）から進攻するほか、別働隊を率いる妻のツェリン・タシ（次仁扎西）と一部の軍官は、トドゥルン・ドチェン（堆龍徳慶）から進攻した。当時、セラ、デプン2寺の上師、密宗院の軌範師およびパンチェン大師の代表らは情報を聞きつけたあと、急いで差し止

めに行った。そして、ハーンに撤兵するよう願い出たが、拒否された。1705年（チベット暦第12ラプチュン木鶏年）7月、デシ・サンギェ・ギャムツォは捕らえられ、トドゥルン・ドチェン（堆龍徳慶）の朗孜村に閉じ込められたあと、すぐに斬首された。このあと、モンゴル人ラサン・ハーン（拉蔵汗）のウ・ツァン統治は12年間続いた。

三、ラサン・ハーン（拉蔵汗）支配下でのダライ・ラマ6世の最後

　ラサン・ハーン（拉蔵汗）が大権を掌握したのち、様々な手段でダライ・ラマ六世を譴責した。さらに使者を北京に派遣し、サンギェ・ギャムツォがジュンガル（准噶爾）人と結託して、朝廷に反旗を翻そうとしていたと告げた。またデシ・サンギェ・ギャムツォがポタラ宮で擁立したツァンヤン・ギャムツォ（倉央嘉措）はダライ・ラマ5世の本当の転生霊童ではなく、彼は一日中酒色におぼれ、戒律を守らないので、廃位させたいと願い出た。康熙帝はすぐに侍郎赫寿らをチベットに派遣し、ラサン・ハーン（拉蔵汗）を「翊法恭順汗」に勅封し、金印1つを与えた。ツァンヤン・ギャムツォ（倉央嘉措）のポタラ宮での職位を解き、「執献京師（北京へ連れてこさせる）」ように命じた。その諭旨により、ツァンヤン・ギャムツォ（倉央嘉措）は廃位させられ、すぐに北京に「護送」された。デプン寺前のツァド・ニド・リン・カ（参尼林卡）が彼を送りだすとき、寺の僧侶たちは無理矢理彼をこの寺のガンデン・ポタン宮中に連れて行った。ラサン・ハーン（拉蔵汗）はこの知らせを聞き、デプン寺をすぐに包囲させた。僧侶たちも武力抗戦の準備を整えており、双方は衝突で血を流す事態となるところであった。ツァンヤン・ギャムツォ（倉央嘉措）はこの状況をみていたたまれず、自らモンゴル軍の中へ降ったので、この一触即発の事態はすぐに収まった。その後、北路で北京に向かい、青海のクンガヌル（貢噶諾爾）に着いたとき、彼は入滅した。年25歳であった。

　その後、ラサン・ハーン（拉蔵汗）は1686年（チベット暦火虎年）

に生まれたイェシェー・ギャムツォ（化身ラマ阿旺益西嘉措）を第6世のダライ・ラマに認定し、彼をポタラ宮に迎え入れた。彼は11年間在位した。しかし、チベットの僧俗民衆は皆彼をダライ・ラマの転生霊童と認めなかった。バンカル・ツァンパ・イェシェー・ギャムツォ（白噶爾増巴・益西嘉措）が着任したあと、ラサン・ハーン（拉蔵汗）はすぐに康熙帝に奏上し、彼をダライ・ラマと承認することと、金印の下賜を求めた。皇帝は奏文どおり、金印1つを下賜した。印文は「敕封第6世達頼喇嘛之印」が「敕賜第6世達頼喇嘛之印」に改められていた。[1]

　当時の混乱したチベットの状況を鎮めるため、康熙帝は1713年（チベット暦第12ラプチュン水蛇年）にパンチェン・ラマ5世・ロプサン・イェーシェー（洛桑益西）を「パンチェン・エルデニ（額爾徳尼）」に改めて、金冊、金印を下賜した。さらにラサン・ハーン（拉蔵汗）のチベット地方の業務を助けるよう命じた。歴代パンチェンの「エルデニ（額爾徳尼）」という名はこうして決まったのである。

四、ジュンガル（准噶爾）モンゴル軍によるチベット奇襲

　1716年（チベット暦火猴年）、ジュンガル（准噶爾）のツェワンラプタン（策妄阿拉布坦）は大将のツェリン・ドンドゥプ（策零敦多布）に、6,000名の精鋭部隊を率いさせた。「ゴビ砂漠の端を通って、ホータン大山を越え、日中は隠れて夜間に行軍し」、道なき道を切り開いて進んだ。1717年（チベット暦火鶏年）孟夏、チベット北部のナムコ（納木）湖からチベットに突入した。

　そのとき、ラサン・ハーン（拉蔵汗）はダムシュン（当雄）に駐留していた。その次男スラヤ（蘇爾扎）が妻を娶って青海からダムシュン（当雄）に戻ってきたあとで、ちょうどお祝いの宴席を準備しているところであった。そこにある者が、大軍がまさにナムコ（納木）湖畔に駆けつ

1　『印鑑清冊』11ページ。

けているとラサン・ハーン（拉蔵汗）に報告した。ラサン・ハーン（拉蔵汗）は直ちにウ・ツァン、タグコン（塔工）などの地域の軍隊を結集させ、対抗するため様々な処置をとった。ダムシュン（当雄）地区では、双方の交戦が幾度か起こって、有名な猛将ダポン・アオ・ロンパ（代本欧栄巴）やブンタンパ（繃唐巴）の2人が犠牲となり、ポラネー（頗羅鼐）が負傷した。しかし、来襲を防ぎ切れなかった。その後、ジュンガル（准噶爾）軍隊がラサへ進軍することを聞きつけ、ラサン・ハーン（拉蔵汗）と軍隊は急いでラサに引き返し、チベット・モンゴルの軍隊にラサの四方を堅守するよう命じた。ジュンガル（准噶爾）軍はすぐにラサを包囲し、次の虚言を吹聴した。「私たちはラサン・ハーン（拉蔵汗）を討ち取りにきたのではない。青海のダチェン・ホショト（戴青和碩斉）が軍を率い、ダライ・ラマ転生霊童ロプサン・ギャムツォ（格桑嘉措）をチベットに連れてきた。チベットの庶民と聖教のために来たのだ」この虚言は瞬く間に広まり、チベット軍のなかで厭戦気運が高まり、闘志がなくなってしまった。数日後、ジュンガル（准噶爾）の軍は総攻撃を開始した。東から攻め来る敵に対しては、ポラネーが率いる軍がしばらくの間奮戦していたが、北から進攻してきたジュンガル軍が市内に突入してきた。ラサン・ハーン（拉蔵汗）はその知らせを聞くと、すぐさま少数の従者を引き連れてポタラ宮に籠もった。この年11月1日、ラサン・ハーン（拉蔵汗）は親族の忠告を聞き入れずに、臣下のモンゴル人洛桑群培の随行のもと、ポタラ山下の城壁の東門から出て、まっすぐルグナデル（魯古柄第）へ奔走していった。道すがら数名のジュンガル（准噶爾）兵を殺したが、最後には大勢のジュンガル軍に包囲され乱戦の末、ラサン・ハーン（拉蔵汗）は殺された。

この後、ジュンガル（准噶爾）人はしばらくチベットの大権を掌握していた。丸3年に及ぶウ・ツァンの統治は残虐なものであった。

第三節　ダライ・ラマ7世・ケルサン・ギャムツォ（格桑嘉措）の時代

一、認定とチベット入り

　第12ラプチュン陽土鼠年（1708年）7月19日、ダライ・ラマ・ロプサン・ケルサン・ギャムツォ（格桑嘉措）はドカン（多康）の下方のリタン・ツチンチャムパリン（理塘図欽強巴林、リタン寺と略称される）に属するロショ（洛雪）村で生まれた。父の名はスーナム・ダルギャ（索朗達吉）といい、母の名はロプサン・チョツォ（洛桑曲措）といった。母方の伯父アカル・タシ（阿蓋扎西）が彼に「ケルサン・ギャムツォ（格桑嘉措）」という名を与えた。

　木羊年（1715年）、ノムンハンとモルゲン・ダチン（墨爾根岱青）ら首領は次々と霊童を迎えた。この時、文殊大皇帝[1]はチベットのジュンガル（准噶爾）部を征伐しようと考えていたので、青海の首領たちは集まって協議し、皇帝の旨意で霊童をタール（塔爾）寺に送るよう決定した。

　土猪年（1719年）、康熙帝の第14子である大将軍允禵は数名の大臣と3,000余名士兵を率いて大挙して、西寧からタール（塔爾）寺に至り、漢人部隊とモンゴル人部隊の大軍を広く配置して、転生霊童を迎え入れる準備をすべて整えた。翌年（1720年）、「皇子大将軍は7人を送りチベット入りのための白銀10,000両を贈り、ダライ・ラマは長寿灌頂を受けた」[2]。

　この年、「陰暦3月20日、将軍は奉天承運文殊大皇帝がダライ・ラマ

1　文殊大皇帝とは、チベット圏における清朝皇帝の尊称。文殊皇帝とも。
2　『ダライ・ラマ7世伝』上巻、66ページ。

に下賜した、100両の黄金で製造した金印を持参してきた。金印には「宏法覚衆第6世達頼喇嘛之印」（当時、ツァンヤン・ギャムツォ（倉央嘉措）は6世ダライと認められていなかった）という文字が、満蒙蔵（満洲語・モンゴル語・チベット語）の文字で刻まれていた。また150両の黄金で製造された金冊もあり、詰書には、「爾（なんじ）は幼きころより前業を継承し、戒律に恪勤にして、経典を研鑽し、深く各部落の信頼を得たり。これ以て特に慈旨を降し、冊印を頒（わか）ち、爾を封じて宏法覚衆第6輩達頼ラマとす。爾仏教を闡揚し、朕の大業を輔け、訓導に勤めよ。恪遵して怠るなかれ」とあった。

二、ジュンガルの勢力をチベットから駆逐する

ジュンガルの兵がチベットを占領していた間、大規模に放火や強奪をおこない、悪事の限りを尽くしたため、チベットの僧侶民衆の大多数はそれに恨みをもっていた。この時、大皇帝の軍隊は数え切れないほどで、ダライ・ラマ転生霊童をチベットに迎え入れるという知らせは伝わっていた。チベットの一部の官員が様々な方法で、大皇帝の軍隊がジュンガル（准噶爾）兵が駆逐しようとするのに協力した。タイジ（台吉）やジサン（吉桑）らジュンガル（准噶爾）貴族たちはが各種の宝装飾品や大量の物品を奪ったあと、ガリ経由でジュンガル（准噶爾）部に逃走しようとする際、カルポン（噶本、営官）カンチェンネー・ソナムギェルポ（康済鼐・索朗傑波）に騙されて、貴賓として幕舎に招かれた。すると、幕舎が崩れた。幕舎の外にいた62名の下僕は逃走したが、多数の首領が捕獲された。このほか、ジュンガル（准噶爾）の官兵の一部が上部のガリ地区を経由して逃亡した時、ガリ三囲の総管カンチェンネー（康済鼐）に殲滅させられた。その知らせがニャラム（聶拉木）に伝わり、ポラネー

---

1 詰書とは、皇帝の臣下に対する命令書。
2 営官とは、清朝の軍制で500人を1営とした部隊の長をいう。
3 『噶錫哇（ガシワ）世系伝』25～26ページ。

は大変喜んだ。ガリなどの牧区では鉄が不足していた。そこで、ポラネーは千個あまりの馬蹄鉄を製造し、近侍ラザン（拉賛）を使わし、急いでガリに届けさせた。カンチェンネー（康済鼐）に宛てた手紙のなかで、「あなたの勇気は賞賛に値する。ニャラム（聶拉木）はジュンガル（准噶爾）への反撃の準備がすでに整っているので、機会を待って共闘する」と賞賛した。このようにカンチェンネー（康済鼐）も喜んでいた。これより、2人は意気投合し、同じ道を歩く関係になった。

　清朝皇帝の軍隊がチベットに着いた時、ガリ三囲総管カンチェンネー（康済鼐）の軍隊はすでに卓雪地区に到着していた。ポラネーはニャラム（聶拉木）から派兵し、ギャンツェ・ゾンポン・ラダン・シャルパ（江孜宗本熱丹夏爾巴）が率いる軍隊とロゴン（洛貢）の軍隊とラツェで合流した。彼の優れた能力で内輪もめを鎮めたあと、兵を差し向けてカムパラ（甘巴拉）より上のツァンに属する全部地方を占拠し、ジュンガル（准噶爾）の兵に反撃を加えた。

　このほか、アボ・ドルジェ・ギェルポ（阿爾布巴・多吉傑波）は清朝軍隊を足止めするという口実で多康に移動したが、実際には彼はダライ・ラマと皇帝の軍隊を迎えるためであった。大軍の行軍を導き、ジュンガル（准噶爾）兵のチベット占拠の状況を詳しく報告した。

　この時、康熙帝はジュンガル（准噶爾）兵をチベットからすべて駆逐するため、兵を南、北、中3路に分けた。南路は定西将軍噶爾弼が率いる雲南・四川・湖楚・浙江の兵士で、ダルツェド（打箭炉）とチャムドから出撃した。12ラプチュン鉄鼠年（1720年）夏にラサに着き、ジュンガル（准噶爾）と思わしき僧侶を拘禁し、デチェン・バートル（徳欽巴図爾）とポラネーに書簡を送って、ラサに到着したことを告げた。中路は、平逆将軍延信が率いる陝西、甘粛の兵であった。彼らはこの年3月に青海から出発し、ダライ・ラマを護送してチベットに入った。それに先立ち、兵を差し向けてジュンガル（准噶爾）兵による襲撃をなくし、順調に進めるようにした。ダライ・ラマとその随行者たちはナチュ（那曲、

黒河）を経て、秋に無事ラサに到着した。

三、ダライ・ラマ 7 世の坐床と、チベット地方政府の首領の任命

　鉄鼠年（1720年）9月15日、ダライ・ラマは比丘[1]の法衣を身にまとい、文殊大皇帝の大臣阿達哈達や、科秋艾増ら多くの化身ラマ高僧が集まるなか、ガンデン・チョクホル（甘丹曲果）からポタラ宮に向けて出発した。ラサ四如[2]とポタラ宮付近の住民は歌いながら踊り、歓迎した。文殊康熙大皇帝はダライ・ラマの坐床を祝うため、高級なハタ[3]1枚、白銀 10,000 両などを下賜し、「仏教と衆生に利益せんが為、蓮足[4]は永（とこしえ）に固く、法輪は長く転ず」という詔書を与えた。皇帝が派遣した官員と王族の頭領たちもそれぞれ自らの贈り物を献上した。[5]

　この年 11 月 5 日、ポタラ宮日光寝殿で、パンチェン大師はダライ・ラマに沙弥戒を授け、もとの名に「ロプサン（洛桑）」の 2 字を加えて、彼の全称名を「ロプサン・ケルサン・ギャムツォ（洛桑格桑嘉措）」に改めた。[6]

　その後、康熙皇帝が派遣した将軍は法に基づいて第司タツェワ（達孜哇）らを処分した。ダライ・ラマ、パンチェン大師、ポラネーらは第司タツェワ（達孜哇）の命を助けるように要請した。しかし、大皇帝の聖旨には背きがたく、要請も受け入れられなかったので、第司タツェワ（達孜哇）やラギャ・ラダン（拉加熱丹）、カブロン・タシ・チパ（噶倫扎西孜巴）、カブロン・アチュク（噶倫阿曲）らはラサ河の堤岸の裏で処刑され、第司タツェワ（達孜哇）の子とジュンガル（准噶爾）僧侶ら一

1　比丘とは、仏教における出家 5 衆の 1 つで、具足戒をうけた男性修行僧のこと。
2　四如とは、烏如、要如、叶如、如拉の 4 つをいう（未詳）。
3　ハタとは、長い帯状の薄絹で、神仏や来客の歓迎のしるしに渡すもの。
4　蓮足、未詳。ハスの根元、すなわち蓮根のことか。
5　『ダライ・ラマ 7 世伝』上巻、73～76 ページ。
6　『パンチェン洛桑益西伝』294 ページ。

部の有罪者は中国の本土に赴き裁定を受けた。鉄牛年（1721年）、皇帝は次の勅旨を出した。敕封によりデチェン・バートル・カンチェンネー・ソナムギェルポ（徳欽巴図爾康済鼐・索朗傑波）をベイセ（貝子）とし、チベットの業務を統括する首席カブロン（噶倫）を委任する。敕封によりアボ・ドルジェ・ギェルポ（阿爾布巴・多吉傑波）をベイセ（貝子）とし、晋カブロンに昇格させる。ルンパナ・タシギェルポ（隆布鼐・扎西傑波）を公爵に封じる。敕封によりポラネー・ソナム・トブギェル（頗羅鼐・索朗道吉）とジャラナス・ロドロギェルポ（扎爾鼐・洛追傑波）をタイジ（台吉）とし、カブロンに昇格させる。こうして、チベット地方政府の業務を統括する機構が成立した。

以前、ラサ祈願大法会に参加する人々は、セラ、デプン両寺をはじめ付近の一部の寺院や禅院の僧侶を除き、ガンデン寺僧侶は参加しない習わしであった。水兔年（1723年）から、ガンデン寺の僧侶は1年に一度の祈願大法会に参加することになり、かつダライ・ラマは毎年法会に臨席する決まりになった。

清康熙61年、大皇帝が崩御した。康熙大帝の御霊を鎮めるため、ダライ・ラマは自らトゥルナン寺に赴き、僧侶たちといっしょに文殊皇帝大法王と皇后のため回向文を読誦し、心から祈りを捧げた。その後、ドンニェル・デダル・カン（仲尼岱達爾罕）を北京に派遣し、皇帝の4男の皇位継承を祝った。「このあと程なくして、皇帝は一等侍衛のサハン・アムパ（薩罕阿木巴）をチベットに派遣し、詔書を読み上げた。皇帝の詔諭により、新しく2名のカロン（噶倫）にチベット13万戸を管理する業務を委託した。（新任のカロン2名のうち1名はポラネーで、もう

---

1 貝子（バイゼ）とは、清朝における第4等の爵位。
2 回向文とは、死者の生前の功徳をたたえる文言。廻向文とも。
3 噶倫（カロン）とは、清朝においてチベットの行政業務を掌る職位で、噶廈（カシャ）を統括する。清の規定では4名おかれ、官位は3品。「噶布倫」、「噶卜倫」とも。
4 『ポラネー伝』鉛印本、453ページ。

第七章　カンデン・ポタン政権の統治期

1名はジャラナス・ロドロギェルポ（扎爾鼐・洛追傑波）であった。『ダライ・ラマ7世伝』には、まずカンチェンネー（康済鼐）とアボ（阿爾布巴）、隆布鼐がカロンとなり、2年後にポラネーとジャラナス（扎爾鼐）の2人が敕封でタイジ（台吉）となると同時に、カロンに昇格した、と詳しく記載されている。

　水兎年、青海で反乱が起きた。ダライ・ラマは無数の生命が災難に巻き込まれ、人々が恐怖にさいなまれるのを見過ごせず、即座に大いに慈悲を発し、ガンデン・トリ・リンポチェ・パルデン・タシ（甘丹赤仁波且貝丹扎西）に命じて調停に向かわせた。青海湖周辺の王族ロブザン・テンジン（羅卜蔵丹津）は恩知らずで、道理に逆らい、聖旨に従わず、反乱を起こした。彼は、当地の頭領のエルデニ・ジェノン（額爾徳尼済農）やノヤン・ナンソ（諾顔襄索）、マイデチェン・ギャツァン（邁徳欽加蔵）らを拘禁し、モンゴルのカシ（卡西）部落を占領したうえ、武器や馬を強奪した。文献によれば、カロンのポラネー・タイジ（頗羅鼐台吉）と指揮官ロザン・ダルギェ（洛桑達結）、モンゴルとチベット両方の兵500人がラサからナショ（那雪）地方に、ポラネーは文武両面の方法で多くの頭領や平民を招集した。彼らは頭を垂れてお辞儀をした。そして、エルデニ・ジェノン（額爾徳尼済農）と皇帝の欽差官に抵抗する者を捕らえ、ラサまで連行され、罪に問うた。ナショ（那雪）、玉樹、霍爾回部、上下仲巴、玉樹、白黒黄三窮波などの場所2万戸あまりは属民として組み入れられた。そして班師に勝利した。

　第12ラプチュン木龍年（1724年）、雍正帝はダライ・ラマに詔書、金冊、金印を頒賜し、政教権をさずけた。聖旨はダライ・ラマ7世に、ダライ・ラマ5世と同様に政教すべての護持を求め、ページが牛皮ほどの厚さになる金冊16頁と、満漢蒙蔵の4種の文字で「西天大善自在仏所領天下釈教普通瓦赤喇怛喇達頼喇嘛」と書かれた大金印を授けた。これより、歴代のダライ・ラマは18歳になると政教の業務に携わる（親政をおこなう）という規定ができた。

四、カロンの内輪もめとウ・ツァン騒乱

　首席カロンのデチェン・バートル（徳欽巴図爾）やアボ（阿爾布巴）、ルンパナ（隆布鼐）、ジャラナス（扎爾鼐）、ポラネーらがチベットを共同して統治した6年間、彼らの間では当初から非協力的な態度がみられた。『ポラネー伝』の述べるところによれば、こうした事態が起きた主な原因はルンパナ・タシギェルポ（隆布鼐・扎西傑波）の行為によるものだった。彼は官位の処遇に不満があり、陰謀をめぐらし、挑発や仲違いをさせた。ほか4人のカロンも元より彼と協力するという考えがなかったので、お互いに妬みあうという禍根を残してしまった。そのうち、デチェン・バートル（徳欽巴図爾）とポラネーの2名のカロンはジュンガル（准噶爾）兵への反撃以来、ツァン上部地域にそって雄兵を有しており、その基礎は盤石で、作戦経験も豊富であった。アボ（阿爾布巴）とルンパナ（隆布鼐）、ジャラナス（扎爾鼐）の3名はラサを中心とする前チベット地区をおさえており、これはガンデン・ポタン政権の中心地であった。そのため、前チベット地区の的主要な官員は多くが彼らを支持していて、彼らも政治的な基礎は盤石で、条件も熟していると認識していた。

　チベット側は北京へ使者を派遣し、秘密裏に大清皇帝に向けて、カロン同士の不和とチベット民衆全体の希望を反映した数封の書簡を送った。この1件の起因には、ダライ・ラマの父親も関係していた。雍正帝はこの密書を受け取ったあと、ひそかに鄂斉をチベットに欽差官として行かせ、調査させた。

　第十ラプチュン火羊年（1727年）、ウ・ツァン、カロンの摩擦がかなり先鋭化した。ラサの勢力からみればアボ（阿爾布巴）、ルンパナ（隆布鼐）、ジャラナス（扎爾鼐）のカロン3名が有利であった。ポラネータイジ（台吉）は、デチェン・バートル（徳欽巴図爾）に対し、防備に注意を払うよう繰り返し警告した。しかし、デチェン・バートル（徳欽巴図爾）は快活な人柄だったため、これを聞き入れなかった。ポラネー

は聡明な人物で、彼の夫人がシポナイ（錫頗鼐）荘園に滞在した際、彼はダライ・ラマとデチェン・バートル（徳欽巴図爾）に度々病を理由に暇乞いし、許可を得て荘園に戻り、しばらく療養した。

　このとき、大皇帝は聖旨を出し、功労を讃えてデチェン・バートル（徳欽巴図爾）に水晶の印璽などを下賜した。同時に、チベットの業務を行う2名の高官とその随行者が近々チベットに来ることになっていた。この知らせがラサに伝わり、アボ（阿爾布巴）、ルンパナ（隆布鼐）、ジャラナス（扎爾鼐）がそれを知ると、彼らは協議して予め2名のツァンのカロンを殺害してしまおうとし、行動を起こす日を決めた。さらに、それが決まったあと友人にもアドバイスを求めた。みなそれに同意した。[1]

　この年の6月18日、デチェン・バートル（徳欽巴図爾）、ベイセ（貝子）アボ（阿爾布巴）、公ルンパナ（隆布鼐）、ジャラナス（扎爾鼐）タイジ（台吉）らカロンはトゥルナン寺殿門抱厦の上にある康松寝で会議をしていたとき、ドンニェル・ロザン・ドンヨ（仲尼洛桑頓月）がデチェン・バートル（徳欽巴図爾）の背後に近づき、いきなり彼の頭髪をつかんだ。アボ・ロザン（阿爾布巴洛桑）、ベイセ（貝子）アボ（阿爾布巴）、公ルンパナ（隆布鼐）、台吉扎爾鼐ジャラナス（扎爾鼐）らは寄ってたかって刀を振り上げ、切りつけ、デチェン・バートル（徳欽巴図爾）はついに失血死した。デチェン・バートル（徳欽巴図爾）の数名の随行員も瞬く間にトゥルナン寺回廊で殺され、ラサトゥルナン寺ラダン寝殿の内外は血流で染まる事態となった。同時に、3人のカロンは部下に兵を連れてツァンへ向かわせ、カロンポラネータイジ（台吉）を捕殺しようとした。ポラネーの腹心であるキブパ・ワンドゥ（吉布巴・旺堆）はラサからシガツェ荘園に戻る途中で、デチェン・バートル（徳欽巴図爾）殺害の知らせを聞き、すぐさま随行の者をポラネーに向かわせた。ポラネーはよく考えたあと、その考えを3枚の紙に記し、丸めてツァンパ[2]の中に入れ、

---

1 『ポラネー伝』525ページ。
2 ツァンパ（糌粑）とは、麦こがしのことで、チベット族の主食である。

仏像の前で選んだ。すると、2つめの考えが当たった。それはガリ三囲とツァンの兵力をすべて集め反撃するというものであった。ポラネーは自ら兵を率いて出撃する決心をかためた。兵力の一部を残して自身の荘園を守らせ、急ぎ出兵した。そして前チベットの兵が彼に追いつく前に、撤兵し戻った。この年の7月17日、ポラネーは兵を率い、サガ（薩嘎）、卓雪、桑桑、絳昂仁、ラツェ、平措林などの場所の兵力を集結させ、ゆっくりとラサに向けて進軍した。

ポラネーは前チベットの兵がギャンツェに到着したという知らせを聞き、すぐに大軍を擁してシガツェ付近に向かい、そこで野営した。その後、ポラネーは大軍を率いて年楚（ニャンチュ）河の北道を進み、徐々にギャンツェの方向へ進んで、仲孜と前チベットの一部の兵と交戦した。この時、パンチェン・リンポチェは代理を送って双方に停戦を呼びかけたが、効果はなく、お互いに交戦を続けた。ポラネーの弟テンジン・ナンカルワ（丹増・襄嘎爾瓦）や、前チベット軍の翼官ラブテン・シャルパ（饒丹夏爾巴）ら数名の官員や兵士が戦死した。最終的に、ポラネーは兵を率いてしばらくサガ（薩嘎）の方向に撤兵し、前チベットはガムリン（昂仁）まで追走したが、衝突は起こらなかった。

火羊年10月25日、ポラネーはギャンツェ（江孜）宗に到着した。この日より、双方は毎日戦闘を行い、勝負がつかなった。長期化し、前チベット軍の兵糧や馬の飼料などが尽きたため、付近で強奪を行い、民衆の敵となった。さらにツァンの兵に何度も襲撃され、連行されるなど、行き詰まってしまった。こうした情勢のもと、ルンパナ（隆布鼐）らはタシルンポ寺とサキャ寺に礼をもって遇し、ポラネーに和平を受けるよう要請する事を求めた。

土猴年（1728年）5月26日、ポラネーの兵はラサ全土を占領した。アボ（阿爾布巴）、ルンパナ（隆布鼐）、ジャラナス（扎爾鼐）と前藏チベットコンポの残兵はポタラ宮に入り、門を仮託閉ざした。ポラネーの兵はポタラ宮とその付近の場所を包囲した。ダライ・ラマはポラネーに

高級な錦緞3匹、白銀500両を下賜して、3人のカロンとその親族の命を保証するように要求した。王公ポラネーはこう述べている。「ダライ・ラマの指示により、私は彼の生命を奪わないことにする。彼らが安全に各自の居住地に戻れるよう、彼らの友人に随行させ、平和に暮らすようにさせた。将来、もし文殊怙主大皇帝の主力部隊がこの地に来ることがあれば、3名の公倫が行った悪事を報告するであろう。その結果、結局私が悪いということであれば、私は罰せられるだろうが、もし公倫たちが誤ったというなら、彼らは処分されであろう。この間、私は決してダライ・ラマの旨意に背くことはしない」[1]。このように、ポラネーはアボ（阿爾布巴）、ルンパナ（隆布鼐）、ジャラナス（扎爾鼐）を彼らの自宅に拘禁し、故郷へ逃亡しないように、各家の周囲に300人の兵士を配置して守らせた。

五、皇帝が使者を派遣して、チベットの問題で処分を下す

この年秋9月1日、首席欽差官タリンア（査朗阿）と邁禄が大軍を率いラサに到着した。彼らは軍営のなかでアボ（阿爾布巴）、ルンパナ（隆布鼐）、ジャラナス（扎爾鼐）を膝立ちさせて、厳しく尋問した。ポラネーは証拠を持ちだして、アボ（阿爾布巴）、ルンパナ（隆布鼐）、ジャラナス（扎爾鼐）の3名が雍正帝に上奏して、離間させようと列挙したデチェン・バートル（徳欽巴図爾）の罪状70条あまりに反駁し、1ひとつ詳細に照合して、彼らが捏造したでたらめであることを明らかにした。

ほどなくして、聖旨が到着した。アボ（阿爾布巴）、ルンパナ（隆布鼐）、ジャラナス（扎爾鼐）の3人のカロンとその一味は叱責された。大皇帝は詔書を頒布し、ポラネーの述べる所は事実であるとし、白銀30,000両を下賜した。その後、アボ（阿爾布巴）、ルンパナ（隆布鼐）、ジャラナス（扎爾鼐）、覚隆ラマ、南傑学堂の執事、アボ・ロザン（阿爾布巴洛桑）

---

[1] 『ポラネー伝』641ページ。

やその他有罪の者は全部で17人にのぼり、巴瑪日山の麓の草原で処刑され、彼らの親族の一部も中国本土に連行されて、罪を問われた。

　土猴年（1728年）、清朝皇帝は「この年、聖旨をくだした。カム東部の打箭炉、リタン、巴塘などの地は四川の管轄に組み入れる、カム南部の中甸、徳欽、巴龍（維西）などの地は雲南の管轄に組み入れる」[1]同時に、ツァンのラツェ、昂仁、平措林といった3つの重要な宗はパンチェン5世ロプサン・イェーシェー（洛桑益西）の管轄に組み入れられた。1727年、清朝政府は駐蔵大臣2名の設置を決め、首席駐蔵大臣に副都統馬臘、大臣の輔佐に大学士の僧格を任命した。彼ら2人は土猴年にチベットに着き、チベットの業務を統括した。

六、ダライ・ラマ7世のカムへの移住

　その後、ウ・ツァンは混乱を極めた。人々は罪深い悪魔に取り憑かれ、お互いに争うことが、自然と染みついてしまっていた。ダライ・ラマの御心は不安になった。東方文殊大皇帝の特別に高官を派遣して、物資を送り、ダライ・ラマにしばらくリタンへ移住するよう敕令を出した。

　火猴年（1728年）11月23日、ダライ・ラマと父の尊スーナム・ダルギャ（索朗達結）およびその随行者200人はポタラ宮を出た。ラサの数千名の僧侶や俗人たちは彼を惜しみ、拉洞の渡瀬まで見送った。チベット地方政府官員や3大寺上師、執事ら大勢の人々は徳慶桑阿卡寺まで送った。ダライ・ラマが戻るまでの間は、ウォンヤルセ（温嘉賽）、ジグメ・イェーシェー・ダクパ（化身ラマ晋邁益西扎巴）を代表者として、ラサ祈願大法会が行われることになった。

　この年、聖旨を受けとり、欽差査郎阿らは中国本土に撤収した。チベットで以前のような突発的な事変が再び起きないようにするため、邁（禄）大人と僧（格）大人は2,000名の清兵をチベットに駐留させた。このよ

---

1 『ダライ・ラマ7世伝』上巻、114ページ。

うな状況であったため、チベット駐軍の兵糧や馬などを準備する必要があった。

　ダライ・ラマとその随行員は長旅を経て、土鶏年（1729年）2月8日に彼の出生地リタンに到着した。リタンのデパ・アポン・タシ（阿本扎西）とダルゴ・チャンゲ（達爾果南傑）ら僧侶や民衆は盛大にリタン・チャムパリン（理塘強巴林）寺へ迎え入れた。諭旨により、マイリン・ツァンゲ（鼐格、邁仁蔵格）と馬大人（馬腊）はダライ・ラマの世話をし、さらに任（国栄）総兵官に2,000人の兵を与え守らせた。[1]

　鉄狗年（1730年）1月、「21日、ダライ・ラマはリタン寺から出発し、噶達に向かった」。チベット暦2月3日、「様々な瑞兆のなか、ダライ・ラマは噶達の恵遠寺ラダン頂層寝殿に着くと、下密院金剛持を中心とする随行ケンポや皇帝が派遣した官員マイリン・ツァンゲ（鼐格、邁仁蔵格）、阿爾波の2人の頭領および総兵を歓待した。ともに茶を飲み、果物や菓子を食べた。マイリン・ツァンゲ（鼐格、邁仁蔵格）は皇帝が下賜した白銀数千両を差し出した。ダライ・ラマは大皇帝の深重なる恩徳に感謝した」[2]。この後数年、ダライ・ラマはずっと恵遠寺に留まり、仏法を発揚し、多康地区数万名の僧俗信徒の願いをかなえた。

七、ポラネーをチベット業務の総理に封じる

　ダライ・ラマがリタンに行ったあと、チベットの政治業務はすべてポラネーによって主催された。清朝皇帝は、「弁理危蔵噶倫事務多羅貝勒之印」とかかれた印冊を下賜し。鉄猴年（1740年）、「弁理危蔵噶倫事務多羅郡王之印」に下賜した。

　ポラネーは聡明で、気力に満ち、洗練された仕事をする人であった。土猴年（1728年）、過去の徴税をすべて免除すると宣言した。社会は安定し、人民の生活は保証され、騒乱がもたらした様々な災いを取り除き、

---

1 『ダライ・ラマ7世伝』上巻、142〜143ページ。
2 『ダライ・ラマ7世伝』上巻、145ページ。

全チベットを幸福でみたすことに務めた。ここからも、このような人々の心を捉える方法が、統治を安定する最も有効的な方法であることである。

　ポラネータイジ（台吉）は、当時のチベット地方の政治と文化古跡に対して、偉大な貢献をした。彼はカンギュル全書の経板[1]の木版を主宰した。「もし将来チベットに版木の彫り師がたくさんいるようになれば、政教両面で有利となる。宗のなかで木版の技術をもつ者に練習をさせ、できるようになったらすぐにシェガル（協嘎爾）木版工場に派遣するように」と厳令した。程なくして、木版の技術を持つ者は1,000人に達した。仕事における細則と賞罰の基準を決めて、みなで全力を傾け、勤め励んだため、進捗は速かった。以前の速度では、速い者でも1ヶ月で5、6枚の版木を彫り、やや遅い者が3、4枚を終えるほどで、大多数の人は1、2枚を彫り上げるだけであった。しかし今、熟練した技術をもつ者は毎月16枚から23枚彫り上げることができ、それに次ぐ者でも10枚から15枚を彫り上げ、並の技術の者で8枚から10枚の経板を彫った。大多数の者は5枚から7枚で、最も少ない者でも3枚以上は彫り上げた。そして、1年半を要してカンギュル全巻の経板を彫り上げた。

　このほか、ポラネーはラサトゥルナン寺とラモチェ寺を修繕し、新しく仏像塔を建てた。さらに3大寺院を中心とする幾つかの寺院も修繕し、塔立像を建てた。

八、ブータンの内乱を鎮める

　以前から、ブータンとチベット方政府の間では何度も紛争が起きていて、お互いに敵視していた。ブータンは救怙主が世を去った後、2人の霊童が現れ、双方が譲らなかったため、内乱になってしまった。ブータンの首領はチベット地方政府に調停の仲立ちを依頼し、書簡で援軍を送

1　経版とは、印経院が本を印刷する際に用いる版木。

るよう要請した。ポラネーは付近の宗から一部の援軍を派兵したが、ブータン兵に負けてしまった。ポラネーは再度、ウ・ツァンから3名の軍官に命じて、チベット兵に僅かなモンゴル兵を加えた増援を率いらせた。力いっぱい反撃し、ブータン兵を蹴散らし、ついにブータンの両派は和議に応じた。その後、お互いに再攻撃しないことと、捕虜の交換を実施した。新年のとき、ブータンは「使者を文殊怙主世間主人大皇帝と吉祥大地之自在主人大法王（ポラネー）に派遣し、貢ぎ物と手紙を献上した。当時のブータン国王であるリンチェン・トリンレイ・ラブギェル（仁青程勒饒結）は自身の叔父ツェリン・ワンチェン（次仁旺欽）を人質としてチベットに送った。ガンダン・ラマ（崗当喇嘛）とギェルパ・ラマ（迦貝喇嘛）らがチベットに来てポラネーに謁見し、多くの贈り物を献上し、ブータンが清朝皇帝とチベット地方政府に毎年貢ぎ物を差し出す制度ができた。

九、駐蔵の清兵が削減され、ダライ・ラマ7世がチベットに帰る

水牛年（1733年）、ポラネーは大皇帝に奏上して、こう願い出た。「駐蔵の清兵2,000人に対し、皇庫から絶えず費用が支払われています。増税していないとはいえ、チベットは利用できる土地の面積は小さく、戸数も多くありません。そのため駅站の官吏や燃料を提供するのは容易ではありません。今後は、2、3名の将軍と500人の兵をチベットに駐留させていただければ十分です。彼らラサの民家に住む必要はありません。北郊のダシェタン（扎協塘）に軍営を新設して移住させ、そのほかの兵は撤収させましょう」。ほどなくして、大皇帝は詔書を頒賜して以下のように命じた。

ベイレ・ポラネー（貝勒頗羅鼐）は信頼でき、頼りがいがある。またタングートの兵は以前より強くなっている。今、北京は極めて多くの兵

1　英訳では清朝皇帝のこと。
2　『ポラネー伝』756ページ。

力をラサに駐在させているが、彼らが働く必要はなかった。よって、兵500名と2名官員のみを留め、ほかの2名官員は戻らせる。軍営は付近のダシェタン（扎協塘）に新設する。

チベットに駐留している軍官邁（禄）大人、僧格大人、蒋興天大人らと1,500の兵は勅旨を奉じて中国本土に撤収した。ラサに駐留する総兵官周起鳳大老爺らと500の兵は新設されたダシェタン（扎協塘）の軍営に移住した。

ダライ・ラマが嘎達恵遠寺に駐在している間、大皇帝は何度も金書使臣や人員を派遣して慰問し続けた。ダライ・ラマも代表を北京に遣わし皇帝に挨拶し、感謝を述べた。水牛年（1733年）、文殊大皇帝はチベット全域の幸福と釈迦牟尼聖教の発揚すべてにダライ・ラマが不可欠であると判断し、チベットの動乱が静まったことから、ダライ・ラマにチベットに帰還するよう命じた。数日のうちに、清朝官員は民衆の前で理藩院からの手紙を読み上げ、大皇帝の命により、17皇子の果親王と大国師チャンキャ・ホトクトが皇帝を代表し贈り物を贈る、と宣言した。

木兔年、チベット暦新年1月1日、福田施主は大経堂で茶を召し上がった後、皇子果親王は「皇帝の旨諭は次の通りである。ダライ・ラマは雪域チベットに戻ったあと、仏陀聖教、とくにツォンカパ・ロプサン・タクパ（宗喀巴洛桑扎巴）の教法を、白昼に光が隅々にいきわたるように民衆に伝え、チベットのすべての民衆が楽しみ、幸福を感じられるよう導きなさい」と告げた。ダライ・ラマは「わたくしはこの程度の能力しかありませんが、愿能三宝の慈悲を願い、仏教のすべてを発揚して、この土地の衆生すべてに幸福にして、講弁著と聞思修に励みます」と感謝を述べた。ダライ・ラマは洛桑格勒（ロプサン・ゲレグ）に恵遠寺のケンポを委任させ、以後彼にこの寺を管理させた。

---

1 『ポラネー伝』831ページ。
2 『ダライ・ラマ7世伝』上巻、172ページ。
3 『ダライ・ラマ7世伝』上巻、77ページ。

第七章　カンデン・ポタン政権の統治期

　木兎年（1735年）7月11日、吉日の午前中に、ダライ・ラマはラサに到着した。駐蔵大臣馬臘ら皇帝使臣、ベイレ・ポラネー、カロンら、化身ラマ高僧ら、カシミール、ネパール、ブータン等の代表が、各々異なる習慣で叩謁して迎えた。

　火蛇年（1737年）、パンチェン・ラマ5世・ロプサン・イェーシェー（洛桑益西）が入滅した。

　土馬年（1738年）、ダライ・ラマは金書使臣大ラマに四臂大悲観音随許法を講義し、駐蔵大臣杭奕禄ら官員に褒美を与えた。さらに駅站を通して皇帝に書簡を送って、浩大な皇恩に感謝した……「帰還する駐蔵清兵500人に壮行会をした[1]」。ここから、清朝中央政府がチベット地方政府の財政負担に関心をもち、駐蔵の清兵を3年で交替させていたことが分かる。

　鉄猴年（1740年）、「大皇帝はガシ・パンディタ（噶錫班智達）を「公」に封じ、カロンに昇進させた。ガシ・パンディタは贈品を献上し感謝を表した。ダライ・ラマは贈り物を下賜した[2]」。この年、貝勒ポラネーを「ターラ（多羅）郡王」に封じた。

　鉄鶏年（1741年）、ツァンのシャン・ダ・ガム・ガ・シス・ツェ（絳達章扎西則）のパルデン・イェーシェー（貝丹益西）が5世パンチェンの転生霊童に認定され、皇帝に奏上された。皇帝はこれを認めた。翌年、慣例に従って、第6世パンチェン・パルデン・イェーシェー（貝丹益西）がタシルンポ寺で坐床（即位）した。

十、ダライ・ラマとポラネーの間の不協和と、ポラネーの死

　ポラネーは中国の統一に終始尽力し、ウ・ツァン地区の安定と人民の幸福に特に貢献した人物である。これらは、その伝記からはっきりと読み取れる。しかし、ウ・ツァンの戦乱によって、彼はダライ・ラマ七世

1　『ダライ・ラマ7世伝』上巻、293ページ。
2　『ダライ・ラマ7世伝』上巻、295ページ。

に対する信仰を1度に失った。とくに、彼が死去する前、彼の私人秘書ツァンス・スキス（倉結）がダライ・ラマに近づき、付き随うようになってしまい、彼の不興を買った。このほか、ダクパ・タエ（扎巴塔耶）がダライ・ラマの司膳となり、身近な従者が根も葉もない噂話をしだして、ダライ・ラマ本人も苦悩していた。福田と施主はお互いの信頼を失い、尊重しあわなくなった。

第13ラプチュン火兔年（1747年）の新年会が終わった後、ポラネーの首には、熱のある腫瘍ができた。様々な方法で治療を試みたが効果なく、2月2日にベットに横たわったまま病死した。

十一、勅命によりギュメイ・ナムギェル（珠爾墨特那木扎勒）を郡王位に封じ、チベット政務を統括させる

ポラネーには2人の子どもがおり、長男のガリアリグン・ギュメイ・ツェテン（公珠爾墨特策布登、一部の文献では「益西次丹（イェーシェー・ツェテン）」とされる）、上部ガリ地方の業務を監督していた。第13ラプチュン火兔年（1747年）、その父が死去すると、清朝乾隆帝は勅命で次男のダライ・バツゥル・ギュメイ・ナムギェル（達頼巴図珠爾墨特那木扎勒）に郡王を継承させ、チベット地方の政権を掌握させた。最近海外で出版された『チベット政事王統』という本に、このように書かれている。

　……ポラネーの死後、ダライ・ラマが直ちに勅令によってその子郡王ギュメイ・ナムギェル（珠爾墨特那木扎勒）にダライ・バツゥル（達頼巴図）の号を与え、父親の生前の時と同じようにチベットの業務を管理させた

これは史実にそぐわない新観点を提示している。読書に真実の歴史を知らせるため、ここで比較的重要な文献を幾つか引証する。ポラネー父子の統治時代について、カロン『ドクハルワ・ツェリン・ワンギェル（多卡哇・夏仲次仁旺傑）伝』で「この後ほどなくして、奉天承運大皇帝は

勅令で、ダライ・バツゥル・ギュメイ（達頼巴図珠爾）にポラネーの偉業を継承するように言いつけ、郡王の号、印章を授け、チベットを官吏させた」とされる。とくに『ダライ・ラマ7世伝』では、「この時、大皇帝は勅令でダライ・バツゥル（達頼巴図珠爾）は郡王位を継承した」とある。『チベット地方政府印冊』では「乾隆12年、火兎年4月、ポラネーの子であるギュメイ・ナムギェル（珠爾墨特那木扎勒）は大皇帝により「ターラ（多羅）郡王」に封じられた」とされる。ここで、私たちがすべきことは史実を紹介することであり、いなかる推論や論争もすべきでない。その他重要な事側についてもこのような姿勢を維持し、批評を行い、真実を追究する。

　火兎年より、ギュメイ・ナムギェル（珠爾墨特那木扎勒）をチベット王に任命し、鉄馬年まで、彼はチベットを4年間統治した。その間彼は、其父の代から続く、如意宝樹巻軸画や80枚のツォンパカ画、十六羅漢などの等巻軸、画版を完成させ、パンチェン・ラマ6世に献上した。またガンデン寺と桑普寺の経堂を拡張建築し、ガンデン寺で達孜修供法会を設立した。

　郡王は自らの行動を制御できず、悪魔に取り憑かれたように、落ち着いていられすに、時にかっと怒り出し、性格は暴虐で、巨鰲（摩羯魚）のようであった。すべてにおいて周囲への配慮がなく、自大妄想があり、庶民を苦しめ、とてもついて行けるものではなかった。まさに『見たものは殺され、聞いた者は恐れおののく』という諺通りで、直言する者には、怒りの眼差しで応じ、恨みを抱いて、厳しく処罰する。悪いことを良いといい、でたらめを言いふらし、騙すことを言えば、喜んで聞き入れ、笑顔で、うれしそうな姿をみせる。このとき、私たちはまるで冬のホト

1　『ドクハルワ・ツェリン・ワンギェル（多卡唯・次仁旺杰伝）』58ページ。
2　『ダライ・ラマ7世伝』上巻、376ページ。
3　『印鑑清冊』15ページ。
4　摩羯とは、仏教における伝説上の巨魚。

トギスのように無口であったが、そうであっても、彼は様々な方法で危害を加え、絶えずトラブルを作りだした。

ここでは、ギュメイ・ナムギェルの人柄や知識レベル、生活の仕方などが表されている。ギュメイ・ナムギェルは、父の親友で、20年カロンの任務を20年近く務め、博識の大学者ドクハルワ・ツェリン・ワンギェル（多卡哇・次仁旺傑）に対しても大変粗暴であった。

ギュメイ・ナムギェルと兄のガリ公との間には政権争奪によるいざこざが起こった。彼は揉め事を起こす人で、陰謀をめぐらすのに長けた人物であった。ダライ・ラマは慈悲の心でチベット民衆を思いやり、戦争が長引けば人々を苦しめ、2人にとっても良い影響はないと、2人に講和を促した。しかし、ギュメイ・ナムギェルは呪われているような人物なので、聞き入れることはなく、さらにエスカレートさせた。ガリの軍兵がサガ（薩嘎）に集結して戦いの準備をした。前チベットからガリに向かった軍隊は、キロン（吉隆）宗で略奪を3度行い、現地の人々に災厄をもたらした。

十二、ギュメイ・ナムギェルが謀反を起こすが、駐蔵大臣の計略で殺される

土龍年（1749年）の年末、ギュメイ・ナムギェルは人をガリに向かわせ、兄のガリアリグン・ギュメイ・ツェテン（公珠爾墨特策布登）を暗殺し、その子を廃位させて、ガリを自らの管轄に編入した。駐蔵大臣傅清とラブ・ツン（拉布敦）は、ギュメイ（珠爾墨特）の隙をうかがい、鉄馬年（1750年）10月13日に、ギュメイ・ナムギェルをチョムスカン（沖賽康）に誘き出して処刑した。この時、ダライ・ラマはロプサン・タシ（洛桑扎西）など一部のならず者が結託して、2人の駐蔵大臣を殺害しようとしているという情報を得たため、すぐに2人の駐蔵大臣を何とかして保護する

---

1 『ドクハルワ・ツェリン・ワンギェル（多卡哇・次仁旺傑伝）』57～61ページ。

よう人員を派遣した。しかし、それら悪行者は勅令を聞き入れず、駐蔵大臣2名と一部の兵士を殺害してしまった。ダライ・ラマはこの暴虐に耐えかね、各地の宗すべてに、ギュメイ・ナムギェルに追随しないように、またデマを広めないように命じた。同時に、難を逃れた兵士や商人200人をポタラ宮でかくまい、駅站を通して急ぎ詳細な状況を奏上した。

ギュメイ・ナムギェルの事件が発生した時、ドクハルワ・ツェリン・ワンギェル（多卡哇・次仁旺傑）はダライ・ラマに会って、事件の発端について分析した。彼は、「チベット全体の民衆は逃れる術がないほど、魔物の威力は強大だ。大皇帝の慈愛により、2人の駐蔵大臣が勇気を振り絞ってチベット民衆を救った」[1]。……ここに反映されている状況は当時のチベット大衆が持っていた考えであり、いくつかの歴史文献の中にもそれはみられる。いま一部の人が『ダライ・ラマ7世伝』や『ドクハルワ・ツェリン・ワンギェル（多卡哇・次仁旺傑伝）』、『ガシワ（噶錫哇）世系伝』などの史料の信頼性に疑念をもち、狂妄の徒であるギュメイ・ナムギェルを「国家の豪傑、これは疑いない」[2]と考えているが、これはまったくにでたらめな話である。

十三、ダライ・ラマが勅旨により親政をはじめ、カシャ（噶厦）機構を設置する

第13ラプチュン鉄羊年（1751年）の年頭に、乾隆帝が派遣した、チベット業務を処理する四川総督ツェリン（策楞）とアサカン（阿薩罕）大臣兆恵や、駐蔵大臣（アンバン）ナムダル（納穆扎爾）らはダライ・ラマに謁見した。呈献された大皇帝詔書諭旨に「むかし、チベット諸官員は政権を掌握し、金剛ダライ・ラマに協力せず、行政や命令は適当を欠いたため、民衆すべてを苦しめた。これより、一切の政教の重責はダライ・

---

1 『ドクハルワ・ツェリン・ワンギェル（多卡哇・次仁旺傑伝）』67ページ。
2 『チベット政事王統』572ページ。

ラマによって行う。黄教とチベットの大政に大いに利益があるはずだ」とある。これは当時のチベット地方政府的に関するいくつかの重要な文献にはすべて記載されていて、現在これに如何なる論争も存在しない。しかし、最近出版された『チベット政事王統』では、「チベット僧俗みなの要請によって、ダライ・ラマは鉄羊年（1751年）に政教を管理する業務を始めた」というが、これは史料の記載とは異なっている。

このほか、チベット地方政府の公文書にも、「乾隆16年、ダライ・ラマ44歳のとき、大皇帝は敕令によって、ダライ・ラマに政教権を与え、侍従の4名をカロンに任命した。この年、ダライ・ラマ7世・ケルサン・ギャムツォ（格桑嘉措）は聖旨を受け取り、チベットの政教権をえた」とある。大皇帝が下賜した金印が届き、ダライ・ラマ5世冊封の例に倣い、印面には「西天大善自在仏所領天下釈教普通瓦赤喇怛喇達頼喇嘛之印」と刻まれていた」。

チベット地方政府の主な機構であるカシャを設立する際、カロン各人に対して皇帝の委任状を読み上げる。各自の能力と年齢により、それぞれ委任され、俗人3名と僧侶1名をカロンとする。このときより1959年まで、カシャという組織とそのすべての職権は200年余り続くことになる。

十四、欽定蔵内善後章程13条

大皇帝のチベット民衆を憐れ慈しむ旨意を奉じて、13条の章程を制定し、チベット全僧侶俗人がそれを守るよう求めた。

第1条：慣例どおり、カロンを置く。

第2条：カロンは業務を行う際は、役所に居なければならない。重要な事案を処理する際は、必ずダライ・ラマと駐蔵大臣に告げて、彼らの

---

1 『ダライ・ラマ七世伝』下巻、5～6ページ。
2 『チベット政事王統』上冊、572ページ。
3 『印鑑清冊』手抄本、16ページ。

意見を斟酌して決定し、実行すること。ダライ・ラマの印信を用いる際は、欽差大臣の公印（関防）を付すように[1]。

第3条：デパ（碟巴）頭目などの官職を勝手に任命してはならず、ダライ・ラマと駐蔵大臣に報告し、彼らの意見を斟酌してから決定する。

第4条：官員の罷免や処罰は、章程の定めるところに応じ、ダライ・ラマならびに駐蔵大臣の指示を仰いで行う。

第5条：ケンポ・ラマの選抜は、以前の通り行う。

第6条：冗官は免職させる。

第7条：代本を1名設ける。

第8条：カロンと代本は詔書を受け取らなければならない。

第9条：チベットに属する人々は、独占することを禁じる。

第10条：ウラ（烏拉）の証明書は、ダライ・ラマに報告し、発行してもらわなければならない。

第11条：ダライ・ラマの倉庫に貯蓄している物を勝手に取り出すことを禁じる。

第12条：ガリ、ハラウス（哈拉烏蘇、那曲〈ナチュ〉）などの戦略的に重要な場所では、ダライ・ラマが担当者を選任し、証明書を発行して権威を与え、派遣しなければならない。

第13条：ダムシュン（達木、当雄）蒙古八旗は勅旨により配置され、駐蔵欽差大臣の所感とする。

上掲13条の内容は乾隆皇帝に奏上して承認を求めた。ウ・ツァンの僧俗みなの幸福のためを思って、諸大臣とダライ・ラマによって協議され、旧例を精査し、民心に則したものとした。このため。この長く継続する制度を制定し、チベットで実施して、領民全体によく知らしめ、違反は絶対に許されないものとなった。

---

1 「印信」とは、明清時代における公的機関の印の総称で、長方形のものをとくに「関防」といった。

十五、イツァン（訳倉）と、僧官学校の設立

水猴年（1752年）、6世パンチェン・パルデン・イェーシェー（貝丹益西）がラサに到着した。この前の土蛇年、パンチェンはラサで即位し、ダライ・ラマから出家戒を受け、顕密教法を学んでいた。師弟関係の2人は話がはずみ、意気投合した。

牙含章が著した『ダライ・ラマ伝』には、こう書かれている。総督策楞と班第の大臣2人らは相談して章程13条を制定した時、ダライ・ラマにイツァン（訳倉）を設立し、4名の僧官による大仲訳の配置することを提案した。カシャの行政公文書はすべてイツァン（訳倉）の審査を受けてからやりとりされるため、カシャの権力を制御できた。また、ポタラ宮は僧官学校を設立して各寺の僧侶に研修を行い、彼らを各宗渓に送って宗本渓を担当させたり、カシャに送って各階層の勒空（機関の意味）で職務につかせたりした」[1]。明らかに、ポタラ宮のイツァン（訳倉）機構はこのときに設立された。しかし、カシャの行政公文書はすべてイツァン（訳倉）の審査を受けねばならず、さもなくば文章をやりとりできなかったので、これは大臣たちが相談して決めたことであった。これは彼らの権限の範囲を逸脱しいたし、直接実施したとは知られていない。ダライ・ラマがポタラ宮で僧官学校を設立したのは第13ラプチュン木狗年（1754年）。初め学校はポタラ宮にはなく、土猴年（1788年）5月、8世ダライの時にポタラ宮の分支殿中に移ることが決められた。チベット善後章程13条が頒布されてから3年後、僧官学校が建てられ、実際に多くの僧官がカシャ政府と各宗に送られ任務に就いたのは、7世ダライの時期からであった。この学校では、書道（字形）、文法の授業のほか、各学生の知識水準に応じて声明、詩詞、暦算およびウルドゥー語や藍雑語の課程を増やした。つまり、ダライ・ラマ7世の一生は仏教を広め発展されるだけでなく、チベット民族の古代文化に対しても心血をそそぎ、

---

1 『ダライ・ラマ伝』中国語版、55ページ、チベット語版、141～142ページ。

偉大な貢献をした。

十六、ダライ・ラマ入滅し、デモ・ホトクトが摂政となる

ダライ・ラマ7世は水鶏年から病気がちになり、様々な方法で治療を試みたが効果はみられなかった。大皇帝はダライ・ラマの病が治らないことを聞き及び、大変心配して、チャンキャ・ホトクトを中心とする北京ラマ、僧侶が法事を行い、ダライ・ラマのため祈祷して、侍衛とともに医師を2人派遣して治療にあたらせた。ダライ・ラマは薬や冷水による治療を受けたが、結局治ることはなった。そして、第13ラプチュン火牛年（1757年）2月3日に入滅した。

ダライ・ラマ7世入滅後、2名の駐蔵大臣と数名のカロンは直ちに皇帝に奏上した。皇帝は数回聖旨を出して哀悼の意を表し、葬儀の手配をした。皇帝の諭旨により、デモ・ホトクトを代理で摂政を行わせることとなった。

火牛年（1757年）、第1回のデモ・デレク・ギャムツォの代理摂政任命から、火狗年（1886年）のデモ・ロザン・トリンレイ（洛桑程勒）の摂政任命まで、百年あまり、チベットの代理摂政は全部で10人いて、彼らは清朝皇帝自らによって任命された者たちであった。

第四節　ダライ・ラマ8世・ジャムペル・ギャムツォ（強白嘉措）の時代

一、霊童を探し、即位させる

8世ダライ・ジェツン・ロプサン・テンペー・ワンチュク・ジャムペル・ギャムツォ・パルサンポ（傑増洛桑丹貝旺秋強白嘉措貝桑波）は、第

13 ラプチュン土虎年（1758年）6月8日に、ツァン天如地区のトプゲル・ラリカン（托傑拉日崗）、父親の名はスーナム・ダルギェ（索朗達結）、母親の名はブンツォク・ワンモ（平措旺姆）といった。

ダライ・ラマの転生の捜索に関して、乾隆帝はとても関心をよせ、また慎重であった。記録によれば、鉄龍年（1760年）に、チャンキャ・ホトクトはダライ・ラマ転生の選定の状況を皇帝に上奏した。勅諭には「ツァンの子どもをダライ・ラマの転生に認定し、ポタラ宮付近に招き、それを邪魔することは許さない。また事を慎重に行って、坐床に迎えるべし」とあった。

鉄蛇年（1761年）1月、その化身はタシルンポ寺に迎え入れられ、パンチェン大師による剃髪を受け、「ロプサン・テンペー・ワンチュク・ジャムペル・ギャムツォ（洛桑丹貝旺秋強白嘉措）」の名が贈られた。翌年7月10日、パンチェン大師と摂政デモ・フトクト、駐蔵大臣、公、カロンら多くの人が集まり、奉天承運文殊大皇帝の金字詔書が読み上げられ、皇帝からの恩賜品が献げられた。ダライ・ラマの化身はポタラ宮の坐床に招かれた。

これ以降、ダライ・ラマの成長に伴って、2人の経師が急いで講義をし、1年また1年、摂政デモ・ホトクト、駐蔵大臣、カロンが共同で政権を担当した。木鶏年（1765年）、パンチェン・パルデン・イェーシェー（貝丹益西）がラサに到着し、ダライ・ラマに沙弥戒を授けた。

火鶏年（1777年）、新年の宴のあと、ダライ・ラマは20歳となり、ツァンからパンチェン大師を連れてきて比丘戒を授けさせた。

二、デモ・フトクトの入滅とツェモンリンの摂政継続

火鶏年（1777年）1月22日、代理摂政のデモ・フトクトが入滅した。チャンキャ・ホトクトの奏上を経て、（皇帝は）シャルツェ・ケンポ・ドンイェル・ノムンハン・ガワン・ツトリン（夏爾孜堪布卓尼諾門罕阿旺次程）を特別に派遣し、政教両方の業務を行わせた。彼は皇帝が自ら派遣し委

任した2番目の摂政ラマとなった。

　この後、7月14日、勅令によりシャブルン・エルデニ・ノムンハン（沙布勒図額爾徳尼諾門罕）に封じられ、贈品を下賜された。これより、ノムンハンは政務を担当し、ガンデン康薩（ガンサ）宮に駐在した。のちにツェモンリンの私邸に移住し、初代のツェモンリン化身ラマとなった。

　ツェモンリンの摂政に関して、史書は次のように記載している。彼はドメー（多麦）のチョネで生まれた。若い時、背負い子を背負ってバカン（巴康）を経てチベットに来た。セラ寺曼学堂に入り仏典を研鑽し、のちに上密院に入って学問を深め、顕密両方の教法に関する優れた知識を持つようになった。かつて、詔書を奉じて北京に入り、雍和宮のケンポを務めた。8年後に聖旨を奉じてチベットに入り業務を担当した。ツェモンリン化身ラマは、当時貧しい僧俗が町で暮らしていくのに切実な問題であったラサの商店の食品やツァンパ（糌粑）の価格や白銀の取引について法律による厳格な規定を作り、民衆のためになる良いこと事をした。

三、パンチェン・パルデン・イェーシェー（貝丹益西）が北京に入り、三岩の乱を平定する

　土狗年（1779年）、6世パンチェン・パルデン・イェーシェー（貝丹益西）は勅旨を奉じて北京に入り皇帝に謁見することになった。この時ダライ・ラマはヤンパチェン（羊八井）のタシ・トマン（扎西托曼）まで見送った。

　この年10月、カムで、皇帝がダライ・ラマに下賜した贈品を三岩（貢覚県内）人が奪い取った事件が発生した。2名の駐蔵大臣は皇帝に奏上し、将軍と兵を派遣して掃討させた。清兵はブルモ（布爾摩）の城塞を焼きはらった。ゴン・パンディタ（公班第達）が三岩地方の頭目徳惹阿措を捕らえ、四川将軍に引き渡して処分させた。清兵が撤兵した後、ムグヤルパ（木嘉如巴）はチベット兵を率い、盗賊の頭であったタルゴ・チャンパ（達果強巴）を生け捕りにし、その一族もととも処刑した。三岩人

の政府への納税義務が復活し、以降は白銀によって支払うこととなった。また法を犯し天理に逆らう窃盗行為を禁じた。

　6世パンチェンは鉄鼠年にドメー（多麦）から北京に向けて旅立った。途中モンゴル地区を経由して、旅を続けた。7月22日、パンチェン大師は熱河に到着した。大園林行宮で文殊人主皇帝と会談した。二日目、天子大皇帝は須弥福寿寺までパンチェン大師に会いに出かけ、彼の長寿を祈った。……皇帝はパンチェン大師に仏経、仏像、仏塔など無数礼贈品を下賜した。お茶を飲む際に、「朕、70寿辰の大慶の際に、パンチェン・エルデニ（額爾徳尼）が長寿を祝いにきてくれた。仏法と衆生に大変利益があった。今、こうして我々福田と施主が直接会うことは、昔の誓いと発心の良縁は願い通りに実現するであろう」と述べた。8月3日、皇帝はパンチェン大師に「宝貝」という漢字が刻まれた宝印を下賜し、パンチェン大師が印を受け取った時、章嘉ラマはハタを贈って祝った。6日、須弥福寿寺で祈願大法会が行われ、福田施主と章嘉ラマが法会に同席した。パンチェン・リンポチェ（仁波且）は太平を祈願し、仏法が盛んになることなどを話した。8月7日、遍知パンチェン大師は、奉天承運皇帝の7旬寿辰万盛典で祝福を送った。13日は皇帝寿辰で、章嘉ラマやパンチェン大師は一緒に大皇帝に叩謁（頭を床につけて挨拶）し、行宮で長寿儀軌経を読みあげて長寿をお祈りした。

　9月9日、パンチェン大師と皇帝は諧趣園で相まみえた。12日からの数日間、パンチェン大師は皇宮内の皇帝御殿と旃檀（せんだん）の釈迦牟尼仏寺などを参観した。そして万寿山で大船に乗り、香山寺の参観に章嘉ラマが同行し、寺院の歴史や庭園の珍しいものをみてまわった。21日、黄寺で章嘉ラマは遍知パンチェン大師から覚域派上師から授かっ

1　乾隆帝は1779年、70歳になる。
2　諧趣園は乾隆帝が頤和園（当初は清漪園と呼ばれた）に造営した庭園。当初は恵山園といい、1811年に現在の名前に改称された。
3　覚域派とは、マチグ・ラゾン（瑪久拉仲、1055〜1149、女性）が創始したチベッ

た祈祷、協議や戒律などについて教授を受けた。……10月3日、大皇帝は歴代の皇帝が即位式を行った保和殿で遍知パンチェン大師と面会し、もてなした。8日、旃檀木釈迦牟尼仏像の前で、大皇帝やパンチェン・リンポチェ（仁波且）、チャンキャ・ラマ等ら人は共同で盛大な迎仏活動催した。22日、雍和宮で祈願大法会を挙行した。

ほどなくして、パンチェン大師は黄寺の滞在場所で、病気が悪化した。チャンキャ・ラマや侍従を呼び、脈診をさせた。翌日、大皇帝がパンチェン大師を見舞いにやってきた。陰暦11月1日の夕方、有寂頂飾仏教衆生の吉祥怙主パンチェン大師は入寂した。

四、ダライ・ラマ8世が政治を行い、摂政墨林化身ラマは北京に戻る

第13ラプチュン鉄牛年（1781年）6月1日、ダライ・ラマは徳希大経堂の吉祥妙善相飾の宝座へ登った。皇帝はダライ・ラマを政教の主として封じ、金印・衣服・首飾り・仏経・仏像・仏塔や金銀・各種の珠宝器皿・皇室の綿緞などを下賜した。水虎年（1782年）、首席カロンのドリン・ノルユン・パンディタ（多仁諾雲班）第達は落馬によって怪我を負った。翌年2月2日、桑珠康薩保大臣衛門は聖旨を読み上げ、勅令により丹増班覚に班第達に代わってカロンの職務を担当させ、「扎薩克」の名号を継がせた。

パンチェン6世・ペルテン・イェーシェー（貝丹益西）の転生である第7世ロプサン・テンペ・ニマ（洛桑丹貝尼瑪）はパナム（白朗）吉雄地方で生まれた。ダライ・ラマは（パンチェン転生の）捜索に関する経緯を上奏し、皇帝は詔書を発行して承認した。ダライ・ラマにハタや羊脂玉器具、上等綿緞、緞袋などを下賜し、同時にパンチェンリンポチェ（仁波且）の化身とエルデニ・ノムンハン（額爾徳尼諾門罕、摂政ツェモンリン）2人。

ト仏教の1派。

この年、ダライ・ラマや摂政ノムンハン、保泰大臣らはツァンに行き、タシルンポ寺でパンチェンの化身の剃髪を行い、居士戒を授けて、「洛桑丹貝尼瑪秀勒南傑貝桑波」と名付けられ、盛大な政教儀式が挙行された。

火馬年（1786年）3月、勅諭により、主管ラマのチャンキャ・ホトクトが不幸にも入滅し、仏土に渡ってしまったので、チ・ノムンハン（赤諾門罕）に北京に戻らせ主管ラマを担当させよ、と命が下った。次の月、チ・ノムンハン（赤諾門罕）と門弟はガンデン・カンサ（康薩）から北京に向けて出発した。

五、グルカ軍による第1次チベット侵攻

グルカ兵がチベットに侵入してきた原因について、木蛇年（1785年）、グルカ王と大臣が挑発し、何度も書状を送ってチベット地方政府に不純物の混ざった銀貨（章卡）[1]の流通を禁じるように依頼したが、チベット地方政府はこれに取り合わず、今となってチベットは逆に純銀の銀貨（章卡）の流通を禁じた。チベット所轄のニャラム（聶拉木）、ロンシャ（絨轄）、キロン（吉隆）の3地方はかつてヤラム（陽布）城の所属であった。火羊年（1787年）6月、紅帽ラマの召使いカルマ・チョゲン（噶瑪却金）の先導で、グルカ兵を率い管轄のニャラム（聶拉木）、ロンシャ（絨轄）、キロン（吉隆）などの国境沿い地区に突然侵攻してきた。数名のゾンポンはよく抵抗したが、装備と兵数が劣っており阻止できなかった。キロン（吉隆）の代理レブロンパ（ゾンポン熱布隆巴）は敵に捕らえられた。2名の駐蔵大臣は急ぎグルカのチベット侵入の次第について皇帝に上奏し、大皇帝はチベットの仏教と衆生を思いやって、すぐさま四川成都将軍鄂輝、副都統仏智、四川提督成徳等らを派遣し、満漢土屯各兵営[2]にい

---

1 章卡とは、当時のチベットの独自銀貨。
2 土屯とは、屯田の1種で、漢族、満洲族など民族ごとに分かれて行われた屯田制度。平時は農業に従事する。

た官兵3,000名を率い、チベットへ出兵させた。程なくして、成徳は聖旨を奉じ、カロンガシ・テンジン・パルジョ（噶錫丹増班覚）の1部隊の協力を得て、シガツェに入ると、シェガル（協噶爾）に侵入したグルカ兵は撤退した。この後、グルカは更に和議を申し入れてきた。鄂将軍と穆、張両位大臣、侍郎の巴忠大人ら清朝官員は協議し、使者を送ってパンチェンの父親パルデン・ドンジュプ（巴丹頓珠）と仲訳を招き条約の策定にあたらせた。冬が迫っていたので、ニャラム（聶拉木）の道は雪で覆われ、冬と春の両時期は兵を動かせなくなった。

六、チベットとグルカがキロン（済嚨）で和議を結ぶ

土鶏年（1789年）、双方の協議場所はキロン（済嚨）に決まった。チベット側から和議に参加した人物はカロンガシ・テンジン・パルジョ（噶錫丹増班覚）、ツェポン・デ・ブ・パ（孜本徳布巴）らであった。グルカ側から和議に参加した人物はグルカ王族のパム・サ・ヘ（巴穆薩野）らで、証人として紅帽ラマら人も参加した。キロン（済嚨）付近の林でテントを張り、そのなかで昼夜協議を交わした。グルカ側はチベットが一時期シッキム（錫金）人を支持し、我が王を呪ったことを叱責した。また占領中のニャラム（聶拉木）、ロンシャ（絨轄）、キロン（済嚨）などの場所をチベットが返還してほしければ、宗ごとに賠償金300秤白銀（1秤=50両）を3年間のうちに支払うこと、金鉱や岩塩を採掘する者はその1割をグルカに納税することを要求した。チベットはグルカ管轄の者による工芸税や商業税の徴収を許さなかった。チベット側の和議代表は、「シッキム（錫金）はチベットに属している。グルカは派兵して占領しただけでなく、チベットに言いがかりをつけている」と返答した。新旧の銀貨（章卡）の交換相場について、状況に応じて、商人は自身の希望がある。加えて、奉天承運大皇帝の純粋な国庫銀について、一律に等価交換を認めると強行することもできなかった。金鉱と岩塩はチベット本土から産出するもので、これは魔の手がチベットに延びることを許す事

は出来なかった。最終的な和睦内容は、「新旧銀貨（章卡）のレートとチベットとネパールの市場の物価、および越境税の額に対して、適切な調整を行い、双方が満足できるようにバランスをとることが求められた。会談の主な議題は辺境のいくつかの宗に対する賠償金であった。チベット側は減額を要求したが、その隔たりが大きかったため、合意は得られず、決められなかった。そのため、欽差大臣巴忠や鄂輝将軍、成提督らに報告したが、彼らは「すぐに合意を得なければならない」と言うだけで、賠償金について明確な指示を下さなかった。最後に「条約の正本においては基本的に変更を加えず、新しく書いた副本に『この年、チベットはグルカに黄金や白銀300秤を納めたのち、ただちにグルカの占領する辺境の宗ニャラム（聶拉木）、キロン（済嚨）などをチベットに返還する』という文言が加えられた。[1]

つまり、今回のグルカによるチベット侵入について、乾隆帝は兵力や兵糧の消耗を考慮せず、グルカへの抵抗を続けるよう命じた。しかし、チベットへ来た官員たちは腰が引けてしまい、効果的な作戦を行うことはなかった。最後には、勝手に和議という手段を用いたため、グルカや紅帽ラマらが様々な悪行を行う匪賊が勝利を得てしまい、また2度目のチベット侵入の可能にしてしまった。

七、タクサク（達察）化身ラマが摂政を代行する

鉄猪年（1791年）3月27日、摂政ノムンハン・ガワン・ツトリン（諾門罕阿旺次程）が病のためポタラ宮で入滅した。[2]この時、チベットの形勢は極めて不安定で、乾隆帝はタクサク（達察）化身ラマイェーシェー・ロプサン・テンパイ・ゴンボ（益西洛桑丹貝貢波）、すなわち、功徳林―ジェドン・ホトクト（済嚨呼図克図）を派遣してダライ・ラマを助け、代わりに政治を行うようにした。土鶏年、タクサク（達察）化身ラマがデプ

---

1 『噶錫哇世系伝』、640〜641ページ。
2 『印鑑清冊』19ページ

ン寺で瞑想していた時、乾隆帝は勅諭により、彼を内モンゴルのドルンウル（多倫諾爾）寺に行かせ掌印ラマに任じ、ジェドン・ホトクト（済嚨呼図克図）は勅旨を奉じてチベットに返った。数日後、西寧大臣とその部下200人あまりが勅旨を持って会いにきた。ノムンハンは皇帝への奏上の希望と、拝謁を渇望していることを伝えた。大臣は、「上奏の必要はない。またチベットへ戻ってくる」[1]と述べた。この記載によれば、タクサク（達察）化身ラマは二度中国本土に赴き、二度チベットに戻ったようだ。二度目にラサに戻った際、『印冊』に述べられるように「……タクサク・キロン・バ・ラ・ドゥ（達察済嚨博勒図）は中国本土に向かう途中に折り返し、鉄猪年8月8日ラサに到着した。この年、ダライ・ラマの業務の実務者を担当した」[2]。

八、グルカが条約を破棄して2度目のチベット侵攻を起こす

鉄猪年6月22日、グルカ人は突然、ツァンの我軍の駐屯地を襲撃した。カロンと代本の随行者は直ちにグルカ兵に激しく応戦し、銃声が激しく鳴り響きはじめた。カシャ政府の衛兵、シェカル（協噶爾）地区のディン・ツァン・ブク・パ（頂江布巴）3人およびカロン、代本の衛兵数十人は必死に戦い、多くのグルカ兵を死傷させた。ニャラム（聶拉木）雪康の内外は流血で川ができ、死体が一面を覆っていた。最終的に、カロン2人、代本3人、少数の随行と漢人弁官王剛、陳大浦がグルカ兵に囚われ、捕虜としてニャラム（聶拉木）の辺境に連れて行かれた。この後、グルカ兵はシェカル（協噶爾）とティンリに侵攻し、再びキロン（済嚨）宗を占領した。パンチェンリンポチェ（仁波且）は避難のため前チベットに移った。グルカ兵はすぐにシガツェに到達し、タシルンポ寺に侵入して、様々な金銀珠宝や綿緞などを略奪し、仏像や経典、仏塔を破壊し、瓔珞（玉の首飾り）などを盗みとった。また自由気ままに足を踏み入れ、

---

1 『白晶石鏡』手抄本。
2 『印鑑清冊』19ページ。

ツァン地区の僧侶や民衆を蹂躙してまわった。

九、福康安が命令を受けて大軍を率いグルカを撃退する

乾隆帝は報告を受けた後、1791年（乾隆56年）冬に、チベットを向けてすぐに嘉勇公福康安を大将軍として、全国各地から合わせて17,000余の兵を招集し、最前線に向かわせた。当時、チベットへ入る部隊の兵器はすべて中国本土から届ける必要があり、兵糧は四川からの支援に頼る必要があった。チベットでもハダカムギ70,000石、ウシ・ヒツジ20,000余頭を買い揃えた。この戦争で国庫から支払われた軍費は総額1,052万両になり、当時の全国税収の総額の4分の1を占めるほどであった。[1] 水鼠年（1791年）10月、福康安は大軍を率いてラサに到着し、ダライ・ラマと会見した。双方はハタを贈りあい、そして座席に座ってから、ダライ・ラマは以下のように述べた。

　　まず、土猴年に騒乱が起きた際、グルカ人が悪事を働く思いが強まり、再び今回のような事態を引き起こしました。今、天命大皇帝の御心は我がチベットの大平にあり、大臣に10,000余の天兵を率いさせてチベットに派遣してこられた。準備していただいた費用は、実に仏教と番民を限りなく慈しみ愛する心そのものであります。今、勅命を受けた大臣である貴方が大皇帝の御心に順い、この太陽を覆い隠すごとき外道の賊兵を徹底的に駆逐してくださるでしょう。わたくし、小ラマはまたこのことを仏教の大事とみなし、倉庫より必要な兵糧や白銀などを提供いたします。[2]

十、漢チベット両軍が共同で戦い、グルカがおとなしく投降する

水鼠年（1792年）、鄂輝将軍と成徳提督はチベットの清兵とギャロ

---

[1] 牙含章著『ダライ・ラマ伝』中国語版58〜59ページ、チベット語本150〜152ページ。

[2] 『8世ダライ・ラマ伝』、203〜204ページ。

ン（嘉絨）の少数民族兵を率い、火器を使ってニャラム（聶拉木）を占拠した全グルカ兵を焼き殺した。同時に、総兵嘉勇公大学士福康安と驍勇内侍郎巴図爾超勇公ハイランチャ（海蘭察）、四川総督恵齢らが漢蒙満各民族の主力を率い、シガツェから宗喀、キロン（済嚨）を経てグルカの奥地に進攻した。成徳に兵をもたせて、ニャラム（聶拉木）にまっすぐ進攻し、作戦に協調した。「1792年4月、福康安大軍を率いて第哩浪古（ティンリ、浪果）から兵を進め、5月7日に春擦木を攻め、続けてキロン（済嚨）、ニャラム（聶拉木）を奪回し、克木薩橋を攻めてグルカの大頭目ザン・マダエル・サツェ（咱瑪達阿爾曽薩野）を捕らえた。これで、グルカ人が占領したチベットの土地はすべて奪回され、チベットに侵入したグルカ人はすべて境外に放逐された。清軍はグルカの国境線まで到達した。そこでグルカ王ラナ・バハツル（拉納・巴哈都爾）は以前捕虜にした漢兵王剛、ゾンポン塘邁を解放し、講和を求める書簡を1通送った。福康安は講和を拒否する返事を送り、大軍に前進するよう命令を下した[1]」

　清軍はカトマンズ付近を攻撃していた時、すでに晩秋になっていた。乾隆帝は福康安に次の指示を下した。彼らが恐れおののき、懇願しているのに乗じて、和睦を受け入れ、その主な首領を北京に連れてきて、貢ぎ物を納めさせよ。これは下策ではあるが、冬が迫っているので、こうするよりほかない。1792年（清乾隆57年）8月28日、福康安はグルカ国王の投降を受け入れ、進軍を停止した。9月4日、清軍はグルカ領内からすべて撤退し、キロン（済嚨）に戻った。

十一、福康安の勝利の帰還

　福康安が勝利をおさめてラサに戻ってきた時、ダライ・ラマ八世は自ら外で出迎えた。続けて、まず災いをもたらした者に懲罰を行い、シャ

---

[1] 『ダライ・ラマ伝』中国語本59ページ、チベット語本152〜154ページ。

マエルバ（沙瑪爾巴）の転生を廃止して、その金銀・荘園・牛羊・領民をすべて没収し、毎年その収入をチベット軍の兵糧に充てた。寺院の家屋は交渉ごとに当たったジェドン・ホトクト（済嚨呼図克図）に報償として与えられ、もともと寺院内にいた紅帽ラマ103人は、すべて強制的に黄教へ改宗させられ、3大寺の管制下に置かれた。6世パンチェンの兄ドゥンパ・ホトクト（仲巴呼図克図）「兵を統率して廟宇を守ろうと考えず、先に逃亡したその其罪は甚だ重い」とされ、乾隆帝は解任して北京で処罰すると命じた。キロン（済嚨）ラマは占いの結果といって言い訳して抗戦できないとしていたため、前チベットに連れて行かせ、公衆の面前で黄正法を剥いだ（処刑することか）[1]。ヤンパチェン（羊八井）寺院の僧舎はジェドン・ホトクト（済嚨呼図克図）に帰属し、僧侶は三大寺の管理下となり、紅帽巴のヤンパチェン（羊八井）寺はゲルク派に改宗となった。

十二、清朝政府が制定した『欽定蔵内善後章程』29条

グルカ戦争の後、乾隆帝は福康安らに「撤兵後に必ず章程を制定し、永劫それを守らせせよ」と命じた[2]。八世ダライ・ジャムペル・ギャムツォ（強白嘉措）も「将来、章程を制定すれば、駐蔵大臣がカロンや民衆を監督するのと同じように、章程を遵守し、事にあたってしっかりと実行すれば、チベットの地に大きな裨益をもたらし、私にとっても非常に有益なものになる」[3]と言った。以下は、昔のチベット地方政府の公文書集『水牛年奏折』の中から抜き出した『欽定チベット内善後章程』29条の内容である。

（一）大皇帝は1つの金瓶を下賜する。今後霊童の捜索と認定を行う時は、札の表面に満洲語、漢語、チベット語の3文字で記し、瓶に入れる。

---

1 牙含章『ダライ・ラマ伝』中国語本60ページ；チベット語本157〜158ページ。
2 牙含章『ダライ・ラマ伝』中国語本61ページ、チベット語本158ページ。
3 牙含章『ダライ・ラマ伝』中国語本62ページ。

ホトクトと駐蔵大臣はトゥルナン寺釈迦仏像の前で正式に札を引いて認定する。

（二）今後隣国からチベットにくる旅行者や商人、あるいはダライ・ラマが域外に派遣する人員は、その責任者が駐蔵大臣の衙門による通行証の発行を受けなければならない。ギャンツェ、ティンリの両地に新しく官兵を派遣して検査を行う。

（三）「乾隆宝蔵」の文字が入った金貨の鋳造では、周縁に年号を入れ、背面はチベット語を入れる。駐蔵大臣は漢人の官員を派遣し、鋳造する銀貨（章卡）に対してカロンとともに検査を行い、高い純度の品質を維持する。

（四）3,000人の正規軍を置く。ウ・ツァンに各1,000人を駐留させ、ギャンツェに500人駐留、ティンリに500人駐留させる。前チベットの代本は駐ラサ遊撃が統轄し、シガツェ、ギャンツェ、ティンリ各地代本は、シガツェ都司が統轄する。

（五）軍隊の編制について、代本の下に甲本や如本、定本などを置き、駐蔵大臣とダライ・ラマが若くて有能な者を選んで任命し、証明書を発行する。

（六）今後兵士を徴用した場合、1人につき食糧を毎年2石五斗とし、総計で7,500石とする。徴用された兵員は、ダライ・ラマより夫役を減免する証明書が発行される。

（七）軍隊の装備に関して、10分の5に銃をもたせ、10分の3に弓矢、10分の2に刀や矛をもたせる。各兵士は常に訓練を行う。

（八）ダライ・ラマとパンチェン・エルデニ（額爾徳尼）の収入と支出について、駐蔵大臣が毎年春秋の2回審査を行う。

（九）キロン（済嚨）、絨夏、ニャラム（聶拉木）等の場所で、様々な夫役をすべて2年間免除し、宗喀・ティンリ・喀達・従堆などの地で様々な夫役を1年間免除する。ウ・ツァンのすべての人民は鉄猪年より前の未納分の税をすべて免除する。

（十）駐蔵大臣はチベット内の業務を監督し、ダライ・ラマ、パンチェン・エルデニ（額爾徳尼）と対等で、ともに協議して政務を処理する。カロン以下の首脳や業務担当者さらに化身ラマはすべて隷属関係にあり、年齢の上下にかかわらず、みな都駐蔵大臣に服従しなければならない。

（十一）カロンに欠員が生じた時、代本・孜本・強佐の中から、個人の政務業績を考慮し、駐蔵大臣とダライ・ラマが共同で2名の候補を提出し、大皇帝に報告して任命を受ける。その他の人員については駐蔵大臣とダライ・ラマが委任し、満洲語、漢語、チベット語の3文字で書かれた証明書が発行される。

札什倫布の従業員は、パンチェン・エルデニ（額爾徳尼）と駐蔵大臣が協議して任命する。

（十二）ダライ・ラマやパンチェン・エルデニ（額爾徳尼）の存命中、その親族が政事に参画することを禁じる。

（十三）駐蔵大臣は毎年春秋の2回にウ・ツァンの各地を巡回し、軍隊の様子を検査する。各地の漢人官員とゾンポンなどが、もし平民を弾圧したり搾取したりした場合、調査を行う。

（十四）今後、グルカ、ブータン、シッキムなどの藩属への返信は、必ず駐蔵大臣が添削を指示する。辺境に係わる重大業務は、駐蔵大臣が指示し処理する。外部より届く貢ぎ物についても、駐蔵大臣が必ず検査する。すべてのカロンは勝手に外部の藩属との間で連絡してあってはならない。

（十五）チベットのキロン（済嚨）、ニャラム（聶拉木）などの地区とグルカ領をつなぎ、交通上重要な道には、道標を建て、お互いの出入りを制限する。

（十六）今後、国境付近の宗のゾンポンは、すべて小宗のゾンポンか軍隊の頭領のなかから選び、任期3年のあとその成績を審査し、もし業務処理が適切であったなら位が上がり、そうでなければ罷免される。

（十七）普通の兵士で戦闘能力のある者は、貴族でなくても定本に就

第七章　カンデン・ポタン政権の統治期

くことができ、最終的には代本まで登り詰めることができる。

（十八）ケンポは深い学問と高い品性をもつ者を選んで担当させる。その人はダライ・ラマ、駐蔵大臣および済嚨ホトクトらが協議して決定し、この3名の印を押した証明書を発行する。

（十九）政府の税収は、決められた新旧銀貨（章卡）の換算率によって徴収される。購入は公平に行う。

（二十）キロン（済嚨）、ニャラム（聶拉木）両地方は米や食塩などの税徴収も行う。駐蔵大臣の同意を得ずに、勝手に税額を増やしてはならない。

（二十一）免役証明書をすべて回収し、夫役を均等に負担させる。本当に功績があって優遇されるべき者に対しては、ダライ・ラマと駐蔵大臣が協議して免役証明書を発行する。

（二十二）ダライ・ラマ所轄の寺廟の化身ラマとラマは、詳細な名簿を作成し、駐蔵大臣衙門とダライ・ラマの所へ各1部届ける。これで検査をしやすくする。

（二十三）青海のモンゴル王がチベットの化身ラマを招くときは、西寧大臣が駐蔵大臣に手紙を書かなければならず、さらに駐蔵大臣が通行旅券を発行して、西寧大臣に手紙を送り、訪問に便宜をはからなければならない。

（二十四）各化身ラマの頭領らは私用で外出する時、ウラ（烏拉、夫役の者）を連れていってはならない。公務で外出する時は、駐蔵大臣とダライ・ラマがウラ（烏拉）を用いるこを許可する証明書を発行する。

（二十五）犯罪者に対する処罰の内容や没収した財産は必ず記録し、駐蔵大臣衙門に提出する。訴訟があれば、その人の身分を問わず、法により厳正に処理しなければならない。

（二十六）毎年軍事演習で必要な弾薬は、カシャの部下が駐蔵大臣衙門の公文書を携帯して、コンポ地方に行き、製造する。

（二十七）退任したカロンおよび代本は、公館と荘園を新任者にあけ

313

渡すこと。私有化してはならない。

（二十八）化身ラマおよびラマの手当は事前に与えてはならない。

（二十九）賦税納入の督促を行い、規定の期限内に処理する。各村の逃亡した家の賦税は減免される。

十三、『欽定蔵内善後章程』29条実施範例

29条章程がどのように実施されたかという問題について、最も重要なことであるダライやパンチェンをはじめ各化身ラマの転生霊童捜索を例にみてみよう。金瓶掣籤（金瓶をもちいったくじ引き）を行うように皇帝からの詔書が下されてほどなく、ダライ・ラマ8世は全チベット『水牛年公文』[1]を頒布し、これより金瓶掣籤法が実施されはじめた。たとえば、第10世ダライ・ツルティム・ギャムツォ（楚臣嘉措）や11世ダライ・克珠嘉措（ケードゥプ・ギャムツォ）、12世ダライ・ティンレ・ギャムツォ（赤列嘉措）らはすべて駐蔵大臣が自ら金瓶掣籤を行い、霊童を決めていた。9世ダライ・ルントク・ギャムツォ（隆朶嘉措）と13世ダライ・トゥプテン・ギャムツォ（土登嘉措）は生まれながらにして特別であったので、他に争う候補が現れず、駐蔵大臣の慎重な調査を経て大皇帝に上奏され、金瓶による決定を免除された。一方、8世パンチェン・エルデニ（額爾徳尼）テンペ・ワンチュク（丹貝旺秋）や9世パンチェン・チョキ・ニマ（曲傑尼瑪）ら大ラマも金瓶くじ引きによって決められた。

チベット軍創設、外交業務、官員の任命や解任、職権など重要な制度に関する方面では、第15ラプチュン鉄猪年（1911年）より、29条章程がほぼ施行された。これは、元チベット地方政府の様々な公文書の中に根拠を見いだすことができる。

チベット通貨の印刷に関する問題では、グルカが、かつてチベットに流通するネパール旧銀貨（章卡）とグルカ新銀貨（章卡）の差額が大き

---

1 『水牛年奏折』、108〜110ページ。

すぎると言いがかりをつけていた。そこで、銀貨の鋳造を開始した。水牛年（1793年）、「乾隆宝蔵」と刻まれた銀貨（章卡）銀が鋳造された。これより、歴代の清朝皇帝の時期に応じて、「嘉慶宝蔵」、「道光宝蔵」、「宣統宝蔵」などの文字が入ったチベット通貨が次々と鋳造、発行され、それは白銀と同等であった。

「カシャ印冊」には、頂子、職位の等級、昇進や異動、任命期間、交替、名簿などに関する記載がある。原本は破損してしまったため、1842年に新しく編された。そのなかにこうある。その成績に応じて特に褒賞を与えた。駐蔵大臣は共同して命令を伝え、すべてを受け取り、必要な言葉の意味は取りこぼさないように慎重に分析された。

十四、クンデリン（功徳林）寺と関羽廟を建立し、乾隆帝の肖像をポタラ宮に納める

チベット章程の制定について、最も早く提唱したのは福康安であった。彼はラサで3、4ヶ月滞在していた。

福康安が中国本土に戻る前、今回参戦した漢族、満洲族、モンゴル族などの官兵はお金を出し合い、ラサの磨盤山に漢チベット混交式の廟宇を建てようとした。水鼠年に工事が始められ、三荘厳文殊廟や漢地の戦神関羽（公）廟が建てられた。土馬年（1798年）、ダライ・ラマ8世はポタラ宮三界殊勝寝殿の特設室に乾隆帝の肖像を置いた。この年、乾隆帝が崩御した。ダライ・ラマは肖像の前で叩拝し、そのあと法会に向かった。2人の駐蔵大臣、加果斉、カロン、代本ら漢人とチベット人の官員は白衣を着て肖像の前で叩拝した。すべての儀式が終わった後、嘉慶皇帝に悲しみすぎないないよう慰めの言葉を上奏し、冥福を祈る読経を行った状況を報告し、弔問のためケンポを北京に送る許可を願いでた。

---

1 『西蔵地方貨幣簡史』、14～20ページ。
2 頂子とは、清朝の官制により、帽子の頂点に官位の等級に応じた宝石を付けたもの。

十五、ダライ・ラマ8世の入滅とタクサク（達察）の代理摂政への任命

　木鼠年7月18日亥時、ダライ・ラマが入滅した。木牛年（1805年）、皇帝法王は貢波（達察丹貝貢波、タクツァク・テンパイ・ゴンボ）に権限を与えてダライの代表とし、政教業務を処理させた。詔書を頒布し、特別に黄大人を派遣させた。勅旨には「ダライ・ラマは全仏教の主宰者である。今、その荘厳な身は法界にあり、入滅してしまった。朕はそれを甚だ惜む。あなたはダライ・ラマ在世の頃と同じように業務を行い、何でも大臣と協議して、法に基づき処理すること」とあった。この記載によれば、今回、皇帝は駐蔵大臣や理藩院が持っていた大銀印が北京からタクサク（達察）化身ラマに下賜されていた。これは、歴代のチベット代理摂政の権力の象徴となった。

第五節　ダライ・ラマ9世・ルントク・ギャムツォ（隆朶嘉措）

一、捜索と坐床

　ダライ・ラマ9世・ルントク・ギャムツォ（隆朶嘉措）、第13ラプチュン木牛年（1805年）12月2日、四川省ガルツェ（甘孜）金沙江あたりのデンコク（鄧柯）地方で生まれた。彼は西康デンコク（鄧柯）地方の図丹群科寺近くの土司の子で、父の名はテンジン・チューキョン（丹増曲窘）、母の名はドンドゥップ・ドルマ（頓珠卓瑪）といった。

　幼少期にパンチェン大師、摂政タクサク（達察）ノムンハン、2名の駐蔵大臣、デモ・フトクトら大小ホトクトやカロンによる霊童検定を経て、誤りがないことが認められたあと、駐蔵大臣がラマや官員の目の前

で奏上文を書き、ポタラ宮から皇帝に奏上された。

　第14ラプチュン土龍年（1808年）1月19日、皇帝の勅旨で、金瓶掣籤は必要なく、彼をダライ・ラマとするようにと命令が降った。ほどなくして、パンチェン・テンペ・ワンチュクが霊童に剃髪を行い、ロプサン・テンパル・ジュンネ・ルントク・ギャムツォ（洛桑丹貝睿乃阿旺隆朶嘉措）という名が贈られた。

　この年9月、ダライ・ラマはツェルグンタン寺を離れ、慣例に従いポタラ宮日光殿に到着した。22日、ポタラ宮で坐床（即位）した。

二、デモ・フトクトによる代理摂政、ダライ・ラマ入滅

　タクサク（達察）ノムンハン・テンパイ・ゴンボ（丹貝貢波）は病により、鉄馬年（1810年）12月30日、功徳林邸で入滅し、それは即座に皇帝に奏上された。鉄羊年3月（1811年）の勅旨で、デモ・ホトクト図旦晋邁嘉措（ツテン・ジグ・メド・ギャムツォ）を代理摂政とするように指示があった。

　デモ・フトクトは摂政になってから、地方政府の業務を積極的に行った。彼はガンデン・ポタンの政教業務こそが仏教の根底であり、日々発展させ盛んにさせてゆくしかないと考えて、真心をもって福田施主に奉仕した。このため、私邸と政府の間の経済関係の方面で調整も行った。

　この前後、チベットの隣国グルカとシッキムの間で戦争が起こり、それぞれ駐蔵大臣に書簡を寄越して救援を求めてきたが、救援は得られなかった。両国は大英帝国に近づきはじめ、イギリス人の協力を得ようとした。そのため、イギリスの帝国主義が侵略と拡張を始めた。これにより、チベットの外交は清朝中央政府と駐蔵大臣が管理していたことが読み取れる。

　木狗年（1814年）、水牛年『欽定蔵内善後章程』29条中の第22条に規定された「大小寺院のラマ、僧侶は名簿に登録しなければならない」という条項に基づき、チベット、カムと内モンゴルの化身ラマの名簿が

完成し、再び駐蔵大臣の漢文名簿と詳細な比較が行われたあと、名簿の名前が増補された。

ダライ・ラマ9世は年が若かったが、勤勉で、大部分の主要な法行を把握していた。第14ラプチュン木猪年（1815年）1月、食道の病に突然罹ってしまい、2月14日に入滅した。

第六節　ダライ・ラマ10世・ツルティム・ギャムツォ（楚臣嘉措）時期

一、転生霊童の認定とデモとツェモンリンの摂政の継続

ダライ・ラマ10世・ツルティム・ギャムツォ（楚臣嘉措）は、チベット暦第14ラプチュン的火鼠年（1816年）3月29日にリタンで生まれた。父の名はロプサン・デクパ（羅桑年扎）、母の名はナムギェル・ブーティ（南傑布赤）といった。その身語意（行動、言葉、思考）に、特殊な霊異的現象が、人々の前で幾つか太陽のようにはっきりと起こった。セラ、デプン、ガンデンの3大寺、ラサ上下密院のケンポは、火兎年（1807年）にダライ・ラマ9世を認定したときの同じように、金瓶掣籤の免除を願い出ることで一同同意した。2人の駐蔵大臣を通して文殊皇帝法王に上奏し、特別の許可を得た。デモ・フトクトが土兎年3月3日、丹吉林法苑で死去した。当時ダライ・ラマの転生がまだ決まっていなかったので、駐蔵大臣の玉麟、珂什克の2人は（摂政の）印封を預かり、鍵を保管していた。聖旨を受け取ったあと、この年の8月12日、サマティ・パクシ（薩瑪第巴克什）化身ラマワン・ジャンペル・ツルティム・ギャムツォ（阿旺堅白楚臣嘉措）が摂政に就任した。聖旨の内容は以下の通り。「今

報告を受けたリタンの子どもについて、起こった霊異的現象が信頼に足りえるといえるのか。もし信頼にたり得るというのなら、以前認定した者とはどんな違いがあったというのか。玉麟らが厳しく反対しなかったのは、実に誤りであった。このような流言はただちにやめさせよ。この幼童を籤の1枚として、他の候補者が現れるのを待ちなさい。その候補者が2人出た後、3名分を一緒に瓶に封入して、決められたとおり公衆の面前で経文を唱えながらら籤をひくこと。」

チベット暦第14ラプチュン水馬年（1822年）正月15日、パンチェン大師や2人の駐蔵大臣などチベット族と漢族の官員、ラマが一堂に会したあと、籤が引かれ、リタン出身の幼児が霊童と認定された。金瓶掣籤の結果と民衆の願望が一致し、公明正大に認定されたため、人々はこれを至極の喜びとし、篤い信仰の賜物とした。続いて、この月（1822年正月）の18日、パンチェン大師は霊童を剃髪して得度させ、近事戒を授け、ガワン・ジャンペル・ツルティム・ギャムツォ（阿旺洛桑堅白楚臣嘉措）と名づけた。2月13日、パンチェン大師はこの霊童に出家戒を授けた。

二、『鉄虎清冊』の編纂、波密の侵攻、ダライ・ラマ10世入滅

チベット暦第14ラプチュン鉄虎年（1830年）9月20日、漢族とチベット族の官員会が共同で発布した命令に基づき、領民の課税の不均衡を是正するため戸籍と土地の調査を行った。むかしのチベット地方政府の管轄区域内では、一部の地区で後に再調査が行われ、帳簿が書き直されたが、大部分の地域では土地の占有、租税、ウラ（烏拉）[1]の負担についての減免や現状維持などの状況は、『鉄虎清冊』の登記内容が基本情報として利用された。よって、これは最も大きく広範な調査であった。チベット民主改革までの129年間、政府や貴族、寺院の3大領主は皆、これ

---

1 烏拉とは、チベットで旧時に行われた夫役のこと。

を土地や農奴の占有や夫役、税収の依拠としていたので、これは旧時のチベットの生産資料や占有制度を研究する上での重要な史料である。当時の駐蔵大臣の印が押された『鉄虎清冊』の原本は、今も完全な状態で、チベット自治区の檔案館に保管されている。

　チベット暦第14ラプチュン火猴年（1836年）、波窩（波密、ポミ）の噶朗（ガラン）デパは、決まり通りにチベット地方政府に租税を納めず、地勢の険しさに頼んで、独立をもくろんだ。そこで、チベット地方政府はカロン・シャトラ・ドンルプ・ドルジェ（シェダ・頓珠多吉）に兵をもたせ、討伐に向かわせた。そして、すぐに平定した。

　チベット暦第14ラプチュン火鶏年（1837年）7月20日から、ダライ・ラマ・ツルティム・ギャムツォ（楚臣嘉措）は体調を少し崩し、9月1日、ポタラ宮寝殿の椅子に座したまま、弥勒仏の座像の姿で微笑みながら入滅した。

第七節　ダライ・ラマ11世・ケードゥプ・ギャムツォ（克珠嘉措）の時期

一、転生霊童の認定、ガリ森巴戦争

　ダライ・ラマ11世・ケードゥプ・ギャムツォ（克珠嘉措）は1838年、チベット暦第14ラプチュンの土狗年9月1日にカム木雅泰寧寺付近で生まれた。当時は3名の霊童が見つかり、彼が生まれたときの兆しが最も不思議であったため評判も最も大きかった。そのため、霊童を探し出す役人がラサに報告に向かったのと同時に皇帝にも上奏し、彼を霊童の1人として泰寧南傑林（泰寧寺）に招いてしばらく住ませた。

第七章　カンデン・ポタン政権の統治期

　1841年、チベット暦第14ラプチュンの鉄牛年に3名の幼子がラサに迎えられた。泰寧霊童は2月に出発し、同年5月にラサ付近の徳慶桑阿喀寺に着いた。パンチェン（班禅）大師、摂政ノムンハン、駐蔵大臣、3大寺院の高僧及びカロンなど役人や貴族がみな会いに行き、歴代のダライ・ラマが祀った本尊仏像と使用した品々そしてそのように見える物品を一緒に霊童に識別させ、仔細な観察の結果霊童たちはみな間違いなく先代の物品を見つけた。

　同年5月20日、清朝皇帝の命令によりポタラ宮で金瓶によるくじ引きを行った。その結果泰寧で生まれた霊童がくじを引いた。6月4日、パンチェン（班禅）大師は霊童を剃髪し、阿旺格桑丹貝準美ケードゥプ・ギャムツォ・ペルサンポ（克珠嘉措貝桑布）と名付けた。皇帝は霊童に詔書、長寿を祝う法衣、金剛鈴杵1式、珊瑚を連ねた数珠などを特別に与えた。皇帝の聖旨を読み上げるとき霊童は落ち着いた様子で喜びの表情を浮かべた。

　1842年、チベット暦第14ラプチュンの水虎年の4月14日、ダライ・ラマ11世はポタラ宮へ向かった。清朝中央政府が特別に派遣した欽差を代表とし、僧俗役人などと前例に従って並んだ儀仗騎兵隊を先導とし、儀式は頗る厳かだった。翌日の午前、ダライ・ラマはポタラ宮へ着き座床式典を行った。当時、「ダライ・ラマは司喜平措殿に着き、敷物の上で東に向かって跪き、皇帝から与えられた贈り物にお辞儀をして詔書の読み上げを拝聴し、駐蔵大臣たちとハタを贈りあった。それからダライ・ラマは黄金の宝座に上った…」[1]

　それより前の1834年、チベット暦第14ラプチュンの木馬年に森巴軍は大挙してラダック（拉達克）を攻めた。当時ラダック（拉達克）の境界を守っていたカルポン（噶本）薩普扎西旺秋父子らは森巴軍と果敢に戦ったが武器の装備の差で敗北し、結果ラダック（拉達克）全域が森

1　『ダライ・ラマ11世伝－天界楽声』第19ページ。

巴軍に占領され、グラーブ・シン（古拉屋森）に毎年9,000枚の銀貨を納めなければならなくなった。

　5年後に森巴将軍哇阿爾蘇羅瓦爾はまたもや兵を率いてラダック（拉達克）へ行き、ラダック（拉達克）王を別に立てて森巴とラダック（拉達克）の連合軍を作りガリに侵攻した。連合軍はまずは北から日土を攻めた。当時、ガリには兵士が500名しかおらず、兵士の到着が間に合わずに占領された。森巴とラダック（拉達克）の連合軍がガリを攻めたとき、ガリカルポン（噶本）は人を遣わしてラサに報告した。チベット地方政府は直ちにツァン代本壁喜哇と前チベット代本索康巴・塔林才旦が兵を率いて援護に向かった。普欄達拉喀で彼らは砦を守る50名の森巴軍を殺害し、砦を占領した。しかし武器の装備に差があったためチベット軍は大きな戦果を得られなかった。チベットは再び徴兵し、カロン才旦多吉を総帥に任命し、直ちにガリに向かわせた。このとき、哇雑爾蘇羅瓦爾は優勢な兵力を集めて普欄達拉喀の砦に向けて進攻を始めた。砦のチベット軍は険しい土地を頼りに守りを固め、少しも攻め入らせなかった。時節は厳寒な冬であり空からは大雪が降り、森巴軍は厳しい寒さに耐えられず行動は困難を極めた。チベット軍はこの機会に乗じて反撃し比較的大きな勝利を収めた。ある日、チベット軍は砦から出て森巴の兵営を攻めた。双方の混戦の中、哇雑爾は瀕死になりながら激しく足掻き、彼が首領だと認識したチベット軍将校米瑪が命がけで前進し彼の胸を突き刺した。森巴軍は指揮を失い大敗を喫して去った。

　その後、1842年、チベット歴第14ラプチュン水虎年にカシミール国王グラーブ・シン（古拉屋森）が8,000の兵士と軍馬を遣わしてまたしてもチベットに侵攻した。チベット軍は果敢に抵抗した。あるとき、チベット軍が窪地に駐屯した隙を乗じて森巴が水を引き入れて溺れさせた。チベット将校壁喜哇、索康及び兵士50名余が捕虜になった。最終的にチベットと森巴の間で話し合いを行い、チベットとラダック（拉達克）の間ではもともとある境界各地の本土の守りを維持し、旧例に従っ

てチベットが毎年政府の隊商をラダック（拉達克）に派遣する規定を定めた。ラダック（拉達克）は毎年チベットに人を派遣して供物を捧げる商売を行い、ラダック（拉達克）商人は噶爾、日土などに貿易に行くことができた。同じく、チベットの商人もラダック（拉達克）へ貿易に行くことができ、双方は以前と同じ信頼関係を維持した。

　戦後、ダライ・ラマは宴会を催し、森巴の侵略への反撃で功を立てた将校をもてなし、清朝の中央政府も彼らに褒賞を与え、一部の者は昇格した。

　ダライ・ラマ11世の頃、ダライ・ラマ8世の時期に書かれたチベットの職務と官位に関する文書がすでに半世紀ほど過ぎていたため破損がひどく、また注釈などもないため、1842年、チベット暦第14ラプチュン水虎年にカシャは旧本を基礎として新たに文書を編纂した。この文書にはチベット地方政府の機関、職官及びその官階などが記載されていた。一部の役人の官階などはそれから少し増減したが、主要な機関、宗谿役人官階などはチベット民主改革のときまで160年余りずっとそのままだった、ポタラ宮内部の機関や僧侶役人の官階などは『カシャ文書』に記載されていないが、1845年即ちチベット暦第14ラプチュンの木蛇年から関連記録の作成が開始された。当時、チベット地方政府内外の機関、各階位の僧俗の役人の官職、職権、官階などは全て清王朝が承認した制度によって決められていた。この期間、チベット地方政府のカロン、基巧ケンポ、代本など高級官僚の任免は全て駐蔵大臣とダライ・ラマの協議のあと、皇帝に承認を上奏した。役人の功績を検証したあと官位の昇格あるいは爵位の付与を申し上げた。ポタラ宮の仲訳欽莫ら役人は必ず推薦者を駐蔵大臣に引きあわせて検査のあとに任命することができ、これらはみな文書からはっきりと見て取れる。だがシャカパは「この時期、満洲アンバン（安班、駐蔵大臣の事）の主要な仕事はチベットの役人と寺院に対して表彰し扁額を贈ることだった。そして中国にチベット

の状況を報告する他は何の仕事もなかった」[1]と述べている。これは歴史的事実に明らかに反している。

二、摂政ツェモンリンが免職され、7世パンチェン（班禅）とラデン化身ラマが相次いで摂政する

　1844年、チベット暦第14ラプチュン木龍年7月に摂政ツェモンリンノムンハンが摂政をして25年後に道光皇帝により摂政の職務を罷免され、中国本土に送られるとともにラダンの財産を調べられ没収された。

　当時、清朝皇帝は駐蔵大臣琦善の上奏を認め、パンチェン（班禅）エルデニ（額爾徳尼）を摂政にした。彼は当年（木龍年）の8月6日から木蛇年4月26日までの8ヶ月半摂政になり、摂政の印章を一緒に引き受けた。パンチェン（班禅）エルデニ（額爾徳尼）はラサに着いたあと、ポタラ宮大殿で皇帝の誕生日の祈祷法事を行った。ポタラ宮でダライ・ラマに会ったとき、パンチェン（班禅）大師は何度も自分の教証功徳が低く、年老いて病に罹り、政教事務と重要な任務に就くことが難しく、ただ大皇帝の命令に反することができないから数ヶ月精一杯務めてツァンに戻りたいと語った。

　当時、摂政ツェモンリン化身ラマが解任されて法苑に監禁されていた。ある日、彼がいるセラ寺麦学堂僧侶がツェモンリンラダンに現れ、カロン索康などの役人を殴打しツェモンリン化身ラマをセラ寺に連れて行った。

　その年の12月、駐蔵大臣がパンチェン（班禅）大師に「皇帝の臣民がこのように詔を守らず勝手気ままに行い野放しになっていれば教法と朝廷の王法に合わないので私も兵を出してセラ寺麦学堂に攻めるしかない。駐蔵大臣の印章はしばらくパンチェン（班禅）大師が引き受けて欲しい」と訴えた。生命が損なわれるのを嫌がったパンチェン（班禅）大

1　夏格巴・旺秋徳丹『西蔵政治史』、チベット語版　上巻　第679ページ。

第七章　カンデン・ポタン政権の統治期

師は直ちに基巧ケンポら主要な役人とセラ、デプン、ガンデン三大寺院の上師の執事僧侶などを招集し、これを機に中堂に派兵しないよう説得し、中堂もパンチェン（班禅）大師らの意見を聞いて時局の平静を保った。

パンチェン（班禅）大師が仏法修業のみに打ち込みたいと願ったため、駐蔵大臣が皇帝に上奏し、皇帝は詔を発してパンチェン（班禅）エルデニ（額爾徳尼）に摂政の公印をラデン呼図克図に渡すことを許し、ツァンに帰した。『ダライ・ラマ11世伝』の記載によると、1845年木蛇年4月26日にラデン化身ラマは命令に従い摂政の公印を授かり、チベットの事務を管掌した。だが、シャカパはその本の中でパンチェン（班禅）大師とラデン化身ラマが前後して摂政に就いたのはチベット大会で自分から任命したと主張している。

1846年、チベット暦第14ラプチュンの火馬年にパンチェン（班禅）大師丹貝尼瑪が親教師（ケンポ）を任され、チベット暦4月7日にラサのトゥルナン寺の釈迦牟尼像の前で慣例に従いダライ・ラマケードゥプ・ギャムツォ（克珠嘉措）に出家戒を伝授した。

当時、ギャンツェ白郎一帯の政府の差民（役人）は租税、ウラ（烏拉）、高利貸しの重圧を受けており大多数の人間は貧困による悲惨な立場に置かれており、租税を払うことができなかった。そのためチベット地方政府は当該地区に役人を派遣して徹底的に調査させ、貧窮する政府差民に対して貴族、寺院属民が「牛項帯犢」の方法を実行し、平均した租税の負担を組み合わせ、勢力が強く隠し事をしている土地に対しても租税を徴収し、租税の不平等な問題は基本的に解決した。翌年「火羊年清冊」と呼ばれる当該地区の徴税の割り当てを書いた文書を新しく作り、この文書はチベット民主改革のとき（1959年）まで土地人口租税控帳とされた。

---

1 『印鑑記―盲人響導』第25ページ。
2 『ダライ・ラマ11世伝―天界楽声』、第62ページ。

1846年前後、カム察雅寺院の様々な化身ラマの間で衝突が起き、戦乱となった。チベット地方政府は相次いで人を遣わして察雅に仲裁に行き、紆余曲折を経て双方は話し合いをすることに合意した。最終的に境界の境目が明確に規定されないまま現状を維持し、事件はしばらく解決した。1852年、チベット暦水鼠年になり、チベット察雅地区で再び衝突が起き、「乍丫の小ラマが宿縁に巻き込まれて、多くの人間が集まりノムンハン配下の様々な首領を殺し、詔書や寺の財物などを燃やし、宿場の兵站や馬匹を襲い、チベットと中国本土の交通が断絶するに至り、郵便路も通じなくなった。それと同時に中瞻が（西康東部）地区で似た寺家を起こし、駐蔵大臣とカシャがカロン才丹、チャムド倉儲巴、乍丫守備らを派遣して乍丫に行き「武力鎮圧」をした。中瞻は四川方面に派兵して「全滅」させ、1年余りの時間が過ぎて2箇所の衝突はようやくしばらく鎮圧した」[1]。1855年、チベット暦水牛年8月8日に清皇帝は察雅事件に対応した功績のある人間に褒賞を与え、官位を上げた。

　1848年チベット暦土猴年8月「13日に大皇帝がダライ・ラマの父に宝石のついた帽子と双眼の孔雀の羽飾りを与えた。詔を告げるとき、駐蔵大臣はダライ・ラマにカタを与え、ダライ・ラマは駐蔵大臣に感謝を告げ贈り物を贈った」[2]。1849年、チベット暦土鶏年にダライ・ラマは新たな基巧ケンポを任命し、「文書を書いて駐蔵大臣に私、駐蔵大臣は大皇帝に上奏し、聖旨が批准された4月1日に送ったあと、駐蔵大臣は通事を派遣して事情を説明しに行き、ダライ・ラマは通事に駐蔵大臣によろしく言うように伝えて褒賞を与えた」[3]。これはダライ・ラマはが基巧ケンポらの役人を任命するときは駐蔵大臣が皇帝に上奏し許可されたあとに職に就かせることができることを説明している。

　1850年、チベット暦鉄狗年に清朝道光皇帝が亡くなった。翌年、咸

1　牙含章『ダライ・ラマ伝』、チベット語版。青海人民出版社、第206〜207ページ。
2　『ダライ・ラマ11世伝―天界楽声』、第109ページ。
3　上に同じ、第117ページ。

豊皇帝が即位した。道光咸豊年間は中国本土でアヘン戦争と太平天国の乱が相次いで起き、清王朝の統治が全国範囲で動揺した。チベットも時局の変化の影響を受けた。当時、チベットの境目の地区がイギリス人の挑発によって相次いで様々な動乱が起きた。チベット地方政府は比較的適切にこれらの事件を処理し、功績のある者は清朝廷から褒賞を与えられた。

三、ダライ・ラマ11世の親政と円寂、グルカがチベットに侵入し戦争を起こす

1853年、チベット暦水牛年にパンチェン・ラマ7世・テンペ・ニマ（丹貝尼瑪）が享年70歳で円寂した。チベットでは盛大な超薦法事を挙行した。1854年、チベット暦木虎年8月のことだ。「駐蔵大臣諢（齢）が基巧ケンポに昇任しようとしている候補者の近侍索本堪本、近侍甲拉ケンポの2人を調べた。」そして「17日に近侍索本ケンポ阿旺丹達が基巧ケンポを継ぐことを公布した」[1]。この記載によると、当時ポタラ宮の重要な役人の任命はまずダライ・ラマが候補者を2名選び出し、駐蔵大臣が候補者を調べたあとに再びダライ・ラマと協議して任命する人員を確定する。それから駐蔵大臣が皇帝に上奏し、許可を得た後に就任儀式を挙行する。当年「サムイェ寺仏殿を修築する工事の竣工で天命大皇帝が廟額の書の「宗乗不二」の4文字を与えた」[2]。金メッキに銅の文字による扁額はチベットで製造されたものである。

1855年、チベット暦14ラプチュンの木兎年にダライ・ラマ11世はチベットの政教事業の重要な役割を引き受けた。『ダライ・ラマ11世伝』の記載によると

文殊大皇帝が詔を発して天人導師ダライ・ラマに雪域政教事業を掌管する黄金の千福輪、3界の衆生の上師となる詔書と印鑑を与え、政教事

---

1 『ダライ・ラマ11世伝－天界楽声』、第245ページ。
2 上に同じ。第246ページ。

務で使用していた以前のダライ・ラマの印鑑を認め、皇帝が与えた詔書と印章、金冊、金印をそれにくわえて、各種の供え物を陳列し、宴会の準備を整えた。太陽が山から姿を見せたとき、第3遍楽が奏でられ、このときポタラ宮、トゥルナン寺、雪村の各寺廟、ラサの各家の住民が一斉に鼓を叩き法螺を吹き、旗を振り、煨桑でお香を焚き、ポタラ宮の徳陽厦で音楽と舞踏を上演した。このときダライ・ラマのが日光殿に行き、大法座に上った」[1]。

僧俗役人などは彼にハタと贈り物を贈った。このようにはっきりとした記載があってもシャカパは「ダライ・ラマが十分な考えを終えたのは17歳のことであり、チベット全体の天人の願望により兎年（1855年）1月3日に親政した」と述べている[2]。17歳となったのがダライ・ラマ親政の原因としているが、実際、昔のダライ・ラマで17歳のときに親政した者はいなかった。その年にパンチェン（班禅）テンペ・ワンチュク（丹貝旺秋）が生まれた。

同じ年、グルカ人が再びチベットに侵入した。当時、イギリス帝国主義が中国本土でちょうど起こっていた内外の戦乱を利用し、清王朝の力が衰退している機に乗じ、グルカの国王を唆した。1842年から駐蔵大臣に何度も手紙を送り、無理な要求を出し、全て拒絶された。それで木兎年の初めにグルカは人をキロン（済嚨）に贈り、人民を扇動し、その地を占領しようと画策した。チベットは直ちにチベット人と漢人の役人を送り、ティンリで案件を裁くために鎮圧と準備を進めた。それから、グルカ人はまたチベットの役人が境界地区でグルカ商人から米を多く徴収しその商人を妨げ、殺人や強盗などの事件があるという理由で、水鼠年の時期に結んだ「チベット永久不可侵」の誓約を破り、チベットに派兵し、キロン（済嚨）、聶拉木、宗噶などの土地を相次いで占領した。駐蔵大臣赫特賀が自らシェカル（協噶爾）に行きグルカの役人と会見し、

1 『ダライ・ラマ11世伝－天界楽声』、第252ページ。
2 夏格巴・旺秋徳丹『西蔵政治史』、チベット語版　下巻　第2ページ。

第七章　カンデン・ポタン政権の統治期

チベットによるグルカへの賠償金を漢銀で 15,000 両を支払い双方の兵を撤収することを提案した。グルカはこれを拒絶し、引き続き兵を増員してガリ地区の普蘭宗とツァン地区のロンシャ（絨轄）地方を占領した。カロン才旦は軍を率いてグルカ人に反撃する命を受け、グルカ軍の兵士を数百人殺害し、帕嘉嶺の兵営を破壊して平にした。更に聶拉木を取り戻し、宗噶を囲んだ。そして自ら兵を率いてロンシャ（絨轄）を攻め、戦況は若干好転した。

　グルカ軍はこの失敗を受けて更に 7,000 の軍隊を増援し、再び聶拉木を占領した。当時、太平天国の乱が行われているなか、清朝政府もチベットに構っている暇がなく、駐蔵大臣が前チベットから漢とチベットの兵士 2,000 人を増援に行かせただけで、皇帝に上奏して四川総督にチベット支援の派兵を頼んだが、距離が遠すぎたために効果はなかった。だがグルカ人はウ・ツァンとカムから 10,000 に上る民兵が派遣され、3大寺院の大勢の僧兵も来るということを聞き、焦った。季節は秋も深まり寒い冬の訪れも間近に控えていたため会談に応じた。

　この年、ダライ・ラマは体の不調を感じた。駐蔵大臣はかつてダライ・ラマの病状を知るために見舞いに行った。ダライ・ラマは単独で駐蔵大臣と会い、自分の病状を事細かに説明した。

　1855 年、木兎年 12 月 25 日にダライ・ラマはわずか 18 歳で円寂した。26 日からラデンホトクトは摂政の職責を継ぎ、ダライ・ラマの済度と献祭の法事活動を進め、早く転生するように祈った。

　この期間、チベットはネパールに代表を行かせてグルカ王室と連日和議を行い、最終的にグルカと不平等な条約を結ばざるをえなかった。条約の主な内容は下記の通りである。

　（一）チベットは毎年グルカ王室に 10,000 ルピーを支払う。

　（二）グルかとチベットは共に大皇帝を奉り、チベットは仏教の聖地として外国から攻撃された場合、グルカ政府は援助を行う。

　（三）今後グルカ人は貿易、越境などで税を徴収されない。

（四）チベットは捕らえたグルカの官兵、婦女子及び鉄砲などをグルカ王室に返す。グルカ王室は捕虜のチベットの兵士及び武器、牛などを全てチベットに返す。講和条約を結んだあとグルカ軍は直ちに占領した土地から撤収する。

　（五）グルカ王室によりラサのグルカ人の首領と役人を任命する。

　（六）グルカ商人はラサで商店を開設し自由に交易できる。

　（七）チベット政府はラサに寓居するグルカの一般商人の事件の取り調べはできない。もしグルカとチベットの一般人の間でもめごとが起こった場合、双方の役人は審理しチベットの一般人の罰金はチベットの役人が受け取り、グルカ人の罰金はグルカの代表が受け取る。

　（八）グルカの犯罪者がチベットに逃げた場合、チベットはグルカに引き渡さなければならず、チベットの犯罪者がグルカに逃げた場合、グルカがチベットに引き渡す。

　（九）もしチベットの一般人がグルカの一般人の財物を奪った場合、チベットの役人は一般人の財物の主を調べ、または一時的に返却する。もしグルカ人がチベットの一般人に強盗した場合、グルカの役人が返却の調査し、または一時的に返却する。

　（十）この戦争でグルカ王室の手助けをしたチベットの一般人及びチベットの手助けをしたグルカの一般人には、講和条約を結んだあと財産などに損害を加えてはならない[1]。

　講和条約を結んだあと、この戦争は収束した。これによりラサには「格烏丹」と呼ばれる多くのネパールの事務所ができ、チベット地方政府も「廓細勒空」と呼ばれる機関がネパールの事務を対応した。この条約は完全に道理に合わなかったが、平和解放を迎えるまでの百年余りの間、チベットはこの結果を受け入れていた。

1　牙含章『ダライ・ラマ伝』、青海人民出版社、チベット語版、第210～212ページ。

第八節　ダライ・ラマ12世・ティンレ・ギャムツォ（赤列嘉措）の時期

一、12世探し、認定と坐床

　ダライ・ラマ12世・ティンレ・ギャムツォ（赤列嘉措）は1856年、チベット暦第14ラプチュンの火龍年12月の初めにチベットの山南地方に生まれた。当時、摂政ラデンはチベット地区の各地に最近生まれた不思議な子供を直ちに知らせるよう通知を出した。山南、ダクポ、北方モンゴル地区、雲南中甸などでは霊童の出生状況の報告があり、その結果桑日、沃喀、ダクポ拉索3箇所の霊童が吉兆を得ていた。向かった役人が実際に観察し、3人の幼子の状況を摂政ラデン化身ラマに知らせた。摂政とカロン、基巧ケンポらが協議をし、再び経師洛桑欽饒旺秋（徳柱化身ラマ）らに占ってもらい、護法神に授記を請い、霊童の名前を金瓶に入れてくじ引きを行うのが最も良いという意見で一致した。摂政は各地の大寺院のケンポ、執事僧と地方政府の各階級の僧俗役人の大会で12世探しと霊童調査の状況、占い、神降ろしにより得られた答えを紹介した。「僧俗の代表らは3人の霊童をラサに迎えることにし、漢とチベットの役人、ラマらによって観察し、皆が納得すれば金瓶によるくじ引きを行う。もしこの3人の霊童がラサに来て観察をした際に皆が納得しなければ再び他の霊童を探せば良い。皆は認定の文書に判子を押して摂政に報告した。摂政ラデン・ホトクトは大会の認定に従って状況を事細かに文書に書き、駐蔵大臣に渡した。そして駐蔵大臣にこの状況と過去に倣って吉日を選び金瓶によるくじ引きを行う許可を大皇帝にもらうよう上奏を薦めた。駐蔵大臣は返信の中でこのことを上奏した」。[1]

1　『ダライ・ラマ12世伝—水日明鑑』、木刻本、第27～28ページ。

1857年、チベット暦第14ラプチュン火蛇年10月7日に3人の霊童がノルブリンカの格桑ポタンに招かれた。それから、前世の遺物を識別したときはロカ（沃卡）で生まれた霊童だけは間違いなく先代が使っていた全ての物品を見つけた。「13日、ラデン・ホトクトと駐蔵大臣ら漢とチベットの役人やラマらはノルブリンカ格桑頗章の日光寝殿に集まり、3人の霊童を迎えて駐蔵大臣自ら検査した。そして駐蔵大臣が大皇帝に上奏し、吉日を選んで3人の霊童の氏名を書いた札を入れた金瓶によるくじ引きを行う許可を求めた」[1]。皇帝の返信による許可を得たあと、1858年、チベット暦第14ラプチュンの土馬年正月13日にラデン・ホトクト、駐蔵大臣らが集まり、満文書吏たちがくじにそれぞれ霊童の名前を書いた。摂政と駐蔵大臣により誤りがないか確認したあと、駐蔵大臣が皇帝の絵が描かれたタンカに額ずき、くじを金瓶に入れた。それからその場にいる皆で聖者に大悲菩薩と三宝慈悲護佑の真言と偈頌の祈祷を3回唱えるよう求め、それから駐蔵大臣により皇帝の絵のタンカに3跪9叩頭の礼をして金瓶を揺らして、瓶の中からくじをひいた。ホトクトと駐蔵大臣らが共同で調べ、すぐさま皆に向かって沃卡洛桑丹僧居美の名字を読み上げた。そのとき、皆な三宝への信仰と抑えきれない興奮によって「拉嘉洛」（神の勝利だ）と高らかに叫んだ。駐蔵大臣は直ちにロカ（沃卡）の霊童の父親のプンツォック・ツェワン（平措次旺）に「あなたの子供洛桑丹僧居美は金瓶によるくじ引きによりダライ・ラマの転生と定められた。あなたは大皇帝に額ずいて感謝せよ。」と伝えた。そしてプンツォック・ツェワン（平措次旺）は皇帝の絵のタンカに額ずいて感謝し、駐蔵大臣と大ホトクトにハタを献上した。[2]くじ引き後、ラデン・ホトクトは直ちにカロンを官薩日楚に行かせて霊童の転生を報告した。

　同じ月の15日に摂政ラデン・ホトクトは霊童を剃髪し、阿旺洛桑丹貝堅賛ティンレ・ギャムツォ（赤列嘉措）と名付けた。しばらくして清

---

1 『ダライ・ラマ12世伝―水日明鑑』、木刻本、第32ページ。
2 上に同じ、第33～34ページ。

朝の皇帝が詔を発し、金瓶によるくじ引きによってダライ・ラマの真身が認定されたことを非常に喜んだと言い、特別に詔書と贈り物を与えた。4月15日、駐蔵大臣の役所から布林卡の間まで各寺の僧侶が列をなして僧俗役人及び様々な寺院の代表も列をなして詔書を迎えた。ダライ・ラマの転生霊童が倫珠噶蔡寝殿に来たときにちょうど詔書が届き、直ちに供物を置く台を設けてそこに置いた。駐蔵大臣がそれから詔書を大殿の中に運び、ラデン・ホトクトをはじめとする地方政府の高級役人がみな東方に跪いた。仲訳ケンポが詔書を読み上げたあと、漢とチベット全ての人間が三跪九叩頭の礼をし、霊童にハタを献上した[1]。9月7日、大皇帝はダライ・ラマの父親を公爵に封じ、頂戴帽を与えた。

1860年、チベット暦第14ラプチュン鉄猴年7月3日にダライ・ラマ12世はポタラ宮で坐床をした。伝記によると当時の様子は下記のとおりである。

> ダライ・ラマは多くの侍従が取り巻く中ゆっくりとポタラ宮司喜平措大殿まで歩き、欽差が大声で皇帝の詔書の到着を伝え、大皇帝から賜った多くの物品を事前にテーブルの上に陳列させた。このときダライ・ラマと摂政ホトクトらは三跪九叩頭の礼を行った。それから2人の駐蔵大臣がダライ・ラマと摂政に贈り物とハタを送り、ダライ・ラマと摂政は彼らにハタを贈り返した。ダライ・ラマがはじめて8匹の獅子が支える大宝座に着いたとき、駐蔵大臣が皇帝から賜った物品をダライ・ラマに見せた[2]。

二、地方政府の権力者が内紛を起こし、摂政ラデン化身ラマが中国本土に逃げシェダ・ワンチュク・ギェルポが権力を掌握した

この期間、清朝皇帝の統治力は徐々に衰退していき、ダライ・ラマもまたとても幼かったため、チベットの主要な権力者も規則を無視しだし、

---

[1] 『ダライ・ラマ12世伝―水日明鑑』、木刻本、第42～44ページ。
[2] 『ダライ・ラマ12世伝―水日明鑑』、木刻本、第57ページ。

内部対立が形成された。対立が可視化された原因は当時摂政ラデン化身ラマが勝手に封文、減税詔書、上からの指示、証明文書を請求して官印を加え、個人に恩賞をみだりに渡し、カシャらの機関の職権を重視せず、地方政府の公務を妨げたためと言われている。カロンのシェダ・ワンチュク・ギェルポがこれに不満を表示し、まずカロン・扎西康薩と裏で協議し、それから摂政のやり方が政府の公務を妨げていると公に提示した。彼の考えはその他のカロンの賛同を得た。彼らは直接摂政に利害関係を陳述することを決め、慣例に従ってダライ・ラマの印章を基巧ケンポが保管し、印章を押すときは5人の仲訳欽莫が集まってから使用することにし、今後は摂政の公章も同様に使用することと述べ、この点については摂政の評判を損ねなかった。ラデン化身ラマは「それはとても良い。誰が印章を管理するかについてカシャの出す方法に従って私が任命しよう。」と答えた。だがラデン化身ラマには摂政の官印を管理させたい僧侶が1人おり、カロンが横から入ってくるとは思っていなかったカロンたちはシェダを除いて摂政の官印を管理する者はいないと思い、方案を決めて印章を押してから摂政に報告した。摂政は疑いを抱き、夜に基巧ケンポを官邸に招き協議した。基巧ケンポはこれが摂政の権力を奪う陰謀であり、誰が最初にこの計画を提案したのか調査するべきと述べた。摂政はこの意見を受けて噶夏の報告を認可せずシェダの職務を辞めさせて彼を自分のニェモの恰郭荘園に閑居させた。シェダがニェモに閑居しているとき、グルカ王室の大臣から手紙が届いた。シェダがそれに返信すると、シェダ夫人は直ちにその手紙をこっそり取り出して囊佐旺堆傑布により摂政ラデン化身ラマに報告された。摂政はこの知らせを聞き、シェダが外藩と連絡を取っていたという罪名でカシャに調査させた。彼はシェダを死刑にするとはっきり言わなかったが、原因を根絶させようという含みがあった。だが命令を執行した代本呑巴が清朝皇帝も知っているこの役人を殺そうとせず、ただ彼を拘禁した。それからシェダと特別な檀家と施主の関係にあるガンデン寺の僧侶と連絡をとり、新しい策を立て始

第七章　カンデン・ポタン政権の統治期

めた。

　経験豊富なシェダはガンデン寺の僧侶だけがラデン化身ラマに反対しても意味が無く、デプン寺と手を組み、更に政府の役人の援助を求めなくてはと考えた。1862年、チベット歴第14ラプチュン水狗年のはじめに地方政府はデプン寺の法会に参加した僧侶に対し食料ではなく金銭を与えて、布施の数を減少させた。ガンデン寺の僧侶はこの機を利用してデプン寺がラデン化身ラマに反対することを支持した。2つの寺は年が若く力のある僧侶を選び出してシェダを救出し、厳かにラサに迎え入れた。シェダがポタラ宮の外の石碑の場所に来たとき、輿から下りて跪いてポタラ宮に祈祷し、人を引き連れてダライ・ラマにハタを献上し、人民に対して彼はダライ・ラマの命令を受けてラサに戻ったという印象を与えた。その晩、シェダは通知を出し、ラサの全ての僧俗役人とガンデン寺、デプン寺と連絡をとっているカムの商人が翌日トゥルナン寺に集まった。通知にはシェダが招集したことを書いていなかったため真相を知らない公職にある多くの人員も参加した。その会でシェダは詳細に自分が罪名を押された過程、及びラデン化身ラマらがどのように法規を犯して人民を威圧しているのかを説明し、皆で力を合わせて摂政に反対するよう願い、その場で詳しい手配を行った。彼は臨時に「甘哲仲基」という組織を作り、ガンデン寺とデプン寺の僧侶らを集めて摂政ラデン化身ラマのいる喜徳林ラダンを攻めさせた。デプン寺の僧衆は本寺ケンポに罷免されたことを不服としており、大勢の人間が摂政府で騒いだ。駐蔵大臣満慶は糧務委員李玉圃、遊撃唐懐武らに漢人兵士を率いて「弾圧」に行かせた。李玉圃はデプン寺の肩を持ったため事態は拡大し、デプン寺の僧侶がまたガンデン寺のラマと連絡を取りポタラ宮の武器庫を開けて大砲を取り出し摂政府を撃った。「事件が起きたあと、ラデンは駐蔵大臣に報告し、そして大勢の人間が銃で反撃しこの状態は1日続いた。最後は人数が少なかったためラデンは夜間のうちに摂政の印を持っ

335

て逃げた」[1]。

　この点について様々な意見がある。チベット軍がラデン化身ラマへの包囲攻撃に参加し、更に四方全て代本の守備があったと言われる。誰がラデン化身ラマを放すかは軍法に従って処理した。当時、シェダが大砲を喀阿東地方に配置して喜徳ラダンに向けて撃つことを指示した。喜徳ラダンもそこに向けて撃ったので、ラデン化身ラマがポタラ宮へ撃ったという罪状になった。

　ラデン・ホトクトはラサから逃げたあと青海の道を通り北京へ行き、清朝政府に控訴した。清朝政府は福済に大臣を調査させてチベットにもこの事件の調査に行かせた。当時西康瞻は地方で発生した部落のいざこざにより道路が塞がれて進めなくなっていた。また糧務委員李玉圃が北京で対質尋問をさせられたが駐蔵大臣が李玉圃をかばい「兵士は出兵していない」とし、それからラデンが北京で亡くなったためこの件は未解決のまま終わった[2]。

　当年の年末、シェダ・ワンチュク・ギェルポがチベットの摂政に任命され、上奏によってノムンハンの名号を封じられた。「執政の期間中、ダライ・ラマの印章とカシャの印章で命令が伝えられ、自分の印はなかった」[3]。これは、夏冊が皇帝から摂政の印章を与えられず自分で自分の印を使うことができなかったことを十分に説明している。だがシャカパは「当時は甘哲仲基を代表とするチベット全体の僧俗公衆の永久によってわずか17歳の依怙ダライ・ラマが3月12日に表面上は親政したが政教両方面の重大な役割を担っていたのは実際にはカロンを解任されたシェダ・ワンチュク・ギェルポが責任者の助手をしており、彼にノムンハンの名号を与え摂政を委任した」[4]。と述べている。この説によるとこ

1　牙含章『ダライ・ラマ伝』、青海人民出版社、チベット語版、第216ページ。
2　上に同じ、第216ページ。
3　『印鑑清冊』、第26ページ。
4　夏格巴・旺秋徳丹『西藏政治史』、下巻、第40〜41ページ。

第七章　カンデン・ポタン政権の統治期

の件と清朝政府にはほとんど何の関係もない。

　事実、「当時、摂政ラデン・ホトクトとガンデン寺、デプン寺の代表の間では祟りによって不和が起こり、大乱が巻き起こった。サキャ達欽とタシルンポ寺の代表索本、仲尼爾、阿欽らは仲裁に尽力したが和解には至らなかった。そのためラデン・ホトクトは政務の保護ができず、人天導師ダライ・ラマは政教両方面の重大な役割を担うことになり、3月12日にダライ・ラマは貴重な詔書と印章を授かり政務を保護した。」これはつまり当時のチベットには政教の首領が委任できる状況ではなく、ダライ・ラマは歴代清朝皇帝が歴代ダライ・ラマに与えた詔書、金印を頼りに名義上政権を掌握した。シャカパが後になってこの件をシェダが摂政の職務とノムンハンの名号を得た件を極力同列に論じようとした。シェダがデシに任命されノムンハンの名号を得たことに関して『ダライ・ラマ12世伝』でははっきりと記載されている。同年の6月に「人天導師ダライ・ラマは政教両方面の重大な役割を担うことになったが当時はまだ幼かったため服事と処理を行うトップの人間を任命する必要があり、ガンデン寺、デプン寺と仲科爾たちは協議してカロンを解任されたシェダがダライ・ラマの考えと一致して担任できると考えた。皇帝への上奏ののちに承認を得て、2名の駐蔵大臣が直ちにシェダに政務の職責を担当することを承諾させ、6月21日にカロンを解任されたシェダがラダンからポタラ宮に来た」[1]。同年9月「7日に皇帝が人天導師ダライ・ラマを政教の主に命じ、カロンを解任されたシェダ・ワンチュク・クギェルポが政務の管理の手助けをすることを命じ、ノムンハンの名号の与える詔書が届いた。盛大な宴会が行われ、皇帝はポタラ宮司喜平措大殿に行き駐蔵大臣に会見した。ダライ・ラマ、ノムンハン、各大ホトクト、公、カロン、基巧ケンポら全てが跪き、満文仲訳と堪仲により詔書が読み上げられ、それが終わると皆は皇帝に向かって恭しく三跪九叩

1　『ダライ・ラマ12世伝―水晶明鑑』、木刻本、第90ページ。

頭の礼を行った。」これらは全て当時実際にあった歴史の過程である。
　シェダ・ワンチュク・ギェルポがデシの権力を掌握したあと、しばらくしてその腹心である夏孜ケンポの嚢佐貝丹頓珠がその重大な役割を任ぜられ、彼の今後の権勢が高まる発端となった。

三、瞻対に兵を用い、デシ・シェダが亡くなり、徳珠が摂政となる

　当時、瞻対（現在の四川新龍）地区の部落では常にいざこざと戦乱が起きており、状況はますます激しくなっていった。瞻対貢布郎傑父子らは中国本土とチベット地区の時局が不安定の機を狙って武力で全瞻対を統治し、霍爾章谷（現在の四川炉霍）などの土司の土地と属民を不法に占有し、更に明正土司が管轄する打箭炉（現在の四川康定）地区を侵略する準備をした。1863年、チベット暦第14ラプチュンの水猪年の新年にその子供の貢布次丹が人馬をかき集めて埋塘土司城塞を包囲し、チベット地方政府の役人が四川で購入した茶葉を強奪し、漢とチベットの交通を遮断した。貢布郎傑らは更に往復する公文書を奪って開け、法律と紀律の破壊は頂点まで達した。駐蔵大臣らは瞻対騒乱の頭である貢布郎傑父子を討伐するための派兵を決定した。チベット軍は1863年、チベット暦第14ラプチュン水猪年の9月に瞻対に着いた。当地は高い山と深い谷に囲まれ道も険しく、また盗賊の必死の抵抗もありチベット軍の進軍は遅かった。だが盗賊が長年カム各地で行ってきた略奪と殺人、群衆への抑圧により多くの人民が恨んでいたためチベット軍の侵攻を援助した。
　1864年、チベット暦第14ラプチュン木鼠年4月13日にダライ・ラマ12世は例に倣って出家戒を受けた。チベット暦8月25日、デシ・ノムンハン・シェダ・ワンチュク・ギェルポが病によりノルブリンカでこの世を去った。ダライ・ラマがまだ幼かったため護法神に政務を司らせようとしている人が誰であるかということを聞く福運それぞれの名簿を提出し、摂政を任命することを駐蔵大臣に手紙を書いた。この2つの

第七章　カンデン・ポタン政権の統治期

書類にはダライ・ラマの印章が押されていた。史料の記載によると当月29日にダライ・ラマは経師徳柱欽饒旺秋に政教の主要な職責を負担するよう指示した。だがシャカパは「チベット会議では経師がガンデン・ティパ徳柱洛桑欽饒旺秋を辞めて摂政に就任することを懇情し、経徳柱が同意してから29日に任命が交付されて、互いにハタを送り、政教の重要な役目を担った。」と述べている。[1] 実際はこうではなく、ダライ・ラマが駐蔵大臣に報告してから任命された。しかも駐蔵大臣は経師がガンデン・ティパを辞めて政教事務の管理に協力する政教を任命することに関して大皇帝に上奏文を書いた。皇帝の承認である詔書を受けたあと2人の駐蔵大臣は文書を送り、直ちに摂政の執務をした。そして（9月）23日に仲科爾が朝食前に博学な経師がガンデン・ティパ（徳柱欽饒旺秋）を辞めて摂政に就任する儀式を行った。[2] 当時、ダライ・ラマの年齢がまだ九歳にも満たず瞻対地区の戦乱はまだ終わっていなかった。チベットの政務が廃れることのないように欽差駐蔵大臣がまず徳柱を摂政として任命した。当時はまだ徳柱は摂政の正式な名号（ノムンハン）を賜っていなかった。

1865年、チベット暦木牛年2月「7日に大皇帝が摂政にガンデン・ティパを辞してノムンハンの名号を贈り、政務の管理に協力する詔書を送った。そのため慣例に従って駐蔵大臣の役所に詔書を迎え入れて太陽が山を上ったときに詔書を日光寝殿に迎え入れて、ダライ・ラマ、摂政及び様々なホトクトはみな非常に恭しく額ずいて皇帝の詔書の読み上げを聞いた」[3]。これにより徳柱は摂政ノムンハンの名号を得た。

1865年に瞻対の乱の軍事行動を順調に平定し、駐蔵大臣は李玉圃にチベット軍を率いさせて進行させ、西康土司も出兵協力の命を受けて別の道から攻めて包囲した。チベット軍は全軍攻撃し、次々に多宗、恰郭

1　夏格巴・旺秋徳丹：『西蔵政事王統』、下巻、第45ページ。
2　『ダライ・ラマ12世伝―水晶明鑑』、木刻本、第122ページ。
3　『ダライ・ラマ12世伝―水晶明鑑』、木刻本、第217ページ。

の砦と雅江の砦を攻め、貢布郎傑の首邑である日囊宗を包囲した。貢布郎傑らが立てこもって必死に抵抗したためチベット軍は8月1日に火攻めを採用し、貢布郎傑父子など数十人が焼け死んだ。長期の戦乱は終息に向かい、チベットと中国本土の交通が快復した。1866年、チベット暦第14火虎年「10月1日に大皇帝はダライ・ラマと摂政に褒美を上げ、内庫に黄ハタを摂政ノムンハンにホトクトの名号を与える詔書を贈った」。瞻対の乱の終息により漢とチベット官兵も清の朝廷から褒美を得た。

1867年、チベット暦第15ラプチュン火兎年正月13日、瞻対の戦争が順調に解決されたため、清朝皇帝はダライ・ラマに「振錫綏疆」の横額を贈った。この横額はポタラ宮司喜平措大殿の歴代ダライ・ラマの大宝座の上に安置され、現在でも見ることができる。

当年「7月12日に天命大皇帝が公布した詔書と歴代の摂政が使用していた公章の銀員を駐蔵大臣の役所に送ったため、……駐蔵大臣は銀印をダライ・ラマに私、駐蔵大臣らの漢の役人はダライ・ラマにハタを謙譲し、ダライ・ラマは摂政の銀印を摂政徳柱欽饒旺秋に与え、摂政はダライ・ラマから印とハタそして贈り物を貰った礼をして、昔ながらの慣例に倣って盛大な祝賀会を行った」。ここで言われている銀印とは乾隆22年（1757年）チベット暦第13ラプチュン火牛年にチベットの第1摂政ラマのデモ・デレク・ギャムツォに贈られた印であり、印文には「チベット事務の掌管を引き受ける黄教額爾徳蒙額ノムンハン」と書かれており、それ以降歴代の摂政が使用した。ラデン化身ラマが印を携えて中国本土に逃げたあと、チベットでは主にダライ・ラマの金印を用いて公文書に捺印したが、摂政の官印はなかった。それから1867年に摂政の印が徳柱ホトクトに贈られた。

---

1 『ダライ・ラマ12世伝－水晶明鑑』、木刻本、第135～136ページ。
2 上に同じ。第141ページ。

四、ペルデン・トンドゥプ（貝丹頓珠）の乱。摂政徳柱の逝去。ダライ・ラマ 12 世が政務を掌管してしばらくして円寂する。

　1868 年、チベット歴土龍年にペルデン・トンドゥプが基巧ケンポに委任された。彼は野心に溢れ少なくない腹心を育て、「甘哲仲基」の組織を基礎として彼個人の専制を敷いた。当時の知識があり有能な役人、特に彼に服従したくない人に対しては 1 つずつ潰していった。カロン普隆巴が瞻対の乱を平定した後、カムの追い剥ぎや盗賊を鎮圧する命を受けてから、ある人がラサに来てペルデン・トンドゥプに無実を訴え救助を求めた。ペルデン・トンドゥプは同郷の者を助けるため、そして普隆巴が自分の障害になる心配をしたために彼を排除することを計画した。カロンの博学で頭の良い崔科哇もペルデン・トンドゥプの手のものに河に投げ込まれ暗殺された。その他、当時の役人たちも数人突然失踪した。その後、摂政徳柱が気付いてから連夜人を派遣してペルデン・トンドゥプの複数の腹心を捕まえ、それと同時に摂政はカロンと基巧ケンポらに通知し、翌朝の摂政官議事でペルデン・トンドゥプを逮捕しようとした。ペルデン・トンドゥプはその関連記録の作成が開始されたれに気付くと罪を悔いようともせず数名の腹心を連れて夜分に逃げてガンデン寺に行った。

　摂政徳柱は駐蔵大臣との協議で漢とチベットの官兵を動員してガンデン寺を攻めた。ペルデン・トンドゥプはガンデン寺に長く留まることができないと見ると夜に乗じて腹心と逃げた。チベット軍は気付いたあと直ちに追った。逃げ道のない状況の中、ペルデン・トンドゥプらは各々銃を持って相手に構え同時に発砲（して自決）した。ペルデン・トンドゥプが死んだ後「甘哲仲基」の組織は徹底的に解散された。ラサの情勢は瞬く間に快復した。ペルデン・トンドゥプが仏教を敵視する仏敵とされたため乱が発生した期間では駐蔵大臣恩麟が自ら漢とチベット軍とセラ、デプン寺の僧侶を指揮してノルブリンカでダライ・ラマの安全を周

到に守った。

1872年、チベット歴第15ラプチュン水猴年9月18日に摂政徳柱ホトクトロプサン欽饒旺秋がノルブリンカの格桑頗章で逝去した。

  1873年水鶏年2月12日
  ダライ・ラマが宝座に上るとき、殊勝の縁起として地方政府代表が大地と海を象徴するハタ、仏経、仏像などの贈り物を献上し、筆者（経師）栄僧ケンポと公爵、カロン以下で仲訳欽莫以上の役人、南傑学堂を執事する僧侶らもハタを献上した。……それからカロンと孜恰（ポタラ宮囊佐）らによって香炉などを捧げてダライ・ラマがポタラ宮紅宮の司喜平措大殿の中に招き、駐蔵大臣らが来たあとに漢の役人たちもダライ・ラマにハタを献上し、ダライ・ラマは彼らに贈り物を与えた。僧侶らは吉祥偈頌を念じてダライ・ラマに国政七宝を献じて、祝福されて花が舞った。祝賀会が終わったあとダライ・ラマは日光寝殿に戻り掌印ケンポが彼にハタの贈り物を献上し、4名の仲訳欽莫もそれぞれハタを献上した。それから並んでダライ・ラマが祝福された麦などを撒いたあと題司敬神ハタに印章を押し、はじめて使用すると祭事とした。[1]

この記載ははっきりとダライ・ラマ12世がこの時から正式に政務を掌管して彼の親政が皇帝の詔書と規定された時間によって宝座に上り、チベットの政務の掌管を始めることを表明している。

1875年3月4日からダライ・ラマは病に罹り、薬を飲んで治療を受け、更に健康長寿を祈る法事が開かれたが病状は好転しなかった。3月20日、ダライ・ラマ12世はわずか20歳でポタラ宮で円寂した。駐蔵大臣、主要な侍従役人らはみな喪服を来てダライ・ラマの遺体に礼をし、慣例に従ってダライ・ラマの超薦法事を行い、供物を献上して祈祷のお経を上げた。

---

1 『ダライ・ラマ12世伝－水晶明鑑』、木刻本、第191〜192ページ。

第七章　カンデン・ポタン政権の統治期

五、タクサク（達察）が摂政に任命され、イギリス人のチベットでの調査に反対

　ダライ・ラマ12世が亡くなったあと、清の朝廷の准駐蔵大臣松溎が皇帝に上奏し、タクサク（達察）ホトクト阿旺貝丹却吉堅賛によって摂政の職を掌管する旨を得て通善ホトクトと呼ばれた。

　ダライ・ラマ12世の家族はそれからダライ・ラマ8世の家の荘園拉魯噶蔡哇と合併し新しく貰ったコンポ噶洽荘園などを加えて領地がその他の貴族を超える亜谿拉魯家族を形成した。

　イギリス帝国主義は早くに中国のチベット地方に野心を抱いており、ダライ・ラマ12世の執政期間にイギリスはシッキム（錫金）に派兵してイギリスとシッキムの間に不平等条約の提携を迫った。条約にはシッキムがイギリスとチベットの交通の都合をつけることが規定されていた。それからチベットではイギリス人がチベットに入ることを終始禁ずる発表をしたことにより、更に彼らが腐敗した清朝の中央政府に圧力を加えたためにチベットに入ることが罪となった。1876年（清光緒2年）にイギリス帝国主義者が雲南町玉の人民によってイギリス人マーガリー（馬嘉理）が殺された事件をたてに清朝政府を恐喝した。清政府は李鴻章を代表としてイギリスの駐華大使トーマス・ウェード（威妥瑪）と山東煙台で『煙台条約』を結び、その機に乗じてイギリス人がチベットに入ることを許す要求を書いた。

　1879年（清光緒5年）にイギリス帝国主義者はこの条約の規定によって「馬加国摂政義奥斯図凱来頼」らを派遣し、青海からチベット入りする「遊歴」を計画し、更に北京行文駐蔵大臣松溎によりカシャに通知して漢とチベットの兵士を選び出して看護させた、カシャは西洋人がチベット入りする「考察」の公文書を受けたあと、僧俗役人会議を開いて討論し、西洋人のチベット入りを全員反対し、ダライ・ラマ、パンチェン（班禅）エルデニ（額爾徳尼）の2人を筆頭として駐蔵大臣に稟議を出し、清朝皇帝に伝えるよう要求した。稟議ではこう話された。

思うに西洋人のチベット遊歴の件について、しばしば駐蔵大臣の訳文を受ける。「条約を決めてそのチベット入りを約束し、上奏された件は変えられない。各国が来た時には、漢とチベットが一体で注意を払うが、揉め事を増やしてはいけない」などが原因であり、しばしば確実に言い聞かせている。チベットに西洋人が来た事は無く、習慣と教えも異なり仏教の土地に害をなし、チベットの全ての僧俗人民が苦しむだろう。駐蔵大臣に懇願する。そして2つのチベット（ウ・ツァンを指す）は代々大皇帝に天の恩を仰ぎ、黄教を振興し、法の土地を守っており、厚い恩義の幾分かをいかにして報えようか。どうして自分の意見に固執して従わない事があろうか。西洋人の性を調べると、善良の輩はおらず、仏教を侮り、愚人を騙し、まさに氷と墨のようであり、互いに合うことは難しい。ここに、チベットの全ての僧俗が共同で立てた誓いにより、チベット入りを許さないという、文章を発行する。これにより代々生死を顧みず永遠に入境を許さず、もし来るものがあれば道に兵を遣わして阻止し、警告し、互いにいざこざがなくとも、もし虚勢を張られれば、タングート（唐古徳）の人民によって命をかけて敵対し、神仏の庇護が仏教の地を守り、大皇帝が仏教を守る事を信じている。断じて威圧に屈して不幸に遭遇する事は無い。チベットの全ての僧俗、役人、一般人の大衆の合議である苦しみの状況を証文として提出し、駐蔵大臣に上奏を求める。限りない（皇帝の）聖恩を切望し、チベットの全ての衆生の生命を救ってもらいたいと欲する。謹みて呈す[1]
　この歴史的文献にはイギリス帝国主義が侵略を目的として来たとはっきり表しており、チベットの関係を破壊することに力を尽くし、同時にチベットの役人と民衆が中国辺疆を守る決心が表明されている。
　チベット全土は一致して西洋人がチベットに入ることを毅然とした態

---

[1] 牙含章『ダライ・ラマ伝』、人民出版社、1984年版、第106～107ページ。

度で反対して、駐蔵大臣松溎は手の打ちようがないと思い光緒帝に次のように報告した。「この協議では愚見に頑迷に固執して、衆論は偏り、(皇帝の)聖明の旨に背いている……あらゆる協議では稟議を冒涜して縁由を守らず、朝廷に訴え、どうか聖旨で協議の事務を管理する通善ホトクト及びカロン、あらゆるケンポらを厳格に罰してください。私はなだめる術を知らず、呼びかけも効果がないので一緒に重い罰をください。そして別途に有能な人員を選んでチベットに寄越して適切な処理をしてください」清朝政府も事態が重大であると感じ、四川総督に密旨を出し、西洋人のチベット入りを防ぐ計画を立てた。」

翌年、イギリスはまた人を巴塘に遣わして、チベット入りに備えた。チベット族の人民は武力を使用して西洋人のチベット入りを阻止する準備をした。イギリス人は状況が極めて悪いことを見て巴塘にすでに着いた人間に雲南からインドに引き返すよう命じた。

第九節　ダライ・ラマ13世・トゥプテン・ギャムツォ(土登嘉措)の時代

一、トゥプテン・ギャムツォ(土登嘉措)の後輪と認定、坐床の状況

チベット暦第15ラプチュン(1876年)火鼠年5月5日にトゥプテン・ギャムツォ(土登嘉措)は下ダクポ地区の普通の農家に生まれた。その家がたくましい象に似ている朗林拉巴山の前にあったため朗頓(象のそばの意味)と呼ばれた。当時はダライ・ラマ12世ティンレ・ギャムツォ(赤列嘉措)が亡くなってから1年余りで慣例に従ってまずはパンチェン・

1　牙含章:『ダライ・ラマ伝』、人民出版社、1984年版、第107〜108ページ。

ラマ8世・テンペ・ワンチュク（丹白旺秋）に占いをしてもらった。パンチェン・ラマ8世はダライの霊童はすでに生まれており、ラサの東南にいると答えた。それから護法神も霊童はラサの東南の方角ですでに生まれていると述べた。そして摂政達擦とカシャ政府が大勢の人間を使って調査をした過程で人々は朗頓の状況が聖湖に影が現れて神仏の予言を完全に一致することに発見した。彼らは政府に書簡を送り見聞きしたものを詳細に報告した。カシャは直ちに人を朗頓に派遣して再び真剣に調査して、その父母に男児が生まれたときの吉祥の予兆を詳細な書面の報告を作成するよう指示した。

　各地から伝わる状況によって朗頓の男児がダライの転生霊童に間違いなかった。だが慎重を期すためカシャはもう一度人を遣わしてハタや鍍金銅白度母像などの献上品を携帯させ、霊童の出生地に向かわせた。それからパンチェン・ラマ8世・テンペ・ワンチュク、摂政達擦ホトクト、各寺の高僧など霊童が確かに前世がダライ・ラマであると一致して確信し、駐蔵大臣松溎によって皇帝に上奏した。光緒帝はこのように諭旨を述べた。「クンガ・リンチェン（貢嘎仁欽）の子供羅布蔵塔布克甲木錯をダライ・ラマの呼卒勒罕とする。くじ引きをする必要はない。」カシャは諭旨を受けてから直ちに特使を転生霊童降誕の地に派遣して皇帝の聖旨を読み上げた。

　チベット暦11月1日、霊童はカロン宇妥をはじめとする招いた役人のお供をして大勢でラサに向かった。道中で部衆が香を焚き、僧侶たちが手に経幡を持ち、列をなして霊童を送迎した。14日に霊童がラサの東郊外のツェルグンタンに着いた。慣例に従い、駐蔵大臣松溎は諭旨を読み上げて、それが終わると霊童が東に向かって三跪九叩頭の礼をし、駐蔵大臣がダライの霊童にハタを献上した。ダライの霊童も駐蔵大臣にハタを返礼し、金メッキの仏像などの手厚い贈り物をした。

　チベット暦土虎（1878）年正月4日、パンチェン・ラマ8世は政府の要請を受けてラサに向かった。11日、パンチェン（班禅）エルデニ（額

爾德尼)、摂政達擦ホトクトら一同がツェルグンタンでダライの霊童に会見し、ハタを贈りあった。

それから日光殿の主聖前でパンチェン(班禅)エルデニ(額爾徳尼)が霊童の頂髪を剃り落とし、法名を「吉尊阿旺羅桑土登嘉措晋美旺秋却勒南巴傑娃徳白桑布」とした。霊童の剃髪と法名が付けられたことを祝うためにチベットでは盛大な祝賀会が開かれた。

それからチベット地方政府は駐蔵大臣松溎による皇帝への上奏によって「翌年にダライ坐床式典を行い、黄色の馬の鞍を使うことを許す」ことを求めた。土兎(1879)年5月に光緒帝は諭旨を述べた。

> ダライ・ラマの転生はすでに決まった。今年6月13日良辰吉のときに坐床を行い、甚だ目出度く、朕も深くこれを喜ぶ。ダライ・ラマに黄色いハタ・仏像・数珠・鈴杵を贈る。

ダライ・ラマは坐床のあと、前世のダライ・ラマの金印を用い、皇帝に謝辞を述べた。

> 黄色い輿と黄色い轡を与える。仏父クンガ・リンチェン(貢嘎仁慶)を公爵に封じ、宝頂頂子、孔雀の羽飾りを贈る。聖旨に基づいて遵行せよ。[1]

仏父クンガ・リンチェン(貢嘎仁慶)は公爵に封じられてから、カシャ政府から慣例に従って荘園と農奴を分け与えられ、大貴族の1つとなり、朗頓の名前になった。

5月13日、ダライ・ラマの坐床の式典が正式に始まった。ダライ・ラマは心地の良い鼓、角笛などの音楽の中から8人が担ぐ黄色い輿に乗り、摂政達擦ホトクト、欽差大臣ら漢とチベットの僧俗の役人が取り囲む仲ラサに向かって出発した。旧例に従ってダライ・ラマはまずトゥルナン寺に行き、釈迦牟尼などの仏像に額ずいて敬礼し、ハタを献上した。14日の正逢良辰吉のときにポタラ宮司喜平措大殿でダライ・ラマは贈

---

1 『伝記稀奇珍宝錬』チベット語木刻本、第52〜53ページ。

り物をもらい、年長の堪仲（僧侶と役人が担任する大秘書）が大きな声で皇帝が送った祝賀の詔書を読み上げた。そして駐蔵大臣はダライ・ラマに上等なハタ、青玉如意を贈り、皇帝が贈った陽紋緞織画像、ハタ、長い柄の玉の盃、金メッキの銀輪、銀製の曼遮と漢銀10,000両などの贈り物をダライ・ラマの目に通すことを進言した。ダライ・ラマの坐床を祝うためにチベットでは厳かな祝賀活動が行われた。

　坐床式典の挙行のあと、慣例に従いダライは白也爾ケンポを遣わし北京に行かせ、皇帝にその恩徳を称賛する上奏文を送った。その中で「我々辺地の衆生の幸福はあなたの恩徳による。今後皇帝を敬わない人がいようか」といった。

　チベット歴水馬（1882）年、ダライは7歳になり受戒を受けられる年令になった。だがパンチェン・ラマ8世の病が重く、比丘戒を伝授できず、摂政達擦ホトクトによって伝授された。その年、パンチェン・ラマ8世テンペ・ワンチュクは円寂した。火狗（1886）年4月8日、摂政達擦通善ホトクトがこの世を去った。翌日、駐蔵大臣色稜額が検屍を行い、摂政の大印を封じた。

　13日、4大カロン、総ケンポらはハタや曼遮などの贈り物を持ってポタラ宮に行きダライ・ラマに報告し、引き継ぎの人選問題を話し合った。報告ではダライ・ラマはまだ幼いが読経を学びたいと思っていたため、摂政の事柄はしばらく穆ホトクトにより代行した。カシャは特別に人を派遣し、2人の駐蔵大臣が摂政の人選について協議して、駐蔵大臣の協議の決定に基づきデモ・ホトクトを摂政代理に任命し、駐蔵大臣の意見に基づき多喀瓦、宇妥ら3人の大臣がダライ・ラマに報告した。[1]

　そして、駐蔵大臣が皇帝に上奏してデモ・ホトクトが摂政を代行する職権を許してもらった。チベットの政局を保つために当年のチベット暦5月13日、デモ・ホトクトは就任儀式の宣誓を開催した。

---

1 『伝記稀奇珍宝錬』上巻、第138ページ。

1888年、チベット暦土鼠年正月14日にダクポ仲巴地区、拉木、托傑などの土地に3人のパンチェン（班禅）霊童が出現した状況に基づき、ポタラ宮の薩松朗傑（尊勝三界）殿で金瓶によるくじ引きの儀式を行った。くじ引きの結果、ダクポ仲巴地方の霊童の名字を引き、パンチェン・ラマ9世チョニ・ニマ（曲吉尼瑪）が疑いなく本物の転生霊童だと表明された。

二、イギリス帝国主義へのはじめての抗戦

19世紀に世界は資本主義に突入し、各帝国主義の間には常に市場の奪い合いが起こり、生産手段の略奪によって戦争が興った。このときの清朝政府の衰退はすでに極地にまで陥っており辺疆地区の統治ができていなかった。イギリスはその勢力範囲を拡大させるためにチベット全土を侵略する目的でまず伝道師、旅行者の身分で多くのスパイをチベットに送り込んだ。大英帝国の行為にチベットの各民族の人民は断固として反対した。すると彼らは方法を変えてチベットと隣接する小国を占領した。例えばチベット暦木狗（1814）年にはイギリスはシッキム国を援助するという名目と詐欺の方法を使ってネパールから2つの地方を強奪した。ネパール人はイギリスの侵略軍に抵抗しながら駐蔵大臣に救援を要請した。だが駐蔵大臣はネパールが「揉め事を起こした」と責めた。ネパール人はイギリスと不平等なスガウリ条約を結ぶしかなかった。イギリスの真の目的はチベット一帯で広々として軍事力が薄弱で人口の少なく物資の豊富な地域を占領することにあった。イギリスはネパールなどの土地を侵略してからブータンとシッキム両国の侵略を開始した。当時イギリス人は脅迫と詐欺の相乗的な手段で何度もシッキム王をインドのダージリン（大吉嶺）に行かせた。だが彼は同意せず、ついにチベット暦火鼠（1876）にブータン国王とそれぞれ駐蔵大臣と摂政など主要な役人にそれぞれ手紙を書いた。「種々の現象について説明する。イギリス人が間もなく仏教の聖地チベットを侵略する。そのため、頼りにな

る人員に辺境を守りに行かせ、戦の準備を進め、イギリス人の侵略を防ぐことを願う。」それと同時に、カシャも辺境の各宗䐧が送ってきた報告を受け取った。特に帕里と崗巴両宗は度々このように報告した。「小職はかつて辺境の各関所や要所に偵察させ、得た情報が外国の人民が提供する情報と一致した。仏教の敵であるイギリス人が我が領土を侵略するためにかつて幾度も我が辺境を探り。要所の地形を測定し、兵を募り馬を買い、我が辺境に強大な威嚇を行った。」駐蔵大臣は摂政達擦らがこの報告を受け取ったあとに辺境の安否がすでに国家の主権と人民の生命や財産に影響していると考え、無視することができなかった。それで辺境の視察に行かせた。だが役人の一部は自ら辺境の調査に行かず防犯措置も取らなかった。そしてシッキムがイギリス軍にその領土を貸してチベットに侵入させない約束を国王に保証したことに関し、このようにすれば辺境の後顧の憂いを無くせると思い、結果的にイギリスの侵略軍の度重なる侵入を受けたが、我が方は何も知ることができなかった。そしてそのときイギリス軍のリーダーであるホワイトがシッキム王の親族と結託し、シッキムを操り、それをチベット侵略への足がかりとして、道の修繕や橋の架橋を行った。シッキムとブータンがイギリス軍に侵略されてから、チベット政府はシッキム王とその眷属にチベットに来て避難するよう薦めた。シッキム人とチベット人の間には血縁関係があり、言語や宗教信仰も一致している。そのためシッキム王はその勧告を聞き、チベットに2年あまり住んだ。この期間、大英帝国は幾度も王にシッキムに戻るよう命令したが、彼は凶暴な相手に恐れることなくイギリス人の侵略行為を強烈に非難し、王妃を連れて自らラサに赴き、カシャに要求した。「イギリス軍の行為を総合するとシッキムの民衆が必ず苦しみを受けることになる。そのため、我々は共に仏教を信仰する身としてどうかこれまで通りお互い助け合っていきましょう。」チベット政府は彼の要求に応え、更にその王子の即位に贈り物を送り祝賀を示した。シッキム国王らが戻るときにチベット政府は衣類、チベット銀、茶葉などを

贈り、更に1,000克（1克14キロ。—訳者注）のハダカムギを提供した。

イギリスがシッキムとブータン王国を占領してからチベット政府は外国人がチベットに入ることを禁止する法令を緊急公布した。だがイギリスの特務であるインド人のサラト・チャンドラ・ラス（薩熱堅達斯）が信仰者のふりをしてギャンツェに専修し、その後仲孜に向かった。主の帕拉夫人は警戒することなく彼を助け、更に彼をパラ（帕拉）と供施関係のあるタシルンポ寺化身ラマ生欽・羅桑班丹群培に紹介した。生欽化身ラマは彼を敬虔な沙門弟子だと思い師弟関係を結んだ。チベット地方政府がこの件に気付いた後生欽化身ラマをラサに呼び、その財産を没収して罷免し、法律を無視して外国人を匿い、機密漏洩などの罪によってコンポ江達に流刑した。彼は死ぬまでその地にいた。それと同時にこのイギリスの特務はパラ（帕拉）夫人と一緒に羊卓桑頂寺などの土地に聖地巡礼するふりをしてギャンツェを経てラサに潜入した。地方政府はこれを発見した後、貴族パラ（帕拉）に毎年チベット政府へ一定量の食糧を罰として納める刑を執行した。

当時、イギリスとフランスの連合軍が北京に差し迫り、清朝政府はまさに風前の灯火であり滅亡は時間の問題だった。チベットの各民族の人民と愛国の僧俗役人は家を守るために1866年にチベットの隆吐山に基地を設営し、イギリス人が自領土に侵入するのを阻止し、ダージリンから100華里しかない場所にある砲台を修築した。イギリス人はこの知らせを受けて清朝政府の外交役所に書簡を送った。「チベット人が砲台を修築している目的は通商の阻止である。イギリス軍はこれを簡単に破壊することができるが、我が国は揉め事を起こしたくはない。そのため駐蔵大臣はチベット民族に妄りに行動しないよう伝えて欲しい」。清朝政府はこの書簡を受け取ったあと、急いで駐蔵大臣を通じてチベット地方の歩哨所を撤去するよう命令した。チベットの僧俗役人は駐蔵大臣文碩を通じて清朝政府に表明した。「隆吐山はチベットの親政な領土でありそこから歩哨所をなくすことは決してできない」そしてイギリスの侵略

軍にシッキムから退却するよう要求した。当時イギリス帝国主義は辺境を挑発しながら正式にチベットに侵入するために1887年に2,000の兵士を辺境に集めて4門の大砲と多量の軍需物資を運び込み、チベットに侵入するための基地を造った。

このとき、チベット人民のイギリス人への衝突は白熱していた。この状況にあって摂政とカシャは全チベットの僧俗代表を招集して対策を協議し、『共同誓言書』を立案した。みなは『誓言書』にサインをした。会議ではイギリスの侵略軍に抵抗するために引き続き民兵を募集する以外に戦局の変遷を見て僧兵を組織し、各地で18から60歳までを対象にした徴兵制を実施することと、各種武器を集めて、軍需物資や糧食を徴収することが提出された。駐蔵大臣文碩はこのことを光緒皇帝に上申したが特に何の効果もなかった。火猪（1877）年7月4日にカシャは代本拉頂色らにコンポ民兵とカムから徴収した5百名あまりの民兵を率いてチベットとシッキム辺境に行くよう指示した。このとき、シッキム王土道朗傑が和平交渉の提案を提出しに行かせたがイギリス人はこれを拒絶し、チベット暦土鼠（1888）年2月7日にチベット軍を突如強襲した。チベット軍は手製の銃、弓矢、刀や槍など原始的な武器を使ってやって来た敵を容赦なく攻撃した。2月8日の朝、イギリス軍の再度の侵攻に、チベット軍は必死の抵抗で百名あまりのイギリス軍を打ち倒し、チベット軍の甲本（連隊長）1名と20名あまりの兵士が戦死した。2月12日、イギリス軍は砲火の援護のもと、再び侵攻した。原始的な武器を手にしたチベット軍は抵抗することが難しく納湯一帯から退却するしかなかった。イギリス軍が納湯についたあと四方を探したが兵士を発見できず、この地を宿営にした。勇猛なコンポ民兵は夜に乗じてイギリス軍の駐屯地を包囲し、手にした大刀で多くの敵を倒した。その後イギリス軍の砲撃によりチベット軍は春丕などの土地にまで退却せざるを得なかった。7月8日、カロン・ラル・エシェ・ノルプはチベット軍総司令を担当し、10,000人あまりの増援を前線に送った。増援部隊が前線

第七章　カンデン・ポタン政権の統治期

に着く前にダライ・ラマ13世は官兵と接見し護身符などを賜り、彼らが凶暴な敵を駆逐することを願った。駐蔵大臣文碩はチベット民衆の愛国的行動を全力で支持するだけではなく、一連の戦略計画を制定した。彼は清朝政府の誤った政策を批判し、「イギリスとロシアがチベットに興味を持っているのは通商のためだけではなく、長期的な険悪な目的がある。チベット人民が仏門教法を守り、自分の故郷を守る行為は正義である。そのため中央政府も支持すべきである。」と考えた。文碩はたびたび実情を上申したが清朝政府はその意見を採用しないばかりか、ついに彼の職務を解いた。新しい駐蔵大臣昇泰はチベットに来たあと、清朝政府の投降主義路線に完全に従い、チベット地方政府に軍の撤退を要求した。摂政デシら役人は共同で協議し、昇泰に決戦書を提出した。そこには

> 光緒2年のチベット暦第15甲子火鶏年以来、イギリスは度々通商を始めるという名目で、実際は武力でチベットを侵略した。これに対し我々チベット全土の広大な僧俗人民は抵抗の姿勢を取った。我らは交戦中に挫折を味わったが、チベット全土の軍人と民衆による侵略者へ抵抗する決心は少しも揺らがなかった。我々は依然とし支援部隊を増やしており侵略者への粘り強い戦闘を繰り広げている。もし大臣が皇帝の旨意に基づきチベット軍人と民衆に武器を手放し、抵抗を止めることを迫るのならば我らはただヤートン（亜東）を守っている抵抗部隊を再び辺鄙な場所に集結させることはできないが絶対に撤退することはなく部隊を各地に分散し防衛させる。

と表明されていた。それと同時に摂政デシ、カシャと昇泰は幾度も検討したがどれも拒絶され、「少数のチベット軍が帕里を守ることを除き、残りは全て撤退させる」ことを強制的に命じた。昇泰は自らイギリス軍の軍営地に赴きイギリス人にシッキムとチベットの辺境、通商などの問題を相談した。チベット暦土牛（1889）年にチベット地方の代表カロン然巴・扎西達傑らはラサからヤートン（亜東）に戻ってきた後、昇泰

に摂政デシ・ホトクトら僧俗役人が連名で書いた上申書を提出し、チベット軍の撤退を承諾するが関係する辺境や通商などの協議は絶対に承諾しないと表明した。これらの意見と建議はやはり昇泰に拒絶された。この年の2月、清朝政府は昇泰に全権大臣の身分でもって加爾各答（カルカタ、現コルカタ）へ行きイギリスの代表と売国条約8条を結ぶよう命じ、それからヤートン関所に関係する条約9条を結んだ。この2つの条約が出るとチベットの僧俗民衆の強烈な不満を引き起こし、毅然とした抵抗を決めることになった。

三、ダライ・ラマ13世が政権を握る、チベット統治階級内部の権力争い

チベット暦第15ラプチュン木羊（1895）年に20歳になったダライ・ラマは慣例に従ってパンチェン（班禅）によって比丘戒を伝授されるはずだった。だがパンチェン・ラマ9世が幼く受戒が不可能だったためダライは直ちにトゥルナン寺の釈迦仏像の前で仏師普布覚・強巴嘉措らを師として仰ぎ比丘戒を受けた。そして慣例に従って白也爾ケンポを光緒皇帝のところに行かせて受戒の状況を報告させた。皇帝はこのように命令を下し珊瑚の数珠などの贈り物を贈った。

当時のチベットは情勢が急転しますます複雑化していった。その主な原因に以下のものがある。①隆吐山がチベットの政治、経済、軍事など各方面を失ったことにより前代未聞の損失が生じて社会の矛盾が日増しに先鋭化していったから。②イギリス帝国主義が2度目となるチベット侵略戦争を計画していたから。③清中央政府が風前の灯火となり、すでに内外への政策を実施する能力が失われていたから。④チベット統治階級内部の権力争いが日増しに尖鋭化し、表面化していったから。⑤ロシアが機に乗じて魔の手をチベットに伸ばしたから。そのため、摂政デシ・ホトクトはしばしば辞職を要求されてダライ・ラマがチベットの政務を掌握する上申がされた。それでカシャ、3大寺院、僧俗役人全体が木羊（1895）年に全体会議を招集し、ダライ・ラマに上申書を送った。「…

第七章　カンデン・ポタン政権の統治期

現在のダライ・ラマは20歳になり親政の年齢を超えた。あなたの卓越した比類なき政教の智慧を合わせるとますますチベット人民全体の希望を受けるべきであり、チベット民衆全体の福利のためにチベットの政教事務を掌管しなければならない」[1]。清朝皇帝はこの上申を受けて命令を下した。

> なんじ金剛持ダライ・ラマの年齢はすでに大きく、福根顕密諸法に精通しており、釈迦牟尼精典の黄教体系を更に悟っている。金剛持ダライ・ラマと大皇帝は等しく皇天の下、大地の上にあり、衆生の父母であり西域の衆生に福利安楽を与える。ダライ・ラマが政教事務を掌管する権利を授けるために、特別にたくさんの贈り物を持って行かせるのでなんじは喜んでこれを受け入れ、更に仏教を広く普及させ、衆生を幸福にすることに勤めなければならない[2]。

これにより、木羊（1895）年8月8日にダライ・ラマ13世はポタラ宮で親政の大典を厳かに行った。

ダライ・ラマ13世の親政後も駐蔵大臣は清朝廷の投降主義路線を依然として実行しており、イギリスとの抗戦を支持することを拒絶した。特に瞻対事件が起きたあと、彼と駐蔵大臣との間の緊張感がますます高まった。このとき、清の朝廷はチベット民衆の侵略戦争を支持しないばかりか、隆吐山のガムバ（崗巴）宗までの南の土地を侵略者のイギリスに譲渡し、ダライ・ラマに新しいイギリスへの抵抗路線を選ばせた。

土猪（1899）年に、チベットでダライ・ラマ暗殺計画が発生した。この事件に対しては様々な意見があり全くの冤罪だという意見もある。だが『ダライ・ラマ13世伝記』にはこのように記載されている。

> デシを辞任した阿旺羅桑赤来饒傑はかつて施主である大皇帝大恩を受けたがその政教事業に貢献したと伝えられている。だが近頃は丹頂吉林ラダンの居心が長老の逝去の機会を借りて、その甥の羅布

1　『伝記稀奇珍宝錬』上巻、第52～53ページ。
2　『伝記稀奇珍宝錬』上巻、第255～256ページ。

次仁と頓丹ら伝承者と結託し、ダライの親政に対して不満を表し、ダライ・ラマの殺害と摂政の位の奪取を計画した。この目的の達成のためにダライの生年月日を書いた呪符をポタラ宮の周りに埋めて、サムィェ寺の海布山の上及びその他の神秘的な土地で呪詛を行った。彼らがダライに贈った靴の底にはダライの生年月日を書いた呪符が縫い付けられていた。当時、ダライは不快感を覚えて瓊降麻東益喜神に祈ってダライの靴底にある怪しい箇所を見つけ、調査すると呪符が見つかった。この一連の捜査によって羅布次仁と頓丹が逮捕された。この2人の犯人の証拠は確かであり、反論することもできず、全てを白状した。この事件のあと、カシャは3大寺院及び僧俗役人全体と会議を招集した。会議では犯罪者を法律によって裁くことを一致して決定し、丹吉林寺の全ての財産を没収して、デシを解任させて丹吉林寺の法苑に蟄居させた。彼はいかなる迫害を受けず、最後は病によって45歳で亡くなった。この点について皇帝への上奏と皇帝の指示などは上師高僧伝録と文書に記載されている。[1]

事件後、チベット地方政府は逐一処罰し、丹吉林寺学堂の財産の他にラダンの財産及びネドン、昂仁墨竹エ卡などの所属する宗谿全部を政府が没収した。同時にデシ・ホトクトの名号と職務を取り消し、今後新たに摂政の職を担任することを禁止した。

デシ事件は、当時のチベットの統治者の尖鋭化し激化する権力闘争をはっきりと表明している。同じ時期、チベット地方政府とタシルンポの間の対立も激化し始めた。チベットの統治者の間で次々に権力闘争が起こり、イギリス、帝政ロシアなど悪いことを企む敵に機会を与え、彼らの魔の手がまたチベットに伸びた。

---

1 『伝記稀奇珍宝錬』上巻、第258～259ページ。

四、帝政ロシアの魔の手がチベットに伸びる

牙含章は著作『ダライ・ラマ伝』の中で

> ダライのロシアとの聯盟は下記の情勢によって形成された。帝国主義の敵軍がチベットの辺境に迫り、チベットの存亡の危機が目前に差し迫っていた。その一方では清朝政府がイギリスに屈服し、チベット人の反抗を大きく支持しようとはしなかった。このような状況下でダライは別の外部の援助を求め、彼らがイギリスの侵略に抵抗する手助けをしようとしたが、当時の帝政ロシア主義に騙され、帝政ロシアがチベットによるイギリスへの反抗を助けてくれるのだと錯覚した。[1]

と記述している。この分析は実情と適合する。ダライ・ラマのロシアとの聯盟の初志はイギリスへの抵抗であったが、その後騙されたことで中国統一にとって不利になる事実となった。

帝政ロシアには早くから中国チベットを植民地にしようとする計画があった。チベット暦第15ラプチュン水猴（1872）年に帝政ロシアの将校プルジェヴァリスキーらは新疆北部からチベットのナチュ（那曲）に進入したが、チベット地方政府と僧俗民衆の反対によって彼らは引き返した。これらの侵略者はチベットの民衆と何度も衝突し、チベットの民衆30人余りを殺した。火鼠（1876）年、チベット僧俗民衆は帝政ロシアのスパイのチベット入りを再び阻止した。当時、清朝廷はチベット地方にロシアの役人がチベットを遍歴することを許すように要求したがチベット摂政などは連名の書類で、

> 大衆は何度も西洋人が入らないよう求めたばかりか、手紙の往来も許していない。このような状況下の今日にロシア人のチベット入りを許せば公的な誓いを破るだけではなく、更に隣国との間での往来の揉め事が起こり、辺境に対して不利な要素が生まれる。仏教に

---

1 牙含章『ダライ・ラマ伝』、チベット語版。第399～340ページ。

対してどのような悪い結果がもたらされるのかは予測できない。そのためロシア人がどこに行こうともそれを阻止する。これについて漢とチベット双方が速やかに協議することを謹んでお願いする。

そして僧俗民衆はホトクトに、カロン全体と駐蔵大臣が拇印を押した上申書を呈上し、駐蔵大臣がチベット全土の仏教、政務を重要視してロシアのスパイがチベットに入るパスポートを発行しないように役所を管理するよう求めた。

この記載はチベット地方政府と僧俗民衆の全体がロシアのスパイのチベット入りに強固に反対していたばかりかその通商や通信にも断固として抵抗していたことを表している。

この状況下で帝政ロシアは他の道を探し始め、チベット侵略の目的を達成した。まず彼らはジェブツンダンバ（哲布尊丹巴）を通じてダライ・ラマを甘言で弄し、更に敬虔な信徒を騙って寺廟を修築する費用を出資させて、僧衆から物質的に大きな支持を得た。当時外モンゴル地区からは2百人あまりがチベットに来て、剃髪して3大寺院とタシルンポ寺に入っていた。その中にドルジエフ（多吉也夫/Dorjiyev）という人間がいた。モンゴルの名前をドルジェ（多吉依/Dorjey）と言い、チベットに着いてから名前を羅桑阿旺と変えた「徳爾」というロシアの特務であった。帝政ロシアの情報機関の手配に基づき、ドルジエフはダライ・ラマに以下のように述べた。

　　中国はあなたの主です。しかし現在は心の糧食が空になり、すでにイギリスに整復されています。だから中国に頼ってはいけません。そしてイギリスは残酷でありキリスト教の新教を信奉しているのであなたの教えを敬わず、チベットの仏教伝承を滅ぼそうとさえするでしょう。ロシアの勢力は天下に敵なしであり、もしロシアと聯盟ができればイギリス人に勝てるだけではなく、ロシア皇帝もあなたの教えを信じるようになり、全ロシア人が観音菩薩の門下となり仏教信徒になります。

第七章　カンデン・ポタン政権の統治期

　当時、ダライ・ラマは清朝中央に何度も財力的な援助、武器の増加を求めたが全て拒絶されていた。チベット人民がイギリスに抵抗する愛国行為に支持を得られず、更に清朝自身がすでに窮地に陥っていたため、ダライ・ラマはドルジエフの言葉を真実だと思い込み、更にカシャや僧俗役人には秘密でロシアを訪問しようとしたが、カシャ、僧俗役人、3大寺院の阻止によってダライは出発できなかった。土猪（1899）年、ドルジエフは再びロシアへ行き、ロシア皇帝の引見を受けた。当時の国外の新聞では「ダライ・ラマがロシアに遣わした使者が盛大な歓迎を受けた。使者の多吉依の目的はロシアとの親密さを増すことにある。彼はロシア皇帝にダライ・ラマ自筆の手紙を提出し、様々な土産物を贈った。彼は更にロシアと首都サンクトペテルブルグにチベット大使館を設立する使命を帯びていた。」と報道された。他の新聞では更に「ダライ・ラマはロシアと親密な関係を築くのに丁度よい時期だと思っているようだ。強大なロシアだけが唯一イギリスの陰謀を打ち砕くことができる。」と報道された。大英帝国はダライのロシア訪問に非常に腹を立て、「ダライは我が総督の通知を拒み、我が総督に無礼を働き、公然とロシアに使節を送った。我らはまだ話し合いの結果がどうなのか知らないが、その一切はチベットの現状を変更または撹乱させる行為であり、黙っているわけにはいかない。」と声明を発表した。ドルジエフがロシアからチベットに戻ってくると、ダライにロシア皇帝の書簡を呈上し、ロシアがチベットに専門家を遣わすことに関する細かい協議などを述べた。しばらくしてダライはまたドルジエフらチベットの役人をロシアに送った。彼らはロシアに着いてからロシア皇帝の接見を受けた。鉄牛（1901）年、ドルジエフら一行はラサに戻りダライに親王がラサに長く駐留し、双方の関係などを強化し、ロシアとの話し合いの条項とチベットの代表が立案した「ロシアが（チベットで）工業を発展させる。南の隣国と揉め事が発生したとき、ロシアはそれを助ける。ロシアが中亜西亜各国に仏教を広めることを手助けする。」などの内容に関するロシアとチベットの

間の条約を報告した。ダライはこれらの条項を承認する捺印をしたがチベット地方政府に拒絶された。カシャはダライの怒りを恐れ何度も説明し、対立を緩和するためにドルジエフを再度ロシアに行かせて武器を集めた。集めた武器はノルブリンカに保管した。

同時に大英帝国は辺境検査の名目で武力侵略の準備を進めるために派兵してガムパ宗を侵略した。そしてイギリスとチベットの親密度はロシアとチベットの関係に勝り、もしロシアがチベットで行動を起こせばイギリスは決して退かないと声明した。ロシアはチベットを操ろうと計画していたが当時の日本とロシアの緊張が日増しに高まっていったのでイギリスに力を割けず、最終的には譲歩するしかなかった。

五、チベット各民族の人民がイギリス侵略軍に抵抗した2度目の戦争

ダライ・ラマが親政してからイギリスへ抵抗する路線を貫いたため、更にチベット地方政府と駐蔵大臣との対立が更に激化した。イギリス人はこの対立を利用してチベットへの侵略を強め、ホワイトが200名あまりのイギリス兵を率いてガムバ（崗巴）宗に属する甲崗地方に侵入し、チベットの牧畜民の羊5,000匹あまり、牛600頭を奪った。土猪（1899）年にイギリスインド総督はダライ・ラマに相次いで2通の手紙を送り、彼とチベット辺境の問題と、イギリスとチベットの通商について話し合うことを要求した。だがダライは清朝中央政府の許しがなく、自分が外国人とやり取りをする権利がないという理由で手紙を返却した。しかし、清朝政府はチベット問題に意気込んで対応することができず、イギリス駐シッキム役人ベル（柏爾）を通じてイギリス政府と連絡し、講話の望みがあると表明した。ベルは水虎（1902）年5月26日に駐蔵大臣に手紙を出して、チベット問題に対するイギリスの意見を提出した。主な内容は以下のとおりである。

（一）インド政府は中国の役人に会う権利が無いためチベットを統治できない。権利のあるチベットの役人と新たに約定を交わし、以降は中

第七章　カンデン・ポタン政権の統治期

国の役人はチベットを統治する権利を持たない。
　（二）チベット政府はもしこれと協議する役人を遣わさないならこれを機にチベット入りして統治する。
　（三）おそらくロシアが北から攻めてくる。南にはインドがあり北にはロシアがあり、両面から挟撃される。強制的にチベットに自主を与え高麗と同等とする。
　（四）貴大臣は速やかにダライ・ラマと協議し、幹部を派遣し全権を与え、中国の役人と連れ立って処理し、チベットの役人が外国人と連絡し私的に密約をさせない[1]。
　以上数箇条には大英帝国がチベットを侵略する野心が明らかになっているばかりか清朝中央政府の軟弱な姿勢が反映されている。
　これ以降、イギリス帝国主義が辺境に勝手に立て札を設置したことでチベット民衆は義憤が頂点に達し立て札を破壊した。イギリス人は黒を白と言い張るかのようにチベット軍が境界を超えて約定に違反したなどと言った。
　土兎（1903）年にイギリス政府はチベットとシッキム辺境で話し合いを要求し、辺境問題を解決しようとした。同年3月17日、清朝廷は駐蔵補佐3品府知事何光燮ら4名を代表として行かせた。当時、イギリス人ヤングハズバンドとホワイトは先にチベット側と連絡を取り、代表という名目で200名あまりの兵士を越境させ、直接ガムパ宗へ入らせた。彼らはチベットの役人の阻止を意に介さないばかりか、ゾンポン（県長）を殴った。カシャはこの報告を聞いたあと「チベット暦3月にイギリス政府から書簡が来て頂事幹部を遣わしガムパ宗とシッキム境界でイギリスとチベットの境界と通商に関する検討の要求があり、今は駐蔵の代表を活かせた。彼らの主な使命はガムパ宗とシッキムに境を接する地主にイギリス側と会わせることであり、努力して紛争を解決する和議を

1　牙含章『ダライ・ラマ伝』、人民出版社1984年版、第160ページ。

することであった。だが敵は政治的に奸計を巡らし、今後どのようなことをするのか想像もできない。ガムパ宗はタシルンポ寺ラダン荘園に属し、有力な宗堆を派遣して和議交渉をし、力を尽くして助け合い、機関の運用に長けて、ガムパ宗が侵略を受けないよう確保することを信じている。」と返事した。タシルンポ・ラダンはこの返事を受けたあと直ちに僧俗役人会議を招集し、対策を協議した。会議では阿欽ケンポ卓旺化身ラマらをイギリス軍撤退の説得に行かせることを決めた。清朝中央政府とチベット地方政府の代表がガムパ宗に着きイギリス側と交渉し、最初に規定した地点に地違ってヤートンで行動しガムパでは行動できないという要求を提出した。イギリス側は相手にしないばかりか更に清朝政府の高級役人が来て和議をするよう促した。それで軟弱な清朝政府は駐蔵大臣裕鋼をガムパ宗とイギリスの和議に行かせて、武力衝突の発生を防いだ。しかしチベット地方政府と3大寺院の代表は「最初に隆吐山で戦敗してはいても既に士気は回復している。駐蔵大臣はイギリス抗戦に反対したがその結果多くの領土を失った。もし駐蔵大臣が今度も再び反対するとなると一大事になる。」と考えた。そのため駐蔵大臣がガムパ宗で協議することを反対した。駐蔵大臣裕鋼は仕方なしに辞職を求めた。清朝は有泰を駐蔵大臣に任命した。

　当時、カシャ・シェダをはじめとするカシャはイギリスと和議を交わし武力抵抗の反対を主張した。これにダライは怒り、彼らの官職を罷免し更にノルブリンカに監禁し単独で審理した。

　チベット暦水兎（1903）年10月、イギリスは辺境問題を解決する和議と称しながら2名のシッキム人をシガツェ地区に潜入させ偵察させた、この2人は現地の役人に就かまた。イギリス人ヤングハズバンドはこの知らせを聞いた後、10日以内に2人の特務を釈放し、2,000イギリスポンドの賠償金を払うよう理不尽な要求をした。この理不尽な要求をチベット地方政府と3大寺院が拒絶すると、イギリス軍はガムパ宗から200頭あまりの牛と大量の財物を奪い、更に境界問題を解決する和議

第七章　カンデン・ポタン政権の統治期

が結べないのは完全にチベット地方政府の問題であると言い、武力で威嚇した。

このときのチベット地方政府は侵略者に対抗するために民衆に兵役の布告を発布した。

　　……現在まだ協議中だが双方穏やかに意見に耳を貸すことができるかどうかは非常に困難だ。もし依然として要求が理不尽であれば我らは世間安楽の基礎である仏教に身を捧げなければならず、手をこまねいて待っていることはできない。チベット共同条約で協議した規定に従い、この理不尽な行動に反撃しなければいけない。このため、土鼠年に公布した布告で軽減された貴族労役、兵役労役、貧民労役、及び鉄兎年に調査してから公布した労役を減じる条例を除き、おおよその政府、貴族、寺院の牧畜区に属する各差民から1名を兵役に服する。この他、各地区の人名や年齢など全てを新しい名簿に記入する。過去の兵差の方法或いは例に倣って既に新しい名簿に記入された人間は必ず各戸1人ここに送るものとする。[1]

1903年11月、大英帝国はシッキム人の歩兵1,400人あまり、グルカ人の歩兵700人と騎兵100人、更に砲兵、機銃銃隊などで構成された一部隊を組織し、総人数は10,000人あまりに上ったが、そのうちイギリス軍の人数は100人あまりだった。この部隊はイギリス軍将校マイクターナー、ヤングハズバンドによって率いられ、軍隊は12月10日にナルタンに集まり、それから札来拉山を越えてヤートンなどの土地に進軍した。このときチベット地区の各地から民兵と志願兵3,000人あまりが続々と帕里に着き、侵略者を迎撃する準備をした。だが清朝中央政府が駐蔵大臣有泰とチベット地方政府にイギリス側と会談するよう命じた。チベットの民衆のイギリス抗戦の気分が十分に高まっていたため、駐蔵大臣有泰はイギリス側と協議したくなかった。イギリス軍は帕

1　牙含章『ダライ・ラマ伝』、人民出版社1984年版、第163ページ。

里を占領したあと、曲眉仙果、多慶、恰魯などの土地に大勢のチベット軍の増援部隊が駐留しているという知らせを受け、策略を変更して木龍（1904）年正月15日の早朝にチベット軍医手紙を送った。手紙にはわざとらしく「これまでチベットとイギリスとの間では幾度も会談を行ったがチベット側が権力を持つ文武役人を参加させないため何も結果を出せなかった。現在我々は権力を持つあなた方側の役人と会い、そこで紛糾問題を解決したいと思っている。我々はイギリスとチベットの和議の人員が早く集まることを期待している」と書かれていた。チベット官兵は経験に乏しく、更に大事なこと全てを神や化身ラマの意志に従って対応してきたことがあるので、イギリス軍の罠にはまり会談の要求を飲んだ。イギリス軍は直ちに曲眉仙果に進軍した。チベット軍代本拉頂色、朗色林巴らとパンチェン（班禅）大師代表、3大寺院の代表らが和平に尽力しイギリスとチベットの紛糾を解決し、もし和議に効果がなかったら侵略者に勇敢に立ち向かい、かつ官兵全体に塹壕をそれぞれ守らせ、手製の銃の火縄を燃やし、刀や矛などの武器を準備することを決めた。このため、チベット軍は火縄の火を消さねばならず、イギリス軍も弾を銃腔から抜くことになっていた。チベット軍は敵の陰謀を見破ることができず、手製の銃の火縄の火を先に消した。狡猾な侵略軍は静かに部隊をチベット軍の周囲に潜ませた。和議が15分進んだとき、イギリス軍は突然拉頂色らチベット側の代表に発砲した。チベット軍は応戦に出たがイギリス軍が四方から機銃などでチベット軍を撃ち、勇敢なチベット軍も崖を登っている最中に手を切り離されたようにどうすることもできなかった。この大虐殺の中、チベット軍は代本拉頂色、朗色林巴ら官兵1,400人あまりが死傷した。イギリス軍は大佐のレイデンが腕を1本失ったことを除き、大佐のダンローと記者が重傷を負い、30名あまりの兵士が死傷しただけだった。

　曲眉仙果でチベット軍が惨敗した主な原因は次のとおりである。①イギリス軍が罠を仕掛けて突然強襲した。②清朝政府が投降主義路線を実

施し、チベット人民のイギリス抗戦を支持していなかった。③チベット統治集団内部の対立が激しく、勢力を抗戦に注ぐことができなかった。④チベット軍に戦争の経験がなく装備も遅れていた、などである。この戦役でチベット軍は惨敗したものの血の洗礼を受けてイギリス侵略軍に命がけの抗戦をする決心を更に強めた。チベット地方政府は僧俗民衆全体に動員令を発令し、民兵、差徭兵、僧兵合わせて 16,000 人あまりを徴兵し、ギャンツェ、シガツェなどの軍事要塞に派兵した。

イギリス軍は続けてギャンツェに進軍する途中、強林、古崩など多くの寺廟と群衆の財物を略奪し焼き払った。イギリス軍が康瑪爾西南山の後にある雪朗寺に着いたとき、代本斎林巴と然巴が率いる部隊が深夜イギリス軍の宿営地を襲い、60 人あまりのイギリス軍を殺し、数丁の拳銃を奪った。チベット軍は更に雑昌地方の山上に塹壕を修築し、イギリス軍殲滅の準備をしたが兵士の銃の暴発によってイギリス軍に発見された。チベット軍は地の利を活かしてイギリス軍に一定の損害を与えたが敵側の侵攻を止められなかった。イギリス軍は更にギャンツェに進軍して乃寧寺を占領し寺院に居座った。チベット軍は詳細に計画を立てて乃寧寺を夜襲しイギリス軍に重大な損害を与えた。寺院の中は今も敵側の血を見ることができる。このあとイギリス軍は立て続けに増援部隊を送り、ギャンツェを占領し大量の食糧と火薬を奪い、ギャンツェ宗の家屋の大部分を壊した。それからチベット軍は頃合いを見て侵略軍が年楚（ニャンチュ）河の江洛林卡に設営した兵営を強襲した。イギリス軍は大変慌ててある者は川の中に入り、ある者は殺され、軍官ヤングハズバンドが率いる 40 人あまりの敗残兵はほうほうの体で曲比頗章に逃げた。当時このような歌が流行った。

　　　　山鳥は山上に逃げ、西洋人は河に飛び込む。勇猛でよく戦ったチ
　　　ベット軍は西洋人を真っ 2 つにした。

恥と怒りに駆られたイギリス人は大砲、機銃など優れた武器を部隊の増援に送った。彼らはギャンツェに着きチベット軍に進軍を開始し、帕

拉村と江洛林卡を占領し、ギャンツェ宗に包囲網を作った。前線で総指揮を取る宇妥はカシャに乃寧寺、ギャンツェ紫金寺の陥落及びギャンツェ宗が危険な状況にあることを詳細に伝えた。カシャは直ちに駐蔵大臣有泰にイギリス抗戦をどのように進めるか相談したが、有泰に「イギリスとチベットの問題は和平会談の方式でしか解決できず、武力に訴えてはならないという皇帝の命令がある。現在私は身体が不調なので、快復してからギャンツェに自ら赴きイギリス人と会談する。」と言われた。ダライ・ラマもチベット軍の装備が劣っていて抵抗するには困難であるからやはり和議をもってイギリス軍の侵略を阻止すべきと考えていた。彼はカロン宇妥らに和議を進める書簡を出したが前線の総司令たちは命令を受けなかった。5月7日早朝、イギリス軍は砲撃の援護のもとギャンツェ宗に進軍を開始した。5,000人あまりのチベット軍は手製の銃、長槍など原始的な武器で頑強に抵抗した。イギリス軍はまず大砲で宗の砦を打ち壊し、そのあと歩兵で幾度も攻撃を加えた。チベット軍は手製の銃・刀・長槍・弓矢など何度も敵の侵攻を撃退し、時には山を降りてイギリス軍の兵営を夜襲した。山の上では水を飲み干し、夜に乗じて山の下から汚水を汲んで飲み、ある者は自分の尿すらも飲んだ。不幸にも火薬庫の失火に乗じて敵が宗の砦を占領した。イギリス軍はギャンツェを占領した後、木龍（1904）年5月にラサに進軍した。チベット軍と民兵たちは総指揮の防備配置に基づき各道の要塞に塹壕を修築して抵抗をしたがすべて失敗した。6月12日、イギリス侵略軍が曲水橋に逼迫し、ダライ・ラマはノルブリンカからポタラ宮に移り、13日にガンデン・ティパ羅桑堅賛をポタラ宮に呼び、「……現在、イギリス軍はラサに接近しているがまだ見解を決めておらず、政教の大業に誤りを残している。そのため、私は漢地とモンゴルを通って北京へ行き、慈禧太后と光緒皇帝に会い、チベットの政教大業を残しま万難を克服するために全力を尽くす。」と話した。同時にカシャ、仲孜、各僧俗役人にガンデン・ティパを摂政の代理にすると公布した。6月15日深夜、ダライ・ラマは少

数を率いて秘密裏にポタラ宮を離れた。

侵略軍（イギリス軍）がラサに着いたあと、駐蔵大臣有泰は大量の小麦粉と肉を送った。しかしチベット地方政府とイギリス軍の関係は未だに対立していた。イギリス軍がラサに着いてから隊列して練兵するという名目で幾度もチベット民衆を脅したが、チベット人民は決して屈服しなかった。イギリス軍の巨大な防備の中、チベットの僧侶が単独でイギリス軍官を視察するという事件が起こった。人民の反乱の波はこの程度にまで達していた。彼らはビラを配り、スローガンを貼り、イギリス軍に肉・野菜・柴・草などを売らなかった。カシャの多くの人間はイギリス軍と交流しなかった。イギリス軍は多くの僧俗民主がこのように自分たちを恨んでいるのを目の当たりにし、更に寒冷な気候、水や土が合わないなどの各種の原因を加えて、駐蔵大臣有泰に直ちに条約を結ぶよう要求した。カシャはイギリス人の硬軟織り交ぜた脅迫によって最終的に木龍（1904）年9月4日にいわゆる『ラサ条約』を結んだが、清朝政府はこの不法な条約を認めることを拒否した。総じて言えば、このイギリス抗戦は失敗に終わったがチベットの僧俗人民が手製の銃・矛・刀・弓矢・投石などの武器を持ち、大砲や機銃などの現代化した武器を持ったイギリスの侵略軍と勇敢に戦い、中国の辺境を守るために命をかけて勇敢に戦った英雄全員の業績は永遠に残る。

六、張蔭棠がチベットについて調べる

チベット暦火馬年（1906）年、清中央政府の全権代表唐紹儀とイギリスの全権代表薩道義が北京で会談を行った。会談はチベット地方政府がイギリスに支払う軍事費の額及び期間などの問題で激しい討論が繰り広げられた。協議を経てラサ条約は大きく修正された。双方はこの条約のもとにチベット問題に関する合計6条の『北京条約』を結んだ。条約にはイギリスが中国チベットの内政に干渉する権利なく、清中央政府を除きいかなる国家もチベットに鉄道、道路、通信施設を作り、鉱石など

を採掘する権利がないことを規定した。このとき張蔭棠は外務部に電報を送り新しいチベット統治政策を提出した。その電報には以下のように書かれている。

　竊に思うに、チベットの土地は東西が約7,000里、南北が約5,000里あり、四方は四川・雲南・陝西・甘粛の四省に遮られており、設備はおろそかで四省が休みなく守っているばかりかその関係が大局に実際あることは想像するに耐えない。また各省が辺境を守り、みな兵士を鎮守させている。チベットはインドと非常に近く、辺境の憂い交渉は省によって異なり、その危険な状況は前年とは異なる。もし当局がいわゆるチベットの整理をするなら緩めている時間はない。ただチベットを整理するのならぜひとも政権を得なければならず、もし政権を得たいのならば兵力が必要である。……尊貴な末裔に書簡を上奏する。全チベットを操り、腕利きの精兵20,000人を遣わして迅速に四川からチベットに入り、それぞれ要所に駐留し、目前の緊急事態を救う。そして大局を安定させるためにチベット人の練兵を継続し、段階的に漢兵の数を減らしていく。今後毎年チベットに駐留する漢兵は約5,000あれば、弾圧するには十分である。ダライやパンチェンに名号を封じ、チベットの教主とさせ、あらゆる内政や外交及びすべての新政を国家が管理し、恩賞や威圧も用いれば、チベット人に国家権力を信じさせ、深くこれを頼りとさせれば、信じる心はますます強くなり、どうしてまた異心が芽生えることがあろうか。いわんやイギリス人は我々のチベットにおける兵力が強いか弱いかを見ており、チベット統治の如何はここにあり、我々が自治ができれば、外国人が乗じる隙はなく、分不相応な望みは消えるだろう。

張蔭棠が提出したチベット統治政策は清政府の思惑に合致しており、

1　清末の政治改革「新政」の事。
2　牙含章『ダライ・ラマ伝』、人民出版社1984年版、第189ページ。

基本的に採用された。彼本人は副都統に昇格されてチベットに関することの処分を行った。火馬（1906）年10月12日、張蔭棠はラサに着いた。彼はラサに着いた後、駐蔵大臣有泰らがイギリス人に媚びへつらい、人民を抑圧し、汚職をし、賄賂を受け渡しするなどの低劣なことについてチベット民衆が恨みを抱いているばかりか、清の中央政府に逆らう傾向にある状況を理解したあと、僧俗役人及びチベット人民を落ち着かせるために中央政府によりチベットの統治を強固にし、有泰ら漢とチベットの役人がチベットによるイギリスへの抗戦を支持していないばかりか、イギリス軍に媚びへつらい、職務を疎かにし、情勢を誤り、汚職をし、帳簿を偽造し、賄賂を受け、身内びいきをし、道徳が退廃しているなどの悪行を清朝廷に報告した。その年の11月29日、清中央政府は有泰ら役人を罷免する命令を下し、張蔭棠に有泰らの職務を解いて拘束するよう命じた。これはチベット人民の歓迎と支持を受け、人民は張蔭棠は歴代の駐蔵大臣の中で最も公平な心を持つ役人だと賞賛した。

　張蔭棠はまた清朝廷にチベットの政治、経済を改善する19条の対策を提出し、この対策の多くは採用され新しいチベットの統治綱領になった。その後、この綱領のもと交渉・督練・塩と茶・財政・交通・工業と商業・学務・農務・巡警など九つの機関を設立した。新設されたこれらの機関のうち特に農務、塩と茶などはチベットの財政業務に大きな利益をもたらし、それは1959年まで続いた。

　張蔭棠はさらに『訓俗浅言』と『藏俗改良』など2冊の冊子をチベット語に訳し、各地へ配布し、人々から一般的に欽差訓育と呼ばれた。張蔭棠はこの2冊の冊子で以下のように主張した。「君臣に義あり」「夫婦に別れあり」「死体には棺を用いる」「子供は7、8歳のときに漢字を教わる」「ラマは白昼読経してはならず、農工商業を兼業でして生業とし、人から布施を望まない」「チベットは大清の正朔[1]を敬して用いるべきだ」

1　清朝の暦のこと。

等々である。チベット人の習俗や思想意識を強制的に改変させた。張蔭棠はいわゆる『政権回収』と呼ばれるものを提出し、実際にはダライ・ラマとチベット地方政府の権力は駐蔵大臣が掌握することになった。チベットの僧俗役人と民衆は張蔭棠が提出した『チベット族の漢化』、『宗教活動への干渉』などに関する主張に同意せず、更にその主張の積極的に進めたい部分はチベット上層部の利益と対立したため徹底的な実施ができなかった。彼はカシャと扎什布の間の関係でも何も進展がなかった。

だが、張蔭棠は先進的な変法維新思想の影響を受けた役人であり、彼が提出した工業と商業事業の発展、鉱業の開発、交通の便利、教育の発展などの主張及び対策はチベット事情に良い効果を与え、チベットの人民から賞賛を得た。彼が持ってきた花の種は人々から「張大人」の花と言われ、今日でもチベットの各地で見ることができ、この大臣の業績を記念するものとなった。

七、ダライ・ラマが外モンゴルに逃亡し、北京で慈禧太后と光緒皇帝に謁見する

チベット暦第15ラプチュン木龍（1904）年10月20日、ダライ・ラマ13世一行が長く苦しい旅を経て外モンゴルの大クーロンに近づいたとき、祝い事の服装をした現地の民衆から歓迎を受けた。ダライ・ラマらはモンゴルの4大王爺（王公）に迎えられ既に準備されていた大クーロン寺噶丹尼偉殿大法座に就き、欽差大臣、ジェブツンダンバ・ホトクト（哲布尊丹化身ラマ）、大クーロンの僧侶の代表らから次々とハタ、3仏田などの贈り物を貰った。

清朝光緒皇帝と慈禧太后は大臣を遣わしダライ・ラマを慰問させ、吉祥龍雲の図案の衣服とハタを献上した。ダライ・ラマは敷物から立ち上がり、北京の方向を向いて三跪九叩頭の礼をし、皇帝と皇太后に向けた感謝の手紙と内庫が黄色のハタ、釈迦仏像などを謹んで献上した。

チベット暦木龍（1905）年、ダライ・ラマはモンゴルへ行き、仏教

を伝えてその功徳は各地に伝わり信徒が誰もが敬い、捧げられた供物は数えられないほどだった。翌年、ダライ・ラマは清朝廷の手配によってまず西寧へ行きタール（塔爾）寺に1年あまり停留した。それから西寧を出発し蘭州、西安などを経て五台山へ参詣した。ダライが五台山に着いた知らせが流れてから、ドイツ、日本、ロシアなどの国の役人と信徒が拝謁に向かった。

　チベット暦土猴（1908）年7月27日、ダライ・ラマは皇帝と皇太后が軍機大臣と山西巡撫を通じて出した招きに従い、五台山を出発し北京に向かった。別れ際、五台山札薩、役人、寺廟の責任者などが盛大な見送りの儀式を開いた。8月3日、ダライ・ラマらが北京前門の駅に到着したとき、清朝中央の文武役人、各寺の僧侶及び列をなした軍人らが駅で待っていた。ダライ・ラマは群衆に迎えられ輿に乗って黄寺に向かった。もともと8月6日、皇帝はダライ・ラマに接見するはずだったが、ダライが光緒皇帝と慈禧太后に謁見する上で礼節上問題が生じ、謁見日が延期されて、20日にようやくまみえた。その日ダライ・ラマは大きな輿に乗り、騎馬のお供を連れて道路の両端にいる列をなした軍人、役人、敬虔な信徒らの歓迎を受けながら文史斎東側の門に着き、輿から降りて紫禁城に入った。慈禧太后は既に長寿殿でダライ・ラマを待っており、ダライ・ラマは御前大臣、軍機大臣ら500名あまりの役人によって慈禧太后に謁見した。その後、ダライ・ラマらは皇帝に謁見し、会議を始めた。当時ダライ・ラマは太后と光緒皇帝に、チベットの事務は重大で物事は全て駐蔵大臣を通すが誤りが多い。今後何かがあれば直接清朝皇帝に上奏し、駐蔵大臣を通す必要がなければ漢とチベット双方が同じく協力してチベットの土地を守るのに役に立つ、と訴えた。だが返事はなかった。その後理藩部から書面で通知があった。「……あらゆる事務は直接皇帝に上奏してはならない。駐蔵大臣をその代表として知らせる

ように」[1]。このため、ダライ・ラマ 13 世は清中央政府に非常に失望し、それから間もなく光緒皇帝と慈禧太后が相次いで亡くなった。

1908 年 10 月、宣統皇帝が位に就くと清の統治者の間の対立が激化した。このとき、カシャはまたダライ・ラマに早くチベットに戻るよう丁重に要請した。土猴（1908）年 10 月、清朝政府の許可を得てダライ・ラマ一行は北京を出発しチベットに戻る旅に出た。

翌年 8 月 2 日、ダライ・ラマ一行はチベットのナチュ（那曲）に着き、パンチェン・ラマ 9 世、駐蔵大臣代表及び僧俗民衆の歓迎を受けた。パンチェン・ラマ 9 世と珠康化身ラマはダライにハタと曼遮を献上し、それから噶卓宴会を行い、ダライ・ラマが無事チベットに戻ったことを祝った。ダライ・ラマが外モンゴルと北京に停留していた間、チベットの時局に大きな変化があった。

例えば、張蔭棠はチベットに来てチベットの事務を整理し、チベット統治の 19 条の政策を提出し、政権回収を訴え、チベット人が漢人の言語と風俗習慣などを受け入れて清朝政府のこれまでの政策と相反するやり方を要求した。聯豫は駐蔵大臣を引き継いでから基本的には張蔭棠の新しいチベット統治政策を踏襲した。趙爾豊は箭炉、リタン、巴塘などチベット地区に武力をもって改土帰流政策[2]を進めた。チベットと漢民族の対立は激化した。それから清朝政府は趙爾豊を駐蔵大臣に任命して、四川雲南辺務大臣を兼任させ四川陸軍から 2,000 人の精鋭を選び、陸軍総領鐘頴によって率いられ土鶏年（1909）6 月に成都を発ち、チャムドの道を通ってラサに迫った。ここに至り、清朝政府とチベット地方上層部の関係が更に対立し、外国人がチベットの内政に干渉する新しい口実

---

1 牙含章『ダライ・ラマ伝』、人民出版社 1984 年版、第 216 ページ。
2 明清時代、特に清の雍正帝の時に進められた少数民族政策。従来の現地少数民族の有力者である土司を廃止（改土）して、中央から役人（地方官を転任するので「流官」という）を派遣して直接統治する（帰流）こと。中国の中央政府による、少数民族に対する同化政策。

第七章　カンデン・ポタン政権の統治期

ができた。上記の原因によりダライ・ラマは清中央政府に四川軍の撤退を要求した。チベット暦土鶏（1909）年9月20日にダライ・ラマ一行はナチュ（那曲）を出発しダムシュン（当雄）、ラデン寺、達隆寺を通じてラサに行き、10月30日にラサ郊外にまで着いた。駐蔵大臣聯豫は迎え入れたが、当時ダライは最初から彼を相手にしなかった。聯豫は憤りダライ・ラマがロシアの兵器を運んでいると言い、自ら人を率いてポタラ宮を操作したが何も得られなかった。彼はまたナチュ（那曲）でダライ・ラマの荷物を調査したが銃器は何も発見できず、ダライの荷物からは多くの物が失われた。それによりダライ・ラマは駐蔵大臣の役所に食糧、柴などの提供を止める命令を出し、双方の関係は水と火のように合わなかった、

　1910年2月、四川軍は引き続きラサに向かって進軍していた。カシャはチベット軍と民兵を組織し迎え撃ったが逆に負けた。四川軍がラサに接近しているという知らせが伝わり、ダライ・ラマは自ら駐蔵補佐大臣温宗尭をポタラ宮に呼び面談した。ダライは四川軍の兵士を撃退することを即時に撤回し、駐蔵大臣に敬意を表した。そして、全てを通常通りにすること。補佐大臣温宗尭は四川兵を受け入れ、社会維持と秩序安寧を守り、土地を騒がせない。ダライの固有の教権を侵害しない。決してラマを殺さない。全てを平和的に処理するなどを求めた。だが四川軍がラサに着くと、思いがけないことに迎え入れた聯豫の護衛隊が巡査を撃ち殺し、更にラサ伝昭大法会の総務彭康タイジ（台吉）に向けて発砲しタイジ（台吉）を捕らえた。彭康タイジ（台吉）の助手と家来も撃ち殺された。四川軍は更にポタラ宮などに向けて発砲し、一時は都市全てが騒ぎダライ・ラマは苦境に立たされた。

八、ダライ・ラマ13世がインドに逃げる

　四川軍がラサに着いてから都市の秩序が混乱し、ダライ・ラマに直接危害が及んだ。そのためチベット地方政府の主要な僧俗役人は協議しダ

ライ・ラマをしばらく避難させることを決めた。ダライ・ラマは駐蔵大臣役所から送られた「教務権力を保留する」と称した文書を見た後、自分の境遇をはっきり悟り、インドを経て海路から北京へ行き皇帝に上奏したいと思った。彼はガンデン・ティパ・ツェモンリン・ホトクトを呼び、摂政に命じて政教事務の代理にさせた。夜明けにダライ・ラマ一行はラサを離れた。ダライ・ラマらがヤートン（亜東）に着くと清朝政府にチベット問題の平和的解決を求めて上申したが何の回答も得られなかった。四川軍の追撃に遭い、ダライはヤートンに留まり続けることができなくなった。当時はイギリス人マイクターナーらに様々な手段を弄され、ダライ・ラマはカロン堡に誘われ7日間そこに住んだ、このとき、清中央政府がダライ・ラマ13世の名号を消し新たな霊童を探しているという知らせを聞くとダライ・ラマはもし北京で皇帝に会っても何の良い結果を生まないと心配し、イギリス人ベルの招きを受けてインドのダージリンへ行き、秘密の会談を行った。この間、イギリス政府はダライ・ラマを保護するためにチベットに極力中国から抜けるよう唆した。ダライ・ラマが名号を消されたことに仏教信徒はみな反対し、更にダライ・ラマが国外にいて外国と条約を締結したことが予想外の悪い結果を生んだ。そのため、清朝政府は彼を引き入れるために間違ったやり方を修正した。例えば趙爾豊を四川総督にしてインドに人をやってダライ・ラマにチベットへ戻ってくるよう勧告したが何も効果がなかった。

　辛亥（1911）年の秋、孫中山率いる資産階級革命が中国を数千年統治していた封建統治をひっくり返し、中国の大地には革命の烈火が燃えていた。中国本土で革命が起きているという知らせを受け、駐蔵四川軍は「勤王」という名でチベット地方政府に軍隊の給料100,000両、牛馬5,000匹を巻き上げた。チベット地方政府は銀60,000両と牛馬などを支払うことになった。だが四川軍は紀律を守らず逆に淫虐を尽くし、婦女を漁い商家を劫略し、家屋を燃やし、チベット民衆の反感を引き起こした。このとき亜東に駐屯していた四川軍では相次いで反乱が起きた。

このとき、インド総督木鹿拉特がダージリンに来てダライと会い、イギリスとチベット地方政府の間の問題に関して長時間の密談を交わした。それからダライ・ラマは腹心のダサン・ダデュル（達桑扎堆積）をチベットに遣わし、四川軍と戦うチベット軍を組織した。ダライ・ラマは帝国主義に唆されて政治観点も比較的大きく変わり、国内で起こっている革命に乗じてチベットを中国から分離させようとした。彼はイギリスの勢力を借りて清中央政府と対決することに反対しており、ロシアを頼りイギリス軍を駆逐することからロシアの力を借りてチベット独立を実現させるなどの中国統一に不利なことをした。

　辛亥（1911）年、ダライ・ラマはロシア皇帝ニコライ2世に手紙を送り援助を求めた。ロシア皇帝はチベットを愛する心は昔と変わらないと返事し、現在イギリスと協議しており動乱を平定する希望はきっと早めに実現するなどダライ・ラマを尽く唆した。この時チベットの多くの地方では四川軍に反対する事件が起きており、四川軍内部の対立も激化した。ラサの四川軍は謝国梁が統率しており、ダサン・ダデュル（達桑占堆）の民兵と一緒になって四川軍総領鐘頴と戦った。チベット地方政府カロン・ツァロン・ワンチュク・ギェルポらは四川軍を支持し、状況は極めて複雑だった。四川軍の両軍は数ヶ月間戦い、ラサの漢とチベット人民に大きな苦痛を与えた。そのとき、ラサにはチベット軍が占領する太蚌崗、朗色林、頓孜蘇、拉譲寧巴、松曲熱瓦、魯布大門など北側と四川軍が占領する南があり、相互は対立していた。そして四川軍の内部不和に加わり後方の補給が追いつかないなどの内外の理由で敗北した。

　水鼠（1912）年5月10日にダライ・ラマ一行はカロン堡からチベットに戻った。達桑頂寺に着いたあと、ダライ・ラマは駐蔵大臣聯豫の手紙を受け取った。そこには、漢とチベットの平和的解決のためにラサで会議をするので代表を派遣するよう書かれていた。そこでダライ・ラマは倫欽強金・金饒白桑ら3名を代表として派遣した。四川とチベットの双方は和議を通じて駐蔵大臣ら役人と締結して少数の護衛を除き、四川

軍はインドに帰った。駐蔵大臣及び護衛は必要とする武器を除き、他の武器をチベット地方の武器庫に封じるよう決定した。それからラサの動乱は徐々に平定した。8月29日、ダライ・ラマは桑頂寺を発ち、12月16日にラサに到着した。ダライ・ラマがラサに戻ってからチベットの統治者の間の対立は更に複雑化し尖鋭化した。ダライ・ラマはパンチェン（班禅）大師と関係も悪くなり、援助していた四川軍の丹吉林が持っていた財産を没収しその寺の僧俗に返した。ダライ・ラマはまた四川軍との戦争で功を立てたダサン・ダデュル（達桑占堆）をチベット軍総司令に任命することを反対した。摂政ガンデン・ティパ・ツェモンリンも多くの荘園が与えられ、セラ寺拉基は達木八旗の上長に任命された、ガンデン寺拉基はツォナゾン・ゾンポンに任命された。

取り上げるべきなのはダライ・ラマ13世がチベットに戻ったあと、宗谿以上の僧俗役人を招集して会議を開き、みなに今後の内政外交・軍事・政治などに関する意見を求めたことだ。会議は討論を繰り返し、大部分の僧俗役人はただ清朝が推すチベット統治政策に反対したが、チベットを中国の領土から抜けだすという考えは出てこなかった。だがイギリス、ロシアの帝国主義が様々な奸計を巡らし、「チベット独立」を現実化させようとしていた。

九、シムラ会議について

シムラ会議は水牛（1913）年10月13日にインド北部のシムラで開催された。この会議はイギリス帝国主義が中国の内政に干渉しチベットを中国から離脱させて分裂を謀るものだった。このとき、中国中央政府の代表を駐蔵宣撫使陳貽範、副代表を前駐中国公使ローズ、顧問をイギリス駐シッキム政治官柏爾とし、チベット地方政府の代表を倫欽シェダ・班覚多吉などとした。この会議が開かれている間、イギリス駐シッキムの役人ベル（柏爾）はギャンツェでロンチェンシェダ・班覚多吉と幾度も密談を交わし、中央政府に対処する各種材料を探すよう助言した。ベ

ルは「中国全権代表として中国に滞在するとき、私がギャンツェで会ったロンチェンシェダはラサからチベット全権大使としてインド会議に行った…私は以前の中国とチベットの交渉及び続々と中国占領に関することを探すよう助言した。チベットは現在返還を要求している各州県などの項目を書いた文書を携帯して行った」[1]。

この会議は完全にマクマホンに支配されていた。会議が始まると、ロンチェンシェダ・班覚多吉は事前にイギリス側と秘密に取り決めた案にしたがって6項の理不尽な要求を提出した。主な内容は（一）チベットの独立。1906年北京で結んだ中英条約を無効にする。（二）中国とチベットの境界を定める。その境界線は青海全てと川辺の各地を出来るだけ含める。（三）1893年から1908年までのチベットとインドの通商規定をイギリスとチベットによって修正し、中国は口出ししない。（四）中国は駐蔵役人を派遣しない。中国の商人はチベットが発行した旅券がなければ越境できない。（五）中国モンゴル各地の廟は全てダライ・ラマを教主とし、ダライによって派遣したラマを住持とし、中国モンゴルの僧侶は金銭をチベットの寺に布施し、以降は一律に実行する。（六）中国が徴収した瞻対（現在の四川甘孜州新龍県）の税金及びチベット人が受けた損害の賠償を一律に返済する。（『西藏問題』北洋政府外交部編、活版本）

この6条の重要な箇所はチベット地方政府と中央政府の連結を断ち、チベットを中国から離脱させる計画にあった。

当時中国政府代表陳貽範がチベット地方代表の提出した提案に反論し、チベットを中国領土とする理由を説明し7条の案を出した。要点は以下のとおりである。（一）チベットを中国の領土の一部とする。（二）中国は駐蔵長官をラサに駐在させ、所属と退任の権利は前と変わらず更に2,600名に及ぶ護衛を有する。（三）チベット外交及び軍政に関する

---

[1] 『西藏地方歴史資料選輯』、第294ページ、三聯書店1963年版。

ことはみな中国中央政府の指示を受けなければならず、中央政府を通じずに外国と交渉してはいけない。(四) 全てのチベット人民で、中国 (政府) によって監禁され、財産が没収されているものは、一律に釈放し返還する。(五) チベットの役人が提示した第5項については協議してもいい。(六) 以前結んだ通商条約は修正する必要があり、中国とイギリス両国は1906年の中英条約第3項に基づき協議しなければいけない。(七) 中国本部とチベット辺境の図面に簡単に説明する。[1]

　双方の提案が非常にかけ離れていたため相互が弁明する非正式な会談に突入した。それから調停人を辞任したマクマホンは事前の打ち合わせによってまずは中国とチベット境界などの問題について協議した。1914年3月11日、マクマホンは全体会議で『調停約定』と言われる11条を持ち出し、青海、西康、甘粛、四川、雲南などの土地のモンゴル族地区をチベットに編入して内チベットを作り、金沙江から西の地区を外チベットと呼び、金沙江から東の地区を内チベットと呼び。内チベット各地区の全ての事務を漢とチベット共同で管理すると声明し、外チベットの様々な事務は全てチベット政府自身が処理しようとした。これはあからさまにチベットを中国から離脱させる陰謀であり、実質シェダの6条と変わりなかった。この『調停約定』を条約の草案にして11条を狡猾に僅かながら修正し陳貽範に草案にサインし、さもなければ会議の決裂を宣言すると迫り、イギリスは直接チベットと締結した。この草案の要点は以下のとおりである。(一) チベットを内チベットと外チベットの2地区に分ける。(二) 中国は全チベットの宗主権を認めるがチベットを行省に変えてはならず、軍隊及び文武官員を駐在させてはならず (ただ (六) の場合を除く)、殖民をせず、イギリスもまたチベットでこれらをしてはいけないが商務委員と一定数の護衛軍を置く。(五) ラサのチベット中央政府は内チベットに関する大多数の寺院を管理する

---

[1] 『西藏問題』北洋政府外交部編、活版本。

権利、各地方長官を任命する権利を保有するが、中国は内チベットに軍隊、官吏を派遣してもよく、また殖民してもいい。(六) 中国は大臣をラサに駐在させる。(七) ギャンツェのイギリス商務委員はラサに行きギャンツェでは解決できない事を解決しても良い。(『西藏問題』北洋政府外交部編、活版本) 陳貽範はイギリスと決裂することを恐れ、草稿上で決済させられたが、決済とサインは違うと言い、正式な条約は中国政府の許可が必要であり、もし認可されなければ無効にできると声明を出した。このことは新聞上で発表されると各民族の人民の激しい反対を引き起こした。袁世凱は全国人民の圧力を受けてこの条約を許可せず、陳貽範に正式な条約にサインしてはならないと伝え、陳貽範はもともと正式な条約ではサインしないことを守った。中国中央政府の代表がサインしなかったためこの条約の非合法性は一目瞭然になった。これはイギリスとチベット間の秘密裏に取り決めた非法条約であるばかりか、イギリス帝国主義者がチベットを中国の領土から離脱させる有力な犯罪の証拠となった。

　指摘したいのはイギリス帝国主義者の計画のもとに会議期間中にマクマホンがチベット地方の代表のシェダの間で行った、会議の決定を超える、中国中央政府を裏切る見るに耐えない醜い取り決めであり、中国とインドの辺境の東の 90,000 km² の中国領土をイギリスに割譲するいわゆる「マクマホンライン」を引き、イギリスが中国に「チベット独立」を同意させようとした。この非法な「マクマホンライン」はイギリス人も長い間公布することはなく、中国政府と世界中の公正な人間から譴責を受けた。

十、チベット地方の若干の新政措置

　ダライ・ラマ 13 世は中国本土及びインドなどの土地で現代社会の発展を実際に目の当たりにした。彼はチベットを強くするには必ず現代的な科学技術や管理方法などを使い、神に祈り仏を求めてばかりではいけ

ないと考え始めた。そのため、新しい改良に着手し始め、チベットの各事業の発展を推し進めた。チベット暦木虎（1914）年、チベット地方政府はチベット軍に改変と強化を実施し、日本に訓練を求め、そしてロシア軍学校を卒業したモンゴル人を招き、様々な訓練をする兵営を設立した。同時にチベット軍を拡張し、カロン・ツァロン・ダサン・ダギュルを総指揮官とした。このチベット軍はチベット語の拇印の順番によって序列が作られ、軍旗、指導機構、軍紀などを制定した。チベット軍は500名ごとに1名の代本を任命し、2名の如本・4名の甲本・20名の丁本、50名の久本を任命した。これらの軍人はギャンツェに派遣されイギリス人が設立した軍官学校で勉強した。

武器の供給源の問題を解決するためにチベットは新しく扎什機械工場を作った。だが遅れた技術と原料の欠乏などの問題で銃の弾薬の数と質が保証できなかった。そのためその後機械工場は造幣工場になった。

チベットに電気産業、鉱物産業、郵政事業などを作るためにチベット地方政府は強俄巴・仁増多吉ら4名の若者をイギリスのロンドンに勉強させに行かせた。彼らはチベットに戻ったあと、吉普・旺堆羅布はラサに電報局を作り、局長の職務に就いた。門仲・慶繞貢桑はラサの北の山に金鉱を採掘し行ったところカエルを掘り起こし、皆が不吉だと考えため操業を停止させられた。強俄巴・仁増多吉は雑朶底に水力発電所を建造し成功した。果卡爾・索朗傑布はチベットに戻って間もなく死んだ。その後インドに留学に行った者がいたがチベットの建設事業には何にも成果を得られなかった。

チベット火龍（1916）年9月、ダライ・ラマはラサ丹吉寺付近に「門孜康」というチベット医学暦算学院を設立し、デプン寺司薬欽繞羅布を孜仲大勒参に封じることを命じた。受講生は各地からやってきて、チベット医学暦算を学び、人を治療し、貴賎を問わず、公共事業のために多くの貢献をすることを重視した。そのためチベット医院の名前は今日でも各地で聞くことができる。

当時、ダライ・ラマ 13 世は農林業と主要な特産品の羊毛貿易業の発展にも注目していた。チベット暦水牛（1913）年に発布した「チベットの全体僧俗民衆の今後の選択について」の第 5 条に「今後、共有するあらゆる荒れ山や川を開墾し、柳を植え、福利を求めるよく働く門戸に政府と貴族と寺院の 3 者は邪魔してはならず、3 年の租税を免除する。3 年後に土地面積と収穫量に基づき徴税または貸す。土地を固有する主人のときは官民双方の共同の認可が必要である」と規定した[1]。このようによく働く農家には一定の束縛を取り除き、開墾し、3 年間租税を免除できた。これは政府と農民に一定の利益があった。羊毛はチベットで最も良い特産物である。過去に、各地の役人と商人が手を組んで低価で羊毛を買い入れ、再びインドに売りに行きその中で利益を上げた。ダライ・ラマ 13 世はこの弊害を解決するために商業貿易官を任命し、市場価格を統一して羊毛を買い入れてからインドに売りに行き、政府に多大な利益をもたらした。当時は交通の便が悪かったため茶葉の輸送にも大きな困難があった。この問題を解決するためにチベットは水猪（1923）年に恰曲戌地方に人をやって茶樹を試しに植樹させたが、様々な原因により途中で止めた。
　チベット暦水猪（1923）年にラサの社会秩序を強化するために新しい警察局ができた。重要な道には歩哨所を設立し、更に専門家を派遣して警察法規、機構及び訓練方法などを研究して制定した。チベット暦水牛（1925）年に郵政局も設立を宣言した。銀行もこの期間中にできて、チベットの貨幣制作に改革をもたらした。これより以前にチベットでは各種の銀貨（章卡）が用いられていた。チベット地方政府はチベット貨幣を改革したあと紙幣や金・銀・銅の貨幣などを発行した。
　上記の軍拡・工場・郵政・学校・銀行などの建設に必要な費用を解決するためにチベット地方は羊毛・食塩・皮革などに新しい徴税制度を実

---

1 『西藏文史資料選輯』、第 11 輯、第 217 〜 218 ページ。

施した。新しい税制はカシャと寺廟の間、とりわけパンチェン（班禅）の配下のタシルンポ寺との間の関係が急激に悪化した。何故なら清朝の興ったときからパンチェン（班禅）の管轄区には寺院、貴族らがずっと専有している大規模な土地と牧場があったがタシルンポ寺にのみ税を支払っていた。現在、カシャが新しい税を実施してその利益を害したため、不満が引き起こされた。カシャはパンチェン（班禅）の管轄区をその他の地区と同じように統治するためにチベット暦木虎（1914）年に日喀にツァン総務を増設し、パンチェン（班禅）が管轄する宗谿を管理し、羊毛、皮革、食塩などの税を徴収し、鉄鶏（1921）年に新しい軍人給料局を作り、チベット地方政府とタシルンポ寺の間の対立が更に悪化した。チベット暦水猪（1923）年11月15日の夜、パンチェン・ラマ9世一行は中国本土へと追い出されることになった。

当時のチベット地方政府が管轄していた寺廟と貴族間の対立は日増しに激しくなり、特に司倫の職が回復してカシャの権力が削られ、ダライ・ラマとカシャの関係にも裂け目が生じた。このとき西康地区のチベット軍と四川に時々衝突が起こった。当時のチベットの内外の情勢は非常に複雑に錯綜していた。イギリスは機に乗じてチベットを中国から離脱させようとしており、ベルはまたもやチベットに来て親イギリス派を扇動して秘密組織を作り、ダライ・ラマ政権の転覆を謀った。この組織に参加したメンバーの大部分はギャンツェイギリス軍学校を卒業したチベット軍の役人だった。彼らはツァロン・ダサン・ダギュル家に集まり秘密会議を行い、どのようにして政権を奪取するかなどを細かく協議し誓いを立てた。この事を知ったダライは直ちにツァロン・ダサン・ダギュルをチベット軍総司令から罷免した。軍隊を全面的にコントロールするために彼はそれから何人もの総司令を任命した。ベルが著した『ダライ・ラマ13世伝』の中に「1925年までダライ・ラマは日増しにイギリスを無視し中国に転向していった。同年、彼はルンシャル（龍夏）と言う役人をチベット軍総司令にした。ルンシャルはあからさまな反英だっ

た。我々の旧友で前総司令ツァロン・ダサン・ダギュルは一貫した親英で、このとき大部分の権力を失い、降格させられた。1926年、イギリスはギャンツェの学校を閉めた」とある。ダライ・ラマ13世は非常に中国を熱愛しており、チベットの経済、文化、軍事などを急速に発展させようという壮大な志を抱いている人物だった。彼は長年イギリスの侵略の陰謀を次々に破り、漢とチベット民族に兄弟のような情を築き、中央政府とチベット地方政府の間の関係を改善することが上策だとはっきり気付き、チベット暦土龍（1928）年冬にチベットから五台山に駐在するケンポ羅桑巴桑と北京の雍和宮に駐在するケンポ貢仲尼を南京にやり、国民政府にその本人がイギリスと連絡し中国と対抗する思想がないことを表明し、パンチェン（班禅）を擁護しチベットに戻ることを表明した。鉄馬（1930）年、国民政府は貢覚仲尼を「チベット慰問専門委員」としてチベットに行かせた。それと同時に国民政府文官所役人劉曼卿は任務を受けてチベットに北。彼らはダライ・ラマに蒋介石直筆の手紙を送り、チベット地方政府は慣例に従って熱烈に彼等を歓迎した。貢覚仲尼らが今回チベットに来た主要な目的は中央とチベット地方政府の間に直接聯絡を回復させることだった。貢覚仲尼らがチベットに来た目的を説明した後、国民政府蒙蔵委員会の指示に基づき「チベット問題をどのように解決するか」という8条の意見を提出した。

・チベットと中央の関係をどのように回復するのか。
・中央はチベットの統治権をどのように行使するのか。
・チベット地方政府の自治権はどのように規定するのか。
・ダライパンチェン（班禅）は中国国民党に加入するのか。
・ダライパンチェン（班禅）のチベット政教上の地位と権限は昔と一緒なのか。抑えるかそれとも別途規定するのか。
・パンチェン（班禅）がチベットに戻り、ダライはどのように歓迎す

---

1 （英）柏爾著、馮其智等訳『ダライ・ラマ13世伝』。第365～366ページ。西蔵社会科学院西蔵学漢文文献編輯室、1985年編纂出版。

るのか。
　・ダライは随時に相談できるように南京に事務所を設立するのか。
　・チベットは中央に対して他に希望はないのか。
　この8条の意見についてカシャは細かく答えて中央政府の意見を表示した。
　チベット暦鉄羊（1931）年、チベット地方政府は貢覚仲尼、楚臣旦増ら役人を南京に行かせ、正式にチベット駐在南京、北平（現北京）などの事務所を設立し、貢覚仲尼は更に駐京総代表に就き、中央政府とチベット地方政府の間の関係に新しい発展をもたらした。

十一、ダライ13世の円寂、チベット統治階級の内部の権力闘争

　水鶏（1933）年10月13日、ダライ・ラマ・トゥプテン・ギャムツォ（土登嘉措）は病気になった。多くの治療を施したが一向に好転しなかった。10月30日の午後6時頃、ダライ・ラマ13世はノルブリンカの格桑頗章宮で享年58歳で円寂した。
　この年の12月22日カシャは特別会議を開き、ダライの霊塔を建造する問題について話し合った。会ではダライ・ラマ13世に対するチベット僧俗人民会の恩は山の如く重く、特別な金霊塔を建立すると代表と意見が一致した。同時にカシャは慣例に従い中央政府にダライ・ラマ13世円寂の知らせを上申した。1934年1月12日に国民政府は参謀次長兼辺務組主任の黄慕松をチベットに行かせダライ・ラマを祀る特使とした。
　ダライ・ラマ13世が在世のときツァロン・ダサン・ダギュル、ツェポン・ルンシャル・ドルジェ・ツェギェル及び侍従トゥプテン・クンペルの権勢が非常に強く既に各階級の僧俗役人の不満が起こっていた。このとき、彼等の間にはまたもや激烈権力闘争が展開された。結果は双方とも傷を負い、まずツァロンはカロンの職を罷免され、そのあとトゥプテン・クンペルがダライの死に関与している嫌疑がかけられ流刑に遭った。最

後に権勢を誇っていたルンシャルは「民主」を先導したために両目をえぐられ一生監禁させられた。

チベット暦木狗（1934）年4月、国民政府がダライ・ラマを祀りに行かせた特使黄慕松らはラサに着き、カシャらが派遣した人員の歓迎を受け、空前の盛況を見せた。黄慕松はラサに着いてから慣例に従って各寺の仏を参拝し、布施をしてポタラ宮でダライ・ラマを「護国弘化普慈円覚大師」として封じる典礼を開催して、ダライの遺影に玉冊玉印を献上し、ダライの霊塔を建造するための大量の金銀財宝を贈った。10月1日、ポタラ宮で開かれた祀る典礼に再び参加した。中央の特使黄慕松らはチベットに3ヶ月に住み、中央とチベット地方の関係を改善するための会談をカシャと幾度も開いた。会談中、黄慕松は、中央がチベットに対する基本方針は孫中山の遺言に従い、民族平等を基礎とし、外交、国防、外国との通商など重大なことは中央が管理することを除き、他の問題は依然としてチベット地方政府が管理することとし、中央とチベット地方政府の隔たりを除きチベットを発展させる、と強調した。このとき大英帝国は漢とチベットの関係が日増しに密接になっている状況を見て不安になり、ホワイトらをチベットに遣わして中央政府とチベットの関係を精一杯壊すようにした。

黄慕松はチベット地方の役人と再び会議を行うときに中央政府に以下数条の原則を提出した。

1. チベットを中国の領土の一部とする。チベットは中央に従う。この2つは前提である。

2. チベット政治制度に関して、甲は共同で仏教を崇拝し、乙はチベットにもともとある政治制度を維持し、チベットの自治を認め、チベットの自治範囲の行政について中央は口出ししない。対外については共同で一致する必要があり、おおよそ全国で一致させる国家行政は中央政府の管理とする。例えば（1）外交は中央が司る。（2）国防は中央が決定する。（3）交通は中央が設備する。（4）重要な官吏はチベット自治政府の選定

を経て中央の任命を願い出る。

3. 中央は幹部を四川チベットに常駐させて代表は中央の国家行政を実行し、地方自治を指導する。

チベット地方政府は上記の方案について討論した後、対外にチベットを中国の領土とし、中国はチベットを行省に変えないと答えなければいけないこと、チベットの現在の政教制度は依然として自主権を持つこと、チベットは漢政府の代表1名を駐在させてもよいが、主と使用人の人数は25人を超えてはいけないこと、チベットに常住する漢人はチベット農務局に管理されることなどの10条の意見を提出した。答えの内容から見て、少数のチベット統治者は大英帝国に唆されており、シムラ会議期間の誤った路線を堅持していた。

黄慕松は短期間では解決できないと見ると直ちにカシャの同意を得て特使を地方行政機関に留まらせてラサに無線を起き、カシャとの接触と中央との聯絡を保ち、これは蒙蔵委員会駐蔵事務所の前身となった。12月18日、黄慕松らはラサを離れ、インドから南京に戻った。

十二、ダライ・ラマ13世の転生の認定、ダライ・ラマ14世の坐床

霊童が転生していないか、どこに転生したのかを調査して明らかにするために木猪（1935）年5月に摂政ラデン化身ラマらがチョコル・ギャル寺へ行き、吉祥呪語天女をはじめとする護法神を盛大に崇拝し、それからラデン摂政は3度この寺の東北の方にあるラモイ・ラツォ湖（天女魂湖）観湖景へ行き、湖の中の風景にダライ・ラマの出生地が見えたたが秘密にするために、お供の誰にも教えなかった。それからチベットの小型役人会議で青海・ダクポ・コンポ及び西康一帯に人を行かせて転生霊童を探すことを決めた。

青海に行った格烏倉化身ラマらはタール（塔爾）寺付近の夏麦達次の小さな村で木猪（1935）年5月5日に生まれた子供を見つけた。ラモ・ドゥンドゥプという子供は他とは違う吉兆を持っていた。この少年の出

生地の風景とラデン化身ラマが神湖で見た風景が完全に一致した。だが青海軍閥馬歩芳及びタール（塔爾）寺拉吉則は他人のせいにして引き伸ばして、現地で本当の霊童かどうか確かめるよう求めた。人員を招き何度も霊童の候補者にラサに来る必要があると説明し、宗教儀軌に従って認定し、再三にわたってチベットに迎えることを許すよう求めた。馬歩芳は霊童をチベットに迎え入れる代価として 400,000 大洋[1]を強請った。中央政府の命令により、護送費 100,000 元を割当てて、馬歩芳はようやく派兵して霊童をチベットに送った。

　チベット暦土兎（1939）年6月18日にポタラ宮で開いたチベット拡大会議で全ての司倫とカロンは仲孜を通じて、数名のダライ候補霊童について真剣に観察し、青海当採地方で生まれたラモ・ドゥンドゥプが本物のダライ候補霊童と考えられることを発表し、会議では各界は邪念を捨てて意見書を明示するよう要求した。この要求に基づき3大寺院及び政府僧俗役人は連名した意見書にタール（塔爾）寺当採地方で生まれた少年をダライの転生と認定することは我々共通の願いであると発表した。10日の早朝、転生霊童は法衣をまとい法座に上った。カロン本雪巴・次旦多吉はチベット地方の総代表という身分で彼に曼遮と三宝を献上し、摂政ラデン、カシャ、全チベット会議に連名でこの霊童が唯一の転生霊童であるという冊子を提出した。それから役人全体が次々にカターを献上し、加持摩頂を受け、霊童はラサに迎え入れられた。

　霊童はラサに着いてからまず摂政ラデンらにトゥルナン寺に連れられ釈迦牟尼仏像を参拝し、それからノルブリンカへ迎えられた。10月12日、摂政ラデンと侍読達扎の2人はそれぞれ霊童の正仏師と副仏師を担当した。13日、霊童はトゥルナン寺に招かれ釈迦牟尼などの仏像の前で摂政ラデン化身ラマにより剃髪され、強白阿旺羅桑益西丹増嘉措斯松ワンチュク宗巴麦の法名を付けられた。

1　貨幣単位の1つ。

簡明チベット通史

　1940年1月15日、中央政府が遣わしたチベットにラデン化身ラマと共同でダライ・ラマ転生事宜の司会をする蒙蔵委員長呉忠信一行がラサに着き、カシャとチベット僧俗民衆の熱烈な歓迎と盛大な歓待を受けた。呉忠信はチベットに着くと中央が霊童の観察権利を有することを強調し、観察権利を得たあとはラデン化身ラマが霊童を認定した理由の長文の書簡を調査して、国民政府に上申し、くじ引きを免除してラモ・ドゥンドゥプを本物の転生霊童として承認するよう求めた。2月5日、中央政府は正式にラモ・ドゥンドゥプがダライ・ラマ14世を継ぐ許可を公布した。これら全ては大英帝国及び親英派の不満を招き、大英帝国はシッキム行政官グルド一行10人をラサに行かせた。彼らはダライ坐床式典に参加するという名目であったが、実際は呉忠信の行動を監視し、中国とチベット民族の関係を破壊しに来た、大英帝国の教唆のため、ダライ・ラマ坐床儀式と座席の問題で争いが生じた。呉忠信は原則に従いラデン化身ラマらの援助のもとイギリス人の陰謀を打ち破った。
　鉄龍（1940）年正月14日（文献によっては20日と書かれている）、ポタラ宮正殿でダライ・ラマ坐床式典が盛大に行われ、呉忠信はダライ・ラマの左に座り、南に面してあぐらをかき、霊童が2頭の獅子が支える法座に上ったとき、慣例に従いカロン・ラマ・ダンパ強央と総ケンポ阿旺丹増の2人が法座を支えた。
　呉忠信はチベットにいる間は中央政府の指示に従い、ラデン化身ラマを「輔国宏化禅師」に封じ、4月1日にラサで正式に蒙蔵委員会駐蔵事務所を設立し、チベットと中央の連携を更に緊密にさせた。呉忠信一行は4月14日にラサを離れ、海路を経て南京に戻った。

十三、ラデン化身ラマとタクダ化身ラマが続けて摂政を担当し熱達の争い
　ダライ・ラマ13世が円寂してまもなくカシャはチベット拡大会議を開き摂政候補者問題について討論し、ダライに重用されているラデン土登強白益西及びガンデン寺ティパ米娘・益西旺丹と仏師普爾覚化身ラマ

第七章　カンデン・ポタン政権の統治期

強巴土登3人の名前を書いたくじをポタラ宮の帕巴洛格夏日観音神像の前に持って行きくじ引きを行った。結果引かれたのはラデン・ホトクトであり、彼が摂政を担当することになり、シロン・ランドゥンは依然としてシロンを担当し、彼と共同で執政した。ラデン化身ラマが摂政を継ぐとシロン・ランドゥン・クンガワンチュクと一緒に5年執政したが、この2人はしょっちゅう意見が衝突した。土虎（1938）年、ラデンはカシャに辞職を願い出た。カシャはチベット役人会議で協議したのち、ラデン化身ラマに政教の重責を引き続き負うことを求め、ダライ・ラマの親政になるまで摂政はこの命令を遵守した。土兎（1939）年、摂政ラデンは再びカシャに意見を表明し、以下のように述べた。「過去の歴代摂政には協力者がおらず、私が職に就いてから1教2仏となりダライ転生霊童を迎える業務などに多くの不便と障害が生じた。」カシャは役人会議を開き討論をし、順調に転生霊童を迎えるためにラデンは引き続き摂政を担当することを決めて、シロン・ランドゥンには大きな過失がないので辞職させて給料は昔のとおりにした。

　これよりラデン化身ラマが全面的に転生霊童を迎え、坐床、剃髪、命名などの多くの事務を全面的に実施する制度を完成させ、漢とチベット民族の関係のために多くの事柄を作った。

　チベット歴鉄龍（1940）年、ラデン化身ラマに大きな不満を持つ親英派はラデンがまだ受戒していないからダライ転生霊童に比丘戒を授ける権利がなく受戒時期などを変えるようにする張り紙を出した。摂政ラデンは世論の圧力により為す術がなくなり、彼が最も信頼する占い師のラマ森格も辞職を迫られた。ラデン化身ラマはカシャに摂政と経師の職務の辞表を提出し、ダライ・ラマの副経師である達札を摂政に推薦し、中央政府に報告した。当時の世間にはラデンとタクダの間には密接な師弟関係があり高齢なタクダに権利を移譲するのは将来政権を取り戻すのに楽だからだという噂が流れた。

　チベット暦鉄蛇（1941）年正月1日、タクダは昇格した。彼が昇格

したあと、索康・旺清格勒、シャカパ・旺秋徳丹ら親英派を重要な職務に就かせ、中国分裂の陰謀を企てた。例えば水馬（1942）年4月23日、外交局を非法に作りイギリス、ネパール駐ラサ代表に通知し、同時に蒙蔵委員会駐蔵事務所にも通知し、以降の大凡の打ち合わせは直接カシャを会うことができず、まずは必ず外交局に協議の報告などをしなければならなかった。駐蔵事務所は中央政府の指示に従い、そことは連絡をせず達札を何もできない状況にさせた。チベット暦火猪（1947）年、インドのニューデリーに変更開催された汎アジア会議では、チベットを国家として招き、チベット軍の雪山獅子旗を国旗として主席の台上に掲げた。中央政府と全国人員の強烈な非難があり、この非法な陰謀は失敗に終わり、親英派は恨めしさと恥ずかしさで「ラデン事件」を企てた。

ラデン事件が起こった主な原因は以下の通りである。本来タクダは在任して3年後に摂政の位をラデンに返すはずだった。しかし3年の満期になってもタクダは何もしなかった。このときラデン化身ラマは腹心と協議し、札倉大経堂で開かれる式典に参加するという名目でラサに向かい、タクダに復帰を求めた。ラデンがラサに来てからダライ・ラマとタクダに拝謁し、タクダと一緒に彼の寝室に向かった。ラデンはタクダに高齢の身体であり摂政を続けると疲労困憊するだろうと言い、今回は特別に参ったなどと伝えた。タクダはこれ以上の話し合いを避けて丁寧に杓子定規の挨拶をしただけだった。これ以降、ラデンとタクダの2人の配下の役人の権力闘争は更に激化し、タクダの執事らは摂政をラデンに返すことを強烈に反対した。タクダはこの讒言を聞き、チベット地方政府の要所の部門のラデン派の僧俗役人、3大寺院ケンポあるいは動員、除名を自分に取って代わった。

ラデンは中国統一を守り、民族団結を守る愛国主義者である。チベットの時局に対して彼は相次いで中央政府に人を派遣してチベットの状況を上申し、必要な支持を求めたが満足のいく答えは得られなかった。当時、愛国の力と親英派の権力闘争は日増しに激化し、複雑化した。タク

第七章　カンデン・ポタン政権の統治期

ダらはラデン派に違法行為があるという理由でラデン派に時限爆弾を仕掛け達札の暗殺を企て、ラデンとセラ寺はタクダ政権を打倒する準備の世論を作った。チベット暦火猪（1947）年2月、カロン索康・旺清格勒、拉魯・才旺多吉は命を受けて200名以上のチベット軍を率いて昼夜進軍しラデン寺に行きラデン化身ラマを逮捕した。索康・旺清格勒らは出迎えを装いラデンを脅迫してラサまで行き、外部には東卓堆或いは西の堆龍を経てラサに行く必要があると言ったが、その二箇所にはチベット軍を配置しており、愛国的な僧侶が騙されたことでラデン化身ラマを救い出せなかった。ラデンはポタラ宮まで連れられ、夏慶覚に閉じ込められた。セラ寺の結札倉はラデンを救うためにチベット地方政府と対立したが、ついには武器の差と戦闘経験のなさなどが原因で火猪（1947）年3月8日に烏孜の支配権を失った。この数日の激戦の中、10数名の僧侶が命を落とし、多くの人間が傷を負い、全ての寺廟は物をほとんど奪われた。

　ラデンが逮捕され入獄されてから親英派はラデンに恨みのある人間を看守として何度もラデンを審理した。審理のときラデンは、自分はチベット政教を脅かすことは何もしていないと強調した。これ以降ラデンは病に罹り、助けを求めて都に出した手紙は全てタクダの手に落ちた。火猪（1947）年3月8日の夜明け、ラデン化身ラマは円寂した。ラデンの死因について世間には多くの噂が流れた。堪窮欽繞羅布がラデンを診察し、僧俗役人は遺体を全面的に検査して中毒死だと表明したと言われている。これは当然、タクダ派がラデンの病を利用して毒を盛って殺したのである。当時のラサにはこのような民謡が流れた。「人を唆すのに長じた人間は悪魔でなければなんであろう。ラデンを殺したのは正義のためではなく、ラサの監査役人の位を奪うためである」というものだ。親英派はラデンを暗殺してからチベットの政権を全面的に掌握した。

　ラデンが被害にあったという知らせが伝わってからチベット人民、とりわけラデン寺とセラ寺の僧侶は非常に悲憤した。彼らはラデン寺にい

た16名のチベット軍兵士を殺害した。カシャはこの知らせを聞いてからチベット軍を再びラデン寺に派兵し、僧侶と昼夜激戦を繰り返し、最終的には寺側が大敗し、寺の中の財物は全て持ち去られ、寺廟は荒涼とした地になった。これ以降、タクダら親英派はますます勝手に振る舞い、中国統一を破壊する行為を行った。

十四、チベット人民が新たな人生を得る

火猪（1947）年10月、カシャは孜本シャカパらをメンバーとする「商業調査代表団」を結成し、アメリカやイギリスなどの国に調査に行くことを発表したが、実際には独立の指示を得るために米英及びインドなどの国と手を組むつもりだった。国民政府はこの代表団が出国しないよう勧告したが、彼らは取り合わず陰で米英などの国の駐南京大使と結託して旅券及び関連案件を申請した。彼らはチベットに戻るふりをして中英政府にその外貨など手厚い贈り物をして、更に飛行機を特別に手配して香港へ行った。そこでビジネスをするという名目で独立運動などをした。彼らの各国での活動はみな障害に遭い、最終的に土鼠（1948）年末にインドからチベットに戻った。

1949年、全国の解放が間近に控えた。インドの駐蔵代表リチャードソンは形勢が不利だと見るとその追随者である土登丹達、索康らにラサには共産党がありもし彼らがこのままラサに留まれば内外呼応してチベットは漢人の統治下に加わると言った。そのため、カシャは土牛（1949）年7月にラサに常駐する駐蔵事務所の役人を駆逐し、ついには漢とチベットの間には宗教関係しかなく主権の関係はないというデマを流した。その年の8月、アメリカの特務の労爾・湯姆斯がチベットにまた来て中国の内政に公然と干渉しチベット上層部の反動勢力にチベット軍を増強し人民解放軍と徹底的に対抗するよう鼓舞した。

チベット暦土牛（1949）年10月1日に毛沢東主席は天安門の楼上に立ち全世界に向けて中華人民共和国の誕生を厳かに宣言した。だが中国の辺境のチベットの農奴はまだ苦しみの中をもがいており、彼らは幸せ

第七章　カンデン・ポタン政権の統治期

の太陽が早急にチベットを照らすことを期待していた。このときに『人民日報』が書いた『中国人民は必ずチベットを解放させる』という社説はアメリカとイギリスの帝国主義及びその追随者に大きな恐慌をもたらし、様々な障害を作った。中央人民政府はチベット地方に対して辛抱強く忠告し、ゲシェ喜繞嘉措らをチベットに忠告に行かせたが全て邪魔された。中央政府は更にテレビ局を通じて党の民族平等、宗教信仰の自由などの政策を宣伝し、帝国主義勢力を駆逐するためにチベットを中国の大きな家庭へと戻す様々な手を打った。中央人民政府はチベット地方政府との間の平和的な協議を進めるためにチベット暦鉄虎（1950）年7月10日に西康の格達化身ラマをチベットに行かせた。彼は24日にチャムドに着き、僧俗役人に宣伝と忠告を行い、ダライ・ラマとの会談を提案し、チャムドの総務は直ちにカシャに格達化身ラマの状況を上申した。カシャは「格達化身ラマをラサに来させてはいけないし返してもいけない」と返答した。カシャは万一帝国主義の支持のもとにチベット軍と民兵の大勢を徴兵できれば解放軍との対抗に失敗しても格達化身ラマを通じて中央との平和的な協議を進められると思った。チャムドの総務はカシャの命令に従い格達化身ラマをチャムドに勾留した。チベット暦8月22日、格達化身ラマはチャムドで突然亡くなった。彼の死には様々な意見があるが、その後の調査で格達の突然死は薬の投与ミスによる死だと表明された。（事件の記録によるとイギリス特務フォードが格達化身ラマを毒殺したとある。‐編者注）

　格達化身ラマは徳望の高い愛国者であり、かつて紅軍が長征でガルツェ（甘孜）地区を通過したときにチベットの民衆を動員して紅軍を支援させて、かつては博巴政府の副主席に就いた。このとき彼は自分の安否を顧みず毅然とした態度でチャムドへ行き、最終的にはチベットを平和的に解放するために尊い命を差し出した。彼のこの愛国主義精神は我々が永久に学ぶに値するものである。

　チベットを平和的に解放する内外の障害を除去し、チベットに早く中

国の大きな家庭へ戻る考えを抱かせるために、人民解放軍はチャムドに進軍する準備を進めた。タクダらはこの知らせを受けたあと一層恐怖した。それで彼らは帝国主義と結託して大量の武器を輸入し、部隊を作り、大軍がチベットに来ることを阻止する計画を立てた。だが歴史の歯車は止まらなかった。鉄虎（1950）年 10 月 7 日、人民解放軍はチャムドに進撃し、チベット軍の主力と民兵 5,738 名を撃滅した。10 月 11 日にマルカム（芒康）に駐屯するチベット軍代本が武装蜂起した。15 日、解放軍はチャムドを徹底的に解放した。チャムドの解放は帝国主義及びその手先に甚だしい一撃を与え、彼らは狂ったように叫び声を上げた。10 月 31 日、イギリスの新聞紙は公然と「中国はチベットの主権を握った。これは歴史的に何の根拠もない」と述べた。AP 通信も「中国は派兵してチベットを侵略したのが合法かどうか調査する必要がある」などと述べた。

　このとき、チベットの統治者内部の対立は日増しに激化し、ダライ・ラマに政教大権を管理させる訴えが強烈になった。鉄虎（1950）年 10 月 8 日にダライ・ラマは正式に親政した。人民解放軍がチャムドを占領後にチベット地方政府は幾度も秘密会議を行い、ダライ・ラマに被害を受けぬようヤートンに来るよう求めた。同年 11 月 11 日、ダライ・ラマは堪窮羅桑扎西、孜本徳卡瓦次旺繞丹の 2 人を摂政の代理として任命したあと被害を避けるためにヤートンに行った。当時、少数の親帝国主義派がダライに国外へ行くよう提案しチベット独立などを実現しようとしたが、チベット地方政府の大部分の役人と 3 大寺院の代表、特に多くの僧俗民衆の断固とした反対にあってこの陰謀は果たされなかった。多くの愛国的な役人は、外国を頼り、チベット独立を目指しても実現できず、中央政府と平和的な協議を経て平和的な解放を実現することが正しい唯一の道であると考えた。この考えは大多数の僧俗役人の支持を得て、中央人民政府が提案した要求に従ってンガプー・ンガワン・ジクメ（阿沛・阿旺晋美）を団長とし、ケメー・ソナム・ワンドゥ（訓墨・索朗旺堆）、

トゥプテン・テンダー（土登丹達)、トゥプテン・レンモン（土登列門)、サンポ・テンジン・トゥンドゥプ(桑頗・丹増頓)らを団員とする談判代表団を組織した。中央人民政府も李維漢、張経武、張国華、孫志遠らを全権談判代表とし、李維漢を団長に任命した。鉄兎（1951）年4月29日、中央人民政府はチベット地方政府と和議を正式に行った。双方の代表は党の民族政策とチベットの現実の基礎の上で幾度も友好的な会談を行い、雰囲気は良く友好的だった。5月23日に中南海の勤政殿で中央人民政府全権代表とチベット地方政府全権代表は「チベット平和解放17カ条協定」に対する調印式を盛大に行った。「17カ条協定」には中央人民政府がチベット地方政府との間の各方面の関連する原則を明確に規定し、チベット内部に歴史的に遺っている主な問題を適切に処理しており、ダライ・ラマ、多数の僧俗役人及び多くの民衆の支持を得た。

「17カ条協定」に調印したあと、ダライ・ラマは毛主席に打電し、チベット地方政府及びチベットの僧俗人民が一致して「17カ条協定」を支持し、「毛主席及び中央人民政府の指導のもと、人民解放軍チベット進攻部隊に積極的に協力し、国防を強固にし、チベットに来る帝国主義勢力を駆逐し中国の領土主権の統一を守る」必要があると表明した。[1]

チベット暦鉄兎(1951)年5月18日、ダライ・ラマテンジン・ギャムツォはヤートンからラサへ行き、6月15日にラサに着き、帝国主義及びその手先の陰謀を徹底的に打ち破った。チベットが中国の大きな家庭に戻る考えを抱く中で、吉祥の太陽が東から上り、チベット高原全土を照らした。チベットの各民族の人民は中国共産党の正しい指導のもと、他の兄弟民族と同じく民族平等の権利を有し、チベットの政治、経済、文化などの各事業に日進月歩の変化が生まれ、真の主人となった。

1 　土登丹達:『「関于和平開放西蔵弁法的協議」簽訂前後』、『西蔵文史資料選輯』第1輯、第44ページ。

第十節　ガンデン・ポタン時期の一部の知識人の概要

一、チベット医学暦算大師欽繞羅布

ガンデン・ポタン政権がチベット地方を統治していた300年間、顕密経論に精通する多くの賢者が現れた。名前をいちいち列挙する事も困難なので彼らの概要を説明するとは言わない。そのため、ここではチベット文化に特殊な貢献をした20世紀の聖なる智者の数名について紹介する。

欽繞羅布は1883年、チベット暦15ラプチュン水羊年にツェタンの甲薩廟付近で生まれ、7、8歳のときにツェタン俄曲学堂に出家した。彼は聡明で勤勉であり学業の成績は同年代の人間よりも優れていた。そのため寺院に優等生として選ばれ薬学校に送られた。

彼は1897（火鶏）年に薬王山チベット医学校に行き、まずはチベット医師のセラ寺徳慶林薬師の阿旺曲丹に師事した。彼は学業に一心不乱に取り組み、清貧な僧侶生活を過ごしたが成績は優秀であり、瞬く間にダライ・ラマの保健医である俄希・強巴士旺が特別に養成する3名の学生の1人になった。このあと、彼は『四部医典』及びその注釈『藍琉璃』などの医学書籍を熟読し、実践の中でその重要な点を理解した。彼はさらに五明に精通する智者を師として仰ぎ、チベット医学、天文暦法などをむさぼるように学んだ。彼は特に時間を惜しみ、毎日昼には数枚の餅を食べるだけで、それからまた勉強に励んだ。彼は主要科目の1つに受かったあとは市内の食堂に行きお腹いっぱい食べた。もし学んだ科目がよく身についていない、もしくは問題の回答に少しの間違いがあれば自分への罰として水すらも飲まなかった。

1910（チベット暦鉄狗）年に薬王山チベット医学校に委任した欽繞

第七章　カンデン・ポタン政権の統治期

羅布はデプン寺薬師となった。この期間、彼は人を治療する他に医学書籍を研究し執筆し始めた。1913（チベット暦水牛）年に彼は優れた医術によってインドに行くことになった。そこでイギリス及びインドの重病人を治療し、遍く賞賛を得て特徴的なチベット医学の名前は四方に広まった。

　チベット暦第15ラプチュン火龍（1916）年、ダライ・ラマ13世は医学の教授、疾病の治療、薬物の配合、チベット暦の推算を収蔵して文化を兼ねて一緒に学ぶ民衆のためのチベット医学暦算学院を作り、欽繞羅布を特別に孜仲勒参として委任し、この学院の院長及び導師と薬王山曼巴学堂の導師を兼任させた。この学校の主な任務は各寺院のためにチベット医学暦算の人材を育成し、年暦を推算し、民衆を診察し、各地に児童医療の保険常識などを提供することだった。これより彼は昼夜を問わず仕事に励み、学校規則と厳格な試験方法を作り、それに合格する多くのチベット医学の人材を育成し、チベット医学事業の発展を推進した。欽繞羅布がチベット医学暦算学院院長を兼任した１２年の間で彼は「この学堂の内外の事務を全面的に担当し、この寺の戒律や教授などの厳守を発展させた。特に取り上げるべきなのはこの学堂が収蔵している81枚の彩色の掛け軸（デシ・サンデシ・ギェ・ギャムツォ制作）が当時31枚しか残っていなかったことだ。師はまずダライの命に従って水猪（1923）年に彩色の掛け軸を新たに制作し、欠けた部分を補い、直感的なイメージの教授がもたらされたことで完璧に保存することができ今日まで残っている」[1]。チベット暦土馬（1918）年にダライ・ラマ13世は欽繞羅布を副保健医に任命した。木牛（1925）年に薬王山寺院の僧侶たちが欽繞羅布の性格が凶暴である旨をポタラ宮の秘書機関に密告して、その一切の職務を停止させられた。薬王山学堂の責任者を罷免させられたあと、彼は依然としてダライ・ラマの保健医を長期に担当した。

---

[1] 『照亮薬王山之歴史明灯』第177ページ。

チベット暦水猴（1932）年、ダライ・ラマが風邪に罹って間もなく逝去した。保健医チャムパはダライ・ラマに服薬した問題によって処罰させられたが、欽繞羅布は1年前に医者の職務を罷免されていたので巻き添えに遭わなかった。彼はダライ・ラマが何故このように自分に良くしてくれるのか、その意図を悟ったとき、ダライ・ラマへの敬慕の情を更に強くして、常々自分が当時受けた感情を学生に伝えていた。

ラデンが摂政をしている期間、欽繞羅布は地方政府の堪窮に昇格していた。チベット暦火鶏（1957）年に彼はダライ・ラマ13世に侍従達爾罕大ケンポに封じられた。1961（土牛）年にラサチベット医学暦算学院の院長にまた任命され、翌年には全国政協委員に選ばれ、国家から給料を支給されるなどの待遇を得た。チベット暦第10繞羅水虎（1962）年10月28日、欽繞羅布は享年80歳でこの世を去った。

欽繞羅布大師は生前数多の著作を書き、いくつかの著作は長い間広く用いられた。彼はチベット医学暦算の発揚と学生が良く勉強するために、更に脈絡の図、火傷の治療法の詳しい図、デシ・サンギェ・ギャムツォの時期に羅扎・旦増羅布が人体を参考に描いた体腔線の図、『四部医典』にはっきり現れている章節の図案、時輪派世界図、日月星辰が廻る運行図などの図をチベット医学暦算院の大講堂の壁に描いた。1952年（チベット暦水龍）年、欽繞羅布は70歳の高齢の時に『広釈医学』を書いた。彼はこの本の備考で「私は一時的に流行した良薬療法、外科手術及び医療機械などに惹かれている。」と述べている。[1]これは彼が現代科学技術をラデン化身ラマに学ぶ医学科であることを説明している。欽繞羅布は生前多くのチベット医学暦算学者を育成し、チベット医学暦算の発展について不朽の功績を残した。

二、近代の著名な学者ゲンドゥン・チョペル

著名な学者ゲンドゥン・チョペルはチベット暦第15ラプチュン水兎

---

1 『伝略有縁者迷人』第90ページ。

(1903) 年8月に現在の青海省黄南チベット族自治州同仁県に生まれた。ゲンドゥン・チョペルは4歳から文字の勉強をしてそれから正字法、詩詞や文法などを順番に学んだ。彼は聡明であり雅瑪扎西其寺の多扎化身ラマの転生だと言われていた。それから間もなく彼はシャムル（夏瑪爾）パンディタの寺院底扎寺（現在の青海省化隆県内）に行き、堪欽ゲンドゥン・ギャムツォを師として仰ぎ法名をゲンドゥン・チョペルとした。

それから彼はアムド地区の著名なラプラン寺へ行き、ツァンニ学堂に入り、徐々に般若班級に上がって大学者の声名を得て更に絵も上手かった。彼は他の僧侶とは違いただもとからある意見を繰り返すのではなく、自分の思考と素晴らしい分析を徹底的に理解して正確に把握し、独自の見解を作った。ゲンドゥン・チョペルは極めて高い弁才があったため寺で立宗弁を開いた際に鋭い眼光と十分な理由をもってこの寺が信奉する根本である経典のいくつかの法相学の書籍について異なる意見を述べ、高僧たちの不興を買ったが誰も彼に反論できなかった。このため彼は方々から恨みを買い難癖をつけられ困難な境遇にあった。彼は正しい教理を求めるために決断し、1927年チベット暦16ラプチュン火兎年にチベットに来た。

このあと、ゲンドゥン・チョペルはデプン寺ゴマン学堂で経典を学び、ゲシェ・シャラプ・ギャムツォを師として法相学を引き続き学び、弁経に参加した。彼の弁才はここでも十分に発揮され毎年春と夏の法会では勝利を収めた。デプン寺にいた5、6年の間に彼が以前からジャムヤン化身ラマの著作について持っていた疑問のために数人のモンゴルの学経僧侶から痛めつけられた。彼が深く失望したときにラーフラと言うインドからラサに来た僧侶が、ゲンドゥン・チョペルがチベット語に翻訳された仏典を再びチベット語からサンスクリット語に翻訳する手助けをして欲しいと希望した。彼はゲンドゥン・チョペルに「インドとチベットの訳師の往来は途中で長い間中断していた。もしあなたがインドに来てサンスクリット語を学び将来はこの分野の翻訳者となるのであれば一緒

にインドに行きましょう。」と言った。(『ゲンドゥン・チョペルの生涯-清浄顕相』) ゲンドゥン・チョペルは同意した。

ゲンドゥン・チョペルはインドに合計12年住んだ。この間、彼は1938年にインドのラーフラらと一緒にサキャ寺に行き、サキャ寺に保存されている貴重な古代サンスクリット語の貝葉経を閲覧し、多くの重要な写本を書き写した。彼らは40部近い写本の中から『釈量論』と『現観荘厳論』などの多くの写経を詳しく登録した。それからゲンドゥン・チョペルはまたインドに行った。現在施行されている各種の宗教を詳しく理解するために、彼は機会を探して小乗仏教発揚のスリランカに行き、今までなかった旅行記を書いた。彼はこの島の優美な自然環境、島にいる民族の生活状況などの生き生きした絵を描いたと言われている。特に彼は世界の他の土地の仏教を仏陀の主要な教えとして見て、過去にチベット語に翻訳されていない仏経が集められた『教法詩』をチベット語に訳したことは重要な点である。

ゲンドゥン・チョペルはインドにいる間、ロシア人レーリヒが彼をクル地方に招き、ゴー・ションヌペルが著した『青史』を英語に翻訳した。それからゲンドゥン・チョペルはカルカッタなどの都市に行った。それからイギリス領インド政府は彼にチベット語の仏典と文化に関する書籍を英語に翻訳するよう求めた。生活のために彼はこの任務を引き受けざるを得なかった。あるアメリカ人(或いはフランス人)がイギリス領インド政府と連絡と取り、ゲンドゥン・チョペルをアメリカに行かせようとしたと伝えられている。当時ゲンドゥン・チョペルはその招きを受けたがイギリスインド政府は彼に通行証を発行せず、更に彼を監視した。ゲンドゥン・チョペルはそれに気付いてから不満を感じた。このときちょうどティチャン・ラマとカロンのカプシューパからの手紙でチベットに戻るよう言われ、ゲンドゥン・チョペルは現地の仕事を辞めてチベットに戻った。1945年チベット暦木鶏年のはじめにゲンドゥン・チョペルはインドからチベットに戻り、途中タワン地区を通過した。イギリス帝

第七章　カンデン・ポタン政権の統治期

国主義者が1914年に違法にでっち上げた「マクマホンライン」地区の状況を調査するために彼は困難を恐れず長く苦しい旅をした。調査のとき更に地図を描いたと言われている。人々からはこのためにイギリス人から恨みを受けてそれから冤罪で捕まったと思われている。

　ゲンドゥン・チョペルがラサに戻ったあと、人々は次々と彼に各種の典籍の教授を求めに来た。彼は人々の願いをできるだけ満足させるために熱心に人を教えた。この間、彼は『遊歴記』などの著作を修正、執筆し、『白史』の執筆を開始した。彼はチベット族史の研究を掘り下げていくうちに完全なチベットの歴史を改めて編纂する必要があると感じたが、条件が合わずに始められなかった。ラサに戻ってから彼は時機が来たと思い、以前インドにいた時に得た新疆、敦煌などから出土した吐蕃時代の文書資料を集め始め、ホルカン・ソナム・ペンパの協力の下執筆を開始した。この間、彼は常に吐蕃遺跡に行き碑文を写した。

　火狗年4月のある日、ラサ市内監督署（ナンツェシャク；郎子轄）の2人の長が突然命令を発し、ゲンドゥン・チョペルを逮捕して牢獄につなぎ、更に彼の住居を封鎖して彼の書籍、原稿、資料などを全て集めて検査した。当時、統治者は彼が著名な絵師であることを利用して多くのチベット貨幣の偽札の図案がゲンドゥン・チョペルによるものだと公表した。実際は当時インド（イギリス）政府が秘密裏にラサの代表であるイギリス人リチャードソンに知らせて、彼にゲンドゥン・チョペルがインドで共産党に加入した状況をカシャに知らせるようにした。「主人が言い付けたことを下僕は全て処理する。」そのためゲンドゥン・チョペルがカシャに逮捕されたのである。

　ゲンドゥン・チョペルの学生と親族はこの悪い知らせを聞いたあと早速彼に生活必需品を送り、彼を牢獄から出せるように奔走したが何の効果もなかった。ゲンドゥン・チョペルはラサ市内監督署監獄に入れられた。「犯罪の証拠」が見つけられなかったため尋問官は常に彼を拷問し自供を迫った。牢獄でゲンドゥン・チョペルは学生に手紙を書き、「…

このたびは私の様々な罪状が結局何なのか、将来のチベットの知識人が判断を下すだろう。そのとき私も満ち足りた気持ちになれる。」と述べた。彼はまた書き終えていない歴史の著作をしばらく停止するしかないと述べ、牢獄から持ってきた偈頌を結びの言葉とした。

火猪（1947）年ラサ祈願大法会の前夜、慣例に従いラサ市内監督署監獄の囚人は法会の期間はポタラ宮山下のショル局の監獄へ移されることになっていた。カシャはゲンドゥン・チョペルの犯罪の証拠をずっと探し出せなかったため彼をショル局の監獄に入れたあと監獄にある小さい小屋に監禁し、彼の監視をいくらか緩めた。法会が終わったあと、他の囚人はラサ市内監督署監獄に戻されたが彼はショル局の監獄にとどまった。1949年チベット暦土牛年の冬、デプン寺ゴマン学堂が保証したためラサ市内監督署に以降は法を守り行動をわきまえるという保証書を書き、ゲンドゥン・チョペルは釈放された。

ゲンドゥン・チョペルが牢獄にいる間、自分はチベット文化の継承・発展・発揚のために苦労と危険を顧みずに一切の力を使ったのにチベット統治者が敵へと変わり、社会通念を超える残酷な迫害をしたことに極度の失望を感じた。このような境遇で彼は酒で自分の心霊を麻酔すること以外に他の解脱の方法を見つけられなかった。彼に同情する人は酒や食べ物を送って彼を慰めるだけで、彼に飲酒の習慣を身に付けさせてしまった。劣悪な環境下でゲンドゥン・チョペルは重病に罹った。当時中央代表張経武と一緒に来た優れた医術を持つ医者が彼の身体を検査したが、彼の病は既に治癒が難しくなっていた。鉄兎（1951）年8月14日午後4時頃、ゲンドゥン・チョペルは享年48歳でラサで逝去した。彼の自筆原稿はホルカン・ソナムペンバによって熱心に集められ、それから紆余曲折を経てホルカン・ソナムペンバは各種の自筆原稿を集め終わり、西藏社会科学院から合計3冊の『ゲンドゥン・チョペル文集』の活版本を出版し、その願いが実現された。20世紀のチベットの人民にこれ以上ない誇りを感じさせた。

著者紹介

　チャペル・ツェテン・プンツォ（1922～2013）チベット拉孜県生まれのチベット族。著名チベット学家、歴史学家、作家として活躍。チベット社会科学院副院長、顧問など歴任。主な著書は、本書原著『チベット通史』のほか、『夏格巴の「チベット政治史」とチベット史の真実』など。

編訳者一覧

【訳　者】

　津田　量（ツダ・リョウ）東京大学卒、同大学院人文科学研究科アジア文化学専攻修了、中国人民大学博士課程修了社会学専攻（法学博士）。北京第二外国語大学専任講師。

【監　訳】

　久保　輝幸（クボ・テルユキ）大阪府立大卒、茨城大学大学院人文科学研究科言語文化専攻修了、中国科学院博士課程修了科学史専攻（理学博士）。武漢工程大学特聘教授。

　鈴木　昭吾（スズキ・ショウゴ）山口大学卒、広島大学大学院文学研究科東洋史専攻修了、同大学院博士課程修了歴史文化学専攻（文学修士）。外交学院専任講師。

【編集主幹】

　駱　鴻（ルオ・ホン）鳥取大学大学院医学系研究科博士課程修了医学専攻（医学博士）。米ロックフェラー財団研究員、日本学術振興会研究員などを歴任。北京協和医学院・中国医学科学院客員教授。

【総監修】

　劉　偉（リュウ・イ）編集者、ジャーナリスト。島根大学大学院法学研究科修士課程修了法学専攻（法学修士）。河北青年報社総編集長、日本海新聞記者を経て、国際・政治分野を中心に執筆多数。

簡明チベット通史　　　　　　　　　　定価 3980 円

『西藏通史簡編』

編　著　者　　チャペル・ツェテン・プンツォ／ノルタン・ウギェン／
　　　　　　　プンツォ・ツェリン

訳　　　者　　津田 量
監　　　訳　　久保輝幸　鈴木昭吾
編　集　主　幹　駱 鴻
総監修／出版人　劉 偉

発　行　所　グローバル科学文化出版 株式会社
〒100083 北京市海淀区学院路30号方興大厦612

Ⓒ 2015 China Intercontinental Press
落丁・乱丁は送料当社負担にてお取替えいたします。
ISBN 978-4-86516-037-6　C0020

※本書は、中華社会科学基金（Chinese Fund for the Humanities and Social Sciences）の助成を受けて出版されたものである。